D0558613

EN BUSCA DE LA EXCELENCIA

EN BUSCA DE LA EXCELENCIA

Experiencias de las empresas
mejor gerenciadas
de los Estados Unidos

Thomas J. Peters
y Robert H. Waterman, Jr.

GRUPO
EDITORIAL
norma

Barcelona, Bogotá, Buenos Aires, Caracas,
Guatemala, México, Miami, Panamá, Quito, San José,
San Juan, San Salvador, Santiago de Chile, Sao Paulo.

Edición original en inglés:
IN SEARCH OF EXCELLENCE.
de Thomas J. Peters y Robert H. Waterman, Jr.
Copyright © 1982 por Thomas J. Peters y Robert H. Waterman, Jr.

Primera reimpresión, 1988
Segunda reimpresión, 1988
Tercera reimpresión, 1989
Cuarta reimpresión, 1990
Quinta reimpresión, 1990
Sexta reimpresión, 1991
Séptima reimpresión, 1991
Octava reimpresión, 1992
Novena reimpresión, 1994
Décima reimpresión, 1995
Impreso por Editorial Carrera Séptima
Impreso en Colombia — Printed in Colombia
Enero, 1995

Traductor, Fernando Posada
Directora editorial, María del Mar Ravassa G.
Jefe de edición, Armando Bernal M.

ISBN: 958-04-0381-3

A Gene Webb y Lew Young, quienes inspiraron este libro.
Y a Judy, Robb y Kendall, fuentes de constante inspiración.

Tabla de Materias

Tabla de Materias

Agradecimientos

A dos personas, John Cox y Jennifer Futernick, se debe que esta obra sea mucho más legible de lo que sin su concurso hubiera sido. John nos ayudó a transformar nuestro esbozo original, demasiado largo y colmado de repeticiones, en algo parecido a un libro, y nos fue también de gran ayuda en los toques finales a nuestro manuscrito. La otra colaboración importante fue de Jennifer Futernick. Al principio la comprometimos como bibliotecaria investigadora para que colaborara en el ordenamiento de datos. Resultó, sin embargo, que Jennifer tiene un raro sentido para descubrir lo que se debe poner por escrito y lo que no se debe. Ella no solamente nos fue de una gran utilidad en la revisión y corrección del manuscrito, sino que no nos dejó de llamarnos la atención sobre los problemas de estructura, las afirmaciones que realmente no podíamos sostener con hechos, y las redundancias. Jennifer consideró este libro como propio y a su desarrollo dedicó horas adicionales y una atención sin igual.

McKinsey & Co. nos apoyó bondadosamente en el tiempo que dedicamos a la investigación de las compañías excelentes. Algunos de nuestros colegas merecen especial agradecimiento, ya que sus colaboraciones nos fueron indispensables para la presentación de nuestras conclusiones. Desde la iniciación de esta encuesta Warren Cannon y Ron Daniel creyeron en ella (durante un tiempo, los únicos). Jon Katzenbach no ha dejado de alentarnos desde que iniciamos nuestro trabajo. Cuando otros flaqueaban, Allan Kennedy actuaba como aguijón intelectual y nos alentó a probar en el fuego de la acción algunas de nuestras ideas más difusas. Herb Henzler, de Munich, defendió nuestros esfuerzos iniciales, creyó en su valor pragmático y nos ayudó a ensayarlos en los clientes.

Asimismo, Julien Phillips, Don Gogel, Jim Bennett, Jim Balloun, Rajat Gupta, Bill Price, Ron Bancroft, David Meen y Bill Matassoni en McKinsey nos han prestado su valioso concurso en la selección del material de las compañías excelentes.

Particularmente tenemos una deuda intelectual con cuatro teóricos de la eficacia en materia de organización. Karl Weick, de Cornell, Gene Webb y Hal Leavitt, de Stanford, y Herb Simon, de Carnegie-Mellon, se han opuesto, durante muchos años, al pensamiento convencional . Los tres primeros han sido ricas fuentes de inspiración. Como muchos otros, también nosotros nos hemos aprovechado de las opiniones muy autorizadas del profesor Simon.

Naturalmente, los colaboradores más importantes que en este estudio hemos tenido han sido nuestros amigos de las compañías investigadas. Tres se distinguen. Rene McPherson, de Dana (actualmente en Stanford), ha sido una fuente de inspiración sin igual. Su desempeño en la presidencia de Dana nos lleva a creer que los hombres sí pueden mover montañas. John Young, de Hewlett-Packard, nos ofreció su tiempo y, lo que es más importante, el estímulo esencial cuando más lo necesitábamos: al comienzo. Tait Elder, de la 3M (ahora en Allied Corporation), nos enseñó sobre innovación más de lo que nosotros creíamos que se podía saber.

Otros colaboradores notables han sido Stan Little, de la Boeing; Stan Abramson, de la Westinghouse; Allan Gilbert, de la Emerson; Jim Shapiro y Ken Stahl, de la Xerox; Larry Small y Jack Heilshorn, del Citibank; Jack Welch, de la General Electric; y Buck Rodgers, de la IBM. Su convicción de que nosotros teníamos algo importante que decir, nos fue aun más esencial que los mismos hèchos que ellos nos facilitaron.

Igualmente importantes han sido los cientos de participantes anónimos de los doscientos o más grupos a quienes hemos presentado este material. Son muchos los que han contribuido con una anécdota nueva sobre la Digital o la IBM, para así confirmar, negar o agudizar siempre nuestros argumentos.

Entre todos los inidentificables se encuentran muchos de nuestros estudiantes de Stanford Graduate School of Business. En este libro hemos sido duros con las escuelas de negocios, pero ha sido con el profesorado, no con los estudiantes. Estos se interesan mucho en la calidad de la administración norteamericana. Gary Bello, estudiante del Stanford Sloan Program de la General Motors, inspiró nuestro enfoque del capítulo "La productividad por el personal" más de lo que él mismo cree.

Los doctores Max Gunther y Hermann Grabherr, de la Siemens, en Alemania Occidental, también merecen especial mención. Se interesaron al principio de nuestra investigación y apoyaron eficazmente nuestro trabajo. Además, su implacable y siempre cuidadoso examen fue, con frecuencia, decisivo para el pulimento de nuestras ideas.

Un libro como éste no es solamente el producto de la investigación corriente y de los colegas. Nuestras inclinaciones son el resultado de una vida. En ese orden de ideas, Tom debe especiales agradecimientos a su madre, la señora Evelyn Peters, por haberle inculcado la inquieta curiosidad que fue el origen de esta investigación, y a sus primeros mentores, en particular a Dick Anderson, Blake van Leer y Walter Minnick. Bob debe especial reconocimiento a su madre, la señora Virginia Waterman, quien formó su primer sentido de la excelencia, y a su padre, el señor Robert Waterman, quien le enseñó el valor de la iniciativa y de la integridad con su ejemplo personal.

Con gratitud nos inclinamos ante las personas a quienes dedicamos el libro: Gene, Lew y Judy. Gene Webb, de Stanford, ha sido apoyo total para Tom durante casi quince años. Lew Young, de *Business Week*, ante todo se interesa por las ideas (y este libro está consagrado, primero que todo, al interés y al compromiso). Judy Waterman fue la primera que enseñó a Bob la importancia del entusiasmo y de los enfoques "no racionales" de la vida.

Muy importante colaboración nos prestaron quienes trabajaron largas horas descifrando nuestros primeros esquemas, buscando informaciones y pasando a máquina nuestros muchos proyectos e incontables conferencias con que se formó este manuscrito. Entre estas personas se cuentan Janet Collier, Nancy Kaible, Nancy Rynd, Patty Bulena y Sylvia Osterman. Tenemos que agradecer también la colaboración muy especial de Kay Dann, que no solamente ayudó en el trabajo de mecanografía, sino, lo que es más importante, haciendo las funciones de asistente administrativa de los autores, mantuvo la calma en medio de nuestra vida, con frecuencia exaltada y fuera de control.

La última palabra de agradecimiento es para Robbin Reynolds, de Harper & Row. Ella nos descubrió, nos animó en nuestros primeros trabajos incoherentes, nos regañó cuando (con frecuencia) lo necesitábamos y nos dio palmaditas en la espalda (con frecuencia inmerecidamente) para estimularnos en la lucha. Gracias, Robbin, por la confianza.

Agradecimiento especial:
a David G. Anderson

Queremos presentar nuestro especial agradecimiento a David G. Anderson, quien fue, y continúa siendo, un colaborador muy importante en la labor de la investigación de las compañías excelentes. David, que en ese entonces trabajaba con McKinsey y que con licencia de esta compañía termina ahora su doctorado en la Universidad de Stanford, participó en el proyecto desde el principio, organizó y dirigió personalmente muchas de las entrevistas e hizo el primer estudio financiero de la muestra de las compañías excelentes. Antes que todo, David nos ayudó a dar forma a las ideas de fondo (pro y contra), que generalmente era la prueba definitiva del mérito intelectual. Por ejemplo, David recalcó el papel central de los campeones y lo que llamamos puestos de autonomía limitada.

Además, ha sido un asiduo conferencista al ir avanzando nuestro trabajo. Finalmente, fue un importante colaborador del capítulo décimo de este libro: "Zapatero, a tus zapatos".

Agradecimiento especial: a David G. Anderson

Prefacio

Hay algunas observaciones que pueden ayudar a los interesados a emprender la lectura de esta obra. Hemos obtenido ocho conclusiones fundamentales de los datos en que se basa este libro. Algunos lectores pueden decir que estas conclusiones son lugares comunes, lo cual no es cierto. Cada conclusión, en sí misma, puede parecer trivial (por ejemplo, el acceso al cliente, establecer la productividad sobre la motivación del personal) pero la intensidad con que las compañías excelentes las aplican —especialmente si se comparan con sus competidoras— se sale de lo común.

En segundo lugar, los capítulos 3 y 4 pueden parecer aterradores a primera vista, porque están, en gran parte, dedicados a la teoría. El lector puede saltarlos (o luego volver sobre ellos) pero le sugerimos que por lo menos les dé un vistazo y no los descuide completamente. Recomendamos esto porque si los ocho principios fundamentales expuestos funcionan, no es fruto de la casualidad. Es que son lógicos. Las compañías excelentes explotan, si se quiere, las necesidades más hondas de cientos de miles de individuos, y su éxito refleja, sin que ellas mismas lo sepan, una base teórica sólida. Además, pensamos que el lector puede ser gratamente sorprendido al ver qué tan interesante es la teoría. Agregaríamos que ésta no es nueva y que ya ha sido probada. La mayoría de los ocho principios han resistido la prueba científica del tiempo y han desafiado la refutación. Simplemente, no les han prestado atención los gerentes y tratadistas.

Por último, quisiéramos dejar en claro que la mayoría de las compañías excelentes no son clientes de McKinsey. McKinsey financió esta investigación pero no influyó en nuestra elección.

Prólogo a la edición en español

Por John Lutz *

En busca de la excelencia ha tenido un éxito sin precedentes como libro para directivos de empresas de todo género (públicas, privadas, de lucro o de servicio) debido a que un grupo extraordinariamente variado de lectores ha sido atraído por el tema de la excelencia y ha sido cautivado por una presentación que le permite identificarse fácilmente con la temática, cuyos ejemplos específicos constituyen además un estímulo y, por último, un acicate para emprender la búsqueda de casos en los cuales aplicar las prácticas y los principios descritos en las funciones propias.

Al mismo tiempo, resulta importante reconocer que esta obra *no* es un manual de fórmulas. Es, precisamente, aquello que se propone su título: una búsqueda, a la cual queda invitado el lector a participar; gracias a ella, ampliará su marco de referencia y comprensión, y generará ideas personales sobre cómo aplicar tal marco a su propio negocio para que, en esta forma, prosiga "en busca de la excelencia".

A lo largo de los quince años durante los cuales mis socios y yo hemos trabajado con clientes en América Latina, hemos encontrado que los *principios* de referencia son altamente aplicables. Por supuesto, las técnicas concretas que condujeron a ciertas empresas de los Estados Unidos hacia el éxito, no siempre resultarán idóneas en el ámbito latinoamericano; de tal suerte, el reto para el lector de estos países estriba en mantener el aliciente que estas técnicas proporcionan y, al mismo tiempo, en generar ideas propias respecto de su situación.

* John Lutz, socio-director de McKinsey & Company, Inc., es director general de McKinsey en México y tiene la responsabilidad del trabajo de la firma en América Latina.

Tomando como pauta lo ocurrido en un seminario que llevamos a cabo, en el cual participaron cerca de cien administradores latinoamericanos bajo la guía de Bob Waterman (con quien me une una amistad de más de 20 años), la discusión que derivó de este taller produjo un cúmulo de ejemplos, gracias a los cuales los participantes se dieron cuenta de que ya habían estado aplicando algunos de los principios citados en el presente libro. Este estímulo produjo en ellos el deseo de reforzar, como directivos, su propio compromiso con el concepto de excelencia. Con el nuevo impulso que esto representó, se orientaron hacia el hallazgo de nuevas oportunidades de aplicación de estos y otros principios, adaptándolos a sus países y a sus empresas.

El notable incremento en el volumen de ventas y la mayor complejidad de los productos vendidos por las empresas de América Latina durante el decenio de los años setenta, contrasta hoy con la discontinuidad económica existente en los inicios de los años ochenta. En este contexto, la lectura de *En busca de la excelencia* constituye una oportunidad para meditar sobre las características que las empresas latinoamericanas han ido tomando en el transcurso de su desarrollo y para detectar las que deban ser ratificadas, reforzadas o cambiadas. Al respecto, este libro constituye una fuente abundante de ideas.

Introducción

Después de comer habíamos decidido pasar una segunda noche en Washington. Nuestras citas de negocios, más largas de lo previsto, nos habían hecho perder el último vuelo que nos convenía. No teníamos reservaciones de hotel, pero estábamos cerca del nuevo *Four Seasons,* donde habíamos estado anteriormente, y nos había gustado. Al atravesar el salón pensando en cuál sería la mejor forma de exponer nuestra solicitud para obtener un cuarto, nos preparábamos para la fría acogida que se dispensa a los retardados. Para sorpresa nuestra, la recepcionista levantó la mirada, sonrió y nos preguntó cómo estábamos, llamándonos por nuestros nombres. ¡Los recordaba! Comprendimos en el acto por qué, en menos de un año, el *Four Seasons* se había convertido en el alojamiento predilecto en Washington, y por qué también, se encontraba entre los pocos hoteles que habían obtenido, desde su primer año de existencia, la distinción tan apreciada de las cuatro estrellas.

Tanto mejor para ellos, pensarán ustedes, pero ¿por qué dar tanta importancia a este asunto? Pues bien, este episodio nos golpeó fuertemente porque desde hacía varios años veníamos estudiando las compañías excelentes. Para nosotros, uno de los principales índices de excelencia lo constituyen las situaciones de este género, en que se revela un esfuerzo especial por parte de los empleados ordinarios. Cuando encontramos no solo uno sino multitud de esos episodios, estábamos bastante seguros de encontrarnos sobre la pista de una situación excepcional. Lo que es más, estábamos prácticamente seguros de que encontraríamos una ejecución financiera constante tan excepcional como el rendimiento de los empleados.

Otros ejemplos nos vienen a la mente. Estábamos esta vez en el Estado de Washington, hablando a un grupo de ejecutivos de Boeing acerca de nuestra investigación y señalábamos el hecho de que las compañías excelentes parecen desplegar toda su energía para criar, alimentar y mimar lo que nosotros llamamos "campeones de producto": aquellos individuos que tienen tanta fe en sus ideas, que son capaces de sobreponerse a la burocracia y sacar adelante sus proyectos hasta llegar, finalmente, al cliente. Inesperadamente, alguien dijo: "¡Campeones! Nuestro gran problema es que no podemos matarlos". Entonces Bob Withington, quien se hallaba presente, contó cómo Boeing había ganado *realmente* los contratos del B-47 de ala en flecha, que llegaría a ser más tarde el primer jet comercial, el 707, con el éxito que todos conocemos. También contó cómo Boeing había ganado el contrato del B-52, que al principio iba a ser de turbohélice, hasta que Boeing estuvo en capacidad de demostrar las ventajas del B-52 como avión a chorro.

Escuchamos encantados la historia de un pequeño grupo de ingenieros de Boeing que escudriñaba los archivos alemanes el día en que los laboratorios nazis fueron ocupados por las fuerzas aliadas. Esto les permitió confirmar su idea de que el ala en flecha presentaba enormes ventajas. Después vino en el otro extremo del mundo, en Seattle, el drama de someter al ala en flecha a la prueba del túnel aerodinámico y, con gran sorpresa de su parte, descubrieron también que si los reactores no se podían poner bajo la carlinga, era mejor colocarlos bajo el ala, al frente. Hubo una segunda historia que igualmente nos encantó: durante un largo fin de semana sin dormir, en un hotel de Daytona, un pequeño grupo de ingenieros proyectó de nuevo el B-52, escribió y produjo un informe encuadernado de 33 páginas y lo presentó a la Fuerza Aérea de los Estados Unidos 72 horas después, el lunes siguiente. (Además, estos campeones presentaron su proyecto junto con un modelo a escala primorosamente elaborado que habían hecho de balsa y otros materiales comprados durante el fin de semana en una tienda de pasatiempos de la localidad por la suma de 15 dólares.) Son dos bonitas historias de pequeños equipos de personas que se superan para obtener resultados en beneficio de una empresa fuera de lo común. Pero encontramos que lo mismo que en Boeing era la norma en compañías tan distintas como IBM y 3M: grupos de hombres prácticos que pasan por encima de las trabas burocráticas y originan muchas innovaciones.

Citemos otro ejemplo. Cierto día, entramos en un pequeño almacén de calculadoras y aparatos electrónicos a comprar una calculadora programable. El conocimiento del producto que el vendedor tenía, su entusiasmo y el interés que nos demostró eran sorprendentes y, por supuesto, nosotros éramos preguntones. En realidad, él no era empleado del almacén sino uno de los ingenieros responsables del desarrollo de los productos Hewlett-Packard (HP). Tenía 28 años y estaba adquiriendo experiencia de primera mano sobre la reacción de los usuarios frente a la línea de productos de su empresa. Habíamos oído decir que Hewlett-Packard se enorgullecía de su acercamiento al cliente y que acostumbraba destinar sus nuevos empleados graduados en administración o ingenieros eléctricos a puestos donde estuvieran en contacto directo con los aspectos prácticos de la introducción de un producto en el mercado. Estábamos ante un ingeniero de Hewlett-Packard que tenía el entusiasmo que nos gustaría encontrar en todos los vendedores.

Dondequiera que hemos estado en el mundo, desde Australia hasta Europa o el Japón, no hemos podido menos de quedar impresionados por la gran limpieza y calidad constante que se encuentra en los establecimientos McDonald's. No a todo el mundo le gusta el producto ni la concepción de McDonald's como una imagen mundial de la cultura norteamericana, pero es verdaderamente extraordinario encontrar esta clase de calidad asegurada que McDonald's ha logrado a nivel mundial en una empresa de servicios. (El control de calidad en esta clase de empresas es un problema particularmente difícil. Al contrario de la fabricación, en la que uno puede tomar una muestra de lo que va saliendo de la máquina y rechazar las unidades malas, en una empresa de servicios la producción y el consumo son procesos simultáneos en un mismo lugar. Tiene uno que asegurarse de que decenas de miles de personas en el conjunto de la compañía se están ciñendo en general a las mismas altas normas y que todos entienden la concepción que la compañía tiene de la calidad y su auténtico interés por ésta.)

Recordamos una conversación que tuvo lugar en un bote en las quietas aguas del Lago de Ginebra en un soleado y tranquilo día de primavera, algunos años antes que emprendiéramos esta investigación. Uno de nosotros enseñaba en IMEDE, escuela de negocios en Lausana, y visitaba a un viejo colega. Sus empresas mantenían a éste viajando constantemente, lo que disgustaba a su esposa, de modo que se animó e inició una cadena de McDonald's en Suiza, lo que lo mantuvo en casa pero puso a su esposa, que había nacido en Ginebra, en estado de xenofobia. (Ella se sobrepuso cuando los suizos se volvieron fieles clientes de McDonald's.) Hablando de sus primeras impresiones de

McDonald's, este amigo me comentó: "¿Sabe usted?, una de las cosas que me llamaron más la atención en McDonald's es su preocupación por el personal. Durante los siete años que estuve en McKinsey nunca vi un cliente más interesado por su personal".

Otro amigo nos contó por qué en la compra reciente de un gran sistema de computación para un hospital, escogió a International Business Machines: "Muchos estaban más adelantados que IBM en el aspecto tecnológico", nos dijo, "y su sistema de programación era más fácil de manejar". Pero solamente en IBM se tomaron el trabajo de llegar a conocernos bien. Nos entrevistaron extensamente, desde el más alto hasta el más bajo. Hablaban nuestro idioma y no empleaban términos raros sobre las intimidades del computador. Su precio sobrepasaba ampliamente el 25% pero ofrecían unas garantías de seguridad y servicio únicas. Llegaron hasta asegurar la cooperación de una empresa siderúrgica local para el caso de que nuestro sistema se descompusiera. Sus presentaciones fueron atinadas. Todo en ellos tenía el gusto de la seguridad y el éxito. No obstante ser nuestro presupuesto muy estrecho, no fue difícil tomar nuestra decisión.

Constantemente estamos oyendo hablar de las empresas japonesas, de su cultura original y su disposición para reunirse a cantar los himnos de la empresa y a entonar las letanías de la firma. Se piensa generalmente que este estilo de cosas es inconcebible en los Estados Unidos, porque ¿quién entre nosotros puede imaginar tal comportamiento de tribu en una compañía norteamericana? Sin embargo, existen ejemplos en Norteamérica. Para los que no lo han visto es difícil imaginar la animación y la excitación que acompañan semanalmente las reuniones de los lunes por la noche de los vendedores de las vasijas plásticas Tupperware. Actos semejantes en Mary Kay Cosmetics fueron el tema de una sección presentada por Morley Safer en *Sesenta Minutos*. Podría alegarse que estos ejemplos son propios de ciertos productos. De otro lado, en Hewlett-Packard, la acostumbrada "parranda" para todos los operarios forma parte del plan de cada división con el fin de que todos se mantengan en contacto. Y uno de nosotros realizó un programa de entrenamiento en ventas en IBM al principio de su carrera; cantábamos todas las mañanas con tanto entusiasmo (o casi tanto) como los trabajadores de una firma japonesa.

En las sesiones de trabajos prácticos para clientes o estudiantes utilizamos con frecuencia un ejemplo referente al estilo de administración propio de Delta Airlines. Como nosotros viajamos mucho tenemos siempre de reserva una o dos anécdotas acerca de la ayuda material que hemos recibido de los empleados de Delta, cuando nos angustiamos para poder hacer una conexión de última hora. La última vez que lo hicimos, un ejecutivo levantó la mano y dijo: "Ahora permítanme decirles cómo realmente ocurren las cosas en Delta". Cuando esperábamos que iba a contradecir nuestra tesis, el individuo nos relató una anécdota sobre el servicio excepcional de Delta, ante la cual las nuestras resultaron pálidas. Su esposa, inadvertidamente, se había llevado un chasco con un pasaje supereconómico porque la familia se había mudado y por razones técnicas el precio del pasaje ya no era válido. Ella llamó para hacer el reclamo. El presidente de Delta intervino personalmente y como estaba en el aeropuerto ese día, la esperó en la puerta para darle él mismo un nuevo pasaje.

Todos los que han sido jefes de producto en Procter & Gamble piensan sinceramente que esta empresa debe su éxito más a su manera extraordinaria de velar por la calidad del producto que a sus hazañas legendarias en materia de mercadeo. Una de las imágenes que tenemos más presentes es la de un ejecutivo de Procter & Gamble, con la cara roja, cuando afirmaba furioso ante una clase, en el programa de verano para formación de ejecutivos en Stanford: "P&G fabrica el mejor papel higiénico del mercado y aunque el producto no sea sino papel higiénico (bien podría ser jabón) eso no impide que lo fabrique mucho mejor que sus competidores". (Como en la mayoría de las compañías excelentes, estos valores básicos tienen hondas raíces. Una vez P&G rehusó sustituir un ingrediente por otro de inferior calidad en su jabón, aun a riesgo de no satisfacer las necesidades apremiantes del ejército durante la guerra: la guerra civil.)

Finalmente, en Frito-Lay oímos historias, quizás apócrifas, probablemente no, eso no importa, sobre personas que se desplazan en cualquier tiempo: con escarcha, con lodo, con granizo, con nieve y con lluvia. No están entregando correo. Son vendedores de papas fritas que sostienen al "99,5% el nivel del servicio"*, de lo cual toda la organización Frito se enorgullece tanto y que es el origen de su éxito incomparable.

Y las anécdotas continúan. Lo que realmente nos fascinó cuando principiamos nuestra encuesta sobre las compañías excelentes, fue que mientras más ahondábamos más nos dábamos cuenta de que estas

---

* Con Frito todos tienen el mismo 99,5% de probabilidades de recibir la visita diaria de su vendedor, bien sea un pequeño negocio familiar en Missoula, Montana, o el buque insignia *Safeway* en Oakland, California.

sociedades tienen cantidades astronómicas de anécdotas de este género. Comenzamos a comprender que estas compañías tenían tradiciones tan sólidas como cualquiera organización japonesa. Y nos parecía
fácil reconocer los atributos de la excelencia, independientemente del
sector considerado. Cualquiera que fuese el negocio, de todas maneras
las compañías recurrían a los mismos trucos, algunas veces un poco
anticuados, siempre utilizados con fervor, siempre repetidos, para
asegurarse de que todos los empleados adherían a su sistema de
valores, o tenían que irse.

Además, inicialmente nos sorprendimos al descubrir que esta cultura estaba, invariablemente, limitada a solo un puñado de temas. Bien
fuera doblando hojalata, friendo hamburguesas o alquilando habitaciones, parecía que prácticamente todas las compañías excelentes se
hubieran definido, *de facto,* como empresas de servicios. El cliente es
rey. No se le ofrece una tecnología que no se haya ensayado, ni un
"baño de oro" innecesario. Recibe productos que duran y servicio
rápido.

La calidad y el servicio eran pues, rasgos distintivos. Para conseguir
este resultado se requiere, naturalmente, la cooperación de todo el
personal y no solamente de los 200 mejores. Las compañías excelentes
requieren y exigen un rendimiento extraordinario del individuo término medio. (El ex presidente de Dana, Rene McPherson, manifiesta que
ni los pocos holgazanes dañinos ni el puñado de brillantes ejecutores
son la clave. Más bien encarece dedicar atención al cuidado, alimentación y liberación del individuo término medio.) Esto lo hemos llamado
"productividad por el personal". Todas las sociedades hablan mucho
de esto pero pocas lo aplican.

Finalmente, empezamos a ver que no valía la pena ir hasta el Japón
para encontrar modelos con qué atacar el malestar de la empresa, que
nos tiene en sus garras. Tenemos una multitud de grandes compañías
norteamericanas que se están desarrollando bien desde el punto de
vista de las diferentes partes en juego: clientes, empleados, accionistas
y todo el público. Lo han estado haciendo bien desde hace años. Pero
nosotros, sencillamente, no hemos prestado atención a su ejemplo.
Tampoco hemos tratado de analizar hasta qué punto lo que ellas hacen
instintivamente corresponde a una sana teoría.

Las discusiones sobre el aspecto sicológico de la administración se
han concentrado desde hace largo tiempo sobre la teoría X o la teoría
Y, el valor del enriquecimiento del oficio y, ahora, los círculos de

calidad. Estos no explican ciertamente el aspecto mágico de la motivación de la mano de obra en el Japón o en las compañías norteamericanas excelentes, pero, sin embargo, existe una teoría útil. El psicólogo Ernest Becker, por ejemplo, ha formulado una importante tesis, si bien no le han hecho caso la mayoría de los analistas de la administración. Sostiene que el hombre es manejado por una "dualidad" esencial: necesita al mismo tiempo ser parte de algo y sobresalir; necesita a la vez ser miembro de un equipo ganador y ser una figura de primera por derecho propio.

Acerca del equipo ganador, Becker anota: "La sociedad...es un vehículo para el heroísmo mundano...El hombre supera la muerte encontrándole un sentido a su vida...Es el vehemente deseo de la criatura de valer...Lo que el hombre realmente teme no es tanto la desaparición sino la desaparición con *insignificancia*...Es el ritual lo que da un sentido a la vida...El sentido de su propio valor se forma simbólicamente, su acariciado narcisismo se nutre de símbolos, de una idea abstracta de su propio valor. La aspiración natural del hombre puede nutrirse indefinidamente en el dominio de los símbolos". Y agrega: *"El hombre acepta la no-libertad* [una gran dosis de conformismo] *como el precio de auto-perpetuarse"*; en otras palabras, se somete voluntariamente a la rutina de las ocho horas diarias, siempre que considere la causa grande. La compañía puede, realmente, producir la misma resonancia que el exclusivo club o la sociedad honorífica.

Sin embargo, todos nosotros tenemos necesidad de hacernos notar, aunque sea, quizá con razón, en la institución ganadora. Así hemos podido observar repetidas veces la extraordinaria energía que el trabajador (obrero, vendedor, empleado de oficina) puede desplegar mucho más allá de lo que su deber le exige, cuando se le da algo de control sobre su destino. Un experimento de psicología consecuente con este importante campo de la investigación hace resaltar esta peculiaridad. A personas adultas se les dieron algunos problemas complicados para resolver y un montón de pruebas para corregir. Al fondo se escuchaba un ruido alto, molesto, que se presentaba a intervalos irregulares. Para ser precisos, era una "combinación de dos personas hablando español, una hablando armenio, un mimeógrafo funcionando, una calculadora de escritorio, una máquina de escribir y el ruido de la calle, todo lo cual producía un estruendo inidentificable". Los individuos se dividieron en dos grupos. A los de un grupo se les dijo solamente que se pusieran a trabajar. A los del otro grupo se les facilitó un botón que era necesario oprimir para cortar el ruido, "una versión moderna de control: el interruptor". El grupo que tenía el interruptor resolvió cinco veces más problemas que el otro y no cometió sino un pequeño número de errores en la corrección de pruebas. Y lo que es el colmo, "ninguno de los integrantes del grupo que tenía el interruptor hizo uso de él. En el solo hecho de saber que tenían un medio de control consistió la diferencia".

Las compañías mejor administradas y algunas otras aplican estas teorías. Por ejemplo, el gerente de una sucursal de ventas que empleaba 100 personas, tomó en alquiler por una noche el Meadowlands Stadium (Nueva Jersey). Después del trabajo, sus vendedores se precipitaron al campo del estadio por el túnel de los jugadores. Cuando iba apareciendo cada uno, el tablero electrónico comunicaba su nombre a la multitud reunida. Los ejecutivos de la central de la corporación, los empleados de las otras oficinas y las familias y amigos que estaban presentes los aplaudían estruendosamente.

La compañía era IBM. En un solo acto (que la mayor parte de las compañías no excelentes hubieran menospreciado por demasiado aburrido, o extravagante o por ambas cosas) IBM reafirmó simultáneamente su dimensión heroica (satisfaciendo la necesidad del individuo de formar parte de algo grandioso) y su preocupación por la expresión individual (la necesidad de hacerse notorio). IBM está salvando una aparente paradoja. Si hay una característica típica de las compañías excelentes es esta habilidad para manejar la ambigüedad y la paradoja. Lo que no debería ser posible a los ojos de nuestros amigos los economistas racionalistas, es cosa de rutina en las compañías excelentes.

Las papas fritas de Frito y las lavadoras de Maytag deben considerarse como mercancías; un 99,5% de nivel de servicio para las pequeñas tiendas familiares aparece necesariamente como ridículo si no se han visto los márgenes y la participación en el mercado. El problema en los Estados Unidos es que nuestro encanto con las herramientas de la administración oculta nuestra aparente ignorancia del arte. Nuestras herramientas están hechas para medir y analizar. Podemos medir los costos. Pero con la sola ayuda de estas herramientas no podemos realmente estudiar el valor de una mano de obra motivada en Maytag o Caterpillar, que fabrican productos de calidad, o el de un vendedor de Frito-Lay que recorre ese kilómetro extra para ir a visitar a su cliente.

Pero lo que es peor todavía: nuestras herramientas nos impulsan a

tener un punto de vista racional que ve con desconfianza las mismas
fuentes de la innovación en las compañías excelentes: los campeones de
productos irracionales en 3M, la proliferación y duplicación de las
líneas de producto en Digital Equipment Corporation, la intensa
competencia interna entre los jefes de producto en Procter & Gamble.
Alfred Sloan introdujo con éxito la duplicación en General Motors en
los años veintes. Casi desde entonces ha existido también mucha
duplicación, y ex profeso, entre las líneas de productos de las divisiones de IBM, para estimular la competencia interna. Pero parece que
pocos racionalistas la aceptan aún hoy. No les gusta; les gusta el orden
y la pulcritud. No les gustan los errores, les gusta una planeación
cuidadosa. Les disgusta no estar enterados de lo que hace cada uno; les
encantan los controles. Tienen gran cantidad de personal. Entre tanto,
Wang Labs o 3M o Bloomingdale's les llevan meses de ventaja y la
introducción de diez nuevos productos en el mercado.

Así pues, tenemos reservas en cuanto a la teoría tradicional, principalmente porque nuestra comprobación de la forma de trabajo de los
seres humanos —individualmente y en grupos grandes— nos lleva a
revisar varios principios económicos importantes que tienen que ver
con el tamaño (economías de escala), la precisión (límites del análisis)
y la capacidad de obtener resultados extraordinarios (particularmente
calidad) con personas comunes y corrientes.

Las conclusiones que se sacan del estudio de las compañías excelentes son portadoras de un mensaje halagüeño. Hay buenas noticias de
Norteamérica. La práctica de la buena administración no es privile-
gio del Japón. Pero lo más importante es que las buenas noticias
provienen de tratar bien a las personas y pedirles que sobresalgan, así
como también de la producción de cosas que funcionan. Las eficiencias de escala dan paso a pequeñas unidades de gentes motivadas. Los
esfuerzos de investigación y desarrollo cuidadosamente planeados,
dirigidos a productos de gran impacto, se reemplazan por ejércitos de
campeones dedicados. Una paralizante concentración en los costos
cede el puesto a una vivificante concentración en la calidad. La jerarquía y los vestidos de tres piezas retroceden ante los nombres de pila,
las mangas de camisa, el entusiasmo y una flexibilidad basada en
proyectos. El trabajo de acuerdo con voluminosos reglamentos, ha
sido reemplazado por la contribución de todos.

Hasta la tarea de la administración se hace más divertida. En lugar
de los juegos de inteligencia en la estéril torre de marfil, consiste ahora
en formar valores y reforzarlos por medio de la preparación y el

apostolado en el terreno con el trabajador y en sustentación de un producto que se estima.

Este libro estudiará más detalladamente lo que acabamos de describir. Definirá lo que entendemos por excelencia. Es un esfuerzo por sacar generalizaciones a partir de lo que aparentemente están haciendo las compañías excelentes, que no hacen las otras, y por sustentar con una teoría social y económica sólida nuestras observaciones sobre las compañías excelentes. Y, finalmente, se utilizarán datos tomados sobre el terreno, que con mucha frecuencia se pasan por alto en los libros sobre administración, es decir, ejemplos específicos y concretos tomados de las compañías mismas.

PRIMERA PARTE

LO QUE DEBE CONSERVARSE

El éxito de algunas empresas norteamericanas

El surrealista belga René Magritte pintó una serie de pipas y la intituló *"Ceci n'est pas une pipe"* (Esto no es una pipa). La representación de un objeto no es el objeto. De la misma manera, un organigrama no es una compañía, ni una nueva estrategia es necesariamente el remedio a un mal de la empresa. Todos lo sabemos. Sin embargo, cuando el problema surge, pedimos una nueva estrategia y probablemente una reorganización. Y cuando reorganizamos la empresa nos contentamos, generalmente, con volver a arreglar las casillas del organigrama. Lo más frecuente es que no habrá muchos cambios. Tendremos una gran confusión que hasta puede ser útil por un tiempo pero, al fin y al cabo, las costumbres antiguas perdurarán.

En nuestro fuero interno todos sabemos que no es ni en los informes anuales, ni en la elaboración de estrategias, ni en los planes de acción, ni en los presupuestos, ni siquiera en los organigramas donde se encuentra la solución que permitirá conservar la vitalidad y la flexibilidad de una gran empresa. Pero con mucha frecuencia nos comportamos como si no lo supiéramos. Cuando queremos un cambio jugamos con las estrategias. O bien, cambiamos la estructura. Quizás ha llegado la hora de cambiar nuestros métodos.

A principios de 1977, una preocupación general por los problemas de la eficacia de la administración y una preocupación particular por la naturaleza de la relación entre la estrategia, la estructura y la efectividad, nos llevó a formar en McKinsey & Company, dos grupos de trabajos internos. El uno tenía que revisar nuestro concepto de la estrategia y el otro reconsiderar la cuestión de la eficacia de la organización. Era, si se quiere, la versión McKinsey de la investigación aplicada. Nosotros (los autores) dirigíamos el proyecto sobre la eficacia de la organización.

En una primera etapa nos propusimos conversar extensamente con ejecutivos del mundo entero que fueran bien conocidos por su competencia, experiencia y conocimientos en materia de organización. Encontramos que ellos también compartían nuestra inquietud acerca de los enfoques tradicionales. Todos se sentían incómodos con las limitaciones de las soluciones clásicas a los problemas de estructura, especialmente con la última aberración, la compleja estructura de matriz. No obstante, dudaban de la capacidad de todos los medios conocidos para revitalizar y reorientar gigantes con negocios de miles de millones de dólares.

En realidad, las ideas más interesantes provenían de los lugares más extraños. Anteriormente, en 1962, el historiador especializado en cuestiones de negocios, Alfred Chandler, en su libro *Strategy and Structure,* expuso su opinión muy autorizada, de que la estructura sigue a la estrategia; y en 1977, cuando iniciamos nuestro trabajo, la tesis de Chandler gozaba de general aceptación como una verdad universal. Póngase en el papel el plan estratégico, y la estructura apropiada de la organización aparecerá con facilidad, gracia y belleza. La idea de Chandler *era* importante, no hay duda, pero cuando él la expuso, todo el mundo diversificaba y lo que Chandler comprendió con más claridad fue que una estrategia de amplia diversificación exige una estructura descentralizada. La forma sigue a la función. Durante el período que siguió a la segunda guerra mundial hasta 1970 aproximadamente, el consejo de Chandler fue suficiente para provocar (o mantener) una revolución en las prácticas de la administración, cuya orientación era correcta.

Pero al ahondar en el tema encontramos que la estrategia rara vez aparecía imponiendo soluciones estructurales únicas. Además, los problemas cruciales eran, con mayor frecuencia, la ejecución y el ajuste continuo de la estrategia: hacer las cosas y conservar la flexibilidad. Y esto significaba, en gran parte, que había que dejar atrás la estrategia y considerar los otros aspectos de la organización, como la estructura o el personal. Así, pues, el problema de la eficacia de la administración amenazaba volverse un círculo vicioso. La escasez de aportes prácticos a los viejos modos de pensar se hacía sentir penosamente. Nunca antes fue tan claro esto como en 1980, cuando los gerentes en los Estados Unidos, acosados por evidentes problemas de estancamiento, se lanzaron a adoptar las prácticas japonesas de administración haciendo caso omiso de las diferencias de cultura, mucho mayores aún que la inmensidad del Pacífico.

Nuestro siguiente paso en 1977 consistió en buscar ayuda en otra parte que no fuera con los hombres de negocios experimentados. Visitamos una docena de escuelas de negocios en los Estados Unidos y Europa (en el Japón no existen). Encontramos que los teóricos universitarios eran presa de las mismas inquietudes. Habíamos escogido el momento preciso. La teoría se halla en una etapa estimulante de desarrollo, pero se dirige a un nuevo consenso. Unos pocos investigadores continúan escribiendo sobre la estructura, particularmente sobre la variante más reciente y más de moda, la matriz. Pero el fermento se encuentra principalmente alrededor de otra corriente de pensamiento que es el producto de algunas ideas sorprendentes sobre las capacidades limitadas de quienes toman las decisiones, para manejar la información y alcanzar lo que generalmente consideramos como decisiones "racionales"; y la probabilidad, aun menor, de que las grandes colectividades (es decir, las organizaciones) pongan por obra, automáticamente, las complejas concepciones estratégicas de los racionalistas.

La corriente que los actuales investigadores están siguiendo es vieja. La idea la lanzaron a fines de los años treintas Elton Mayo y Chester Barnard, ambos de Harvard. En algunas formas, ambos desafiaron las ideas presentadas por Max Weber, que definió la forma burocrática de la organización, y por Frederick Taylor, para quien la administración podía llegar a ser una ciencia exacta. Weber hacía mofa del liderazgo carismático y estaba encantado con la burocracia. Decía que su forma impersonal, regida por los reglamentos, era la única posibilidad de sobrevivir a largo plazo. Taylor es, naturalmente, el padre del enfoque tiempo y movimiento para la eficiencia: si se logra descomponer el trabajo en suficientes unidades independientes y completamente programadas, y luego se juntan nuevamente todas estas unidades en forma verdaderamente óptima, entonces se tendrá una organización que dará los mejores resultados.

Mayo, que al principio había adherido totalmente a la escuela racionalista, acabó cuestionando en la práctica buena parte de los puntos sostenidos por esta corriente. En la fábrica de Western Electric en Hawthorne, trató de demostrar que mejores condiciones higiénicas en el lugar del trabajo tendría un efecto directo y positivo sobre el rendimiento del trabajador. Entonces hizo mejorar la iluminación. Como lo había previsto, el rendimiento aumentó. Después, cuando iba a dedicarse a otro asunto, maquinalmente bajó la iluminación. ¡Nuevamente, el rendimiento aumentó! Para nosotros, el mensaje muy importante que estos hechos produjeron, tema sobre el cual volveremos permanentemente en este libro, es que la *atención a los empleados* y no las condiciones de trabajo propiamente dichas, es lo que produce mayor impacto sobre el rendimiento. (Un amigo nos hizo la observación de que muchas de nuestras mejores compañías parecen reducir la administración a crear una "corriente continua de efectos Hawthorne".) Esto no está en la línea racionalista.

Chester Barnard, hablando desde el punto de vista del jefe ejecutivo (había sido presidente de New Jersey Bell) afirmó que el papel de un jefe es aprovechar las fuerzas vivas de la organización, formar y guiar los valores. Señaló a los buenos gerentes como forjadores de valores, preocupados por los bienes sociales de la organización. Los oponía a los que se contentaban con manipular las recompensas y los sistemas formales y que no se sujetaban sino al concepto estrecho del rendimiento a corto plazo.

Los conceptos de Barnard, aunque rápidamente recogidos por Herbert Simon (quien posteriormente ganó el premio Nobel por su trabajo), permanecieron a la sombra durante treinta años, en el curso de los cuales las principales discusiones sobre administración se concentraron en la estructura que acompañó al crecimiento de la postguerra, problema candente de la época.

Pero cuando la primera oleada de estructura descentralizada evidenció que no tenía nada de panacea universal, y la que le sucedió, la matriz, tuvo problemas continuos, nacidos de su complejidad misma, las ideas de Barnard y de Simon dieron vida a una nueva corriente de pensamiento, cuyos expositores fueron Karl Weick, de Cornell, y James March, de Stanford, que atacaron violentamente al modelo racional.

Weick supone que las organizaciones aprenden y se adaptan muy, pero muy lentamente. Prestan una atención excesiva a los métodos internos acostumbrados, mucho tiempo después que su valor práctico ha perdido toda significación. Los postulados estratégicos importantes en los negocios. (v.gr., la propensión a controlar en lugar de arriesgar) están sepultados muy hondo en los pequeños detalles de los sistemas de administración y otras rutinas, cuyos orígenes se pierden en la noche de los tiempos. Nuestro ejemplo favorito para ilustrar este tema nos lo facilitó un amigo que al principio de su carrera estaba recibiendo entrenamiento para cajero de banco. Una de las operaciones consistía en la clasificación a mano de tarjetas perforadas de 80 columnas y la empleada que le enseñaba podía hacerlo con la rapidez del rayo. "Bzzzzzt" sonaba la baraja de tarjetas en las manos de ella y quedaban todas clasificadas y cuidadosamente amontonadas. Nuestro amigo era torpe de manos.

—¿Desde cuándo hace usted esto? —preguntó a la empleada.

—Desde hace unos diez años.

—Bien —dijo él ansioso de saber—. ¿Con qué objeto lo hace?

—A decir verdad —contestó ella mientras arreglaba otra baraja—, realmente no sé.

Weick supone que la inflexibilidad proviene de ideas que tenemos en la cabeza en materia de organización. Dice, por ejemplo: "La utilización crónica de metáforas militares lleva a la gente a descartar toda posibilidad de un tipo de organización diferente, que aprecie más la improvisación que la predicción, que trate de las oportunidades más bien que de los obstáculos, que descubra nuevos planes de acción en lugar de defender los antiguos, que aprecie las controversias más que la serenidad, y que estimule la duda y la contradicción más bien que la confianza".

March va todavía más lejos que Weick. Ha lanzado, en forma ligeramente jocosa, la metáfora organizacional del cubo de la basura. Se imagina la manera en que las organizaciones aprenden y toman decisiones como la interacción casi fortuita de una corriente de problemas, de soluciones, de participantes y de opiniones. Sus observaciones sobre las grandes organizaciones recuerdan la predicción sarcástica del presidente Truman sobre las decepciones que aguardaban a su sucesor, según la ha referido Richard E. Neustadt. Truman decía, golpeando sobre el escritorio: "El se sentará aquí y dirá: ¡Hagan esto! ¡Hagan aquello! Y nada pasará. Pobre Ike. Esto no es como en el ejército. Sufrirá una gran frustración".

Otros investigadores han comenzado recientemente a reunir datos que sustentan estas opiniones originales. Henry Mintzberg, investigador en la universidad McGill en el Canadá, hizo uno de los pocos estudios serios sobre cómo emplean su tiempo los gerentes eficaces. Estos, generalmente, no se conceden largos períodos de tiempo para planificar, organizar, motivar y controlar, como la mayoría de las autoridades competentes lo sugieren. Por el contrario: su tiempo está fragmentado y dedican, en promedio, *nueve minutos* a cada tema. Andrew Pettigrew, investigador inglés, ha estudiado el proceso de toma de decisiones estratégicas y ha quedado fascinado por la fuerza de inercia de las organizaciones. Ha demostrado que muchas veces las compañías se aferran durante largo tiempo (a veces hasta diez años) a concepciones completamente erróneas del mundo que las rodea, a pesar de la existencia de pruebas abrumadoras que muestran que ese mundo ha cambiado y que ellas, probablemente, deben hacer otro tanto. (Muchos ejemplos recientes de lo que dice Pettigrew se encuentran en las diversas industrias norteamericanas para las cuales se están aflojando los controles: líneas aéreas, transportadores, bancos, cajas de ahorro y préstamos, telecomunicaciones.)

Entre nuestros primeros contactos se encontraron los gerentes de sociedades conocidas desde mucho tiempo atrás por sus excepcionales rendimientos, como IBM, 3M, Procter & Gamble, Delta Airlines. Cuando reflexionábamos sobre el alcance de esta nueva escuela de pensamiento teórico, comenzamos a comprender que los intangibles de que estos gerentes hablaban se ajustaban más a las tesis de Weick y March que a las de Taylor o Chandler. Oímos hablar de culturas de la organización, del sentimiento de familia, de que lo pequeño es bello, de la simplicidad más bien que de la complejidad y del apasionamiento por la calidad. En pocas palabras, encontramos lo que es obvio: que el ser humano todavía cuenta. Construir organizaciones que admiten limitaciones (por ejemplo, la habilidad para el procesamiento de datos) y sus fuerzas (por ejemplo, ese poder que fluye del compromiso y el entusiasmo) era su vida.

LOS CRITERIOS PARA EL EXITO

Durante los dos primeros años trabajamos principalmente en el problema de desarrollar nuestro diagnóstico y los remedios que considerábamos adecuados, más allá de los instrumentos acostumbrados para solucionar problemas comerciales, que por entonces se concentraban en el enfoque estratégico y en el estructural.

Ciertamente, muchos amigos ajenos a nuestro grupo de trabajo pensaron que debiéramos habernos contentado con echar un nuevo vistazo a la cuestión estructural en materia de organización. Como la descentralización había sido el tema de los años cincuentas y sesentas, decían ellos, y la llamada "matriz" una estructura completamente ineficaz pero muy en boga en los años setentas, ¿cuál sería entonces la forma estructural de los ochentas? Resolvimos tomar otro camino y llegamos rápidamente a la conclusión de que los problemas de estructura, a pesar de su innegable importancia, no son sino una pequeña parte de la cuestión de la eficacia de la administración. La misma palabra "organizar", por ejemplo, exige la pregunta "¿Organizar con qué fin?" Para las grandes corporaciones que nos interesaban, la respuesta a este interrogante fue casi siempre el desarrollo de una nueva aptitud en la empresa, a saber: volverse más innovadores, ser mejores gestores comerciales, mejorar constantemente las relaciones sociales o adquirir una nueva habilidad que hasta entonces no existía en esa empresa.

McDonald's es un ejemplo excelente. No obstante el éxito que esta empresa tenía en los Estados Unidos, lanzarse triunfante al exterior suponía mucho más que crear una división internacional. En el caso de McDonald's significaba, entre otras cosas, enseñar a los alemanes lo que es una hamburguesa. La compañía Boeing, para hacerse menos dependiente de las ventas al gobierno, tuvo que aprender a vender sus productos en el mercado, hazaña que la mayoría de sus competidores nunca han podido llevar a cabo. Desarrollar nuevas aptitudes, inyectar sangre nueva, sacudirse las viejas costumbres, desempeñarse bien en un nuevo ambiente, no es cosa fácil. Se sale de los límites de la estructura. Así, pues, para trabajar necesitábamos algo más que nuevas ideas sobre la estructura. La observación de Fletcher Byrom, presidente y jefe ejecutivo de Koppers, interpreta bien lo que nosotros buscábamos: "Pienso que un organigrama inflexible que da por sentado que un individuo en una posición dada actuará exactamente en la misma forma que su antecesor, es grotesco. No actuará así. En consecuencia, la organización debe moverse, ajustarse y adaptarse al hecho de que un nuevo individuo es el que ocupa esa posición". No existe ninguna solución estructural buena, que no tenga en cuenta consideraciones humanas, y viceversa. Nosotros fuimos más lejos. Nuestra investigación nos enseñó que cualquier enfoque inteligente de la organización tenía que abarcar y considerar como interdependientes, por lo menos siete variables: estructura, estrategia, personal, estilo de administración, sistemas y procedimientos, conceptos rectores y valores compartidos (por ejemplo, cultura) y las fuerzas o aptitudes actuales y esperadas de la corporación. Hemos dado una definición más precisa de esta idea y hemos elaborado lo que se conoció como el modelo McKinsey de las 7-S. Después de algunos intentos y forzando un poco las cosas logramos que las siete variables comenzaran con la letra S* e inventamos un logotipo adecuado (Véase la figura de la

---

* En inglés: Structure, Strategy, Staff, Style, Systems, Shared values, Skills. *(N. del T.)*

página siguiente). Anthony Athos, de la Escuela de Negocios de Harvard, nos animó para hacerlo así, observando que sin los alicientes de la memoria facilitados por la aliteración, nuestras ideas eran muy difíciles de explicar y muy fáciles de olvidar.

Una experiencia de cuatro años en el mundo entero no ha hecho sino confirmar nuestro presentimiento de que el modelo sería una ayuda inmensa para hacer entender no solamente la armazón —estrategia y estructura— sino asimismo la médula de la organización —estilo, sistemas, personal, habilidades y valores compartidos. El modelo, que algunos de nuestros colegas bromistas han llegado a llamar el átomo de la felicidad, parece haber adquirido cierta popularidad en el mundo entero como una manera práctica de pensar en los problemas de la organización.* Richard Pascale y Anthony Athos, quienes nos ayudaron a desarrollar nuestro concepto, lo utilizaron como piedra angular de su libro *The Art of Japanese Management*. Nuestro amigo Harvey Wagner, de la Universidad de Carolina del Norte, erudito eminente en el difícil campo de las ciencias de la decisión, se sirve de este modelo para su curso de política general de los negocios. Nos dijo recientemente: "Ustedes le han quitado todo el misterio a mi clase. Los estudiantes utilizan el modelo y todos los problemas quedan resueltos".

Pero si miramos hacia atrás, lo que nuestro modelo ha hecho en realidad es recordar al mundo de los gerentes profesionales que "armazón y médula no hacen sino uno". Lo cual nos ha permitido decir: "Todo eso que ustedes han venido rechazando desde hace tanto tiempo como la organización intratable, irracional, intuitiva e informal, sí se *puede* manejar, y tiene tanto que ver (o más) con la forma en que las cosas funcionen (o no funcionen) en sus compañías, como las estructuras y estrategias formales. No solo serían ustedes unos necios si no lo vieran así, sino que aquí se les ofrece una manera de pensar acerca de ello. Aquí les damos herramientas para manejarlo. Aquí está realmente la manera de desarrollar una nueva habilidad".

Pero todavía faltaba algo. Era cierto que habíamos ampliado grandemente el campo de nuestro diagnóstico. Era cierto que habíamos

* Seguramente no fuimos nosotros los primeros en inventar un esquema con variables múltiples. El "Diamante de Leavitt", de Harold Leavitt, por ejemplo (tarea, estructura, personal, información y control, ambiente) ha influido ya en varias generaciones de gerentes. Hemos tenido la suerte de llegar en buen momento. Los gerentes, acosados por problemas aparentemente insolubles y después de años de frustraciones con los cambios de estrategia y estructura, estaban finalmente listos a aceptar una nueva forma de ver las cosas en 1980. Además, el sello de McKinsey, bien conocida por su enfoque realista de los problemas administrativos, daba al modelo gran poder.

MODELO McKINSEY DE LAS 7 CLAVES DE LA ORGANIZACION

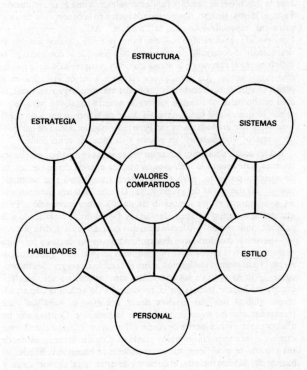

observado que las personas aparentemente hacían más porque se servían de siete claves en lugar de dos. Era cierto que, al reconocer que un verdadero cambio en las grandes instituciones depende por lo menos de siete factores complejos, nos habíamos vuelto más cautos ante la dificultad de cambiar fundamentalmente una gran institución. Pero, al mismo tiempo, nos quedamos cortos en la concepción de ideas prácticas, especialmente para la "médula". Así como proyectar un buen puente requiere algo más que saber por qué algunos puentes se desploman, el desarrollo de una nueva habilidad de la compañía no es simplemente el reverso de la identificación y comprensión de lo que no está funcionando. Así pues, ahora estábamos mejor armados en el plano mental para descubrir la causa del malestar organizacional, lo cual estaba bien, y habíamos mejorado nuestra habilidad para determinar lo que estaba funcionando a pesar de la estructura y no debía tocarse, lo que era todavía mejor. Pero teníamos necesidad de enriquecer nuestro "vocabulario" de planos y de ideas de concepción.

Así las cosas, decidimos echar un vistazo a las compañías excelentes mismas. Este asunto lo teníamos en nuestra agenda desde comienzos de nuestro proyecto, pero el verdadero entusiasmo nos acometió cuando las directivas del grupo Royal Dutch/Shell nos pidieron que les ayudáramos en un seminario de un día sobre innovación. Para atender la solicitud de Shell, decidimos dar un doble significado a la palabra "innovación". Además de lo que normalmente podría pensarse —personas creadoras que desarrollan nuevos productos y servicios negociables en el mercado—, introdujimos una variante que es fundamental en nuestra investigación sobre el cambio en las grandes instituciones. Afirmamos que las compañías innovadoras no solo resultan excepcionalmente buenas en la producción de artículos comercialmente viables *sino que también tienen una especial habilidad para reaccionar ante los menores cambios en su ambiente.* Contrariamente a las organizaciones inertes de Andrew Pettigrew, cuando el ambiente cambia estas compañías también cambian. Cuando las necesidades de sus clientes se modifican, sus competidores se hacen más hábiles, el humor del público molesta, el comercio internacional se reorganiza, y las disposiciones gubernamentales se modifican, estas compañías viran, se reorganizan, ajustan, transforman y adaptan. En pocas palabras, se vuelven innovadoras.

Nos pareció que esta concepción de innovación definía la misión del gerente ideal o del equipo de dirección perfecto. Las compañías que nos pareció habían alcanzado ese desempeño innovador las designamos como compañías excelentes.

Dimos nuestra conferencia al grupo Royal Dutch/Shell el 4 de julio de 1979, fecha en que consideramos nació esta investigación. Sin embargo, lo que nos fascinó aun más fueron las posteriores reacciones de algunas compañías como Hewlett-Packard y 3M, con las que habíamos establecido contacto durante la preparación de nuestras discusiones con Shell. Les interesó mucho el tema y nos animaron a continuar.

En gran parte gracias a esto, algunos meses después formamos un equipo y emprendimos la tarea de estudiar la excelencia como la habíamos definido: grandes compañías que no cesan de innovar. El proyecto fue financiado en su mayor parte por McKinsey, pero también hubo aportes de algunos clientes interesados. En ese estado de cosas, hicimos una selección de setenta y cinco compañías altamente reputadas, y en el invierno 1979-1980 celebramos intensivas y bien estructuradas entrevistas, en aproximadamente la mitad de estas organizaciones. Las restantes las estudiamos inicialmente por medios secundarios, principalmente noticias de prensa e informes anuales de los últimos veinticinco años. Desde entonces hemos realizado entrevistas en más de veinte de esas compañías. (También estudiamos algunas empresas con bajos rendimientos para tener puntos de comparación, pero en esto no nos concentramos mucho porque pensamos que teníamos ya bastante conocimiento de lo que son los bajos rendimientos con la experiencia que nosotros dos hemos tenido durante veinticuatro años en la consultoría de negocios.)

Nuestras conclusiones fueron una agradable sorpresa. El estudio mostró, más claramente de lo que habría podido esperarse, que las compañías excelentes sobresalían, ante todo, en las cuestiones básicas. Los instrumentos no sustituían la reflexión. La inteligencia no se sobrepone al buen sentido. El análisis no dificulta la acción. Más bien, estas compañías se esforzaban por conservar la simplicidad de un mundo complejo. Persistían. Insistían en la calidad óptima. Halagaban a sus clientes. Escuchaban a sus empleados y los trataban como adultos. Les aflojaban la rienda a sus "campeones" de producto y de servicio que se mostraban innovadores. Permitían algo de desorden a cambio de una acción rápida y de una experimentación constante.

Los ocho atributos que aparecieron caracterizando mejor lo que distingue a las compañías excelentes, innovadoras, son los siguientes:

1. *Predisposición para la acción.* Actuar ante todo. Aunque estas compañías pueden ser analíticas en su enfoque para la toma de decisiones, no están paralizadas por ese hecho (como muchas otras parecen estarlo). Gran número de estas empresas funciona siguiendo la norma "Hágalo, arréglelo, pruébelo". Como dice, por ejemplo, un jefe ejecutivo de Digital Equipment Corporation: "Aquí, cuando tenemos un problema grande, cogemos diez ejecutivos y los metemos en un salón durante una semana. De ahí salen con una solución y la ponen por obra". Otra cosa: estas compañías son maestras en el arte de la experimentación. En vez de dejar que 250 ingenieros y ejecutivos trabajen en un nuevo producto, aislados durante quince meses, forman equipos de 5 a 25 individuos y prueban sus ideas en un cliente, frecuentemente con prototipos baratos, en cuestión de algunas semanas. Lo que es sorprendente es la multitud de dispositivos prácticos que las compañías excelentes emplean para conservar la agilidad de la empresa y evitar la esclerosis que casi inevitablemente viene con el tamaño de la compañía.

2. *Acercamiento al cliente.* Estas compañías aprenden de sus clientes. Ofrecen calidad, servicio y confiabilidad inigualables: cosas que funcionan y que duran. Logran diferenciar los productos más corrientes: *à la* Frito-Lay (papas fritas), Maytag (lavadoras) o Tupperware. El vicepresidente de mercadeo de IBM, Francis G. (Buck) Rodgers, declara: "Es una vergüenza que en tantas compañías el buen servicio sea la excepción". No así en las compañías excelentes. Todo el mundo actúa. Muchas de las compañías innovadoras sacaron de sugerencias de sus clientes las mejores ideas para sus productos. Es cuestión de escuchar atentamente y con método.

3. *Autonomía y espíritu empresarial.* Las compañías innovadoras mantienen muchos conductores y muchos innovadores a todos los niveles de la organización. Son una colmena de lo que hemos llamado "campeones". Se ha dicho de 3M que "están tan empeñados en la innovación, que el ambiente general no parece el de una gran corporación sino más bien el de una amplia red de laboratorios y celdas poblados de inventores ardientes y de intrépidos empresarios que dan libre curso a su imaginación". No tratan de tener a todo el mundo tan refrenado que no pueda ser creativo. Estimulan a correr riesgos y apoyan los buenos ensayos. Respetan el noveno mandamiento de Fletcher Byrom: "Asegúrese de cometer un número razonable de errores".

4. *Productividad por el personal.* Las compañías excelentes tratan a sus empleados ordinarios como la fuente principal de la calidad y de las ganancias de productividad. No alientan los antagonismos laborales nosotros/ellos ni consideran la inversión de capital como la causa fundamental de una mayor eficiencia. Como se expresó Thomas J. Watson Jr., de su compañía: "La filosofía de IBM está ampliamente comprendida en tres principios simples. Quiero empezar con el que me parece más importante: *nuestro respeto por el individuo.* Este es un concepto simple pero en IBM los gerentes le consagran una importante parte de su tiempo". El presidente de Texas Instruments, Mark Shepherd, dice que a cada trabajador "se le considera como una fuente de ideas, no solamente como un par de manos"; cada uno de los 9000 equipos de su Programa de Participación del Personal (los círculos de calidad de Texas Instruments) contribuye al excelente nivel de productividad de la compañía.

5. *Movilización alrededor de un valor clave.* Thomas Watson, Jr., dijo que "la filosofía fundamental de una organización tiene mucho más qué ver con sus realizaciones que los recursos tecnológicos o económicos, la estructura organizacional o la innovación". William Hewlett, de Hewlett-Packard, y Watson son reconocidos por los recorridos que hacen de sus instalaciones. Ray Kroc, de McDonald's, visita regularmente los sitios de venta y los avalúa por los factores caros a la compañía: calidad, servicio, limpieza y valor.

6. *"Zapatero a tus zapatos",* es decir, se dedican a lo que ellas saben hacer. Robert W. Johnson, antiguo presidente de Johnson & Johnson, se expresó así: "Nunca compre usted un negocio que no sepa manejar". O como dijo Edward G. Harness, anteriormente ejecutivo jefe de Procter & Gamble: "Esta compañía nunca se ha apartado de su razón de ser. Queremos ser cualquier cosa menos un conglomerado". Con raras excepciones, las compañías que se dedican razonablemente a lo que saben hacer, son las que tienen la posibilidad de obtener los mejores resultados.

7. *Estructura simple y poco personal.* A pesar de ser tan grandes las compañías estudiadas, ninguna estaba organizada en matriz en el momento de nuestra investigación y las que habían ensayado esta forma estructural la habían abandonado. Las estructuras y los sistemas básicos de las compañías excelentes son elegantemente simples. El personal de alto nivel es reducido. No es raro encontrar

menos de 100 personas a la cabeza de empresas de varios miles de millones de dólares.

8. *Flexibilidad y rigor simultáneos.* Las compañías excelentes son a la vez centralizadas y descentralizadas. Como lo hemos dicho, la mayor parte de ellas conceden autonomía a los talleres o al equipo de desarrollo del producto. En cambio, son fanáticas de la centralización en lo que respecta a los pocos valores fundamentales que les son caros. La característica de 3M es el ambiente apenas organizado en que trabajan sus campeones de producto. Sin embargo, un analista sostiene: "Los miembros de una secta religiosa extremista que han sufrido un lavado de cerebro no son más conformistas en sus convicciones fundamentales. En Digital la confusión es tan general que un ejecutivo anotó: "Pocas personas saben para quién trabajan". No obstante, el culto de la confiabilidad en Digital es mucho más rígido de lo que un observador extraño podría imaginarse.

La mayoría de estos ocho atributos no tiene nada de extraordinario. Algunos de ellos, si no la mayoría, son lugares comunes. Pero, como dice Rene McPherson: "Todo el mundo está de acuerdo en que las personas son nuestro más importante activo. Sin embargo, casi nadie actúa en este sentido". Las compañías excelentes cumplen su compromiso con el personal y dan preferencia a la acción —cualquier acción— más bien que a innumerables comités permanentes y a una multitud de estudios de 500 páginas. Insisten en niveles de calidad y de servicio que otros, que usan técnicas de optimización, calificarían de castillos en el aire. Y exigen iniciativa permanente (la autonomía puesta en práctica) de decenas de miles de individuos y no solamente de los doscientos pensadores a quienes se les pagan 75 000 dólares al año.

Sobre todo, la *intensidad misma,* originada en convicciones fuertemente acendradas, es lo que marca estas compañías. Cuando tuvimos nuestra primera tanda de entrevistas pudimos "palpar" esta intensidad. El lenguaje empleado era diferente cuando se hablaba de las personas. Las contribuciones regulares esperadas de los individuos no eran las mismas que en otras partes. El amor del cliente y del producto era palpable. Y nosotros mismos, recorriendo las instalaciones de HP o 3M y observando a los grupos en el trabajo o en el juego, sentíamos algo diferente de lo que habíamos sentido en la mayoría de las más burocráticas instituciones con las cuales habíamos tenido que ver. Por ejemplo, quedamos sorprendidos de ver grupos de inge-

nieros, de vendedores y de industriales dedicados a resolver problemas, en la forma más natural del mundo, en una sala de conferencias
en St. Paul, en febrero, inclusive en presencia de un cliente, o de ver
en Hewlett-Packard la oficina de un gerente de división (con ventas de
100 millones de dólares), muy pequeña, situada en los mismos talleres
y compartida con una secretaria. O de ver al nuevo presidente de
Dana, Gerald Mitchell, dar un gran abrazo a un colega, después del
almuerzo, en el pasillo de las oficinas principales en Toledo. Esto no se
parecía en nada a las salas de juntas directivas, silenciosas, con luces
tenues y aspecto lúgubre, filas de funcionarios alineados a lo largo de
las paredes, con sus calculadoras en la mano y el interminable "click"
del proyector de diapositivas iluminando la pantalla con análisis
sucesivos.

Debemos anotar que no todos los ocho atributos se encontraban
presentes o manifiestos en el mismo grado en todas las compañías
excelentes estudiadas. Pero en cada caso, por lo menos uno de
ellos se destacaba claramente. Creemos, además, que hoy puede
notarse la ausencia de los ocho en la mayoría de las grandes
compañías. O, si no están ausentes, están tan bien disfrazados que
difícilmente podrán distinguirse y menos aún señalarlos como rasgos distintivos. Demasiados gerentes, en nuestra opinión, han perdido de vista los principios fundamentales: acción rápida, servicio a
los clientes, innovación práctica y el hecho de que nada de esto es
posible sin la participación de todo el mundo.

Así, pues, estos rasgos son evidentes; pero si se presenta este material
a estudiantes que no han tenido experiencia en negocios, lo más
probable es que bostecen de fastidio. Nosotros decimos: "El cliente es
primero, segundo, tercero". "Todo el mundo lo sabe" es la respuesta implícita (o expresa). Sin embargo, los públicos experimentados
generalmente reaccionan con entusiasmo. Saben que esto es importante y que Buck Rodgers tenía razón cuando dijo que el buen servicio es la excepción. Y se sienten animados al saber que la "magia" de
un Procter & Gamble o de una IBM se debe simplemente a la aplicación de los principios básicos, y no es asunto de que cada empleado,
hombre o mujer, tenga un coeficiente de inteligencia superior en veinte puntos. (A veces les pedimos que no se sientan tan animados. Después de todo, es mucho más duro adquirir o aguzar los principios
básicos al nivel obsesivo de las compañías excelentes que tener en la
cabeza una "salida estratégica".)

LANZAMIENTO DE UN NUEVO PRODUCTO

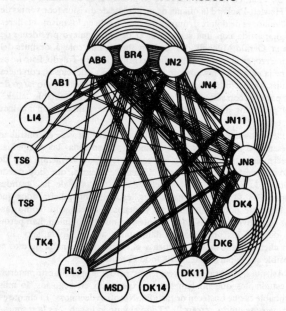

Las compañías norteamericanas están siendo obstaculizadas no solamente por su personal (de lo cual trataremos más adelante), sino también por sus estructuras y sistemas que impiden la acción. Uno de nuestros ejemplos preferidos es el gráfico dibujado por el promotor de una nueva operación en una empresa de tecnología moderadamente alta. (Véase la figura de la página anterior).

En este gráfico los círculos representan las unidades de la organización, por ejemplo, la División de Ciencias de la Administración (MSD), y las líneas rectas representan los eslabones formales (es decir, los comités permanentes) comprometidos en el lanzamiento de un nuevo producto. Hay 223 eslabones formales. Sobra decirlo, la compañía nunca es la primera que lanza al mercado un nuevo producto. Lo irónico y lo trágico del asunto es que cada uno de estos eslabones, tomado por aparte, se puede justificar perfectamente. Personas bien intencionadas y racionales trazaron cada eslabón por alguna razón que en ese momento tenía un sentido; por ejemplo, se creó un comité para asegurarse de que no se repetiría un problema que se presentó entre ventas y mercadeo, en el último lanzamiento de un producto. Lo grave es que el esquema final, por divertido que pueda parecer, aprisiona la acción como la araña captura a la mosca en su tela y le extrae la vida. El otro aspecto triste es que cuando utilizamos este gráfico en conferencias, no provocamos que se nos grite "Absurdo". En lugar de esto, provocamos suspiros, risa nerviosa y el comentario del voluntario ocasional que dice: "Si realmente ustedes quieren algo sensacional, debieran diseñar nuestro método".

LA INVESTIGACION

Esta muestra de las sesenta y dos compañías* nunca ha pretendido ser perfectamente representativa de la industria norteamericana como un conjunto, aunque pensamos que hemos conseguido una imagen bastante amplia. Tampoco tratamos de ser demasiado precisos al principio en cuanto a lo que entendíamos por excelencia o innovación, por temor de perder la esencia misma de nuestra investigación, pues como dice el humorismo de E. B. White, "puede disecarse como un sapo, pero muere en el proceso, y el interior es muy desagradable

---

* La muestra era de setenta y cinco originalmente. Trece eran europeas. Estas se suprimieron porque no daban una imagen precisa de la diversidad de firmas europeas.

ESTUDIO DE LAS COMPAÑIAS EXCELENTES

ENTREVISTAS ESTRUCTURADAS Y EXAMEN DE LA DOCUMENTACION DE 25 AÑOS		
Alta tecnología	Bienes de consumo	Productos industriales
Allen-Bradley †	Blue Bell	Caterpillar Tractor*
Amdahl*	Eastman Kodak*	Dana Corporation*
Digital Equipment*	Frito-Lay (PepsiCo) †	Ingersoll-Rand
Emerson Electric*	General Foods	McDermott
Gould	Johnson & Johnson*	Minnesota Mining &
Hewlett-Packard*	Procter & Gamble*	Manufacturing*
International Business Machines*		
NCR		
Rockwell		
Schlumberger*		
Texas Instruments*		
United Technologies		
Western Electric		
Westinghouse		
Xerox		

ENTREVISTAS LIMITADAS Y EXAMEN DE LA DOCUMENTACION DE 25 AÑOS		
Data General*	Atari (Warner Communications) †	General Motors
General Electric	Avon*	
Hughes Aircraft †	Bristol-Myers*	
Intel*	Chesebrough-Pond's*	
Lockheed	Levi Strauss*	
National Semiconductor*	Mars †	
Raychem*	Maytag*	
TRW	Merck*	
Wang Labs*	Polaroid	
	Revlon*	
	Tupperware (Dart & Kraft) †	

* Califican para rendimiento "excelente" en el período 1961-1980
† Propiedad privada o subsidiaria. Sin datos disponibles al alcance
   del público pero considerada de rendimiento excelente.

Servicios	Ingeniería	Recursos naturales
Delta Airlines*	Bechtel †	Exxon
Marriott*	Boeing*	
McDonald's*	Fluor*	
American Airlines		Arco
Disney Productions*		Dow Chemical*
K mart*		Du Pont*
Wal-Mart*		Standard Oil (Indiana)/
		Amoco*

para cualquiera que no sea un científico puro". Lo que nosotros realmente queríamos, y lo conseguimos con nuestra muestra original,
era una lista de compañías consideradas innovadoras y excelentes
por un grupo bien informado de observadores del panorama económico: hombres de negocios, consultores, miembros de la prensa económica y universitarios. Estas compañías las agrupamos en varias
categorías para asegurarnos de tener bastantes sociedades en los sectores que nos interesaban. (Véase la tabla de las páginas 20 y 21). Estas
categorías comprenden, entre otras, las siguientes:

1. Las compañías de alta tecnología, como Digital Equipment,
Hewlett-Packard (HP), Intel y Texas Instruments (TI).

2. Las compañías de bienes de consumo, como Procter & Gamble
(P&G), Chesebrough-Pond's, y Johnson & Johnson (J&J).

3. Las compañías de productos industriales (categoría que incluye "de todo un poco") entre ellas Caterpillar, Dana y 3M (Minnesota
Mining and Manufacturing).

4. Las compañías de servicios, como Delta Airlines, Marriott,
McDonald's y Disney Productions.

5. Compañías de ingeniería, como Bechtel y Fluor.

6. Compañías de recursos naturales, como Atlantic-Richfield (Arco), Dow Chemical y Exxon.

Bien se ve que en la lista faltan algunas industrias que serán
objeto de más amplio estudio. Aunque es amplia nuestra experiencia con grandes instituciones financieras y, en particular, los bancos, éstas se consideraron altamente reguladas y protegidas (en
ese entonces) para ser interesantes. Se omitió la mayoría de las
compañías farmacéuticas porque, sencillamente, no las visitamos.
Para terminar, no estudiamos ampliamente las compañías pequeñas, pues nuestra principal preocupación era, y es, ver cómo las
grandes compañías se mantienen vivas, prósperas e innovadoras.
De tal suerte que son raras las compañías que figuren en nuestra
lista que tengan ventas anuales de menos de mil millones de dólares
o que no tengan por lo menos veinte años de existencia.

Como penúltima etapa de nuestra selección de las compañías que
iban a estudiarse con alguna profundidad, pensamos que por grande
que fuera el prestigio de que tales compañías gozaran en el mundo de
los negocios, no se podrían considerar realmente excelentes a menos

que su rendimiento financiero estuviera de acuerdo con ese prestigio. En consecuencia, elegimos y aplicamos seis medidas de superioridad a largo plazo. Tres son medidas de crecimiento y de creación de riqueza a largo plazo en un período de veinte años. Tres son medidas de rendimiento sobre el capital y ventas. Son las siguientes:

1. Crecimiento del activo compuesto, de 1961 a 1980 (medida de los datos de crecimiento anual calculada por el método de los "mínimos cuadrados").

2. Crecimiento de los derechos sobre el activo compuesto, de 1961 a 1980 (medida de los datos de crecimiento anual calculada por el método de los mínimos cuadrados).

3. Razón del valor de mercado al valor en libros. "Mercado a libros" es una aproximación normal a lo que los economistas llaman "creación de riqueza" (valor en el mercado: precio de las acciones al cierre, multiplicado por las acciones comunes vigentes, dividido por el valor en libros de los derechos sobre el activo en diciembre 31 de 1980).

4. Rendimiento medio sobre el capital total, de 1961 a 1980 (ingreso neto dividido por el total del capital invertido, cuando éste consiste en la deuda a largo plazo, acciones preferentes no redimibles, recursos propios comunes e intereses minoritarios).

5. Rendimiento medio de los recursos propios, de 1961 a 1980.

6. Rendimiento medio sobre ventas, de 1961 a 1980.

Para ser calificada como excepcional una empresa, debe haberse colocado por encima del término medio de su sector, por lo menos en cuatro de estas seis medidas en el período completo de veinte años que se ha considerado (en realidad, de las treinta y seis empresas que han calificado, diez y siete se colocaron por encima de este término medio en todas las seis medidas, y otras seis en cinco de éstas)*. Así pues, para ser reconocida como excelente, una compañía tiene que haberse destacado, a la larga, no solamente en crecimiento, sino también en medidas de buena salud económica.

Como último filtro, aplicamos una medida de la innovación en sí misma. Solicitamos a algunos expertos (por ejemplo, hombres de negocios del sector industrial) que calificaran la innovación de estas

---

* Las "industrias" son las seis categorías anteriormente mencionadas (por ejemplo, las compañías de alta tecnología). La base de comparación para cada sector es una muestra tomada al azar y estadísticamente válida de la población total de este sector entre las 500 compañías de *Fortune*.

compañías en este período de veinte años, en función de su volumen de productos y de servicios líderes y de su rapidez para adaptarse a los cambios de los mercados o a otras evoluciones externas.

El hecho de imponer estos criterios nos condujo a tachar diez y nueve compañías de nuestra lista original de sesenta y dos. De las restantes cuarenta y tres* entrevistamos veinticinco a fondo; las otras veintidós en forma menos cuidadosa. Igualmente fueron objeto de profundas entrevistas doce compañías que habíamos colocado en la categoría de "interrogante"; éstas son las que no alcanzaron a llenar todos los requisitos pero se acercaron mucho. También leímos muy cuidadosamente todo lo referente a las 62 compañías examinadas, publicado durante los veinticinco años anteriores a nuestro estudio.

Finalmente, escogimos la muestra de otra manera. Aunque preferimos respaldar nuestras conclusiones con pruebas sólidas de compañías específicas, de vez en cuando decimos: "Ellos hacen esto o aquello". En este sentido, "ellos" es un grupo de empresas que, al margen de los criterios de selección específicos, parece que representan especialmente bien no solamente un rendimiento sano sino también los ocho atributos que identificamos. Son ellas: Bechtel, Boeing, Caterpillar Tractor, Dana, Delta Airlines, Digital Equipment, Emerson Electric, Fluor, Hewlett-Packard, IBM, Johnson & Johnson, McDonald's Procter & Gamble y 3M. En apariencia, estas empresas tienen poco en común, sus líneas de productos difieren. Tres de ellas hacen parte de la industria tecnológica; una se ha especializado en conservas y otra en productos médicos; dos son empresas de servicios, otras dos se ocupan en ingeniería y cinco fabrican productos industriales básicos. Pero todas son compañías operativas; no son sociedades de cartera ni conglomerados. Y, si bien es cierto que no todos sus planes de acción resultan bien, estas empresas han tenido más éxito que fracasos en sus actividades corrientes.

Cuando terminamos nuestras entrevistas y nuestras investigaciones, principiamos a separar y codificar los resultados. Fue entonces, alrededor de seis meses después de haber emprendido este trabajo, cuando llegamos a las conclusiones que son la espina dorsal de este libro. Sin embargo, todavía nos quedaban algunos problemas delicados. Puesto

---

* Estas cuarenta y tres empresas comprenden las treinta y seis anteriormente mencionadas más siete empresas privadas (no registradas en la Bolsa, por ejemplo, Mars) o subsidiarias (por ejemplo, Frito-Lay que, *en nuestra opinión*, han logrado vencer nuestros obstáculos financieros, pero cuya verificación es difícil por falta de datos publicados.

que habíamos utilizado el modelo de las 7 claves de la organización como estructura básica en nuestro trabajo, asimismo hubimos de escogerlo para comunicar nuestras conclusiones, con el resultado de que entonces llegamos a identificar veintidós atributos de excelencia. Todo el asunto se puso demasiado confuso y estábamos en peligro de aumentar la complejidad denunciada en primer lugar. Cuando enérgicamente algunos de los primeros clientes de nuestra investigación nos hicieron notar esto, volvimos al trabajo y procuramos entonces exponer lo que teníamos que decir, de una manera más sencilla. El conjunto de los ocho atributos de excelencia que hemos descrito constituye el resultado de esta simplificación, sin haberse perdido la esencia del mensaje.

Varias preguntas surgen siempre que discutimos nuestras conclusiones. Primero, hay personas que cuestionan algunas de las compañías que hemos escogido, basándose en el conocimiento que tienen de ellas. Todas las grandes empresas adolecen de algunos defectos. Por excelentes que estas compañías nos parezcan, no dejan de tener fallas, y muchos de sus errores han sido bastante divulgados. Se ve el caso de que la empresa excelente de determinado individuo puede ser el desastre bursátil para otro. No pretendemos explicar las maldades del mercado ni los caprichos de los inversionistas. Estas compañías han tenido buenos resultados durante largo tiempo y esto nos basta.

En segundo lugar, se nos pregunta cómo sabemos que estas compañías que hemos calificado de innovadoras seguirán siéndolo. Respondemos que no sabemos. La compañía General Motors nos parecía excelente en ese momento y desde entonces ha venido sufriendo serios problemas. Pero es muy probable, sin embargo, que pueda superar estos problemas mejor que el resto de la industria automotriz norteamericana. De todas maneras, GM ha tenido tan buenos resultados durante tanto tiempo que no podemos sino sentirnos impresionados. Así nos sentimos respecto de muchas de las compañías excelentes.

Tercero, ¿por qué hemos agregado (el lector pronto lo verá) ejemplos de compañías que no figuraban en la lista original y ejemplos de compañías que no se ajustan a nuestra definición inicial de excelencia? La razón es que nuestra investigación sobre la innovación y la excelencia de las corporaciones es un continuo esfuerzo, y mucho es el trabajo que se ha hecho a partir de 1979. Por ejemplo, otro equipo de McKinsey hizo un estudio especial en la industria norteamericana de bienes de consumo y otro acaba de completar uno sobre las compañías excelentes en el Canadá. Otro grupo trabaja actualmente sobre la cuestión de la excelencia en las compañías de tamaño mediano, las de la categoría de "hasta ahora todo va bien". Así pues, en tanto que el equipo inicial continúa sus investigaciones, nuestras primeras conclusiones se confirman y tenemos nuevos ejemplos.

El proceso ha tenido más fuerza de lo que nunca imaginamos. Desde la publicación original de nuestras conclusiones en *Business Week*, en julio de 1980, hemos dado más de 200 conferencias, dirigido más de 50 seminarios y pasado mucho tiempo en los aviones. Es raro el día en que no nos encontremos con ex alumnos (o miembros activos) de nuestras compañías encuestadas. En Memorex, uno de nosotros se encontró recientemente con un individuo que había trabajado directamente, durante años, con Watson, Sr., en IBM. Nuestra lista de amigos y conocidos del programa de gerencia de P&G y del programa de ventas de IBM mide una brazada. Uno que conocimos en nuestras entrevistas en 3M ha seguido en contacto con nosotros; con él hemos pasado varios largos días hablando sobre innovación. A veces la confirmación llega a ser asombrosamente precisa. Por ejemplo: nosotros alabamos la sencillez de HP. Sin embargo, uno de nuestros colegas, al analizar la tan próspera Tandem (fundada por ex funcionarios de HP) sostiene que las "tradicionales celebraciones de los viernes en Tandem son más escandalosas que las de HP". Nosotros continuamos aprendiendo más y más para agregar confirmaciones y modificaciones, tan detalladas, que nuestra confianza en las conclusiones aumenta.

Finalmente, se nos pregunta cuál es el papel de la evolución y del cambio, cómo hicieron estas compañías para llegar a ocupar el puesto que hoy ocupan, y si es siempre asunto de un gran conductor al timón. Debemos confesar que al principio tuvimos deseos de no entrar a considerar el papel del jefe, aun cuando solo fuera porque en una organización lo que esté mal (o bien), todo el mundo lo considera como responsabilidad de su dirigente. Estábamos firmemente convencidos de que si las compañías excelentes habían conseguido ser lo que son, era porque reunían una serie de atributos culturales que las distinguían de las otras, y que si adquiríamos un buen conocimiento de tales atributos, nuestra respuesta a una pregunta del estilo de "¿Por qué Johnson & Johnson es tan buena empresa?" no podía ser simplemente "Es cuestión de dirección". Infortunadamente, lo que descubrimos es que uno o dos hombres fuertes estaban siempre asociados al éxito de las compañías excelentes. Buen número de estas sociedades, por ejemplo, IBM, Procter & Gamble, Emerson, Johnson & Johnson, Dana se han desarrollado bajo la tutela de una personalidad muy particular. Además, adquirieron estos rasgos fundamentales prácticamente desde su creación.

Pero debemos hacer una o dos advertencias. Parece que las compañías excelentes han desarrollado culturas que han incorporado los valores y las prácticas de los grandes líderes, y es así como se ve que estos valores compartidos sobreviven decenios despues de la muerte del primer líder. Además, como lo hizo notar Chester Barnard, se aprecia que el verdadero papel del jefe ejecutivo es administrar los *valores* de la organización. Esperamos, pues, que lo que sigue aclarará que los valores deben formarse y administrarse y que, después de todo, con esto habremos contribuido a solucionar el problema de la dirección empresarial.

SEGUNDA PARTE

HACIA UNA NUEVA TEORIA

El modelo racional

Profesionalismo y racionalidad práctica se consideran con frecuencia sinónimos en materia de administración. Esto lo vimos en ITT desde cuando Harold Geneen se empeñaba en buscar los "hechos irrefutables" y lo vimos desarrollarse en Vietnam donde el triunfo se media por el número de cadáveres. Los magos de la situación fueron los genios de Ford y su hombre fuerte continúa siendo Robert McNamara. El enfoque numerativo y racionalista en el campo de la administración domina en las escuelas de negocios y nos enseña que los profesionales de la administración bien preparados pueden manejar cualquier cosa. Además, trata de justificar todas las decisiones con análisis objetivos. Ahora bien, este enfoque es bastante acertado para ser peligrosamente falso y, sin duda ninguna, nos ha apartado seriamente de nuestro camino.

Pero no nos explica qué es lo que las compañías excelentes seguramente han aprendido. No nos enseña a amar al cliente. No enseña a nuestros dirigentes la enorme importancia de hacer del obrero corriente a la vez un héroe y un ganador. No nos indica hasta qué punto los trabajadores se identifican con su trabajo si se les da un poco de autonomía. No nos dice por qué el control de calidad autoejercido es mucho más eficaz que el control ejercido por un inspector. No nos dice que hay que cuidar a los campeones de producto como a los primeros botones en primavera. No nos lleva a permitir ni aun a estimular, como en el caso de Procter & Gamble, la competencia interna, la duplicación y hasta el canibalismo entre los productos. No nos ordena gastar exageradamente para defender la calidad y el servicio a los clientes, ni fabricar productos que duren y funcionen. Tampoco nos muestra que, según la fórmula de Anthony Athos, "los buenos gerentes hacen cosas de valor para la gente en la misma forma que hacen dinero". El enfoque racional de la administración tiene muchas fallas.

Cuando él y yo estudiábamos en la escuela de negocios, el departamento de finanzas era el más importante, la mayoría de los estudiantes tenía su grado en ingeniería (también nosotros), los cursos de métodos cuantitativos abundaban, y los únicos hechos que nosotros considerábamos "reales" eran los que podíamos numerar. Esos eran otros tiempos, pero la situación no ha cambiado mucho. Todavía, en la década de los años 60, en la escuela de postgrado, por lo menos algunos estudiantes lograban salir adelante por sus grandes dotes de charlatanes; pero hoy los estudiantes corren peligro de fracasar si no lo han traducido todo a cifras: si no han efectuado algún análisis cuantitativo, cualquiera que sea. Muchos de ellos temen tanto la posibilidad de que su calculadora falle durante el examen final que llevan pila de repuesto u otra calculadora, o ambas cosas. La palabra "estrategia", que entonces significaba una idea genial para golpear duramente a los competidores, ha llegado a ser sinónimo de apertura cuantitativa, de avanzada analítica, cifras de participación en el mercado, teorías de curvas, posición de la empresa en matrices de 4, 9 o 24 casillas (la idea de matriz, tomada directamente de las matemáticas) todo lo cual finalmente, se confía al computador.

No obstante, quedan algunos débiles signos de esperanza. Los cursos sobre estrategia empiezan a reconocer el problema de la ejecución. Los cursos de política manufacturera (aunque enormemente cuantitativos) aparecen, después de todo, en el currículo. Pero, los "hombres fuertes del análisis cuantitativo", como los llama uno de nuestros colegas, ex gerente de una fábrica, continúan siendo una fuerza dominante en el concepto norteamericano de los negocios. Los departamentos de finanzas siguen siendo tan importantes como siempre en las escuelas de negocios. Los profesores preparados y los estudiantes que valen en materia de administración comercial y manufactura —disciplinas básicas en la mayoría de los negocios— siguen siendo tan escasos (y tan agradables) como un aguacero en el desierto.

No se nos interprete mal. Nosotros no nos oponemos al análisis cuantitativo *per se.* Los mejores introductores de artículos de consumo en el mercado, como Procter & Gamble, Chesebrough-Pond's y Ore-Ida, han recurrido a un análisis muy riguroso, que es la envidia y el asombro de sus competidores. Ciertamente, las compañías que hemos llamado excelentes se encuentran entre las mejores en la obtención y análisis de cifras y su utilización para la solución de sus problemas. Si se nos muestra una compañía sin una buena base de realidades —una buena imagen cuantitativa de su clientela, mercados y competidores— podremos afirmar que ésa es una compañía en que las prioridades se definen con la mayor arbitrariedad.

A lo que nos oponemos es al análisis que sea muy complejo para ser útil y demasiado pesado para ser flexible, un análisis que pretende precisar (especialmente en el mal momento) lo que por naturaleza es impredecible —como por ejemplo, las predicciones detalladas del mercado cuando el consumo final de un nuevo producto es todavía confuso (recuérdese que los primeros cálculos estimaban en 50 a 100 unidades en el mercado de computadores)— y, especialmente, un análisis hecho para los operadores de línea por ejecutivos que piensan en función de control pero que no tienen ninguna injerencia directa en la marcha de la compañía. Patrick Haggerty, de Texas Instruments, insiste en que "los planes deben ejecutarlos quienes los trazan". Su célebre sistema de planeación estratégica era supervigilado, con carácter temporal, solamente por tres funcionarios ejecutivos, ex gerentes de línea que así volvían a sus actividades.

También nos oponemos a situaciones en que la acción se detiene mientras se adelanta la planificación: el síndrome de "el análisis que paraliza", que observamos con tanta frecuencia. Hemos visto demasiados gerentes de línea que quisieran seguir con su trabajo, pero a quienes los desanima la dirección central que siempre puede encontrar la forma de "comprobar" que algo no irá a funcionar, aunque no puede demostrar con cifras por qué *sí podría* funcionar. La dirección central va sobre seguro al adoptar un punto de vista negativo. Pero cuando éste va ganando terreno desaparecen de la compañía toda imaginación, toda vida y toda iniciativa.

Nosotros deploramos, por sobre todo, el infortunado empleo del término "racional". Racional significa sensato, lógico, razonable, o bien una conclusión que brota de un planteamiento correcto del problema. Pero racional ha llegado a tener un sentido muy estrecho en el análisis de los negocios. Es la respuesta "correcta", pero le falta el aspecto humano, un poco confuso, como todas esas buenas estrategias que no tienen en cuenta las viejas costumbres que no se olvidan, los obstáculos a la ejecución del proyecto o las simples inconsecuencias humanas. Por ejemplo, las economías de escala. Si pudiera alcanzarse la máxima eficiencia en el proceso, si todos los proveedores suministraran artículos perfectos y los produjeran a tiempo, si se acabara el ausentismo y si la ineficiencia humana no interviniera, entonces las empresas grandes sí dejarían atrás a las pequeñas. Pero, como lo señala el investigador John Child en un extraordinario estudio cuantitativo de una parte del problema, mientras los talleres sindicalizados con 10 a 25 empleados pierden, a causa de conflictos laborales, un promedio de 15 días por año y por 1000 empleados, las fábricas de 1000 o más empleados pierden 2000 días en promedio, o sea 133 veces más. Tenemos el caso de la innovación. Un investigador llegó recientemente a la conclusión de que la eficiencia en la investigación era inversamente proporcional al tamaño del grupo considerado: júntense más de siete personas y la eficiencia baja. Esto lo vemos confirmado por nuestros ejemplos de grupos provisionales de trabajo de diez personas cuyos resultados exceden a los que obtendrían grupos de varios centenares.

También nos oponemos a los que sostienen que todo eso (el fervor de los pequeños grupos, los conflictos que se presentan debido tan solo al tamaño del grupo) depende del factor "arte" en la administración. La cuantificación de estos factores es, por supuesto, difícil, y probablemente ni siquiera sea útil. Pero ellos pueden estudiarse de manera sensata, lógica y muy precisa a la luz de una experiencia vivida, relativamente bien documentada. ¿Es pura y simplemente el "arte" lo que lleva a un hombre como John Mitchell, presidente de Motorola, a decir, que él no permitirá que las fábricas funcionen con más de mil empleados "porque es seguro que algo sale mal cuando se reúne más gente bajo un mismo techo"? ¿O es más bien una versión iluminada de un razonamiento riguroso, basado en el recuerdo bastante exacto de la experiencia pasada? Nosotros preferimos esta última hipótesis.

Podría preguntársenos ahora: ¿Por qué esa estrecha definición de la racionalidad, que pregonaba las "máquinas sin los detestables operarios humanos" fue, aparentemente, satisfactoria durante tanto tiempo? ¿Por qué ella ha originado ganancias de productividad sin precedentes, sobre todo después de la segunda guerra mundial? Ciertamente, las cosas eran entonces algo más sencillas: la demanda represada de productos en la postguerra, la ausencia de competidores internacionales serios, una mano de obra que, habiendo conocido la crisis, se sentía afortunada por estar empleada, y el "entusiasmo" de ser un trabajador norteamericano que fabricaba el mejor de los productos para un mundo ávido de ellos, eran otros tantos factores que influían.

Pero hay también otra razón fundamental. Las técnicas de administración de los últimos veinticinco años han sido realmente necesarias. Como ya lo hemos dicho, somos defensores del análisis riguroso. Las mejores compañías de nuestra lista mezclan una cucharada de profundo análisis con medio litro de amor por su producto. Y ambos ingredientes son indispensables. Antes de la aparición del modelo analítico, la técnica del instinto era la única conocida y, ciertamente, no era apropiada para un mundo complejo. Es cierto que aprender a segmentar los mercados, tener en cuenta el factor valor del dinero en el tiempo, hacer una sana proyección del flujo de caja, han llegado a ser desde entonces etapas fundamentales para la supervivencia de la empresa. Los problemas comenzaron cuando hubo medio litro de técnica por una cucharada de amor por el producto. Los instrumentos de análisis están ahí para prestar ayuda —y la pueden prestar admirablemente— pero no pueden ni fabricar los productos ni venderlos.

Cualesquiera que fuesen las razones, los Estados Unidos eran los que dominaban y, como lo dijo George Gilder en *Wealth and Poverty*, "la mitología secular del racionalismo" prevaleció. Esto era tan cierto que Steve Lohr contaba recientemente en *New York Times Magazine* que hace apenas diez años el mundo entero temía quedar sumergido por la técnica de la administración norteamericana y no solamente por nuestros laboratorios, nuestras fábricas o nuestra misma dimensión. En opinión del escritor francés Jean-Jacques Servan-Schreiber "estos invasores norteamericanos eran superiores no por sus recursos financieros o su tecnología sino por su talento para la organización empresarial —y el genio de todo esto era el director de empresa norteamericano".

Pero algo ha sucedido en los trece años siguientes a la publicación de *El desafío americano* de Servan-Schreiber. La empresa norteamericana se ha atollado en un pantano de sinsabores económicos y políticos, entre los cuales se encuentran, en primer lugar, la OPEP y la siempre creciente reglamentación interna. Desde luego, es cierto que estos problemas los comparten muchos otros países, algunos de los cuales son ahora un oasis de buena suerte. El rendimiento de muchas compañías japonesas y alemanas occidentales se cita frecuentemente para sustentar la tesis de que "sí se puede". Y, naturalmente, ellas han sido más duramente golpeadas por la OPEP que nosotros mismos. Además, operan más que nosotros en un sistema de economía dirigida. Y los gerentes alemanes tienen que negociar constantemente con los sindicatos, mucho más que los gerentes norteamericanos. Además, los japoneses y los alemanes recurren relativamente menos que nosotros a los incentivos económicos individuales. El economista Lester Thurow observa:

> Tampoco los competidores de los Estados Unidos han liberado el esfuer-zo laboral y el ahorro mediante el aumento de las diferencias de ingresos. En realidad, han hecho exactamente lo contrario. Si se considera la dife-rencia de los salarios entre el 10 por ciento de la población situado en la parte superior de la escala y el 10 por ciento de la parte inferior de ésta, los alemanes occidentales trabajan duro con una desigualdad 36 por ciento inferior a la nuestra, y los japoneses más duro aún, con una desigualdad de menos del 50 por ciento. Si los diferenciales de ingresos aumentaran realmente la iniciativa individual, nosotros deberíamos estar llenos de iniciativa, ya que entre los países industrializados, solamente los france-ses nos superan en términos de desigualdad.

. En *El desafío americano,* Servan-Schreiber indicaba que en una época —recientemente— valorábamos más alto nuestro talento para la administración que nuestro genio técnico. Pero conviene observar que Steve Lohr cita a Servan-Schreiber precisamente en un artículo titulado "Overhauling America's Business Management", que es un ataque directo a la habilidad de la administración norteamericana. Lohr emplaza sus baterías: "¡Cómo cambian de rápido las cosas! Hoy, cuando los ejecutivos extranjeros se refieren a los norteamericanos, más se inclinan a despreciarlos que a admirarlos y, ciertamente, parece que los Estados Unidos presentan abundantes pruebas del fracaso de la administración".

En el lapso de algunas semanas, a fines de 1980, *Newsweek, Time, The Atlantic Monthly, Dun's Review* (dos veces) y hasta *Esquire* publicaron artículos sobre el tema general de que los gerentes nortea-mericanos son los responsables del triste estado de los negocios en Norteamérica, y no la OPEP, como tampoco las reglamentaciones, los incentivos económicos ni menos nuestros pequeñísimos gastos de inversión. *Fortune* informó que un vicepresidente ejecutivo de Honda dijo:

> La cantidad de dinero que están gastando las empresas del sector auto-movilístico en los Estados Unidos no me preocupa. Seamos claros: Los Estados Unidos son el país más adelantado tecnológicamente y el más rico. Pero la sola inversión de capital no hará la diferencia. En cualquier país, la calidad de los productos y la productividad de los trabajadores

dependen de la administración. Cuando Detroit cambie su sistema administrativo tendremos competidores norteamericanos más poderosos.*

Apenas unas semanas más tarde, *Fortune* continuó su reportaje
sobre Honda con un artículo titulado: "Europa supera el estilo americano de administración", que atacaba nuestra miopía, nuestra tendencia a trasladar los directores en lugar de construir instituciones firmes y
nuestra falta de interés por nuestros productos.

Las quejas contra la administración norteamericana podrían agru-
parse en cinco categorías principales: 1) las escuelas de negocios nos
están destruyendo; 2) los llamados gerentes profesionales carecen de la
debida perspectiva; 3) éstos no se identifican personalmente con sus
compañías; 4) no se interesan suficientemente por su personal; 5) los
ejecutivos superiores y su estado mayor se encuentran aislados en sus
torres de marfil analíticas.

Parece que la carga contra las escuelas de negocios ha suscitado las
mayores reacciones, por la aparente razón de que son el símbolo de
todo lo demás y son fáciles de criticar. H. Edward Wrapp, eminente
profesor de política comercial en la Universidad de Chicago, afirma:
"Hemos creado un monstruo. Uno de mis colegas observó, y estoy de
acuerdo con él, que las escuelas de negocios han hecho más que
cualquier otra cosa por asegurar el éxito de la invasión del Japón y de
Alemania Occidental al mercado norteamericano". Wrapp deplora en-
seguida la demasiada importancia concedida por las escuelas de negocios a los métodos cuantitativos, acusación ésta que repercute constantemente en nuestro estudio. Steve Lohr, aparentemente, está de acuerdo, según la conclusión de su artículo en el *New York Times,* al
sostener que hay ahora "una opinión ampliamente difundida de que el
curso de postgrado en administración podría ser parte del problema
actual". Otro analista ha propuesto una solución simple para resolver
este problema, con la cual nosotros no estamos completamente en
desacuerdo. Es Michael Thomas, antiguo y próspero banquero y
últimamente autor inspirado, quien escribe a propósito de las escuelas
de negocios: "Les falta cultura en las artes liberales...necesitan una

---

* La primera oleada de la ofensiva pareció concentrarse sobre la ya sitiada industria automotriz; pero a mediados de 1981, se vio claramente que las industrias completamente desarrolladas
no eran las únicas con problemas. Los japoneses acapararon el 70 por ciento del mercado de las
memorias de entrada RAM de 64K, líder indiscutible de la alta tecnología industrial. La mayoría
de los observadores admitió (secreta si no públicamente) que la razón era, pura y simplemente,
cuestión de calidad y no de concentración de capitales.

visión más extensa, sentido de la historia, aportes literarios y artísticos...Si fuera por mí, yo cerraría todas las escuelas de negocios..." Hay observadores que hacen la misma observación. Uno de los directores de National Semiconductor nos dijo: "Los que vienen graduados en Harvard y en Stanford duran alrededor de diez y siete meses. Son incapaces de hacer frente a la flexibilidad y a la falta de estructuras de la empresa".

Recientemente nos encontramos con una versión muy personal de las quejas sobre las escuelas de negocios. Cuando Rene McPherson, de Dana, que se había distinguido brillantemente en una de las áreas más difíciles, a saber, la productividad en una industria de evolución lenta y sindicalizada, llegó a decano de la Escuela Superior de Negocios de Stanford, uno de nuestros colegas, que acababa de ser nombrado decano asociado, con mucha inquietud nos llevó aparte. "Tenemos que hablar", nos dijo. "Acabo de tener mi primera larga reunión con Rene. Me habló de su experiencia en Dana. ¿Sabe usted que nada de lo que él hizo allá se menciona siquiera en el programa de postgrado?"

LA PERSPECTIVA FALTANTE

Sin embargo, las escuelas de negocios no están dirigiendo el país. Pero los directores, sí. En la base de todo el problema se encuentra una falta de perspectiva: la ineptitud del pretendido gerente profesional para dominar la totalidad de la empresa. En efecto, Ed Wrapp hace la mejor demostración una vez más:

> El sistema está produciendo una multitud de ejecutivos con cualidades reconocidas pero que no van en el sentido de la empresa. Todos ellos están dispuestos a estudiar, analizar y definir el problema. Están empapados de lo que son especialización, estandarización, eficiencia, productividad y cuantificación. Son muy racionales y muy analíticos. Ponen énfasis en los objetivos que quieren alcanzar. En algunas organizaciones pueden tener éxito si son capaces de presentar un informe a la junta directiva o de establecer estrategias y hasta de concebir proyectos. La tragedia es que estas calidades encubren las verdaderas deficiencias en lo que respecta a la capacidad de dirigir la empresa globalmente. Estos ejecutivos hábiles corren a esconderse cuando se trata de tomar una decisión operativa corriente y fracasan frecuentemente, de manera lamentable cuando se les encarga hacer utilidades, obtener resultados concretos y sacar adelante la empresa.

Otros observadores han registrado este fenómeno. Un periodista de *Business Week,* en célebre edición consagrada al tema de la reindustrialización, expuso el caso en pocas palabras: "La mayoría de la alta gerencia no lleva la *gestalt* de la empresa en la sangre". Robert Hayes y William Abernathy, en un reciente artículo aparecido en *Harvard Business Review* titulado "Managing Our Way to Economic Decline", exponen algunas razones por las cuales "la carrera típica ya no... produce altos ejecutivos con un profundo conocimiento práctico de la tecnología de la compañía, de sus clientes y de sus proveedores... Desde mediados de los años 50, ha habido un aumento de cierta importancia en el porcentaje de los nuevos presidentes de compañías, cuyos principales intereses y competencia se encuentran en las áreas financieras y jurídicas y no en la producción". Y agrega Hayes: Ya prácticamente no se encuentra el espíritu del alto directivo que mira algún objeto y dice:"¡Por Dios santo! Este es un buen producto. Fabriquémoslo aunque su rentabilidad no se vea clara todavía!" Frederick Herzberg, otro viejo observador de los métodos de administración norteamericana desde hace más de cuarenta años, simplemente dice: "Los gerentes no aman el producto. En realidad, desconfían de él".

En contraposición, tenemos el éxito fenomenal del Japón en el monopolio del mercado del automóvil pequeño. ¿Cuál es, exactamente, la naturaleza del prodigio japonés? *Fortune* cree que no es solamente cuestión de consumo de gasolina:

"Los japoneses merecen nuestra admiración por mucho más que por el solo hecho del triunfo circunstancial que han tenido al ser capaces de suministrar autos eficientes a un país (los Estados Unidos) que no tenía suficientes: Sobresalen por la calidad de ajustes y acabados, las molduras que casan, las puertas que no se comban, materiales hermosos a la vista y resistentes al tiempo, y la obra de pintura perfecta. Y lo más importante de todo: los coches japoneses han ganado fama por su confiabilidad, justificada por la menor tasa de reclamos por garantía que reciben. Técnicamente, la mayoría de los coches japoneses son bastante ordinarios".

Una de nuestras anécdotas preferidas, que confirma el análisis de *Fortune*, es la de un trabajador japonés que al volver a casa todas las tardes endereza los limpiaparabrisas en todos los Hondas que encuentra. ¡No puede ver un defecto en un Honda!

Ahora bien, ¿por qué es tan importante todo esto? Porque la excelencia, en gran parte, se debe al hecho de que las personas son motivadas por valores precisos, simples, aun hermosos. Robert Pirsig se lamenta en *Zen and the Art of Motorcycle Maintenance:*

> Mientras trabajaba, yo pensaba en la falta de cuidado puesto en los manuales de los computadores digitales que estaba editando...Estaban llenos de errores, ambigüedades, omisiones e información tan confusa que había que leerla seis veces para encontrarle algún sentido. Pero lo que me impresionó la primera vez fue la concordancia de estos manuales con la actitud de espectador que había observado en el taller. Estos eran manuales de espectadores. En cada línea iba implícita esta idea: "Aquí está la máquina, aislada en el tiempo y en el espacio, del resto del universo. No tiene ninguna relación con usted ni usted con ella. Usted no tiene sino que hacer girar algunos interruptores, mantener los niveles de voltaje, verificar si se dan condiciones para errores", etc. Eso es todo. Los mecánicos frente a la máquina (la motocicleta de Pirsig) asumían una actitud semejante a la del manual frente a la máquina o a la que yo asumí cuando la traje aquí. Todos éramos espectadores. Entonces se me ocurrió que no hay manual que trate del mantenimiento *real* de las motocicletas, que es el aspecto más importante de todos. Preocuparse por lo que uno hace se considera como sin importancia o como cosa normal.

La arremetida se dirige en seguida a la falta de interés de la administración por las personas que podrían amar el producto si se les diera la oportunidad. A los ojos de ciertos analistas esta acusación resume todo. El profesor Abernathy recuerda su sorpresa al descubrir la razón del éxito japonés en el ramo de automóviles: "Parece que los japoneses gozan de una enorme ventaja por concepto de costos...Mi gran sorpresa fue descubrir que no es cosa de automatización. Ellos han desarrollado el elemento humano en la fabricación de autos. Tienen una mano de obra motivada, dispuesta a trabajar, a la que le encanta fabricar coches...En este país nosotros tenemos una concepción diferente de la productividad y esto se debe a una cantidad de detallitos. No es el estilo de cosas que puede corregirse con una política de inversiones".

Steve Lohr defiende este punto de vista con entusiasmo. Se refiere él al presidente de Sony, Akio Morita, que se queja: "Los gerentes norteamericanos se preocupan muy poco por sus trabajadores". Morita continúa relatando la revolución cuidadosamente planeada en las plantas de Sony en los Estados Unidos. Lohr anota: "En las plantas de

Sony en San Diego y en Dothan la productividad ha crecido constantemente, en tal forma que ahora está muy cerca de la de las fábricas de la compañía en el Japón". Y el éxito de Sony en los Estados Unidos, de que tanto se ha hablado, es pálido al lado de la recuperación del sector televisión de Motorola a raíz de la compra por parte de Matsushita. En cinco años, con prácticamente ningún cambio en la mano de obra del Medio Oeste norteamericano, el puñado de gerentes generales japoneses logró bajar las cuentas por garantías del vendedor de 22 millones a 3.5 millones de dólares, bajar también el porcentaje de los defectos de fabricación para cada 100 aparatos de 140 a 6, reducir las reclamaciones en los primeros noventa días (después de la venta) de 70% a 7% y reducir la rotación del personal del 30% al 1% anual.

El éxito de Sony y de Matsushita en los Estados Unidos pinta bien la ausencia de cualquier "magia oriental" en la extraordinaria productividad del Japón. Un comentarista apuntó: "La cuestión de la productividad no es tanto esotéricamente japonesa cuanto simplemente humana...la lealtad, el compromiso mediante una formación eficiente, la identificación personal con el éxito de la compañía, y, más sencillamente, la relación humana entre el empleado y su superior". Sin embargo, hay una diferencia cultural crucial que parece alentar la productividad por el personal en el Japón. Nos lo explicó un ejecutivo jefe japonés: "Somos muy diferentes del resto del mundo. Nuestro único recurso natural es el trabajo duro de nuestro pueblo".

El hecho de tratar a las personas —y no al dinero, las máquinas o las voluntades— como el recurso natural puede ser la clave de todo esto. Kenichi Ohmae, quien dirige la oficina de McKinsey en Tokio, dice que en el Japón *empresa y trabajadores* son sinónimos. Además, una empresa que marcha en función del personal estimula el amor al producto y no requiere sino correr un riesgo pequeño y poca innovación de parte del trabajador medio. Como lo explica Ohmae:

> Los directores japoneses no cesan de repetir a su personal que los que están en la frontera son los que conocen mejor el oficio. Una compañía bien dirigida confía enormemente en las iniciativas individuales o colectivas para la innovación y la actividad creadora. Las capacidades creativas y productivas del individuo se utilizan plenamente. La organización completa —los buzones de sugerencias, los círculos de calidad y cosas por el estilo— es "orgánica" y "empresarial" y no "mecánica" y "burocrática".

Kimsey Mann, director general de Blue Bell, el segundo fabricante de ropa en el mundo, refiriéndose a los ocho atributos de la excelencia en la administración en que se basa este libro, observa que "todos los ocho atañen al personal".

LAS TORRES DE MARFIL ANALITICAS

Si tantas empresas norteamericanas no concentran toda su atención en el producto o el personal, parece que sea, sencillamente, porque se concentran en alguna otra cosa. Esa alguna otra cosa es exceso de confianza en el análisis de las torres de marfil de la corporación y el exceso de confianza en el juego de manos financiero, instrumentos que se supone eliminan los riesgos pero que también, infortunadamente, eliminan la acción.

"Muchas compañías lo exageran", dice Ed Wrapp. "A ellas les parece más interesante la planificación que sacar un producto que se venda...La planificación es una agradable pausa para olvidarse de los problemas operativos. Intelectualmente es más satisfactoria y provoca menos tensiones...La planificación a largo plazo, sistemática, lleva casi siempre a dar demasiada importancia a la técnica". Fletcher Byrom, de Koppers, declara: "Como régimen, como disciplina para un grupo de personas, la planificación es muy valiosa. Mi opinión es que se debe continuar planeando, pero una vez hecha la planificación se debe guardar en el archivo y olvidarla. No se sienta atado por ella. No la utilice como un elemento esencial del proceso de la toma de decisiones. Usela solamente como un medio de reconocer el cambio". En el mismo orden de ideas, *Business Week* informó recientemente: "Es significativo que ni Johnson & Johnson, ni TRW, ni 3M —todas empresas a las cuales se les considera innovadoras— tienen en sus equipos ningún funcionario que se denomine planificador oficial".

David Ogilvy, fundador de Ogilvy & Mather, declara lisa y llanamente: "La mayoría de los hombres de negocios son incapaces de tener una idea original porque no pueden liberarse de la tiranía de la razón". Theodore Levitt, célebre profesor de mercadeo en Harvard, dijo recientemente: "Los planificadores fabrican complicados árboles de decisiones cuya pretensión de utilidad solamente la iguala el terror que los tecnócratas que los inventan inspiran a los altos directivos". Finalmente, veamos la reciente historia de una nueva estrategia de producto en Standard Brands, que fue un ignominioso fracaso. La razón, de acuerdo con el artículo principal de *Business Week,* fue que Standard Brands contrató a un grupo de planificadores de General Electric y les confió luego lo que podríamos llamar la responsabilidad de las operaciones. Después de despedir a la mayoría de ellos, el presidente observó: "Los tipos eran brillantes, pero incapaces de ejecutar los programas".

Esto no agradará a los que han consagrado su vida a moler cifras. Pero el problema no es que las compañías no deben planificar. ¡Claro que deben planificar! El problema es que la planificación se vuelve un fin en sí misma. Va más allá del sabio consejo de Byrom: utilizarla para mejorar la preparación mental. Más bien, el plan se convierte en verdad y los datos que no encajen dentro del plan preconcebido (la reacción real de la clientela a una prueba preliminar de mercado) son denigrados o alegremente desechados. El juego de azar reemplaza la acción pragmática. ("¿Se ha hecho ya un sondeo entre los directivos de la compañía acerca de la evaluación?" era una pregunta usual en un comité operativo de la compañía que estuvimos observando durante años.)

El rendimiento de los negocios en los Estados Unidos ha bajado mucho, por lo menos cuando se compara con el del Japón y algunas veces con el de otros países: y en muchos casos absolutamente, en términos de productividad y de calidad. Ya no fabricamos los mejores y más confiables productos y, sin embargo, los hacemos pasar por tales en los sectores donde es fuerte la competencia internacional (por ejemplo, automóviles, fichas electrónicas).

Cuando se ha tratado de encontrar las causas del problema, la primera ola de ataque se ha concentrado en las reglamentaciones gubernamentales. Sin embargo, esa respuesta parecía incompleta. Después, a mediados de 1980, la averiguación de las causas fundamentales llevó a los ejecutivos reflexivos, a los periodistas económicos y a los universitarios, todos por igual, al meollo de la práctica de la administración en una tentativa por averiguar qué había salido mal. Como causas principales se han señalado la subordinación de los Estados Unidos a un exceso de análisis y a una forma estrecha de racionalidad, lo que no tiene nada de sorprendente. Estas dos tendencias contrastaban particularmente con la actitud japonesa hacia la fuerza de trabajo y la calidad, aun teniendo en cuenta las diferencias culturales.

La investigación halló dos enormes obstáculos. El primero fue un movimiento natural defensivo. El entendimiento y el espíritu del hombre de negocios sufrían el ataque. Hasta entonces la prensa lo había alentado para echar toda la culpa a otros, es decir, al gobierno. Segundo, el ataque se encontró con un problema de vocabulario. No se le consideró como un ataque contra la "forma estrecha de racionalidad", la que nosotros hemos llamado "el modelo racional", del cual necesitábamos una visión más amplia, sino como un ataque a la racionalidad misma y al pensamiento lógico *per se*, con lo cual se alentaba implícitamente a huir al terreno de lo irracional y del misticismo. Se nos hizo creer que la única solución era trasladar las reuniones de la junta directiva de Ford al templo budista. Y, obviamente, esta no iba a ser la solución del problema.

Pero detengámonos un momento y preguntémonos: "Exactamente, ¿qué entendemos por la caída del modelo racional?" En realidad, estamos hablando de lo que Thomas Kuhn, en su admirable libro *The Structure of Scientific Revolutions* llama el cambio de paradigma. Kuhn sostiene que los científicos, en cualquier tiempo y en cualquier campo, comparten un conjunto de convicciones acerca del mundo, y para ese tiempo dado, el conjunto constituye el paradigma dominante. Lo que él llama "ciencia normal" encaja muy bien dentro de este conjunto de convicciones compartidas. Se llevan a cabo experimentos siempre dentro de los límites de estas convicciones y los progresos se hacen lentamente. Un viejo pero excelente ejemplo lo encontramos en el sistema de Ptolomeo, que sostenía que la Tierra era el centro del universo y que la Luna, el Sol, los planetas y las estrellas giraban a su alrededor en esferas concéntricas. Esta doctrina fue válida hasta el siglo dieciséis. Se desarrollaron complicadas fórmulas y modelos matemáticos que permitirían predecir, con precisión, sucesos astronómicos con base en el sistema de Ptolomeo. Sólo cuando Copérnico y Kepler encontraron que la fórmula resultaba más fácil si el Sol se situaba en el centro de todo en lugar de la Tierra, se inició un cambio de paradigma.

Después de iniciarse un cambio de paradigma, el progreso es rápido pero cargado de tensión. La gente se enoja. Nuevos descubrimientos afluyen en sustentación del nuevo sistema de valores (por ejemplo, Kepler y Galileo) y tiene lugar una revolución científica. Otros ejemplos conocidos de cambio de paradigma seguido de una revolución científica son el descubrimiento de la relatividad en física y la tectónica de placas en geología. Lo importante en cada ejemplo es que la antigua "racionalidad" ha sido finalmente reemplazada por otra, nueva, diferente y más útil.

Nosotros proponemos algo por el estilo en el campo de los negocios. En nuestra opinión, la antigua racionalidad ha salido directamente de la escuela de administración científica de Frederick Taylor, y ha dejado de ser una disciplina útil. A juzgar por el comportamiento de los gerentes que parecen obrar bajo este paradigma, algunas de las convicciones por ellos compartidas son:

- Es mejor ser grande porque siempre se pueden hacer economías de escala. En caso de duda, consolidar las cosas, eliminar los dobles empleos, las duplicaciones y el desperdicio. Incidentalmente, al ir desarrollándose, asegurarse de que todo está cuidadosamente y sistemáticamente coordinado.
- Los productores a costo bajo son los únicos seguros de triunfar en todos los casos. Las funciones de utilidad para el cliente los llevan a concentrarse en los costos durante el análisis final. Los sobrevivientes siempre lo hacen más barato.
- Analizar todo. Hemos aprendido que podemos evitar tomar decisiones estúpidas con buena investigación del mercado, análisis del flujo de caja descontado, y buen presupuesto. Si un poquito es bueno, entonces mucho será mejor, de modo que cosas como el flujo de caja descontado deben aplicarse a inversiones arriesgadas, tales como la investigación y el desarrollo. Utilizar la presupuestación como modelo de planificación a largo plazo. Hacer pronósticos. Fijarse objetivos numéricos estrictos sobre la base de esos pronósticos. Sacar los gruesos volúmenes de planes que no tienen sino números. (A propósito: olvidar que la mayoría de los pronósticos a largo plazo están sujetos a error desde el mismo momento en que se hacen. Olvidar que la invención es, por definición, imprevisible.)
- Deshacerse de los individuos problemáticos, por ejemplo, los campeones fanáticos. Después de todo, nosotros tenemos un plan. Queremos que una nueva actividad de desarrollo del producto se abra el camino necesario y, si fuese el caso le destinaríamos 500 ingenieros porque nuestra idea es la mejor.
- El oficio del gerente es la toma de decisiones, aun las más difíciles. Equilibrar la cartera. Comprar acciones de industrias atrayentes. La ejecución es cosa secundaria. Reemplazar todo el equipo de dirección, si es necesario asegurar una ejecución eficaz.

- Controlar todo. Es tarea del gerente asegurarse de que todas las cosas están en orden y bajo control. Especificar la estructura de la organización detalladamente. Fijar cuidadosamente las funciones de cada puesto. Desarrollar complicadas organizaciones de matriz para asegurarse de que todo imprevisto se pueda explicar. Dar órdenes. Tomar decisiones bien definidas. Tratar a las personas como factores de producción.
- Escoger los incentivos apropiados y la productividad seguirá. Si a la gente se le dan buenos incentivos monetarios directos para que se manejen bien y hagan un buen trabajo, el problema de la productividad desaparecerá. Recompensar con exceso a los mejores. Suprimir el 30 o 40% de inútiles que no quieren trabajar.
- Verificar el control de calidad. Ordenar que ésta se obtenga. Triplicar el departamento de control de calidad, si es necesario (olvidar que el personal para el control de calidad por unidad de producción en las compañías del sector automovilístico en el Japón, es solamente la tercera parte del nuestro). Hacerlo depender del presidente. Mostrar a los trabajadores que se habla en serio.
- Los negocios son los negocios y nada más. Si se sabe leer los informes financieros, se puede manejar cualquier cosa. Las personas, los productos y los servicios son, sencillamente, los recursos que se tienen que alinear para obtener buenos resultados financieros.
- Los altos ejecutivos son más listos que el mercado. Cuidar del maquillaje del estado de pérdidas y ganancias y del balance general, y los extraños se llevarán una buena imagen. Sobre todo, no dejar que las ganancias trimestrales dejen de crecer.
- Todo está perdido si se deja de crecer. Cuando se agotan las oportunidades en nuestro sector, comprar acciones de industrias en sectores de los cuales no sabemos nada. Por lo menos se puede seguir creciendo.

Aunque la racionalidad convencional parece animar el mundo de los negocios hoy en día, no explica qué es lo que hace funcionar las compañías excelentes. ¿Por qué? ¿Cuáles son los puntos débiles?

En primer lugar, el componente numerativo lleva implícita una tendencia conservadora. La reducción de costos llega a ser la prioridad número uno y el incremento de ingresos queda relegado al último plano. Esto lleva a la obsesión del costo y no de la calidad o del valor, a recomendar los productos viejos en vez de ensayar un producto nuevo o un nuevo desarrollo del negocio y esto conduce, finalmente, a contar con la inversión para asegurar la productividad más bien que con la revitalización de la mano de obra. La debilidad oculta del enfoque analítico a la toma de decisiones reside en que la gente analiza lo que es fácil de analizar, gasta más tiempo en esto, y más o menos, desatiende el resto.

Como lo anota John Steinbruner, de Harvard, "En el actual momento, si se exige precisión cuantitativa, ésta se obtiene solamente reduciendo lo que debe analizarse, de tal manera que la mayoría de los problemas importantes quedan por fuera del análisis". Esto lleva a una fijación sobre el aspecto costo de la ecuación. Las cifras son ahí "más duras". Además, el aprieto es mecánico y fácil de detectar: comprar una nueva máquina para reemplazar diez y nueve empleos, reducir el papeleo en un veinticinco por ciento, cerrar dos líneas y acelerar el ritmo de la que queda.

El análisis numerativo lleva simultáneamente a otra devaluación involuntaria del aspecto ingreso. Es incapaz de apreciar la actividad, el entusiasmo, este elemento que se encuentra en un personal de ventas de IBM o de Frito-Lay. En verdad, según un observador, cada vez que los analistas ponían la mano sobre el "99.5% de nivel de servicios" de Frito (nivel de servicios que no es razonable para un negocio de artículos de consumo), los ojos comenzaban a brillarles, y procedían a demostrar lo que podía economizarse con tal que Frito aceptara reducir el servicio. Los analistas tienen "razón". Inmediatamente Frito haría economías. Pero los analistas no pueden medir el impacto que tendría el menor relajamiento en la confiabilidad del servicio sobre los 10 000 héroes que integran el personal de ventas, sin hablar de los detallistas de Frito y, por consiguiente, sobre una eventual pérdida de la participación en el mercado o la disminución del margen, que sería el resultado. Desde el punto de vista analítico, el entusiasmo por la confiabilidad en Caterpillar ("Cuarenta y ocho horas de servicio de repuestos en cualquier parte del mundo —o Cat le reembolsa") o en Maytag ("diez años sin problemas") no tiene sentido. Analíticamente hablando, la duplicación deliberada, el esfuerzo del desarrollo de productos en IBM y 3M, o el "canibalismo" entre marcas de producto en Procter & Gamble, son eso exactamente: duplicación. El espíritu de familia que reina en Delta, el respeto por el individuo en IBM y la manía de la limpieza en McDonald's y Disney, no tienen sentido en términos cuantitativos.

El enfoque exclusivamente analítico desmedido lleva a una filosofía abstracta e inhumana. Nuestra obsesión por la contabilización de los muertos en Vietnam y nuestra incomprensión de la obstinación y la resistencia del espíritu oriental culminaron en la más catastrófica asignación de recursos que hayan hecho jamás los Estados Unidos: recursos humanos, morales y materiales. Pero la fascinación de McNamara con las cifras era exactamente un signo de los tiempos. Uno de sus niños prodigios en la Ford, Roy Ash, cayó víctima del mismo mal. Dice *Fortune* de sus desventuras en Litton: "Enteramente abstracto en su concepción de los negocios, Ash gozaba profundamente ejercitando su aguda inteligencia en el análisis de las técnicas contables más sofisticadas. Esto lo llevó a tener delirios de rey: la construcción de nuevas ciudades; la creación de un astillero de donde saldrían los buques con la más avanzada técnica, algo así como Detroit fabrica automóviles". Infortunadamente, el análisis de *Fortune* no habla solamente del fracaso de Ash en Litton, sino también del desastre similar que, diez años más tarde, causó la ruina de AM International bajo su dirección.

El enfoque racionalista les quita el elemento vida a situaciones que deberían, ante todo, estar vivas. Lewis Lapham, director de *Harper's*, describe el espejismo de la preocupación numerativa en un artículo titulado "Gifts of the Magi": "Los magos siempre están hablando de cifras y de peso —los barriles de petróleo, la oferta de dinero— siempre de recursos materiales y rara vez de recursos humanos, siempre de cosas, jamás de personas. La tendencia predominante se ajusta a la prevención nacional en favor de las instituciones más bien que de los individuos". John Steinbeck hizo la misma observación sobre la racionalidad privada de vida:

"El pez sierra mexicano tiene 17 más 15 más 9 espinas en su aleta dorsal. Son fáciles de contar. Pero si el sierra tira bruscamente del sedal de tal modo que nos quema las manos, si el pez se sumerge y casi se escapa y pasa, finalmente, por encima de la borda, con sus colores palpitantes y su cola golpeando el aire, ha nacido una exterioridad totalmente nueva, una entidad que es más que la suma del pez más el pescador. La única manera de contar las espinas del sierra mexicano sin ser afectados por esta segunda realidad relacional, es sentarse en un laboratorio, abrir un frasco maloliente, sacar del formol un pez rígido e incoloro, contar las espinas y escribir la verdad. Ha quedado así registrada una realidad que no puede atacarse, probablemente la realidad menos importante en cuanto al pescado o a usted mismo. Es bueno saber lo que se está haciendo. El hombre con este pescado marinado ha establecido una verdad y en su experiencia ha registrado muchas mentiras. El pez no tiene ese color, ni esa textura, ni esa muerte, ni huele así".

La racionalidad en sentido estricto es con frecuencia negativismo. Peter Drucker hace una buena descripción de la funesta influencia de la tendencia analítica de la administración. "La administración 'profesional' de hoy se ve a sí misma en el papel del juez que dice sí o no a las ideas según éstas se van presentando...Una alta administración que cree que su tarea es juzgar vetará inevitablemente la nueva idea. Esta es siempre impracticable". John Steinbruner hace un comentario parecido sobre el papel de la dirección en general: "Es naturalmente más fácil desarrollar un argumento negativo que proponer uno constructivo". En su análisis de la decisión de adoptar una fuerza nuclear multilateral sobre la propuesta de la OTAN, Steinbruner refiere un intercambio entre un técnico conservador y un verdadero estadista. El secretario de Estado, Dean Acheson, dijo a Richard Neustadt, consejero presidencial egresado de Harvard: "Usted piensa que los presidentes deben ser puestos sobre aviso. Está equivocado. A los presidentes debe dárseles confianza". Steinbruner analiza luego el papel de los que "advierten" frente a los que "estimulan". No obstante sus esfuerzos por presentar un equilibrio entre las dos proporciones, está claro que la balanza del modelo analítico neutro se inclina a favor de los que advierten.

El ejecutivo jefe de Mobil, Rawleigh Warner, Jr., vuelve sobre el mismo tema cuando explica por qué su compañía decidió no hacer postura en 1960 sobre los yacimientos de petróleo cerca de la costa, en Prudhoe Bay: "Los financistas de esta compañía prestaron un flaco servicio al equipo de exploraciones...Los pobres encargados de éstas quedaron desfavorablemente impactados por personas que no sabían nada de petróleo ni de gas". Hayes y Abernathy tienen, como siempre, mucho que decir a este respecto: "Nosotros creemos que durante los dos últimos decenios los gerentes norteamericanos se han confiado cada vez más en principios que hacen más caso de la indiferencia analítica y de la excelencia metodológica que de la perspicacia... fundada en la experiencia. A falta de una experiencia práctica, las fórmulas analíticas de la teoría de la cartera de actividades empujan a los gerentes a actuar con mayor prudencia en lo que concierne a la asignación de recursos". Finalmente, George Gilder en *Wealth and Poverty* escribe: "El pensamiento creativo (precursor de la invención) exige un acto de fe". Analiza buen número de ejemplos para sustentar su punto de vista, remontándose al trazado de ferrocarriles, e insiste en el hecho de que "cuando se construyeron apenas podían justificarse en términos económicos".

La interpretación actual de la racionalidad no atribuye ningún valor a la experimentación y detesta los errores. El conservatismo que lleva a la inacción y a los "grupos de estudios" que duran años, enfrenta a menudo a los hombres de negocios con lo que precisamente ellos trataban de evitar —tener que correr, ocasionalmente, un riesgo grande. Enormes grupos de desarrollo del producto analizan y analizan durante años y, finalmente, se limitan al único producto que "pega", adornado de toda clase de campanas y pitos que lo harán atractivo a todos los segmentos. Entre tanto, Digital, 3M, Hewlett-Packard y Wang, experimentando a tontas y a locas, han seguido un proceso "irracional" y anárquico y han lanzado diez o más productos cada una. El progreso llega solamente con la acción: ensayar un primer prototipo en uno o dos clientes, tomar una rápida muestra de mercado, aplicar un dispositivo improvisado a una cadena de producción, ensayar una nueva promoción de ventas en 50000 abonados.

En la mayoría de las grandes compañías se ha acostumbrado, desde hace mucho tiempo, exigir la sanción por un error, no importa qué tan útil, pequeño o imperceptible sea. La ironía del asunto es que la más noble antecesora de la racionalidad actual en los negocios se llamó administración *científica*. La experimentación es la herramienta fundamental de la ciencia: si hacemos experimentos con buenos resultados, por definición, es a costa de buena cantidad de errores. Pero los hombres de negocios demasiado racionales están, en este caso, en buena compañía, porque los mismos científicos no quieren reconocer los errores que constituyen el pavimento de la ruta del progreso. Robert Merton, respetable historiador de la ciencia, hace una descripción de la "comunicación" tipo:

> Hay una diferencia enorme entre el trabajo científico impreso y el desarrollo mismo de la investigación...La diferencia es algo parecido a la que hay entre los libros de texto científicos y la forma en que los científicos realmente piensan, sienten y conducen su trabajo. Los libros presentan modelos ideales, pero estos métodos cuidadosos y normativos... no reproducen las adaptaciones desordenadas y oportunistas a que se entregan los sabios. La publicación científica es inmaculada y muestra poco de los saltos intuitivos, salidas en falso, tentativas no terminadas y los felices accidentes que realmente trastornaron la investigación.

Sir Peter Medawar, premio Nobel de medicina, declara categórica-
mente: "No vale la pena examinar las publicaciones científicas, porque
no solamente ocultan sino que además dan una falsa imagen del
razonamiento que entra en el trabajo descrito".

*La antiexperimentación nos conduce inexorablemente a la hiper-
complejidad y la inflexibilidad.* La mentalidad del producto "estrella"
encuentra su mejor expresión en la carrera tras el "arma superpodero-
sa" en materia de defensa. Un cronista de *Village Voice* observa:

> El camino más corto para comprender el terror provocado en el Pentágo-
> no por Spinney [analista de la división de análisis y evaluación de progra-
> mas del Departamento de Defensa] es citar su conclusión: "Nuestra es-
> trategia que tiende a buscar una sofisticación y una complejidad siempre
> crecientes en el plan técnico, ha tenido por efecto volver incompatibles
> las soluciones altamente tecnológicas y la aptitud para el combate". En
> otras palabras, mientras más dinero gastan los Estados Unidos en defen-
> sa, menos capaces son de combatir...Más dinero ha producido menos
> aviones pero más complejos, y no trabajan gran parte del tiempo. El des-
> pliegue de un número menor de aviones presupone un sistema de comu-
> nicación más elaborado y más delicado que tiene pocas probabilidades
> de sobrevivir en tiempo de guerra.

La prudencia y la parálisis provocada por el análisis conducen a la
antiexperimentación. A su vez, ésta lleva irónicamente a la arriesgada
"gran apuesta" o a la mentalidad de la "superarma". Tenemos, pues,
que el tornillo vuelve a girar. Fabricar estos superproductos exige
estructuras administrativas de una complejidad desesperante que, finalmente, van a ser ingobernables. La expresión última de esta tendencia es la matriz. Cosa interesante: unos veinte años antes del apogeo de
la matriz a mediados de los años 70, el investigador Chris Argyris
subrayó los defectos principales de esta fórmula:

> ¿Por qué estas nuevas estructuras administrativas y estas nuevas estrate-
> gias están con problemas? Esta teoría [de la matriz] suponía que si los
> objetivos y los caminos decisivos que debían conducir a su realización,
> estuvieran claramente definidos, las personas tenderían a cooperar para
> alcanzar estos objetivos dentro del mejor programa que pudiera elabo-
> rarse. Sin embargo, en la práctica, la teoría fue difícil de aplicar...No pasó
> mucho tiempo antes de que completar el estudio llegara a ser un fin en sí
> mismo. Setenta y uno por ciento de los gerentes medios declararon que
> era tan decisivo mantener el flujo de papeles necesarios para la planifica-
> ción del producto y para el estudio del programa, como asumir la respon-
> sabilidad operativa asignada a cada grupo de trabajo. Otra forma de adap-

tación consistía en retirarse y dejar la responsabilidad del programa a los ejecutivos superiores. "Este es su bebé —que se preocupen ellos". O todavía otro problema frecuentemente observado fue la inmovilización del grupo producida por innumerables decisiones pequeñas.

Se puede derrotar el síndrome de la complejidad, pero no es fácil. El computador 360 de IBM ha sido uno de los mayores éxitos de la historia de los negocios en los Estados Unidos y, no obstante, su desarrollo fue desordenado. En el curso del proceso, el presidente de IBM, Thomas Watson, Sr., pidió al vicepresidente Frank Cary "idear un sistema que nos asegure que esta clase de problemas no volverá a presentarse". Cary hizo lo que se le pidió. Años después, cuando él a su vez llegó a presidente, se apresuró a deshacerse de la difícil estructura de desarrollo del producto que él mismo había creado para Watson. "Mr. Watson tenía razón", explicó. "Esta estuctura permitirá evitar que se repita el desorden que imperó cuando el desarrollo del 360. Desgraciadamente, también asegura que jamás se inventará otro producto como el 360".

La fluidez, versión administrativa de la experimentación, es la reacción de las compañías excelentes a la complejidad. La reorganización nunca cesa. "Si usted tiene un problema, movilice todos los recursos y arréglelo", dice un ejecutivo de Digital. "Es así de sencillo". Fletcher Byrom, de Kopper, lo apoya: "La cosa más molesta que yo haya podido observar en las compañías es esta tendencia a la organización exagerada, lo que provoca una rigidez que es intolerable en la era del cambio acelerado". David Packard, de Hewlett-Packard, dice: "Es necesario evitar una organización demasiado rígida. Para que una organización funcione eficientemente, la información debe pasar por el canal más eficaz, haciendo caso omiso del organigrama. Esto es lo que aquí se hace. Con frecuencia he pensado que una vez que uno se ha organizado, debe tirarse el organigrama a la canasta". Hablando de la racionalidad organizacional norteamericana, nuestro colega japonés Ken Ohmae, declara: "La mayor parte de las compañías japonesas no tiene ni siquiera un organigrama razonable. Nadie sabe cómo está organizada Honda, excepto que utiliza muchos equipos de proyectos y es enormemente flexible...La innovación se presenta, típicamente, en la interfaz y requiere múltiples disciplinas. Así, pues, la organización japonesa flexible ha venido a constituir, especialmente ahora, un activo.

El enfoque racionalista no celebra la informalidad. Analizar, planificar, relatar, especificar y verificar son las palabras claves del proceso racional. Actuar recíprocamente, ensayar, probar, fallar, permanecer en contacto, aprender, cambiar de dirección, adaptar, modificar y observar son algunas de las palabras claves de los procesos de administración informales. Estas últimas son las que oímos con más frecuencia en nuestras entrevistas con las compañías excelentes. Intel multiplica las salas de conferencias con el único fin de aumentar las probabilidades de resolver de manera informal los problemas entre diferentes disciplinas. 3M patrocina toda clase de clubes con el único fin de incrementar la interacción. Hewlett-Packard y Digital invierten un enorme presupuesto en sus propios sistemas de transporte aéreo y terrestre, de modo que las personas puedan visitarse mutuamente. El principio de "acoplamiento ajustado" de Patrick Haggerty en Texas Instruments hace que los productos se sucedan rápidamente. Lo cual significa que las personas hablan, resuelven los problemas y arreglan las cosas en lugar de presumir, polemizar y demorar.

Infortunadamente, la administración reglamentada parece más cómoda a la mayoría de los gerentes norteamericanos. Estos mueven la cabeza en señal de incredulidad delante de 3M, Digital, Hewlett-Packard, Bloomingdale's e incluso de IBM, compañías cuyos procesos principales parece que escapan a todo control. Después de todo, ¿quién en su sano juicio podría hacer de la "administración errabunda" uno de los pilares de su filosofía, a ejemplo de Hewlett-Packard? Resulta que el control informal mediante comunicaciones regulares y ocasionales, es en realidad más estrecho que el control por cifras, que puede evitarse o eludirse. Pero es muy trabajoso vender esta idea por fuera de las compañías excelentes.

El modelo racional nos mueve a denigrar la importancia de los valores. Hemos observado muy pocas orientaciones, nuevas y audaces de compañías, que han salido de la precisión de objetivos o del análisis racional. Si bien es cierto que las buenas compañías son muy competentes en materia de análisis, sus decisiones son más función de sus valores que de su habilidad para manejar las cifras. Las mejores empresas crean una cultura tolerante, alentadora y compartida, un marco coherente que permite a las personas motivadas hacer las adaptaciones necesarias. Su habilidad para obtener contribuciones extraordinarias de un gran número de personas depende de que puedan crear un sentimiento de propósito que se tenga en alta estima. Esta clase de propósito emana, invariablemente, del amor por el producto, de la voluntad de ofrecer un servicio de primera calidad y del culto a la innovación y de la contribución de todos. Por su naturaleza misma, tal propósito contrasta con los 30 objetivos trimestrales de la administración por objetivos, las 25 medidas de restricción de costos, las 100 reglas degradantes para los trabajadores de la línea de producción, o una estrategia siempre cambiante, derivada del análisis, que insiste en los costos este año, en la innovación el próximo año y, solo Dios sabe, en qué insistirá el año subsiguiente.

En el mundo racionalista hay poco espacio para la competencia interna. Se supone que una compañía no entra en competencia consigo misma. Sin embargo, a lo largo de nuestra investigación sobre las compañías excelentes pudimos observar un ejemplo tras otro de este fenómeno. Además, vimos la presión ejercida por los iguales como principal motivación en lugar de las órdenes del jefe. General Motors fue la primera en lanzar la idea de la competencia interna, hace sesenta años. Hoy los maestros en la materia son 3M, Procter & Gamble, IBM, Hewlett-Packard, Bloomingdale's y Tupperware. El traslapo entre las divisiones, la duplicación de las líneas de productos, la multiplicación de los equipos de desarrollo de los productos y una vasta divulgación de la información para estimular la comparación de la productividad y, desde luego, su mejoramiento, son el santo y seña. ¿Por qué hay tantos que no han comprendido el mensaje?

Nuevamente, la tendencia a "analizar lo analizable" es fatal a más o menos largo plazo. Es verdad que se pueden medir con precisión los costos de duplicación de las líneas de productos y la falta de uniformidad en los procedimientos de fabricación. Pero la utilidad que se obtiene de un flujo continuo de nuevos productos desarrollados por campeones celosos, y las ganancias de productividad que son fruto de una continua innovación por parte de los equipos de producción en competencia, son mucho más difíciles, si no imposibles, de calcular.

EL DESEQUILIBRIO

Quizás el mayor defecto del racionalismo, en su visión estrecha, no lo constituya el ser malo en sí mismo, sino el haber creado un serio desequilibrio en nuestro modo de considerar la administración. Harold Leavitt, de Stanford, tiene una manera maravillosa de explicar esto: considera el proceso administrativo como la interacción de tres variables: la exploración del camino, la toma de decisiones y la ejecución. Para explicar las diferencias que separan estas tres actividades, Leavitt invita a sus estudiantes a pensar en líderes políticos, cuyos estereotipos correspondan en la forma más clara a estas categorías. Por ejemplo, la respuesta típica sugeriría escoger al presidente Kennedy como la figura del explorador. Como estereotipo de la toma de decisiones el escogido podría ser Robert McNamara en su cargo de secretario de defensa o bien Jimmy Carter como presidente. Como tipo del hombre de acción todo el mundo piensa en Lyndon Johnson.

A fin de que sus estudiantes comprendan mejor, Leavitt les pide asociar varios oficios con las tres categorías. Las personas comprendidas dentro de la categoría de la toma de decisiones son los analistas de sistemas, los ingenieros, los MBA, los estadísticos y los administradores profesionales —compañeros extraños pero muy parecidos en su tendencia al enfoque racionalista. La ejecución sería más bien la ocupación de quienes gustan del trabajo con otras personas —los psicólogos, los vendedores, los profesores, las trabajadoras sociales y la mayoría de los gerentes japoneses. Por último, en la categoría de los exploradores encontramos a los poetas, los artistas, los empresarios y los dirigentes que han marcado las empresas con su sello personal.

Sin duda, los tres procesos están interconectados y no deja de ser peligroso destacar uno de ellos en detrimento de los otros dos. Entre los hombres de negocios abundan los supuestos exploradores, artistas que nunca llegan a obtener ningún resultado. De igual manera, los ejecutores u hombres de acción abundan, como los vendedores comprometedores que carecen de visión. En cuanto a las trampas en que caen los que exageran el aspecto de la toma de decisiones, ellas han sido el tema de este capítulo. Lo esencial de todo esto es que la administración de negocios tiene que ver con la exploración y la ejecución tanto como con la toma de decisiones. Estos procesos son por naturaleza diferentes pero pueden complementarse y reforzarse entre sí.

La exploración es esencialmente un proceso estético, intuitivo, un proceso de diseño. Puede proponerse una infinidad de alternativas en lo que concierne a los problemas de diseño, bien sea que se hable de dibujo arquitectónico o de los valores modelos de una empresa. Dentro de esa infinidad de alternativas hay muchas ideas malas y en este momento es cuando el enfoque racional es útil para separar la cizaña. La selección entre las numerosas buenas ideas que quedan no será, sin embargo, cuestión de análisis, sino esencialmente de gusto.

La ejecución también es en gran parte cuestión de indiosincrasia. Como lo observa Leavitt: "Las personas aman mucho a sus propios hijos, pero es típico que no muestren mucho interés por los hijos de los demás". Como consultores, continuamente nos damos cuenta de que no le hacemos ningún bien a nuestro cliente "probándole analíticamente" que la opción A es la mejor, *si ahí nos detenemos*. En esta fase del proceso de consultoría, la opción A es nuestro niño, no el de él y no es un brillante análisis lo que acabará convenciendo al cliente. Es necesario que éste se compenetre del problema y lo entienda y luego lo tome como cosa propia.

Como ya lo hemos dicho, no buscamos inclinar la balanza del lado de la exploración o del de la ejecución. La racionalidad *es* importante. Un análisis de calidad ayudará a una empresa a orientarse en la dirección correcta para la exploración y a descartar las opciones tontas. Pero si los Estados Unidos han de recuperar su primer lugar en el mundo, o siquiera conservar el que en el momento tienen, no debemos exagerar más el aspecto racional de las cosas.

3

El hombre en espera de motivación

El gran problema que se presenta para la organización desde un punto de vista racional es que las personas no son muy racionales. Para ajustarse al viejo modelo de Taylor, o a los organigramas de hoy, el hombre, sencillamente, está mal diseñado (o viceversa, de acuerdo con nuestro planteamiento). En realidad, si comprendemos bien la psicología actual, el hombre es el máximo símbolo del conflicto y de la paradoja. Para comprender cómo las compañías excelentes logran tan eficazmente obtener compromiso e innovación constante de decenas y aun centenas de miles de individuos, es indispensable tener en cuenta la forma en que tratan las siguientes contradicciones inherentes a la naturaleza humana:

1. Todos somos egocéntricos, al acecho del menor cumplido y, generalmente, nos gusta considerarnos ganadores. Pero en realidad, hemos heredado capacidades normales —ninguno es tan bueno como quiere creerse, pero el hecho de frotarnos la nariz todos los días en esta realidad no nos hace el menor bien.

2. El hemisferio derecho de nuestro cerebro, centro de lo imaginario y de lo simbólico, es por lo menos tan importante como el izquierdo, centro de la razón y de la deducción. Raciocinamos con fábulas por lo menos con tanta frecuencia como con verdaderos datos. "¿Esto parece bien?" tiene más importancia que "¿Esto se suma?" o "¿Puedo probarlo?"

3. Como procesadores de información, somos a la vez defectuosos y maravillosos. Por una parte, podemos retener pocas cosas claramente, a lo sumo una media docena de hechos a la vez. De suerte que se debería ejercer enorme presión sobre las administraciones, particularmente las de organizaciones complejas, para simplificar las cosas al máximo. Por otra parte, nuestro inconsciente es poderoso y si se lo

permitimos, acumula una gran reserva de patrones. La experiencia es una excelente escuela y, sin embargo, parece que la mayoría de los hombres de negocios la minusvaloran en el sentido especial que señalaremos luego.

4. Somos criaturas de nuestro medio ambiente, muy susceptibles y sensibles a las recompensas y sanciones exteriores. Así también estamos dirigidos desde el interior, somos automotivados.

5. Actuamos como si las creencias tuviesen importancia y, sin embargo, la acción habla más que la palabra. Aparentemente, no se puede jamás dejar burlada a ninguna persona. Las personas buscan el verdadero sentido de la más mínima de nuestras acciones, y tienen la prudencia de desconfiar de las palabras que en alguna forma no corresponden a nuestras acciones.

6. Desesperadamente tenemos necesidad de dar un sentido a nuestra vida y estamos listos a hacer muchos sacrificios por las instituciones que nos ayuden a esa tarea. Al mismo tiempo, tenemos necesidad de independencia, necesidad de sentirnos dueños de nuestros destinos y de tener la habilidad de distinguirnos o sobresalir.

Ahora bien, ¿cómo tratan las compañías estas contradicciones? Ellas se sienten muy orgullosas de fijar objetivos ambiciosos a las personas (equipos de productividad, equipos de desarrollo de los productos o directores de división) y de ampliar tales objetivos. Estos son perfectamente racionales pero, finalmente, contraproducentes. En cambio ¿por qué en Texas Instruments y en Tupperware se insiste en que los equipos se fijen ellos mismos sus objetivos? ¿Por qué en IBM se fijan cuotas que casi todos los vendedores pueden alcanzar? Los empleados de Texas Instruments son perezosos, no cabe la menor duda. Y por efectivos que sean los programas de enganche, selección y capacitación de IBM para sus vendedores, no hay forma en que este gigante no tenga sino superestrellas en su equipo de ventas. Entonces ¿qué está pasando?

La respuesta es sumamente sencilla, aunque desconocida por la mayoría de los gerentes. En un reciente estudio psicológico en que se tomó al azar una muestra de varones adultos y se les pidió que juzgaran ellos mismos su "aptitud para entenderse con otros", *todos* los individuos sin excepción, 100%, se colocaron en la mitad superior de la población; 60% se colocaron en el 10% superior, y 25% pensaron, con toda humildad, que estaban en el 1% superior. En una encuesta paralela, 70% se atribuyeron una facultad de liderazgo que los clasificó en el cuadrado superior y solamente 2% pensaron que no alcanzaban el término medio en cuanto a líderes. En fin, en el área de las aptitudes físicas, en que el autoengaño debería ser difícil, la mayoría de los varones, por lo menos 60%, dijeron que hacían parte del cuadrado superior; solamente 6% dijeron que estaban por debajo del promedio.

Todos nos creemos muy importantes. Somos profusa y desesperadamente irracionales. Y esto tiene profundas consecuencias sobre el plano de la organización. No obstante, la mayoría de las organizaciones tienen una opinión negativa de su personal. De palabra le riñen por su mal rendimiento. (Muchos hablan más duramente de lo que actúan, pero estos reproches de todas maneras intimidan al personal). Piden que se corran riesgos pero sancionan aun las faltas más pequeñas. Quieren la innovación, pero destruyen el espíritu del campeón. A nombre del racionalismo ponen a funcionar sistemas que parecen estar hechos para destruir la imagen de los empleados a sus propios ojos. Puede ser que no lo hagan intencionalmente, pero ahí tenemos el resultado.

La enseñanza que tan claramente se deriva de los estudios que hemos examinado, es que nos gusta considerarnos ganadores. La lección que las compañías excelentes nos enseñan es que nada nos impide concebir sistemas que continuamente refuercen esta noción: ellas tratan a sus empleados como ganadores. Sus efectivos se distribuyen normalmente en materia de inteligencia, como toda población numerosa, pero la diferencia es que sus sistemas refuerzan el sentimiento de ser ganadores en vez de perdedores. Generalmente, sus empleados logran los objetivos y las cuotas porque los fijan (con frecuencia los empleados mismos) de modo que puedan alcanzarse.

En las compañías que no son tan excelentes, sucede todo lo contrario. Mientras que IBM se las arregla explícitamente para que el 70% al 80% de su personal de ventas logre las cuotas, otra compañía (competidora de IBM en parte de su línea de productos) las fija en tal forma que solamente el 40% de su equipo de ventas cumple sus cuotas durante un año típico. Con este enfoque, por lo menos el 60% de los vendedores se consideran perdedores. Ellos se ofenden por esto, lo cual provoca actitudes frenéticas, imprevisibles y anormales. Póngasele a un individuo la etiqueta de perdedor y él se comportará como tal. Como lo observó un ejecutivo de General Motors: "Nuestros sistemas de control parecen estar fundados sobre la hipótesis de que 90% de los empleados son perezosos, inútiles, siempre listos a mentir, engañar, robar o en cualquier otra forma perjudicarnos. Nosotros desmoralizamos al 95% del personal que realmente se comportan como adultos, por concebir sistemas que nos protejan, en contraste con el 5% restante que sí son, en realidad, malos elementos''.

Los sistemas en las compañías excelentes no están hechos solamente para producir un gran número de ganadores; también se han concebido para celebrar el triunfo cuando se produce. Estas compañías emplean cantidad extraordinaria de incentivos no monetarios; están llenas de entusiasmo.

Hay otras oportunidades para el refuerzo positivo. El descubrimiento más sorprendente —en otro terreno importante de la investigación psicológica, llamado "teoría de la atribución"— es el error fundamental de la atribución del éxito o del fracaso, enunciada por Lee Ross, de Stanford. ¿El éxito se debe imputar a la suerte o a la habilidad? ¿Hicimos una tontería? ¿Nos derrotó el sistema? El error de atribución fundamental que tanto preocupa a los psicólogos es que, característicamente, el éxito lo consideramos como nuestro y el fracaso como del sistema. Si todo sale bien, naturalmente que "es gracias a mí", "yo soy muy hábil", etc. Si sucede algo malo, "la culpa es de ellos", "es del sistema". De nuevo se ven claramente las implicaciones sobre la organización. Las personas "no oyen" si sienten que fracasan por culpa "del sistema". Pero "sí oyen" cuando el sistema les permite pensar que están teniendo éxito. Aprenden que las cosas pueden hacerse a base de habilidad y, lo que es más importante, están dispuestas a ensayar de nuevo.

Conocemos el viejo adagio: "El éxito llama al éxito". Resulta que esto tiene una sólida base científica. Los investigadores que estudian la motivación encuentran que el factor principal es que las personas motivadas saben que están haciendo bien las cosas. Que esto sea verdad o no, en sentido absoluto, no tiene mucha importancia. En desarrollo de un experimento dimos a algunos adultos diez problemas para resolver, que eran exactamente iguales para todos. Se pusieron ellos a la tarea, entregaron las hojas y, finalmente, se les dieron los resultados. En realidad, estos resultados eran ficticios. A la mitad de los examinados se les dijo que lo habían hecho bien, habiendo tenido correctas siete de las diez respuestas. A la otra mitad se les dijo que lo habían hecho mal, y que de las diez respuestas habían tenido siete erradas. Se les entregaron luego otros diez problemas (los mismos a cada persona). La mitad de aquellos a quienes se les había *dicho* que lo habían hecho bien en la primera prueba, lo hicieron mejor en la segunda y la otra mitad, en realidad, lo hicieron peor. El simple hecho de saber que se ha triunfado lleva a una mayor insistencia, a una mayor motivación o a algo que nos impulsa a hacer las cosas mejor. Warren Bennis, en *The Unconscious Conspiracy: Why Leaders Can't Lead* es, con mucha razón, del mismo parecer: "Un estudio de maestros de escuela demostró que cuando ellos confiaban mucho en las realizaciones de sus alumnos, este solo hecho bastaba para que los discípulos obtuvieran 25 puntos más en las pruebas de inteligencia".

Las investigaciones que se han hecho sobre las funciones del cerebro indican que existe una diferencia considerable entre los dos hemisferios: el de la izquierda es el del raciocinio, de la secuencia, de la voz; es la mitad "lógica" y racional. El de la derecha es la mitad artística, la que ve y recuerda los modelos, se acuerda de las melodías, es la parte lírica. Las operaciones quirúrgicas en pacientes de epilepsia han desatado los lazos entre los dos hemisferios, descubriendo así lo que los separa. Hay estudios que muestran que la mitad derecha es muy buena para visualizar cosas pero no puede expresar ninguna en términos precisos. La mitad izquierda no puede recordar modelos como las caras de las personas. Quienes dicen: "No me acuerdo de los nombres pero nunca olvido una cara", no es que sean defectuosos; simplemente es que tienen el hemisferio derecho un poco más desarrollado.

Arthur Koestler señala el papel dominante de nuestro hemisferio derecho. En su libro *Ghost in the Machine,* Koestler atribuye nuestros sentimientos más viles, nuestra predilección por la guerra y la destrucción, a "una mitad (la derecha) del cerebro subdesarrollada". Afirma que "nuestro comportamiento está todavía dominado por un sistema relativamente imperfecto y primitivo". Y Ernest Becker llega hasta decir que "la importancia que el psicoanálisis da a la naturaleza de la especie (nuestras características fundamentales) sigue siendo la mejor percepción del carácter humano". Agrega que esto nos lleva a "buscar la trascendencia", "evitar el aislamiento" y "sobre todo a temer la impotencia".

Es evidente la influencia que puede tener este género de razonamiento en el plano organizacional, aun cuando queda un lado oscuro potencial (es decir, que hacemos prácticamente cualquier cosa por buscar la trascendencia). El analista Henry Mintzberg amplía el tema:

Un hecho se presenta repetidamente en toda esta investigación: los procesos administrativos clave son enormemente complejos y misteriosos (para mí como investigador, tanto como para los gerentes que los ponen en práctica), proceden de las informaciones más vagas y utilizan proce-

sos mentales que carecen de claridad. Estos procesos parecen ser más
relacionales y holísticos que ordenados y secuenciales, y más característicos de la actividad del hemisferio derecho, así como más intuitivos
que intelectuales.

Todas las investigaciones sobre los hemisferios derecho e izquierdo
indican que las empresas están llenas (100 por ciento) de seres humanos emocionales y muy "irracionales" (según los criterios relativos al
hemisferio izquierdo): personas que, desesperadamente, quieren formar parte de los equipos ganadores ("buscar la trascendencia"), individuos que prosperan en la camaradería que reina en un grupo pequeño
eficiente o en un conjunto unitario ("evitar el aislamiento"), personas
que quieren que se les haga tener la impresión de que tienen, por lo
menos en parte, el control de sus destinos ("temer la impotencia").
Ahora bien, nosotros abrigamos serias dudas respecto de que las
compañías excelentes se hayan fundado en tales consideraciones para
desarrollar sus prácticas administrativas. Pero el resultado es tal, que
parece que lo hubieran hecho, especialmente en relación con sus
competidoras. Simplemente aceptan el aspecto más primitivo y emocional (bueno o malo) de la naturaleza humana y se aprovechan de él.
Dan la oportunidad de ser lo mejor y crean un ambiente propicio para
la busca de la calidad y la excelencia. Ofrecen apoyo, más aún,
celebración; emplean pequeñas unidades íntimas (desde divisiones
hasta pequeños grupos); y ofrecen oportunidades para distinguirse,
por ejemplo como parte de un círculo de calidad en Texas Instruments,
en donde se cuentan 9000 de estas entidades.

Debe observarse también que este reconocimiento implícito que
hacen de las particularidades del hemisferio derecho las compañías
excelentes, se realiza a expensas de las prácticas administrativas más
tradicionales propias del hemisferio izquierdo: las causas por defender
están muy distantes de los treinta objetivos trimestrales de la MBO
(administración por objetivos). El equipo íntimo y la división pequeña
desconocen las economías de escala. Permitir la libertad de expresión
por miles de círculos de calidad es una posición que se opone al criterio
de la "única vía posible" de la tradicional organización de la producción.

Hay otro aspecto de la naturaleza de nuestro hemisferio derecho que
generalmente no forma parte de los conocimientos de administración
convencionales, pero que lo sostienen las compañías excelentes. Se
trata del lado creativo e intuitivo. Muchos piensan que las ciencias y

las matemáticas son la Meca del pensamiento lógico y, en verdad, el pensamiento lógico y racional domina en el curso diario de la ciencia. Pero como lo señalamos a propósito del cambio del paradigma científico, la lógica no es el verdadero motor del progreso científico. He aquí cómo James Watson, uno de los descubridores de la estructura del ADN, describió la doble hélice la noche que terminó su investigación: "Es tan bella, tan bella". En el terreno de la ciencia, la estética, la belleza del concepto son tan importantes, que el premio Nobel Murray Gell-Mann llegó a decir: "Cuando se tiene algo sencillo que se aviene con todo el resto de la física y realmente parece explicar lo que está pasando, no tienen ninguna importancia unos pocos datos experimentales que lo contradigan". Cuando el antiguo presidente de McDonald's, Ray Kroc, se pone algo poético al hablar de hamburguesas, no es signo de locura; es que reconoce simplemente la importancia de la belleza como punto de partida de la lógica comercial.

"Raciocinamos" con nuestro lado intuitivo tanto como con nuestro lado lógico, y quizás más. Amos Tversky y Daniel Kahneman son los líderes de una corriente importante de psicología experimental llamada "psicología cognoscitiva", lanzada hace unos quince años. En prueba tras prueba con individuos sofisticados —y algunas veces incluso con formación científica— se manifiesta nuestra tendencia a la intuición. Por ejemplo, un fenómeno que ellos llaman la "representatividad" influye enormemente sobre nuestro poder de razonamiento. En pocas palabras, estamos más influidos por historias (escritos cortos que forman un todo y que tienen un sentido) que por datos (que son, por definición, completamente abstractos). En un experimento típico, se cuenta una historia sobre un individuo, se dan algunos datos pertinentes y se pide luego a las personas adivinar la profesión del individuo. Se les dice, por ejemplo, "Jack es un hombre de cuarenta y cinco años. Es casado y tiene cuatro hijos. En general, es moderado, cuidadoso y ambicioso. No muestra interés por sucesos políticos ni sociales, y la mayor parte de su tiempo libre lo dedica a sus numerosos pasatiempos como la carpintería doméstica, la navegación a vela y los problemas matemáticos". Luego se les dice que esta descripción de Jack se tomó de un grupo del que el 80% son abogados y el 20% son ingenieros. No tiene importancia que se les diga que la muestra comprende sobre todo abogados, pues los individuos escogen la profesión en función de la idea que se forman de ella. En este caso particular, la mayoría de las personas afirmaron que Jack era ingeniero.

Gregory Bateson da otro ejemplo de la preeminencia de la representatividad:

Hay una historia que con anterioridad he utilizado y seguiré utilizando en el futuro: un hombre quería saber más sobre la inteligencia de su computador. Le hizo esta pregunta: "¿Crees que algún día pensarás como un ser humano?" La máquina se puso a analizar sus propios hábitos de computación. Finalmente, imprimió en un pedazo de papel, como lo hacen estas máquinas. El hombre se lanzó a leer la respuesta y vio, en caracteres muy legibles, estas palabras: ESO ME RECUERDA UNA HISTORIA. Una historia es esta especie de sucesión de ideas que llamamos pertinencia. Con seguridad el computador tenía razón. Efectivamente, así es como las personas piensan.

De aquí podemos sacar las siguientes conclusiones:

1. No tenemos en cuenta resultados anteriores. El pasado nos interesa menos que una buena anécdota de actualidad (o probablemente, un trozo de chisme bien jugoso). Razonamos con los datos que nos llegan fácilmente a la mente (lo que Kahneman y Tversky llamaron la "disponibilidad heurística") aun cuando los datos no tengan ninguna validez estadística. Cuando, en el curso de una semana, nos encontramos con tres amigos en un hotel de Tokio, nos inclinamos a pensar: "¡Qué cosa tan rara!" más bien que a meditar que nuestro círculo de conocidos tiende a frecuentar los mismos lugares que nosotros.

2. Si dos sucesos coexisten, aunque sea vagamente, inmediatamente hablamos de causalidad. Por ejemplo, en un experimento se dieron a los individuos datos clínicos y retratos de algunas personas. Más tarde, al pedirles que recordaran lo que habían encontrado, sobreestimaron la correlación entre el aspecto físico de una persona y sus verdaderas características. Así, se juzga típica (y erróneamente) que las personas desconfiadas por naturaleza tienen ojos raros.

3. La situación es desesperada cuando se trata del tamaño de una muestra. Encontramos muestras pequeñas casi tan convincentes como las grandes y, a veces, más. Por ejemplo, un individuo saca dos bolas de una urna y encuentra que ambas son rojas. Luego otra persona saca treinta bolas y descubre que dieciocho son rojas y doce son blancas. La mayoría de las personas piensa que la primera muestra es la mejor prueba de que la urna contiene sobre todo bolas rojas, aunque, desde el punto de vista puramente estadístico, sea a la inversa.

Hay millares de datos experimentales que muestran que las personas razonan intuitivamente. Razonan con ayuda de reglas de decisión simples; lo que es una manera caprichosa de decir que en este mundo complejo, confían en el instinto. Tenemos necesidad de clasificar innumerables detalles pequeños y principiamos por los métodos heurísticos —las asociaciones de ideas, las analogías, las metáforas y otros sistemas que anteriormente nos han servido.

En esto hay tanto de bueno como de malo, aunque principalmente sea bueno, según nuestra opinión. El lado malo es que, como lo demuestran las experiencias, nuestro instinto colectivo no es de una gran utilidad en este mundo misterioso de las probabilidades y de las estadísticas. ¡He aquí un terreno en que sería útil un poco más de racionalidad! Pero el elemento positivo es que solo la intuición nos permitirá resolver los problemas en este mundo complejo. Esta es la gran ventaja del hombre sobre el computador, como vamos a verlo.

SIMPLICIDAD Y COMPLEJIDAD

¡Ahora un poco de simplicidad! Uno de los atributos claves de las compañías excelentes es que se han dado cuenta de la importancia de preservar las cosas simples en un medio ambiente en que todo nos empuja a la complicación. Hay una razón poderosa para esto y recurrimos al premio Nobel, Herbert Simon, en busca de la respuesta. Simon ha tenido mucho que ver en el campo de la inteligencia artificial en los últimos años, tratando de hacer que el computador "piense" como un ser humano en vez de buscar soluciones mediante investigaciones ineficaces y exhaustivas.

Entre los descubrimientos más importantes de Simon y sus colegas figura, por ejemplo, el hecho de que los seres humanos no son buenos para procesar un gran número de nuevos datos e informaciones. Han encontrado que lo máximo que podemos conservar en la memoria a corto plazo, sin olvidar nada, son seis o siete datos.

Nos encontramos de nuevo enfrentados a una importante paradoja para la administración, porque el mundo de las grandes empresas es complejo. Qué tan complejo es, lo indica el hecho de que mientras el número de empleados de una compañía sube aritméticamente, la cantidad de interacciones posibles entre ellos sube geométricamente. Así, en una empresa que tiene diez empleados, es fácil mantenerse en mutuo contacto porque el número de interacciones posibles entre dos personas es de cuarenta y cinco. En una empresa de 1000 empleados este número se eleva a 500 000, y en una empresa de 10 000 personas la cifra alcanza los 50 millones. Para hacer frente a las complejas necesidades de comunicación originadas solamente en el tamaño, son necesarios complejos sistemas, o por lo menos, así parece.

Recientemente, leímos un montón de propuestas de negocios, ninguna de las cuales tenía menos de cincuenta páginas. Posteriormente, examinamos los programas personales de los ejecutivos jefes de una compañía de bienes de consumo con negocios por 500 millones de dólares. Rara vez estos programas contenían menos de quince objetivos para el año, y treinta objetivos no eran cosa extraña. Es razonable dirán ustedes; hasta cuando se dan cuenta de que el equipo dirigente trata de mantenerse informado del progreso que en su carrera hacen los 500 ejecutivos de la compañía, lo que representa, probablemente, unos 15 000 objetivos. Ahora bien, ¿cuál es la solución lógica de este problema que a los altos ejecutivos se les complica más y más? ¿Qué hacen estos ejecutivos cuando llegan a su escritorio miles de objetivos que se supone tienen que analizar? ¿Qué hacen cuando estos objetivos no son sino una ínfima parte de las informaciones que deben tratar? Pues bien, enganchan personal para que les simplifique la tarea.

Es posible que este nuevo personal simplifique las cosas, por lo menos para ellos. Pero le hace infeliz la vida a las personas de la empresa. En el momento en que estos funcionarios entran en acción comienzan las solicitudes de informaciones, los reglamentos, las políticas a seguir, los informes y, finalmente, los cuestionarios sobre "cómo se desempeña el nuevo personal". Cuando una empresa gana importancia, en un momento dado, aparece una sobrecarga de información. La memoria a corto plazo no puede procesarla toda, ni siquiera una pequeña parte y las cosas parecen confundirse.

Pero, como es el caso frecuente, las compañías excelentes parecen haber encontrado los medios para resolver este problema. Antes que todo, deliberadamente mantienen cuerpos ejecutivos pequeños a fin de que no siembren el desorden entre el personal. Por ejemplo, Emerson, Schlumberger y Dana son compañías que hacen negocios por 3000 a 6000 millones de dólares y, sin embargo, funcionan con menos de 100 personas en su casa matriz. Ford tiene diez y siete niveles de administración, mientras que Toyota no tiene sino cinco (como la Iglesia Católica Romana, que cuenta con 800 millones de fieles). Además, las compañías excelentes se concentran solamente en unos pocos valores claves y objetivos; así cada uno sabe lo que es importante, de modo que las instrucciones diarias se hacen menos necesarias (es decir, la sobrecarga diaria de memoria a corto plazo). Cuando Rene McPherson se posesionó en Dana, con un gesto dramático arrojó $22\frac{1}{2}$ pulgadas de reglamentos al cesto de los papeles y los reemplazó con una declaración de una página sobre una nueva filosofía con el tema principal de "las personas productivas". (Sus auditores estaban asombrados. "Eso significa que cada una de las setenta y cuatro plantas puede tener su propio procedimiento". McPherson respondió: "Sí, y significa también que probablemente ustedes tendrán, al fin, que ponerse a trabajar".)

Muchas de estas compañías eliminan el papeleo con el uso de fuerzas de tarea rápidas y efectivas. Y entre las que luchan contra el papeleo, Procter & Gamble es ya famosa por su insistencia en memorandos de una página, como casi el único medio de comunicación escrita. Otras compañías "suboptimizan", desconocen evidentes economías de escala, y se conforman con alguna cantidad de dobles empleos internos, duplicación y errores para no tener que coordinarlo todo, lo cual, dado su tamaño, no están en capacidad de hacer. Al examinar en posteriores capítulos los resultados de esta investigación, encontraremos cantidades de procedimientos que las compañías excelentes utilizan para que las cosas no se les compliquen. En cada caso están desconociendo el "mundo exterior", el mundo de la complejidad. Son, en realidad, más *simplistas* que simples. Por supuesto que el santo y seña de Texas Instruments, "Mas de dos objetivos viene a ser no tener ningún objetivo", no es realista; fijar treinta objetivos está más cerca de la realidad. Pero este santo y seña está conforme con la naturaleza humana. Con un poco de suerte y mucha perseverancia es posible realmente lograr hacer dos cosas por año.

En su estudio de la inteligencia artificial, Simon descubre otro resultado fascinante que es, en últimas, estimulante. El y sus colegas, observando la memoria a largo plazo, estudiaron el problema de programar los computadores para jugar ajedrez. Dentro de esta investigación se encuentra una importante idea que enlaza el papel de lo racional con el papel de lo intuitivo. Simon comenzó estableciendo la hipótesis de que el ajedrez podría jugarse sobre una base estrictamente racionalista, esto es, que se podría programar el computador como un árbol de decisiones. Antes de jugar, el computador estudiaría todas las jugadas y contrajugadas posibles. Esto es factible en teoría, pero no en la práctica. En efecto, el número de posibilidades es del orden de 10 elevado a la potencia 120 (en contraposición, un billón es solamente 10 a la potencia 12). Ahora bien, el más rápido de los computadores modernos puede hacer operaciones tales como elevar 10 a la potencia 20 en un siglo. Así, pues, programar el computador para que juegue ajedrez y que se comporte racionalmente, no es factible.

Como esta idea le llamó la atención, Simon estudió en seguida qué es lo que hacen realmente los buenos jugadores de ajedrez. En el desarrollo de su investigación pidió a algunos verdaderos maestros del ajedrez —los mejores del mundo— que miraran por un momento (diez segundos) los juegos que estaban desarrollándose, con los tableros que tenían todavía unas veinte piezas. Encontró que los ajedrecistas podían recordar después la posición de casi todas las piezas. Esto no se compadece en absoluto con la teoría de la memoria a corto plazo. Cuando se les solicitó a los jugadores de la clase A (una categoría por debajo de los maestros) que hicieran la misma prueba, sus resultados fueron mucho menos buenos. Quizá los maestros del ajedrez tienen mejor memoria a corto plazo. Pero aquí viene el tropiezo con esta idea: ni los maestros ni los jugadores de la categoría A eran capaces de recordar la posición de piezas colocadas al azar en tableros en que no se estaba efectuando ninguna partida. Debe haber, pues, alguna otra cosa.

Esta otra cosa, según Simon, es que los campeones, en efecto, tienen memorias del juego de ajedrez a largo plazo muy desarrolladas, bajo la forma de problemas recordados inconscientemente, lo que Simon llama los "vocabularios" del ajedrez. Mientras el jugador de la clase A tiene un vocabulario de unos 2000 problemas, el campeón de ajedrez dispone de un vocabulario de 50 000 problemas. Aparentemente los jugadores de ajedrez utilizan muy poco el método de los árboles de decisiones. Comienzan con los problemas: ¿He visto esto antes? ¿En qué contexto? ¿Cómo lo resolví?

Cuando principiamos a profundizar en las consecuencias de la investigación de Simon, la posibilidad de aplicarla en otra parte nos llamó la atención. La característica de todo verdadero profesional, en cualquier campo que sea, es un rico vocabulario de modelos que ha desarrollado durante años de formación y, especialmente, a lo largo de años de experiencia práctica. El médico experimentado, el artista, el mecánico, todos tienen un rico vocabulario de modelos, que Simon llama ahora los "viejos amigos".

Esta noción explica el verdadero valor de la experiencia en los negocios y ayuda a comprender la importancia de la administración errante. No solamente los empleados se benefician de la atención que se les preste. El jefe experimentado tiene buenos instintos; con su vocabulario de "viejos amigos" puede darse cuenta inmediatamente si las cosas van bien o mal.

Esta teoría debería ayudarnos a confiar con más frecuencia en nuestro instinto cuando se trata de tomar decisiones claves. Debe movernos a solicitar con más frecuencia la opinión de los clientes y trabajadores. Y, en fin, debe animarnos a todos a reflexionar sobre el valor de la experimentación en contraposición al estudio simplemente abstracto.

EL REFUERZO POSITIVO

B.F. Skinner tiene mala reputación en algunas esferas. Se considera que sus técnicas son, al fin de cuentas, manipulativas. En verdad, él mismo se expone a un ataque desde todos los ángulos. En su célebre ensayo *Beyond Freedom and Dignity,* pide nada menos que una sorprendente "tecnología del comportamiento". Dice que todos somos sencillamente producto de los estímulos que recibimos del mundo exterior. Si se especifica suficientemente el medio ambiente, se pueden predecir con exactitud las acciones del individuo. Estamos enfrentados al mismo problema que los racionalistas encontraron en el hombre económico. Así como el hombre económico nunca puede saber bastante (es decir, todo) para maximizar su función de utilidad, tampoco nosotros podemos especificar el ambiente en forma tan completa que nos permita predecir un comportamiento. Infortunadamente, sin embargo, tendemos a rechazar ciertas conclusiones muy pertinentes y prácticas de Skinner a causa de la altivez de sus pretensiones y de la ideología implícita asociada con ellas. Si miramos más allá encontramos que la más importante lección que da Skinner es el papel del refuerzo positivo, las recompensas por el trabajo bien hecho. Skinner y otros advierten especialmente la asimetría que existe entre el refuerzo positivo y el negativo (la amenaza de sanciones). En pocas palabras, el refuerzo negativo producirá un cambio de comportamiento, pero con frecuencia en forma extraña, impredecible e indeseable. El refuerzo positivo produce también cambios en el comportamiento pero, generalmente, en el sentido deseado.

Pero ¿por qué perder tiempo en esto? Nos parece que en el centro de toda la noción de administración está la relación superior subalterno, la idea del gerente en cuanto "jefe" y su corolario de que las órdenes se darán y se obedecerán. Todo esto está principalmente apoyado en la amenaza del castigo. En la medida en que esta noción prevalece, no prestamos ninguna atención a la necesidad dominante de las personas de ser ganadoras. Además, el refuerzo negativo repetido, según Skinner, es una táctica tonta que no funciona muy bien y provoca movimientos incontrolados. Además, el castigo no suprime el deseo de "hacer las cosas mal". A este respecto Skinner dice: "La persona que ha sido castigada no está por esto menos dispuesta a comportarse en una forma dada; cuando más, aprende a evitar el castigo".

Por el contrario, el refuerzo positivo no solamente forma el comportamiento sino que también enseña, y en el proceso da un valor a nuestra propia imagen. Para dar primero un ejemplo negativo, supongamos que se nos castiga por "no haber tratado bien a un cliente". Nosotros no solamente no sabemos concretamente qué hacer para mejorar sino que es probable que reaccionemos "aprendiendo" a evitar todo contacto con la clientela. Según, Skinner, el "cliente" *per se,* más bien que "tratar mal a un cliente", es lo que ha venido a quedar asociado con castigo. En cambio, si alguien nos dice a modo de cumplido de un "misterioso comprador" que "actuamos de acuerdo con las mejores tradiciones de la compañía XYZ al atender el reclamo de la señora Jones", es cosa bien diferente. De acuerdo con Skinner y con nuestra propia experiencia, lo que ahora probablemente conseguiremos será un empleado que se la pasará buscando más señoras Jones para atenderlas bien. Ha aprendido que un comportamiento específico (positivo) lleva a recompensas y, al mismo tiempo, ha satisfecho la insaciable necesidad humana de darle un valor a su propia imagen.

La subsidiaria de Heinz, Ore-Ida, que ha tenido tanto éxito con sus productos congelados, está ensayando una atrayente variación sobre este tema, con objeto de fomentar el aprendizaje y de asumir riesgos en sus actividades investigativas. Cuidadosamente ha definido lo que llama "el fracaso perfecto" y ha dispuesto que se dispare un cañonazo para celebrar cada vez que ocurra uno. El concepto del fracaso perfecto nace del solo hecho de reconocer que investigación y desarrollo son por naturaleza arriesgados, que la única manera de triunfar es hacer numerosas pruebas, que el primer objetivo de la administración debe ser alentar el ensayo repetido, y que una buena prueba, rica en enseñanzas, debe celebrarse aun cuando falle. Como subproducto, se legitima y hasta se crea un sentimiento positivo en torno al hecho de poner fin rápidamente a una operación destinada al fracaso, más bien que dejarla embrollarse con los costos elevados y la inevitable desmoralización que eso lleva consigo.

La vida en los negocios, como en todo, es fundamentalmente asunto de atención, de empleo del tiempo. Así, pues, el resultado más significativo de la administración es hacer que los otros se dirijan en el sentido deseado (por ejemplo, pasar más tiempo con la clientela). Hay solamente dos formas de lograr ese cambio. Primero, por medio del refuerzo positivo, tratamos de llevar a las personas suavemente, durante algún tiempo, a interesarse en nuevas actividades. Este es un ingenioso proceso de formación. O podemos "tomar el toro por los cuernos" y tratar sencillamente de borrar los aspectos indeseables del empleo del tiempo (por ejemplo, "Deje de estar en la oficina llenando fichas"). Skinner sostiene que la manera brusca probablemente será menos eficaz, aunque no lo parezca a muy corto plazo. Esto es, suprimir elementos de un programa lleva, bien a una resistencia abierta, o bien a una resistencia oculta: "Si usted insiste, me salgo de la oficina, pero me voy al café de la esquina". El enfoque "inclúyalo en el programa" conduce a un proceso natural de difusión. El comportamiento reforzado en forma positiva, viene lentamente a ocupar más tiempo y a captar más atención. Por definición, *algo* poco deseable (no importa qué sea) comienza a desaparecer del programa. Pero es una consecuencia de nuestro proceso de selección. Lo que desaparece es lo que queremos echar a un lado para hacer campo a los elementos reforzados positivamente. Los dos enfoques difieren considerablemente. Si, por la sola fuerza del tiempo (fuerza irreversible), nosotros mismos decidimos suprimir un elemento de escasa importancia, entonces es muy improbable que nos engañemos y tratemos de dedicarle tiempo a lo que acabamos de tachar del programa. Esto nos recuerda a Zen: el empleo del refuerzo positivo sigue la corriente, no va contra ella.

Nuestra opinión general es que la mayoría de los gerentes saben muy poco del refuerzo positivo. Parece que muchos lo subvaloran o lo consideran indigno de ellos, indecoroso o no muy varonil. La prueba evidente de las compañías excelentes indica muy bien que los gerentes que piensan en esta forma se están perjudicando enormemente ellos mismos. No solamente las compañías excelentes conocen el valor del refuerzo positivo sino también saben servirse de él.

Como lo anota Skinner, la manera de llevar a cabo el refuerzo es más importante que la cantidad. Primero, debe ser específico y contener el máximo de información posible. Observamos, por ejemplo, que los sistemas MBO basados en actividades ("La planta de Rockville debe estar trabajando el 17 de julio próximo") son más comunes que los de base financiera en las compañías excelentes.

Segundo, el refuerzo debe ser *inmediato*. Se dice que Thomas Watson, Sr., tenía la costumbre de girar un cheque en el acto para recompensar los logros que observaba cuando hacía el recorrido de sus plantas. Con frecuencia, durante nuestra investigación, se nos han citado ejemplos de esta clase. En Foxboro, en sus primeros tiempos, era esencial descubrir un progreso técnico para sobrevivir. Cierta tarde, un científico corrió a la oficina del presidente con un prototipo en funcionamiento. Estupefacto por la excelencia de la solución y preguntándose cómo recompensarla, el presidente se puso a buscar en las gavetas de su escritorio, encontró algo e inclinándose hacia el científico le dijo: "¡Tenga!", y le dio un banano, la única recompensa que tenía en ese momento a la mano. Desde ese día el pequeño "banano de oro" ha sido la más alta recompensa por los descubrimientos científicos en Foxboro. En Hewlett-Packard desenterramos la historia de los jefes de mercadeo que, anónimamente, enviaron algunas libras de pistachos a un vendedor que había vendido una nueva máquina.

En tercer lugar, el sistema de retroalimentación debe tener en cuenta la *factibilidad*. Los acontecimientos importantes dignos de un banano de oro no son comunes, de modo que el sistema debe recompensar los pequeños descubrimientos. Las buenas noticias vuelan en las compañías excelentes.

La cuarta característica es que una buena cantidad de la retroalimentación consiste en un interés *intangible* pero real de parte de la dirección. Cuando se piensa en esto, siendo tan escaso el tiempo de los directores, esta forma de refuerzo puede ser la más fuerte de todas.

Finalmente, Skinner sostiene que el refuerzo corriente pierde impacto porque a la larga siempre se espera su realización. Los refuerzos *imprevisibles* e *intermitentes* funcionan mejor —la facultad de ir a ver qué pasa en el taller. Además, las recompensas pequeñas son con frecuencia más eficaces que las grandes. Las grandes bonificaciones toman a veces un aspecto político y desaniman a las legiones de trabajadores que no las reciben pero que creen merecerlas. Recuérdese, todos creemos ser ganadores. ¿Han encontrado ustedes alguna vez a un miembro de un equipo de lanzamiento de producto que no crea que es gracias a él como se ha podido sacar el recién nacido? La pequeña recompensa, la simbólica, viene a ser el pretexto para la celebración positiva y no para la lucha política negativa.

Las ideas de Skinner sobre los refuerzos tienen numerosas ramificaciones. Una de ellas, sin duda la más importante, es la "teoría de la comparación social" de Leon Festinger, opinión que todo el mundo comparte en los actuales momentos. Su hipótesis, que vio la luz en

1951, dice sencillamente que las personas buscan por todos los medios evaluar sus desempeños, sus logros, comparándolos con los de otras personas y no con normas absolutas. (En realidad, el origen de estas investigaciones se remonta a 1897, cuando Norman Triplett observó en un experimento dirigido que cada uno de los ciclistas "corre más rápido contra los otros que contra el reloj".) En las compañías excelentes se ven muchos casos del uso de la comparación social, entre ellos, estudios comparativos sobre los desempeños a los mismos niveles (soporte de los sistemas administrativos de Texas Instruments, Intel y Dana); información ampliamente difundida sobre los desempeños comparativos (grupos de ventas, pequeños equipos de productividad, etc.) y una competencia interna fomentada (por ejemplo, entre los gerentes de producto de Procter & Gamble). Todas estas prácticas son el lado opuesto de las tradicionales técnicas de administración. En su juventud Rene McPherson estuvo a punto de ser despedido en 1955 por haber comunicado al personal de su planta las cifras de ventas y utilidades y haber establecido comparaciones entre su desempeño y el de otras plantas. En 1972, en su calidad de presidente de Dana visitó una planta en Toledo, inaugurada en 1929, y encontró que la administración y los empleados no habían recibido nunca esta clase de informaciones. Esta anécdota, triste es decirlo, no tiene nada de excepcional. Se espera que las personas encuentren una motivación en el vacío.

Así, pues, para poner las cosas en su puesto, es necesario resaltar que nosotros no sostenemos que el refuerzo sea lo que hace funcionar las compañías excelentes. El trabajo de Skinner es importante y, como lo hemos dicho, se subutiliza enormemente en la teoría y en las prácticas de la administración. Pero el mayor factor del alto desempeño, creemos, es la *motivación intrínseca*. Aparentemente, la automotivación se opone a la teoría de los refuerzos, pero nosotros creemos que las dos se complementan. Con sus experimentos sucesivos, Edward Deci, de la Universidad de Rochester, ha comprobado que el compromiso durable con respecto a un trabajo no puede originarse sino en un ambiente propicio a las motivaciones intrínsecas. Claramente hablando, Deci ha encontrado que las personas deben estar convencidas de que su trabajo vale la pena si se quiere su completo compromiso. (Además, según él, si un trabajo se recompensa con demasiada regularidad, se invalida el deseo de comprometerse.)

No es sorprendente que los gerentes no se hayan apasionado por el uso del refuerzo positivo. Esto tiene el sabor del Bravío Nuevo Mundo, por una parte (muy duro), y de una palmadita en la espalda, por otra (demasiado suave). Sin embargo, nosotros nos quedamos sorprendidos de ver hasta qué punto la motivación intrínseca ha sido subutilizada en la mayoría de las compañías. En contraposición, las compañías excelentes explotan el valor intrínseco de la tarea como motivación para su personal. Texas Instruments y Dana están insistiendo siempre para que los equipos y las divisiones se fijen sus propios objetivos. Casi todas la compañías excelentes respetan algunos valores claves y abren campo para que sus empleados tomen iniciativas en sustentación de esos valores. El personal puede escoger sus opciones y así hacer suyo el trabajo y su resultado.

ACCION, RAZON DE SER Y AUTOCONTROL

Todos estamos de acuerdo en que los hechos hablan más que las palabras, pero actuamos como si no lo creyéramos así. Nos comportamos como si el anuncio de una política y su ejecución fueran lo mismo. "Pero hace años que la calidad es nuestro objetivo número uno", es la queja. Los gerentes no pueden ya manejar máquinas. Sin embargo, todavía actúan. Hacen *cualquier cosa*. En pocas palabras, les prestan atención a algunas cosas y a otras las dejan de lado. Sus acciones son el reflejo de sus prioridades y hablan más que las palabras. En el caso de la calidad, mencionado anteriormente, el adjunto de un presidente aclaró el mensaje: "Naturalmente que a él le interesa la calidad, nunca ha dicho: 'No me importa la calidad'. El problema es que le interesa todo. El es de los que dicen dos veces al año: 'Quiero calidad'; y actúa y dice: 'Hay que entregar el producto', dos veces al día". Otro ejemplo: el presidente de una compañía de alta tecnología basó la política de revitalización de su compañía en los nuevos productos, proclamando públicamente (es decir, a los analistas financieros) que estaban en proceso de fabricación. Con una mirada a su agenda uno podía darse cuenta de que él no dedicaba sino un 3% de su tiempo a los nuevos productos. Sin embargo, él no dejaba de preguntarnos, con toda sinceridad, por qué sus más íntimos colaboradores no comprendían el mensaje.

Cosa rara, esta área ambigua es objeto de un viejo y acalorado debate en psicología. Hay dos escuelas. Una sostiene que las actitudes (convicciones, políticas, declaraciones) preceden a la acción, es el estilo "Hable primero, actúe luego". La otra, sin duda más predominante, es todo lo contrario. El psicólogo de Harvard, Jerome Bruner, la entiende así: "Es más probable que actuar lo lleve a uno a creer, y no que creer lo lleve a actuar". Un experimento decisivo efectuado en 1934, invitó a la controversia. Demostró, sin equivocación posible, que frecuentemente existen pocos vínculos entre una convicción clara-mente expresada y la acción:

LaPiere, un profesor de raza blanca, recorrió los Estados Unidos en 1934 con un joven estudiante chino y su esposa. Se detuvieron en 66 hoteles o moteles y en 184 restaurantes. Todos estos hoteles o moteles, menos uno, los alojaron y nunca se les negó el servicio en un restauran-te. Algún tiempo después, se les envió una carta a estos establecimien-tos preguntándoles si aceptarían huéspedes chinos. (En ese entonces reinaba un fuerte sentimiento anti-chino en los Estados Unidos). El 92% respondió que no los aceptaría. LaPiere y otros después de él interpretaron estas conclusiones como la prueba de la contradicción que existe entre el comportamiento y la actitud. Casi todos los propie-tarios *se comportaban* en una forma tolerante, pero adoptaban una *actitud* intolerante cuando se les hacía la pregunta por carta.

De la misma manera, la táctica de que "es el primer paso el que cuenta" muestra la importancia de una acción progresiva para com-prometerse totalmente. Por ejemplo, cuando se hizo un experimento en Palo Alto, California, la mayoría de los individuos que habían aceptado inicialmente colocar un *pequeño* letrero en su ventana para defender una causa (seguridad vial), aceptaron en seguida instalar un tablero en el frente de su casa, lo que exigía el permiso a extraños para cavar unos hoyos bastante grandes en el prado. En cambio, aquellos a quienes no se les había solicitado dar el primer paso, rehusaron dar el segundo en el noventa y cinco por ciento de los casos.

Las deducciones de esta clase de razonamiento son claras: solamen-te si se hace *actuar* a las personas, aun en pequeña escala, en el sentido que uno quiere, llegarán ellas a creer en lo que hacen. Además, el proceso de obtener apoyo se mejora mediante el *manejo* explícito del proceso de calificar después de la acción; en otros términos, alabar pública y constantemente las pequeñas victorias. "Hacer cosas" (mu-chos experimentos, ensayos) lleva a un rápido y efectivo aprendizaje, a la adaptación, a la difusión y al compromiso: es la marca de una empresa bien manejada.

Además, en nuestras compañías excelentes parece que la acción precede a la estrategia y no a la inversa. Un gran investigador del proceso estratégico, James Brian Quinn, habla del papel del líder en materia de elaboración de estrategias y lo que dice no tiene nada que ver con un proceso que dé la prioridad a la numeración sistemática o al análisis. Elabora una larga lista de las principales tareas de la dirección: mejorar la comprensión, cimentar el conocimiento, cambiar los símbolos, legitimar los nuevos puntos de vista, hacer cambios de tácticas y probar soluciones parciales, ampliar el apoyo político, vencer la oposición, crear y estructurar la flexibilidad, lanzar globos de ensayo y esperar sistemáticamente, crear bolsas de compromiso, cristalizar la concentración, manejar las coaliciones y dar forma al compromiso (dar poderes a los "campeones"). El papel del líder es, entonces, orquestar y calificar: tomar lo que puede obtenerse en forma de acción y darle forma —generalmente después del hecho— transformándolo en un compromiso durable hacia una nueva vía estratégica. En otras palabras: le da un sentido a la acción.

El célebre matemático Roger Penrose afirma: "El mundo es una ilusión creada por la conspiración de nuestros sentidos". Sin embargo, nosotros, pobres mortales, tratamos valientemente, algunas veces con desesperación, de inscribir un sentido en la *tabula rasa* que se nos da al nacer. Como Bruno Bettelheim observa en *On the Uses of Enchantment:* "Si esperamos vivir no solamente en el instante sino en plena conciencia de nuestra existencia, entonces nuestra necesidad más grande y la hazaña más difícil de lograr es dar un sentido a nuestra vida". Bettelheim subraya el poderoso papel histórico de los cuentos de hadas y los mitos en la formación de un sentido a nuestra vida.

Cuando trabajábamos en nuestra investigación sobre las compañías excelentes, nos causó impresión el uso predominante de historias, lemas y leyendas que hacían las personas al explicar las características de sus propias grandes instituciones. Las compañías que entrevistamos, desde Boeing hasta McDonald's, todas tenían abundancia de anécdotas, mitos y verdaderos cuentos de hadas. La gran mayoría de los que hoy cuentan anécdotas sobre T.J. Watson, de IBM, no lo conocieron y tampoco han tenido ninguna experiencia de la vida mundana de entonces. Dos jóvenes ingenieros nos han entretenido durante una hora con anécdotas de "Bill and Dave" (Hewlett y Packard). Más tarde quedamos estupefactos cuando descubrimos que ninguno conocía ni menos aún les había dirigido la palabra a los fundadores. En estos tiempos personas como Watson y A.P. Giannini del Bank of America toman una dimensión mítica que los habría incomodado si vivieran. No obstante, en un sentido organizacional, estas historias, estos mitos y estas leyendas aparecen muy importantes porque son portadores de los valores y de la cultura de la organización.

La predominancia y la coherencia de la cultura se han revelado, sin excepción, como cualidad esencial de las compañías excelentes. Además, cuanto más sólida es esta cultura y más se dirige al mercado, menos necesarios son los manuales de política, los organigramas o los procedimientos y reglas detallados. En estas compañías todos los empleados saben qué es lo que deben hacer en la mayoría de las situaciones, porque disponen de valores guías muy claros. Uno de nuestros colegas trabaja con una compañía grande, establecida después de una serie de fusiones. Dice él: "El problema es que *toda* decisión se toma por primera vez. La dirección se ahoga en minucias porque la compañía no tiene normas culturales".

En contraposición, los valores compartidos en las compañías excelentes son claros, en gran parte, porque la tradición es rica. Todos los empleados de Hewlett-Packard saben que deben ser innovadores. Todos en Procter & Gamble saben que la calidad del producto es una condición *sine qua non*. En su libro sobre Procter & Gamble, *Eyes on Tomorrow,* Oscar Schisgall observa: "Hablan de cosas que tienen que ver muy poco con el precio del producto...Hablan de la integridad del negocio, del buen trato al personal. Desde el comienzo —decía Richard R. Deupree cuando era director general—, William Procter y James Gamble entendieron que los intereses de la organización y los de sus empleados eran inseparables. Esto jamás se ha olvidado".

Las compañías menos buenas tienen con frecuencia una cultura sólida pero disfuncional. Están generalmente más centradas en la política interna que en el cliente, o en "las cifras" más bien que en el producto y las personas que lo fabrican y lo venden. Por el contrario, las compañías excelentes parecen siempre reconocer un valor a lo que las compañías centradas exclusivamente en los objetivos financieros desconocen o juzgan sin importancia. Aparentemente comprenden que *todo* individuo busca una razón de ser (y no solamente los cincuenta ejecutivos que se benefician de las bonificaciones).

Puede ser que la palabra "trascendencia" sea muy grandiosa para el mundo de los negocios; pero el amor del producto que se tiene en Caterpillar, Bechtel y Johnson & Johnson, casi que la merecen. Cualquiera que sea el caso, nos parece muy llamativo que tantos pensadores de tan diversos campos estén de acuerdo en la necesidad primordial de los seres humanos de encontrar una razón de ser y de superar las cosas terrenales. Nietzsche creía que "el que tiene un *porqué* por el cual vivir puede soportar cualquier *cómo*". John Gardner, en *Morale,* anota: "El hombre es un obstinado buscador de un sentido".

Uno de nuestros trabajos más arriesgados es la modificación de estructuras organizacionales. Las emociones se desencadenan y casi todo el mundo se siente amenazado. ¿Por qué? La explicación es que si las compañías no tienen una fuerte idea de sí mismas, que se refleje en sus valores, sus tradiciones, sus mitos y sus leyendas, la única seguridad de las personas reside en el sitio que ocupan en el organigrama. Si éste se amenaza, y si la empresa no ofrece un propósito colectivo, se amenaza la única cosa que da algún sentido a la vida profesional de los individuos.*

En realidad, esta necesidad de encontrar un sentido es tan imperiosa, que la mayoría de las personas están dispuestas a conceder una gran libertad a las instituciones que les ofrecen esta razón de ser. Las compañías excelentes tienen una cultura tan marcada que no queda sino una alternativa: aceptar sus normas o renunciar. No hay término medio. Una ejecutiva de mercadeo muy competente nos dijo: "Yo admiro profundamente a Procter & Gamble. Son los mejores. Pero no podría trabajar con ellos". Ella estaba agitando el mismo problema en que pensaba Adam Myerson, del *The Wall Street Journal,* cuando nos solicitó escribir un artículo sobre el tema: "Por qué no quisiéramos trabajar en una de nuestras compañías excelentes". Las tradiciones que dan sentido a la vida de gran número de personas amilanan a otras.

Algunas de las personas que han hecho comentarios sobre nuestra investigación se preguntan si la fuerza misma de las estructuras y de los valores de las compañías excelentes no oculta alguna trampa. Es probable. En primer lugar, las convenciones son tan fuertes que las compañías pueden no darse cuenta de los cambios ambientales. Es un buen argumento. Pero podríamos replicar que, en general, las compañías excelentes insisten casi siempre en la importancia de mantenerse en contacto con el cliente o, de uno u otro modo, están abiertas al

---

* Lo contrario, aparentemente, también es cierto. Cuando trabajábamos para nuestro primer cliente en el Japón, sobre un problema que no tenía nada que ver con la organización, tuvimos la oportunidad de ser testigos de una importante operación de reorganización que se estaba desarrollando al mismo tiempo que nuestro estudio. Quedamos sorprendidos de la naturaleza espectacular del cambio y la rapidez con que se efectuó. En el transcurso de una semana casi todos los 500 altos ejecutivos habían cambiado de puesto, muchos se habían trasladado de Tokio a Osaka o viceversa, las cosas se habían acomodado y el negocio se desarrollaba como de costumbre. De esto sacamos la conclusión de que los japoneses podían permitirse una reorganización tan radical porque el sentimiento de seguridad que los acompaña siempre, no la seguridad de su posición, pues muchos habían sido degradados o trasladados a compañías filiales, sino la seguridad que nace de un ambiente cultural sólido y de valores compartidos por todos.

exterior. La atención intensa al cliente lleva a la compañía excelente a ser de tal manera sensible al medio ambiente, que se adapta mejor que sus competidoras.

En nuestra opinión, el aspecto más inquietante de una sólida tradición es que siempre existe la posibilidad de los abusos. Una de las necesidades que satisfacen las sólidas tradiciones de las compañías excelentes, es la de la seguridad, que casi todos experimentamos. Sacrificamos mucho a las instituciones que dan un sentido a nuestra existencia y, por lo tanto, nos ofrecen un sentimiento de seguridad. Desgraciadamente, esta busca de seguridad mueve a las personas a conceder demasiado a la autoridad, y como proporcionan una razón de existir, los de arriba están más que dispuestos a ejercer el poder. Dos experimentos aterradores, realizados pos Stanley Milgram, en Yale, y Philip Zimbardo, en Stanford, nos advierten el peligro que acecha en el lado más oscuro de nuestra naturaleza.

El primero, bien conocido, es la serie de experimentos que Stanley Milgram ha efectuado sobre la obediencia. Milgram recogió en la calle a algunas personas, las llevó a un laboratorio en Yale y les solicitó su participación en experimentos que consistían en administrar choques eléctricos a individuos previamente seleccionados. (En realidad, las víctimas eran cómplices de Milgram y los electrochoques eran simulados. Además, la selección de la víctima y la del que aplicaba los choques aparecía como hecha al azar.) Al principio, Milgram colocó a las víctimas en una habitación y a los operarios en otra. Siguiendo las instrucciones que les daba un experimentador que llevaba blusa blanca (el símbolo de la autoridad), los individuos hacían girar los botones que señalaban desde "suave" hasta "muy peligroso". Cuando se les dio la orden enviaron la corriente y, para sorpresa y decepción de Milgram, el experimento "fracasó". Todos fueron hasta el fin. Todos obedecieron las órdenes, aunque en las pruebas previas escritas, más del 90% había declarado que no administraría ningún electrochoque.

Milgram mejoró el experimento. Abrió una ventana entre las dos habitaciones para que los operarios pudieran ver a las "víctimas" retorcerse de dolor. Agregó los "gritos" de las víctimas. Después, hizo que las víctimas parecieran mujeres de cuarenta años, contadoras, de un físico común y corriente". Cambió de ambiente y de universidad, se trasladó a un desván destartalado en el centro de la ciudad. Pidió a cada uno de los individuos tomar de la mano a su víctima. Todas estas disposiciones se tomaron, sin mucho éxito, con el fin de romper el sometimiento del individuo a la autoridad del experimentador de la blusa blanca. De todas maneras las personas aceptaron la autoridad.

Milgram dio muchas razones para explicar el resultado. ¿Era asunto genético? Es decir, ¿existe un valor de supervivencia de la especie sujeto a la jerarquía y a la autoridad, que nos empuja a todos a someternos? ¿Se trata, simplemente, de sadismo? Su conclusión, en líneas generales, fue que nuestra cultura "ha fracasado casi totalmente en inculcarnos reflejos de control interno sobre las acciones que tienen su origen en la autoridad".

En el caso de Zimbardo, éste puso un pequeño aviso en un periódico de Palo Alto, California (comunidad típicamente burguesa), solicitando voluntarios para un experimento en una "prisión". Un sábado al alba fue a buscar a los voluntarios, los contrató y los llevó a una "prisión" de paredes de madera prensada, en el sótano del edificio de psicología de la Universidad de Stanford. Al cabo de unas horas, los "guardias" escogidos al azar para desempeñar esta función, comenzaron a actuar como tales y los "prisioneros", también escogidos al azar, comenzaron a actuar como prisioneros. En veinticuatro horas los guardias ya están comportándose bárbaramente, tanto física como psicológicamente. Al término del segundo día, dos prisioneros estaban al borde de la depresión nerviosa y tuvieron que ser retirados. El "alcaide" Zimbardo, temiendo por su propia conducta como por la de los demás, al cabo de cuatro días puso fin al experimento, pese a que éste estaba planeado para diez días.

Se podrían sacar las mismas enseñanzas de la culturas de las compañías excelentes, pero éstas tienen la ventaja aparente de no estar cerradas al mundo exterior. Están abiertas a los clientes, quienes a su vez les dan un equilibrio y un sentido de las proporciones en un ambiente que de otro modo sería propicio a la claustrofobia.*

En general, tenemos gran temor de las culturas que las compañías han fabricado. A pesar de los peligros inherentes a ellas, estas culturas han permitido a sus compañías contribuir en forma única al desarrollo de la sociedad. La abuela Bell, aunque víctima últimamente de la

---

* Otro aspecto molesto de estas culturas o tradiciones de empresa es cómo se las arreglarán los empleados que han pasado la mayor parte de su vida en ella si en un momento se cambiaran a otro sitio. Nuestra observación, aunque esto no está respaldado por ninguna investigación, es que se desempeñan menos bien de lo que podría esperarse, dados sus brillantes antecedentes en las mejores compañías. Es algo parecido al jugador de béisbol que abandonara a los Yankees. Estas personas desconocen el enorme sistema de apoyo que funcionaba para ellas en las compañías excelentes y se encuentran, por lo menos al principio, completamente perdidas y desorientadas sin él.

des-reglamentación, ha dado a los Estados Unidos un sistema telefónico que es, ciertamente, el mejor del mundo. Esto se debe en gran parte a Theodore Vail, quien insistió desde hace setenta y cinco años en que la compañía Bell no es una empresa de teléfonos sino una empresa de "servicios".

Por último, paradójicamente, parece que las compañías excelentes se aprovecharan de otra necesidad muy humana: la necesidad de controlar nuestro propio destino. Así como estamos dispuestos a someternos a las instituciones que dan un sentido a nuestra vida y nos dan seguridad, también necesitamos autodeterminación. Con igual ímpetu *buscamos autodeterminación y seguridad.* Esto es verdaderamente irracional, pero los que no llegan a manejar esta tensión son, en realidad, clínicamente locos. Ernest Becker, en *Denial of Death,* explicó esta paradoja: "El hombre vive la tensión absoluta que provoca el dualismo. La individualización significa que el ser humano debe oponerse al resto de la naturaleza (distinguirse). Sin embargo, ella crea precisamente el aislamiento que el ser no puede soportar —y que, no obstante, necesita para distinguirse— y crea la diferencia que se vuelve una verdadera carga, y al mismo tiempo destaca la pequeñez del individuo y su singularidad."

Los psicólogos estudian la necesidad de la autodeterminación en el terreno que llaman "ilusión o delirio de control". En otros términos, si las personas creen que tienen un control, así sea pequeño, sobre sus destinos, perseverarán en sus tareas, tendrán un triunfo mayor y se comprometerán más. Ahora bien, una de las áreas más activas de esta experimentación es el estudio de la psicología cognoscitiva. El experimento típico consiste en solicitar a algunos individuos que hagan un estimativo de sus probabilidades de triunfar en futuros trabajos en un campo que no les es completamente desconocido. Los resultados son muy consecuentes: los individuos, sean profesionales o estudiantes, sobreestiman sus probabilidades cuando se trata de un trabajo fácil y se subestiman cuando el trabajo es difícil. En pocas palabras, sus estimativos son regularmente falseados. Si anteriormente han tenido un 60% de éxito en el trabajo fácil, estimarán luego en 90% sus probabilidades futuras. Si en el trabajo difícil han obtenido 30%, sus estimativos para el siguiente ensayo serán del 10%. Tenemos una enorme necesidad de distinguirnos y de tener éxito, tanto que sobreestimamos nuestra habilidad para ejecutar el trabajo fácil. Y para guardar las apariencias y garantizarnos la seguridad, subestimamos la posibilidad de ejecutar el trabajo difícil.

La experiencia del interruptor mencionado en la introducción de esta obra, es la que verdaderamente resalta nuestra necesidad de autodeterminación y, al mismo tiempo, nuestro deseo de control. Aunque nunca utilicemos este interruptor, su sola presencia mejora enormememente nuestro desempeño. Experimentos semejantes producen resultados semejantes. Si en una rifa se le dice a una persona que saque un número de una bolsa, cree tener más probabilidades de sacar el premiado si ella misma lo hace que si lo hace otra persona. Si a una persona se le dan cuatro botellas de refrescos sin etiqueta y se le pide escoger el que prefiere, el primero que parecerá a la persona mucho más sabroso que si el experimento se hubiera limitado a dos botellas. (La bebida es la misma en las cuatro botellas.) El hecho de creer que disponemos de *un poco más* de amplitud nos lleva a un compromiso *mayor*.

Y aquí también parece que las compañías excelentes comprenden estas importantes y paradójicas necesidades humanas. Aun en las situaciones en que la economía industrial parece que quisiera favorecer la concentración, estas compañías dividen las responsabilidades y las confían a todos. Ellas dan la oportunidad de destacarse, aunque la combinan con una filosofía y un sistema de creencias (por ejemplo, Dana y su "personal productivo") que ofrecen el sentido de trascendencia, lo que es una maravillosa combinación.

EL LIDERAZGO DE TRANSFORMACION

Se suele sostener que las compañías excelentes son lo que son porque su organización les permite obtener esfuerzos extraordinarios de seres humanos ordinarios. Es difícil imaginarse que estas compañías con negocios de mil millones de dólares estén llenas de personas muy diferentes de las comunes y corrientes. Pero hay un terreno en que las compañías excelentes han sido verdaderamente bendecidas, especialmente en sus comienzos.

La noción de liderazgo abarca muchas cosas. Es la edificación paciente, y generalmente aburrida, de una coalición. Es la siembra deliberada de cábalas que se espera terminarán en la apropiada fermentación en las entrañas de la organización. Es cambiar cuidadosamente el centro de interés de la institución por medio del lenguaje mundano de los sistemas de administración. Es modificar los programas de modo que las nuevas prioridades reciban suficiente atención.

Es ser visible cuando las cosas andan mal e invisible cuando están saliendo bien. Es crear un equipo fiel, por lo alto, que hable más o menos con una sola voz. Es escuchar cuidadosamente la mayor parte del tiempo, hablar con estusiasmo frecuentemente y reforzar las palabras con una acción creíble. Es ser duro cuando es necesario y, ocasionalmente, usar del poder —o la "ingeniosa acumulación de matices, cien cosas hechas un poco mejor", como una vez lo dijo Henry Kissinger. La mayor parte de estas acciones es lo que el especialista en ciencias políticas, James MacGregor Burns denomina en su libro *Leadership*, el "liderazgo transaccional". Son las actividades indispensables del gerente que le comprometen la mayoría de su tiempo.

Pero Burns ha propuesto otra forma de liderazgo, menos frecuente, lo que llama el "liderazgo de transformación", un liderazgo que se funda en la necesidad que tiene el hombre de una razón de ser y que crea un fin para la empresa. Estamos prácticamente seguros de que la cultura de las compañías excelentes, que ahora parecen satisfacer las necesidades del "hombre irracional", proviene del liderazgo de la transformación ejercido en un momento dado de su historia. Si las culturas de estas compañías parecen hoy día tan fuertes que ya no necesitan continuamente este género de liderazgo, dudamos de que ellas hayan podido desarrollarse así sin que este tipo de liderazgo interviniera en el pasado y, especialmente, cuando eran relativamente pequeñas.

El líder de la transformación también se ocupa de los más pequeños detalles, pero de una clase diferente de detalles. Se interesa en las artes del pedagogo, del mentor, del lingüista para mejor convertirse en el que forma los valores, los sentidos, el modelo. Su tarea es mucho más dura que la del líder transaccional, porque él es el verdadero artista, el verdadero explorador. Después de todo, él hace nacer la necesidad de trascendencia que nos une a todos, e igualmente la manifiesta. Y al mismo tiempo manifiesta una constancia casi tosca durante largos períodos de tiempo en busca de sus pocos valores trascendentales. Ninguna oportunidad es demasiado pequeña, ningún tribunal demasiado insignificante, ninguna audiencia demasiado joven.

Burns habla con convicción de la necesidad que experimenta el líder de permitir a sus seguidores superar los asuntos del día. Comienza por culpar a los aprendices de líder por su obsesión con el poder, insinuando que tal actitud les impide ver la tarea mucho más importante que es inculcar la noción del propósito. "Este valor primordial no ha sido reconocido por la mayoría de las teorías", sostiene. "El liderazgo se

ejerce cuando seres humanos que tienen ciertos motivos y propósitos
movilizan, en competencia o en lucha con otros, recursos institucionales, políticos, psicológicos y otros, para despertar, comprometer y
satisfacer los móviles de sus seguidores". Lo que esencialmente dice
Burns es: "El liderazgo, a diferencia del simple ejercicio del poder, es
inseparable de las necesidades y objetivos de los que le siguen". Prepara
así el terreno para una definición concisa del liderazgo transformador:

> El liderazgo transformador ocurre cuando una o más personas se com-
> prometen con otras en tal forma que los líderes y los seguidores alcanzan,
> estimulándose mutuamente, niveles de motivación y de moralidad más
> elevados. Sus propósitos, que habrían podido nacer separadamente pero
> están relacionados, en el caso del liderazgo transaccional, se funden en
> uno. Los poderes básicos se relacionan, no como contrapesos sino como
> un apoyo mutuo para un fin común. A este tipo de liderazgo se le dan
> diferentes calificativos: elevador, movilizador, inspirador, exaltador,
> levantador, exhortador y evangelizador. La relación puede ser moralista,
> desde luego. Pero este liderazgo en últimas se hace moral en la medi-
> da en que eleva el nivel del comportamiento y de la aspiración ética
> del que dirige y del dirigido, y así tiene un efecto transformador sobre
> ambos... El liderazgo transformador es dinámico en el sentido de que los
> líderes caen en una relación con sus seguidores que se sentirán "ele-
> vados" y con frecuencia se volverán más activos.

Burns, como otros, cree que los líderes están haciendo un llamado a
ciertas necesidades inconscientes: "El proceso fundamental es intangible: consiste, en gran parte, en volver consciente lo que es inconsciente
entre los seguidores". Tomando al presidente Mao Tse-tung como
ejemplo, comenta: "Su verdadero genio fue comprender las emociones
de los demás". El psicólogo empresarial Abraham Zaleznick dice una
cosa muy semejante cuando pone a contrastar los líderes y los gerentes:
"Los gerentes prefieren trabajar con la gente, los líderes provocan
emociones". El psicólogo David McClelland, en *Power: The Inner Experience,* hace una descripción del proceso, basándose en la experimentación:

> Emprendimos este trabajo para descubrir exactamente, por medio de la
> experimentación, en qué pensaban los miembros de un auditorio cuando
> escuchaban a un líder carismático. Aparentemente, la experiencia los
> fortificó y los elevó, se sintieron más potentes. Así pues, la explicación
> tradicional de la influencia del líder sobre sus seguidores no es totalmente
> satisfactoria. El líder no los fuerza a someterse y a seguirlo con la sola
> magia de su poder de persuasión y de su personalidad...En efecto, tiene
> influencia porque fortifica e inspira a su auditorio...El líder despierta la

confianza en sus seguidores, quienes se sienten más capaces de alcanzar los objetivos que ellos y él comparten.

Deteniéndonos en uno de los principales argumentos de Burns, la simbiosis líder-seguidores, encontramos dos atributos de esa simbiosis particularmente sorprendente: la credibilidad y el entusiasmo. En cuanto hace a la credibilidad, pensamos que nuestras empresas ejemplares, impregnadas de la noción de valor, están dirigidas por aquellos que crecieron con el meollo del negocio —la ingeniería eléctrica en Hewlett-Packard, o en Maytag, la ingeniería mecánica en Fluor o Bechtel. Es raro que las mejores empresas estén dirigidas por contadores o abogados. En cuanto a entusiasmo, Howard Head, inventor y empresario, padre del ski Head y de la raqueta de tenis Prince, recomienda: "Hay que creer en lo imposible". En Hewlett-Packard, el criterio explícito para la selección de nuevos gerentes es su habilidad para despertar entusiasmo.

James Brian Quinn, que, entre otras cosas, ha estudiado durante mucho tiempo el proceso real y poco claro de descubrir y de lograr valores y objetivos estratégicos primordiales, hace una descripción sencilla del proceso de creación del entusiasmo. Cita al director de una empresa de bienes de consumo: "Poco a poco hemos descubierto que nuestro objetivo más eficaz es ser los mejores en ciertos terrenos. Ahora nosotros tratamos de hacer trabajar a nuestro personal en este sentido, y de definir esta noción y de buscar cómo llegar a ser los mejores en las esferas escogidas. Se sorprendería usted de ver cuánta motivación encierra esto".

Warren Bennis utiliza una buena metáfora para definir el líder que transforma: es un "arquitecto social". Pero para dar a cada uno su merecido, Bennis, Burns y nosotros mismos, en nuestros comentarios sobre las compañías excelentes, fuimos aventajados en varios años por Chester Barnard, a quien volveremos a encontrar en el próximo capítulo, y por Philip Selznick, quien publicó en 1957 un pequeño volumen azul, que prácticamente ha pasado inadvertido: *Leadership and Administration,* en el que dice:

> Estructurar el propósito de la empresa representa un desafío a la creatividad en el sentido que implica la transformación de hombres y de grupos, unidades técnicas neutras, en seres participantes que tienen personalidad propia, una sensibilidad y una voluntad de comprometerse. Es, realmente, un proceso educativo. Se ha dicho con razón que el líder eficaz debe conocer el significado y dominar la técnica del educador. El

arte del líder creativo consiste en edificar una institución y en trabajar de nuevo los materiales humanos y tecnológicos para formar un organismo que incorpore nuevos y durables valores...Crear una institución es *infundir un valor* al trabajo más allá de las exigencias técnicas, satisfacer a la vez necesidades individuales y colectivas. Cuando los individuos se vinculan a una organización o se atan a una manera de hacer las cosas en calidad de personas y no de técnicos, la organización se cambia de instrumento desechable en fuente valiosa de satisfacción personal...El líder *es primordialmente un experto en la promoción y en la protección de valores.*

Aquí debemos detenernos brevemente para preguntarnos qué valores exaltamos. Podría ser que por lo menos dijéramos simplemente: "somos los mejores" en cualquier campo, como dice James Brian Quinn, o "somos fieles a nuestra propia estética", como de sí mismo y de Tiffany's dijo Walter Hoving. Quizás sea Ray Kroc, de McDonald's, que ve "cierta belleza en una hamburguesa", o el "respeto por el individuo" de Watson, de IBM, o lo que Dana cree del "personal productivo" o las "cuarenta y ocho horas de servicio de repuestos en cualquier parte del mundo" de Caterpillar. ¿Una perogrullada? Solamente si somos pesimistas. Tales valores transforman las compañías que los aplican.

Nuestra discusión parece altisonante, v.gr. cuando hablamos de la creación de un propósito transformador. Es cierto, pero al mismo tiempo es algo práctico. Hemos sostenido que el hombre es profundamente irracional. Razona basándose en historias, se cree en la cima, tiene necesidad de hacerse notar y, al mismo tiempo, de encontrar un sentido, etc. Sin embargo, las prácticas administrativas rara vez tienen en cuenta estos puntos débiles y estas limitaciones.

No obstante, estas cosas las tienen en cuenta, consciente o inconscientemente, las compañías excelentes. El resultado es un mejor rendimiento relativo, un nivel de contribución más alto de parte del individuo "medio". Es significativo, tanto para estas compañías como para la sociedad, que estas instituciones crean ambientes en que las personas pueden florecer, desarrollar el amor propio y participar con entusiasmo en la vida de la empresa y de la sociedad en conjunto. Entre tanto, el grupo mayor de las empresas que no son ejemplares parece actuar, con una cierta perversidad, contra todas las variables que aquí hemos mencionado. La norma es perder en vez de ganar; los refuerzos son negativos y no positivos; la empresa se guía por los reglamentos más bien que por las tradiciones; la restricción y el control dominan y reemplazan el sentido de la trascendencia y la posibilidad de elevarse; y el liderazgo es más político que moral.

TERCERA PARTE

DE NUEVO
A LAS FUENTES

4

El manejo de la ambigüedad y la paradoja

La prueba de una inteligencia excelente es la habilidad para retener en la mente, al mismo tiempo, dos ideas opuestas y todavía conservar la capacidad de funcionar.

F. Scott Fitzgerald

Algunos de los gerentes que han revisado nuestros ocho atributos de la excelencia en la administración los encuentran interesantes pero no necesariamente fundamentales para explicar por qué las compañías excelentes se desempeñan tan bien. Creemos que están equivocados. Muchos de ellos, cuya inteligencia y habilidad para los negocios no puede cuestionarse, parten de una base teórica que está pasada de moda. Ciertamente esto es comprensible porque ningún aspecto de la nueva teoría, sea buena o mala, es fácilmente accesible. Al fin y al cabo, se encuentra en una primera etapa de desarrollo, le falta claridad, sus nexos con el "mundo real" son solamente implícitos, como es generalmente el caso de los sistemas precursores.

Así, pues, para comprender la relación que existe entre el desempeño de las compañías excelentes y los ocho atributos, necesitamos una nueva teoría. Esto es lo que queremos presentar. En este capítulo trataremos de combinar algunas contribuciones recientes a la evolución de la teoría de la administración con algunas de las implicaciones teóricas de las experiencias de las compañías excelentes.

Pero volvamos un momento al modelo racional. Las antiguas teorías de administración eran atractivas porque eran francas y estaban libres de ambigüedad o paradoja. Por el contrario, la realidad del mundo exterior es diferente. (Es interesante observar que uno de nuestros colegas japoneses criticó mucho un informe que nosotros habíamos preparado para uno de sus clientes. Lo encontró muy simplista. Creía que sus clientes dudarían de la precisión de algo tan desprovisto de ambigüedad.) A nosotros nos fascina ver cómo el mundo de la ciencia está marchando en direcciones paradójicas que recuerdan en forma increíble nuestras observaciones y nuestras hipótesis sobre el mundo de la teoría administrativa. Por ejemplo, en un principio se creyó que la luz estaba compuesta de partículas. Luego los científicos descubrieron que se propagaba como las ondas. Sin embargo, tan pronto como se adoptó esta hipótesis, se presentaron nuevas pruebas en sustentación de la teoría de las partículas. Pero si la luz estuviera realmente compuesta de partículas debería tener masa, y entonces no podría viajar a la velocidad con que viaja. Heisenberg demostró que se podía conocer la posición de una partícula subatómica o su masa, pero no ambas al mismo tiempo. Tenemos, pues, aquí a la más racional de las disciplinas, la física, lanzándose temerariamente a través del espejismo de la ambigüedad, y a los físicos atómicos empleando términos como "encanto", "extrañeza", "antimateria", y "*quark*", para describir las partículas.

La ciencia es más fácil de comprender cuando explicamos sus principios por medio de metáforas tomadas del mundo que conocemos, de lo que hemos tocado, visto u olido. De aquí el encanto de la concepción del átomo de Niels Bohr, cuyo modelo se asemejaba al sistema solar, con los electrones girando alrededor de un núcleo central como los planetas alrededor del Sol. Infortunadamente, este modelo no nos fue de mucha ayuda para comprender el átomo, porque, como ahora lo sabemos, éste no tiene parecido con el sistema solar. De la misma manera, el mundo de la administración parecía aclararse cuando establecíamos un paralelo con el mundo militar, metáfora ésta preferida de muchos cuando se trata de explicar la estructura de la administración en el Siglo XX. Pero, nuevamente, esta metáfora se vino abajo cuando se trató de entender fenómenos más complejos que —por ejemplo— un regimiento luchando bajo el fuego. (Inclusive este sistema de imágenes sin ambigüedades, plantea algunos problemas. William Manchester, en *Good-bye, Darkness,* habla de soldados de infantería de marina que se reían del fervor todavía no puesto a prueba y de las órdenes de los jóvenes subtenientes que querían enviarlos a sufrir el fuego enemigo. Muchos de estos jóvenes oficiales se encontraron completamente solos al lanzarse al asalto, y no regresaron nunca. Así, como todo hombre de experiencia lo sabe, el famoso modelo militar claro como el cristal —una orden se ejecuta inmediatamente— no es válido ni siquiera para los militares.)

Necesitamos algo mejor si en verdad queremos comprender. Desgraciadamente, lo mejor no es fácil de descubrir, aunque podría resultar más fácil a medida que lo vayamos entendiendo. Como lo veremos, la nueva concepción de la administración nos conduce a un mundo tan ambiguo y paradójico como lo es el de la ciencia. Pero pensamos que sus principios son más útiles y, al fin de cuentas, más prácticos. Por lo demás, si algo saben hacer las compañías excelentes es manejar la paradoja.

Se han elaborado diversos modelos para describir la evolución de la teoría de la administración. Para nuestros propósitos conviene comenzar por la que ha expuesto Richard Scott, de Stanford. Scott imagina cuatro períodos principales para el desarrollo de la teoría y las prácticas de la administración. Cada período se define como la combinación de elementos en un cuadro de dos dimensiones. Para imaginarla, pensemos en que un sentido va de "cerrado" a "abierto" y el otro de "racional" a "social". Si tomamos un sentido, veremos: se pasa de una concepción mecánica de la organización (cerrada) a una concepción de *gestalt* (abierta). En oposición marcada con el concepto predominante actual, los teóricos de la administración de los primeros sesenta años de este siglo no se preocupaban por el medio ambiente exterior, ni por la competencia, ni por el mercado, ni por nada externo a la organización. Tenían un enfoque "cerrado" del mundo, que hoy parece bastante estrecho y que se centraba sobre lo que era necesario hacer para optimizar la utilización de recursos, teniendo en cuenta únicamente lo que pasaba dentro de una empresa. En realidad, esto no cambió mucho hasta cerca de 1960, cuando los teóricos comenzaron a reconocer que los acontecimientos exteriores eran los que modelaban la dinámica interna de la organización. Cuando inequívocamente se tuvieron en cuenta los efectos de las fuerzas externas sobre los mecanismos internos de la organización, se inició la era del "sistema abierto".

El otro sentido del cuadro de Scott va de "racional" a "social". En este contexto, racional significa que existen propósitos y objetivos claros para las empresas y que es bastante sencillo determinarlos. Por ejemplo, si su empresa está dentro del sector minero, su objetivo debe ser aumentar al máximo las ganancias de las minas en explotación y de las futuras exploraciones. Si consideramos conocidos estos propósitos y objetivos, la administración no tiene sino que elegir los medios más eficaces para alcanzar las metas propuestas. Sobre esta base pueden tomarse decisiones racionales y así quedará trazado el rumbo de la organización. Lo social, en cambio, reconoce que la determinación de los objetivos es un proceso ni muy simple ni deductivo. (Por ejemplo, volviendo a nuestra hipótesis de la empresa minera, ¿qué entendemos por "aumentar al máximo"? ¿Cómo medimos las "ganancias"? ¿Nos limitamos a la producción actual? y ¿cómo tomamos decisiones correctas sobre algo tan intangible como el éxito de una exploración?) El enfoque social tiene como principio que los objetivos no son fruto de elecciones mecánicas. Tales decisiones no son tanto el resultado de una reflexión racional como de una coalición social, de las costumbres y de otras fuerzas dinámicas que influyen sobre las personas que trabajan en grupos.

Los cuatro períodos diferentes aparecen cuando se yuxtaponen los dos ejes (ver la figura siguiente). El primer período se extiende de 1900 a 1930 y es el del "sistema cerrado - agente racional". Los dos principales defensores de la teoría de este período fueron Max Weber y Frederick Taylor. Weber era un sociólogo alemán. Expuso como postulado que la burocracia —el orden dirigido por la regla— es la forma más eficaz de organización humana. El norteamericano Taylor puso a prueba las teorías de Weber con sus estudios sobre tiempo y movimiento. El aporte de la escuela Weber-Taylor fue la sugerencia de que si se podía aprender y dominar un conjunto finito de reglas y técnicas —sobre la descomposición del trabajo, el tramo máximo de control, el equilibrio entre la autoridad y la responsabilidad— entonces los principales problemas que se presentan en la dirección de grupos grandes de individuos quedarían más o menos resueltos.

Desde luego, el sueño de Weber y de Taylor no se realizó y la era del sistema cerrado - agente racional fue reemplazada de 1930 a 1960 por la del sistema cerrado - agente social, cuyos abanderados fueron Elton Mayo, Douglas McGregor, Chester Barnard y Philip Selznick.

Mayo era psicólogo clínico de la Escuela de Negocios de Harvard, y se le recuerda principalmente como el padre de los famosos experimentos Hawthorne. Estas investigaciones comenzaron bajo malos auspicios, como un trabajo ordinario sobre el terreno, en la línea de la tradición Taylor. Fueron creadas tan solo como un conjunto de estudios sobre los factores higiénicos en un medio industrial. Los experimentos se efectuaron especialmente en la planta de la Western Electric, en Hawthorne, Nueva Jersey, y su objeto fue probar los efectos que las condiciones de trabajo tienen sobre la productividad.

Pero una serie sorprendente de acontecimientos vino a perturbar la teoría que todavía prevalecía. Un buen ejemplo es el de los niveles de

LAS CUATRO ETAPAS DE LA TEORIA Y SUS EXPOSITORES

	Sistema cerrado	Sistema abierto
Agente racional	I. 1900-1930 Weber Taylor	III. 1960-1970 Chandler Lawrence Lorsch
Agente social	II. 1930-1960 Mayo y otros McGregor Barnard Selznick	IV. 1970-? Weick March

intensidad luminosa de que ya hablamos: se aumentó la intensidad luminosa y la productividad creció, pero cuando la intensidad se disminuyó, la productividad creció nuevamente. ¿Qué pasó? Se continuaron estos experimentos durante diez días y siempre se obtuvieron los mismos resultados desconcertantes. A pesar de que la riqueza del conjunto de datos experimentales permitió, y todavía permite, hacer muchas interpretaciones, parece que la conclusión principal es que el simple hecho de prestar atención positiva a las personas tiene gran influencia sobre la productividad. Este dato lo confirman nuestras compañías excelentes. Así, en Hewlett-Packard, se aprecia la innovación que proviene de un gran grupo de trabajadores, y los sistemas que la empresa emplea para valorizar esta innovación son bien claros (por ejemplo, hablar en reconocimiento de ella, dar recompensas). Las administraciones de las empresas mineras que han tenido éxito en las exploraciones tienen mil maneras de prestar atención a los geólogos de campo.

Mayo y sus discípulos de Harvard establecieron la psicología social en el medio industrial. La segunda guerra mundial estimuló el desarrollo de esta investigación, como de muchas otras. Al final de la guerra, empezaron a florecer campos como el adiestramiento en grupos y la selección de dirigentes. Después de la guerra, Douglas McGregor hizo una importante contribución. Se le recuerda principalmente por haber desarrollado la Teoría X y la Teoría Y: la primera sostiene que los empleados son perezosos y tienen necesidad de ser dirigidos; y la segunda, por el contrario, opina que son creativos y que se les deben confiar responsabilidades. La tesis de McGregor fue fundamental, como lo observó en el prefacio de su notable libro *The Human Side of Enterprise*: "Este libro busca justificar la tesis según la cual la dimensión humana de la empresa es 'de una sola pieza' y las teorías que la administración sostiene sobre el control de sus recursos humanos determinan toda la personalidad de la empresa". McGregor denunció el enfoque racionalista de la escuela de Taylor. "La principal hipótesis que sustenta la teoría convencional de la organización", afirmó, "es que la autoridad constituye el arma indispensable y primordial del control administrativo". Apuntó que la autoridad no es en realidad sino una de las diversas formas de influencia social y control, pero, tristemente, tanto la literatura como los gerentes de la época consideraban la autoridad como un concepto absoluto más bien que relativo.

McGregor llamó a la Teoría X la "hipótesis de la mediocridad de las masas". Sus principios son: "1) que el individuo medio tiene una aversión innata al trabajo y hace todo por evitarlo; 2) que las personas tienen, por consiguiente, necesidad de ser obligadas, controladas, dirigidas y amenazadas con sanciones si se quiere que hagan los esfuerzos necesarios para la realización de los objetivos de la empresa; y 3) que el individuo tipo prefiere sentirse dirigido, quiere evitar las responsabilidades, tiene relativamente pocas ambiciones y busca ante todo seguridad". McGregor sostenía que la Teoría X no es imaginaria, sino que es, en realidad, una teoría que influye de manera especial sobre la estrategia de la dirección de una gran parte de la industria norteamericana".

Por el contrario, la Teoría Y supone:

1) que el esfuerzo físico y mental gastado en el trabajo es tan natural como el gastado en el juego o en el reposo; 2) el control externo y la amenaza de sanciones no son los únicos medios para obtener el esfuerzo necesario para la realización de los objetivos de la empresa; 3) el compromiso se efectúa en la medida en que los resultados son recompensados, y la más importante de estas recompensas es la satisfacción del ego, que puede ser la consecuencia directa de los esfuerzos consagrados a la empresa; 4) el individuo medio, en las condiciones deseadas, aprende no solamente a aceptar responsabilidades sino también a buscarlas; y 5) *la capacidad de exhibir cualidades relativamente desarrolladas de imaginación, de inventiva y de creatividad en la solución de los problemas de la organización está ampliamente extendida en la gente, y no es escasa.* [El subrayado es nuestro]

Las teorías de McGregor y las que han seguido en lo que llegaría a ser la escuela de "relaciones humanas" de la administración han caído en desgracia en los últimos diez años. El fracaso abrumador del movimiento de las relaciones humanas es precisamente que no ha podido considerarse como el contrapeso de los excesos del modelo racional, fracaso debido a sus propios excesos. Esto nos recuerda a una compañía que con gran ímpetu se lanzó a la planificación partiendo de la base para llegar a la cima, a la administración democrática y a otras condiciones de trabajo "para hacer feliz a todo el mundo". El resultado práctico fue que si Jean fumaba en una reunión y eso molestaba a Joe, éste aprendió a solicitar a Jean, en forma comedida, dejar de fumar y Jean aprendió a no tomar como cosa ofensiva esa solicitud. Aparentemente la compañía era muy hábil para deshacerse de ese espanto que son los problemas de comunicación en todas las grandes empresas. Pero, si bien es cierto que tuvo éxito en la comunicación en los pequeños detalles, jamás se adentró en las cuestiones de fondo.

Mientras que el modelo racional ponderaba un proceso puramente de arriba abajo, el modelo social, como lo establecieron los mal aconsejados discípulos de McGregor, era exclusivamente un sistema de abajo arriba e intentaba desencadenar revoluciones por la vía del departamento de entrenamiento. McGregor lo había temido desde el principio y había declarado: "Las hipótesis de la Teoría Y no niegan el principio mismo de autoridad, pero sí niegan que ésta sea pertinente a todos los propósitos y en todas las circunstancias".

Principió así a surgir un tema central que, a nuestro juicio contribuye a la excelencia de las mejores compañías. Aparentemente, la Teoría X y la Teoría Y se excluyen mutuamente. Se elige la una o la otra. Como dirigente se es o autoritario o demócrata. En realidad, se es simultáneamente ambas cosas, o ni lo uno ni lo otro. Watson (IBM), Kroc (McDonald's), Marriott y otros fueron los primeros en tratar a las personas como adultos, en originar una innovación práctica y contribuciones de decenas de miles de individuos, en ofrecer oportunidades de formación y desarrollo para todos y en tratar a cada uno como un miembro de la familia. En efecto, Watson, practicando su política de puertas abiertas, mostraba gran debilidad por el trabajador. Sus ejecutivos rara vez ganaban la causa cuando se presentaba un reclamo de un empleado. Por otra parte, todos estos señores eran tenaces. Eran implacables cuando se violaban valores primordiales como el servicio a la clientela o una calidad impecable. Combinaban, pues, atención y dureza. Como buenos padres, se preocupaban mucho y esperaban mucho. Es una completa equivocación querer simplificar al máximo sus características, pretendiendo que en ellas predominan la Teoría X o la Teoría Y.

Mientras que McGregor y Mayo son los representantes de la teoría social de la organización aplicada al individuo, Chester Barnard y Philip Selznick, cuyos trabajos son casi contemporáneos de los dos primeros, se revelan finalmente como los teóricos más influyentes. A nuestro modo de ver, los trabajos de Barnard y Selznick han sido tratados con la mayor indiferencia por los gerentes.

Barnard, después de haber sido presidente de New Jersey Bell, se retiró a Harvard para meditar sobre su experiencia y allí escribió, en 1938, *The Functions of the Executive*. Este libro es de tal densidad que prácticamente es ilegible; pero no deja de ser grandioso. Kenneth

Andrews, de Harvard, en su introducción a la edición del trigésimo aniversario del libro (1968) apuntó: "El proyecto de Barnard es ambicioso. Como nos lo dice en su propio prólogo, su objetivo es ante todo aportar una teoría comprensiva del comportamiento cooperativo en las organizaciones formales. La cooperación nace de la necesidad que tiene el individuo de realizar propósitos para los cuales no está capacitado biológicamente".

Aun cuando las ideas de Mayo, McGregor y otros, inclusive el mismo Barnard, tenían como objetivo desarrollar el máximo esfuerzo del conjunto del personal, fue Barnard, y solamente él, quien presintió el papel decisivo y no convencional que podían desempeñar los ejecutivos para obtener este resultado; en particular, concluyó que es asunto del ejecutivo hacer que el personal se comprometa y dirigir activamente la organización informal, asegurándose de que simultáneamente la empresa alcance sus objetivos económicos. Fue, probablemente, el primero en tener una visión equilibrada del proceso de administración.

Por lo que sabemos, fue Barnard también el primero en hablar sobre el papel primordial del gerente general como modelador y administrador de los valores compartidos en una organización: "Sus funciones esenciales son, primero, proporcionar el sistema de comunicaciones; segundo, procurar que se realicen los esfuerzos indispensables y, tercero, formular y definir los objetivos". Agregó que los valores de la organización están definidos más por lo que los ejecutivos hacen que por lo que dicen: "Ya ha quedado demostrado que los objetivos, estrictamente hablando, están más exactamente definidos por el conjunto de las acciones que por cualquier declaración verbal". Asimismo, hizo resaltar que los objetivos, para ser efectivos, deben aceptarse por todos los que contribuyen al esfuerzo colectivo. Es exactamente lo que encontramos en las compañías excelentes. Los valores son claros y el alto mando los aplica en todo momento, década tras década; y el grueso de la tropa los entiende bien.

Quizás el genio de Barnard ha quedado expresado mejor en su nada común énfasis sobre la dirección del conjunto:

> El sentido común del conjunto no es obvio y, en realidad, no se encuentra siempre presente. El control es dominado por un aspecto particular —económico, político, religioso, científico, tecnológico— con el resultado de que no está asegurado un alto rendimiento y lo que sigue puede ser el fracaso o la permanente amenaza. No hay duda de que el desarrollo de una crisis debida a un tratamiento desequilibrado de todos los factores es la ocasión para una acción correctiva por parte de los ejecutivos

que posean la habilidad de percibir el conjunto, cuya concepción forma y ordenada es casi imposible excepto para unos pocos hombres de espíritu ejecutivo o para algunas organizaciones cuyo personal es comprensivamente sensible y está bien integrado.

Todavía hoy es raro encontrar que se ponga énfasis en la administración del conjunto.

Unos diez años después de la publicación del libro de Barnard, Philip Selznick desarrolló una teoría análoga en la cual introdujo algunos términos nuevos como "competencia distintiva" (aquello en que una compañía particular se desempeña bien, pero que la mayoría de las otras no puede hacer) y "personalidad de la organización" (en la que lanzó la idea de considerar a las organizaciones como culturas). Citamos extensamente a Selznick porque pensamos que hace una buena descripción de la personalidad de una organización, de su competencia, de los valores institucionales y del liderazgo. Estas características, como él las describe, son, en nuestra opinión, la base del éxito de las compañías excelentes:

El término "organización" sugiere una cierta sequedad, un sistema sobrio y racional de actividades coordinadas conscientemente. Se refiere a una herramienta desechable, un instrumento racional concebido para realizar una tarea. Una "institución", en cambio, es un producto natural de las necesidades y de las presiones sociales —un organismo sensible y adaptable...Los términos institución, personalidad de la organización y competencia distintiva se refieren todos al mismo proceso básico —la transformación de una disposición de bloques de construcción técnicamente concebida, en un organismo social...Las organizaciones se vuelven instituciones cuando se les infunden valores que les dan una identidad propia. En el proceso de institucionalización se produce una unificación de las perspectivas, de las costumbres y de otras formas de compromiso, que ilumina todos los aspectos de la vida de la organización y le presta una integración social que va más allá de la coordinación y la autoridad formales...Es fácil adherir a la proposición abstracta de que la función de un ejecutivo es encontrar la fórmula afortunada para hacer conciliar el fin y los medios. Es más difícil tomar esta idea en serio. En la vida administrativa existe una fuerte tendencia a separar los fines y los medios, resaltando a los unos o a los otros. El culto de la eficiencia en la práctica administrativa es la forma moderna de insistir mucho en los medios, en una de estas dos formas: o concentrándose en el mantenimiento de una máquina que funciona sin problemas o poniendo énfasis en las técnicas de la organización...La eficiencia como ideal operativo presupone que se han fijado las metas u objetivos y que los recursos se encuentran disponibles. En muchas situaciones, incluso las más importantes puede ser que los objetivos no se hayan definido o, si lo han sido, que los medios necesarios estén todavía por crear. La creación de los medios no es un problema puramente técnico sino que implica plasmar la personalidad social de la institución. El liderazgo excede la eficiencia 1) cuando define una misión fundamental y 2) cuando crea un organismo social capaz de cumplir esa misión.

El legado de Mayo, McGregor, Barnard y Selznick —el hombre como agente social— es inmenso. Desgraciadamente, como lo hemos indicado, los dos primeros fueron desacreditados cuando algunos discípulos ingenuos alteraron sus ideas, y los otros dos no han tenido, hasta el momento, una gran audiencia. Particularmente, dos de nuestras conclusiones sobre los atributos de las compañías excelentes (la combinación de autonomía y espíritu empresarial y de productividad mediante motivación) siguen la tesis de McGregor y otras tres (moverse sobre valores claves; limitarse a sus aptitudes: "zapatero a tus zapatos"; y hacer compatibles las propiedades de flexibilidad y rigor) son consecuentes con el punto de vista de Barnard y Selznick. Pero todavía falta algo. Volvemos, pues, al cuadro de Scott.

La tercera etapa más o menos de 1960 a 1970, fue a la vez un paso adelante y uno atrás. Scott la llama la era del "sistema abierto - agente racional". La teoría retrocedía en la medida en que regresaba a las hipótesis mecánicas con respecto al hombre. Y avanzaba porque los teóricos consideraban finalmente a la compañía como parte de un mercado competitivo, modelada y formada por fuerzas externas. Una importante contribución a este período la hizo Alfred Chandler con su libro *Strategy and Structure*. Simplemente, Chandler observó que las estructuras de organización en las grandes compañías como Du Pont, Sears, General Motors y General Electric se adaptan a las presiones cambiantes del mercado. Por ejemplo, describe la proliferación de las líneas de productos que, tanto en Du Pont como en General Motors, responden a la evolución del mercado. Y muestra cómo esta proliferación impone el paso de una organización monolítica a una estructura divisional más flexible.

Chandler hizo este trabajo en Harvard y otros dos profesores de esta universidad, Paul Lawrence y Jay Lorsch, le siguieron en 1967 con otro notable estudio, *Organization and Environment*. Su modelo era considerablemente más sofisticado que el de Chandler, pero llegaban más o menos, a las mismas conclusiones. Consideraron las estructuras de organización y los sistemas de administración y compararon las mejores empresas de un sector de evolución rápida —especialmente materias plásticas para uso industrial— con las mejores empresas de un sector estable de evolución lenta —envases. Encontraron que los líderes del sector estable conservaban una forma de organización simple y funcional y sistemas de control simples. Por el contrario, los líderes del sector de evolución rápida tenían una estructura más descentralizada y sistemas más ricos que sus competidores menos afortunados.

Finalmente, Scott formuló la hipótesis de una cuarta época que se extiende desde 1970 hasta nuestros días. La describe como la era del "sistema abierto - agente social". Reina el desorden. El agente racional es reemplazado por el agente social complejo, un ser humano con sus fuerzas, sus debilidades, sus limitaciones, contradicciones e irracionalidades. La empresa aislada del mundo exterior es reemplazada por una empresa agitada por una multitud de fuerzas exteriores en constante evolución. Desde el punto de vista de los líderes de la teoría actual, todo está en movimiento —los fines, los medios y las fuerzas exteriores. Entre los teóricos importantes de este período se pueden citar Karl Weick, de Cornell y James March, de Stanford.

El paradigma dominante en esta cuarta época de la teoría organizacional pone énfasis en la ausencia del formulismo, sobre la iniciativa individual y sobre la evolución. La señal más clara de que los más importantes analistas de la administración se apartan radicalmente de las viejas teorías, es el cambio de metáforas. Weick es vehemente sobre este tema y afirma que las metáforas militares corrientes limitan seriamente nuestra facultad de reflexionar inteligentemente sobre las cuestiones de la administración: "Las organizaciones tienen su plana mayor y una jerarquía de mando. Desarrollan estrategias y tácticas. Las organizaciones combaten a sus competidores, enganchan personas con grados de magister en administración...Resuelven sus problemas destituyendo personal (con o sin honores), apretando los controles, introduciendo una disciplina, llamando refuerzos o clarificando responsabilidades: es lo que se hace cuando un ejército flaquea". Weick está convencido de que las metáforas militares no son una buena elección cuando se trata de dirigir una empresa comercial. Primero, el empleo de estas metáforas supone que alguno claramente gana y otro pierde. En los negocios no es éste el caso. Segundo, Weick sostiene que la metáfora militar es una mala elección porque las personas resuelven los problemas por analogía, y en tanto que utilicen la analogía militar, "esto los obliga a encerrarse en una serie muy limitada de soluciones para resolver cualquier problema y en una serie también muy limitada de formas de organización".

Las nuevas metáforas, según Weick y March, que abren nuevas y prometedoras vías para reflexionar sobre la administración —por muy peligrosas que sean para los ejecutivos formados en la vieja escuela— incluyendo la navegación a vela, el apasionamiento, la tontería, los balancines, las estaciones espaciales, los tarros de la basura, los mercados, y las tribus salvajes. Al hablar de las compañías excelentes se nos pueden ocurrir otras, como campeones, equipos, zares, etc., que se originan en la forma en que estas empresas hablan de sí mismas. "Cada metáfora" —sostiene Weick— "ha anunciado alguna propiedad de las organizaciones que de otra manera habría podido pasar inadvertida". Anthony Athos, dice: "La verdad se esconde en la metáfora".

Chester Barnard escribió *The Functions of the Executive* en 1938, que probablemente merece calificarse como la teoría completa de la administración; igualmente la obra *Administrative Behavior* de Herbert Simon, que apareció en 1947. La obra conjunta de March y Simon *Organizations,* escrita en 1958, comprende 450 proposiciones inter-relacionadas sobre organización. También es una teoría completa de la administración.

Es indiscutible que desde entonces no se ha escrito ninguna verdadera teoría de la organización.

Probablemente March pretendía que su obra *Ambiguity and Choice in Organizations,* escrita con la colaboración de Johan Olsen en 1976, era la última palabra en estas teorías, pero nosotros no lo creemos. Ciertamente, Karl Weick no sostiene que su maravilloso libro *Social Psychology of Organizing* sea una teoría completamente desarrollada. En realidad, dijo simplemente: "Este libro trata de la apreciación de una organización".

Los esfuerzos de los principales teóricos actuales se resumen en una importante serie de ensayos sobre la administración, que van en contra de las viejas ideas convencionales en puntos decisivos. Y las contradicen en forma que coincide con nuestras observaciones sobre las compañías excelentes. Pero esto no quiere decir que no se necesite una nueva teoría. Se necesita, y es de vital importancia si se quiere que los gerentes de hoy, sus consejeros y los maestros de los administradores del mañana estén a la altura de los desafíos de que hablamos en el capítulo segundo.

En verdad, aquí no estamos proponiendo una teoría completa de la organización. Sin embargo, pensamos que nuestras conclusiones sobre las compañías excelentes revelan nuevas dimensiones que los teóricos o los gerentes no han tomado en cuenta. Además nos ayudan a expresar simple y directamente conceptos que hasta ahora han permanecido confundidos en medio de las teorías avanzadas de hoy. En todo caso, hay algunas ideas fundamentales que deben servir de base por lo menos para comprender los ocho atributos que trataremos en los ocho capítulos siguientes.

Naturalmente el punto de partida es la aceptación de los límites de la racionalidad, tema central de los dos últimos capítulos. Según esto, los cuatro elementos principales de una nueva teoría comprenderían nuestras observaciones sobre las necesidades humanas fundamentales en las empresas: 1) la necesidad de encontrar una razón de ser; 2) la necesidad de un poco de control; 3) la necesidad de refuerzo positivo que permita a las personas considerarse, en una u otra forma, como ganadoras; y 4) la formación de las actitudes y las creencias por las acciones y las conductas y no a la inversa.

Hay algunas ideas muy importantes de las teorías anteriores y actuales de la administración que deben entrelazarse en el tejido de una nueva teoría. Hay dos de ellas que queremos resaltar particularmente, porque creemos que no han recibido la atención que merecen: 1) las compañías, sobre todo las excelentes, se caracterizan en primer lugar por una cultura original, y 2) una compañía triunfa por una evolución dirigida, pero específicamente impredecible.

LA IMPORTANCIA DE LA CULTURA

Algunos colegas que nos han oído explicar la importancia de los valores y de las culturas distintivas han dicho: "Eso está bien, pero ¿no es un lujo? ¿La empresa no tiene que ganar dinero primero?" La respuesta es que, desde luego, una empresa debe estar sana en el plano financiero, y las compañías excelentes lo están. Pero su sistema de valores integra las nociones de salud económica, de servicio a la clientela y del sentido dado a la vida del personal. Como nos decía un ejecutivo, "la ganancia es como la salud. Se necesita, y cuanto más se tiene, tanto mejor. Pero uno no existe para eso". Además, a raíz de una pequeña investigación anterior a este trabajo, descubrimos que las compañías en donde los únicos objetivos que estaban bien definidos eran los financieros, no tenían tan buenos resultados como las que tenían una más amplia serie de valores.

Sin embargo, es sorprendente lo poco que se dice sobre la formación de los valores en las actuales teorías de administración y en particular lo poco que se habla de las empresas como culturas. Se ha dicho de 3M tal como lo citamos en el capítulo primero: "Los miembros de una secta política extremista que han sufrido un lavado de cerebro no son más conformistas en sus convicciones esenciales", y, sin embargo, es la misma 3M que se conoce no por su rigidez sino por su espíritu desenfrenado de empresa. Delta Airlines vive su "Espíritu de Familia", y como lo observa su presidente William Beebe: "Lo que favorece a Delta es esta relación tan estrecha que nos une". Algunos se retiran de Texas Instruments porque es "demasiado rígida"; pero, en cambio, esta empresa es increíblemente innovadora, y su presidente, Mark Shepherd, dice de su sistema de planificación por Objetivos, Estrategias y Tácticas, que "éste sería estéril si no fuera por esta cultura de innovación que penetra en la institución". Un analista de *Fortune* observa, a propósito de Maytag: "La confiabilidad de las lavadoras Maytag se debe, en gran parte, a la ética de trabajo de Iowa". Stanley Davis, de la Universidad de Columbia, sostiene: "Las empresas que operan en Rochester, Nueva York (por ejemplo, Kodak) o en Midland, Michigan (por ejemplo, Dow), tienen una cultura colectiva muy vigorosa. Mucho más que las empresas que operan en Nueva York o en Los Angeles".

Se han oído murmuraciones a propósito de los valores y de la cultura entre los universitarios desde que Barnard y Selznick agitaron el problema. Richard Normann, en *Management and Statemanship,* habla de la importancia de la "idea dominante de la empresa", y dice que "el proceso más decisivo" en cualquier compañía puede ser la interpretación constante de los acontecimientos históricos y el ajuste de la idea dominante en este contexto. En un libro reciente sobre la estructuración de la organización, Henry Mintzberg habla, aunque brevemente, de la cultura como un principio de diseño, llamándola (infortunadamente) "la configuración misionera" y le da un aspecto futurista lamentable: "La configuración misionera [estructural] tendría su propio mecanismo de coordinación: la socialización, o, si se quiere, la estandarización de las normas; y un parámetro correspondiente de diseño: el adoctrinamiento...La organización tendría una ideología. El visitante sensitivo podría percibirlo inmediatamente".

Pero esto no tiene nada de futurista: Procter & Gamble ha venido funcionando así desde hace unos 150 años, y la compañía IBM durante casi 75 años. La filosofía de Levi Strauss, que gira alrededor del personal, comenzó con la política sin precedentes que pregonaba "nada de despidos" a raíz del terremoto de San Francisco en 1906.

Andrew Pettigrew considera el proceso de formación de la cultura como el primer papel de la administración: "El líder no crea solamente los aspectos racionales y tangibles de la organización, como la estructura y la tecnología, sino que es igualmente el creador de símbolos, ideologías, de un lenguaje, de creencias, rituales y mitos". Joanne Martin, de Stanford, emplea un lenguaje sorprendentemente parecido y ve las empresas como "sistemas compuestos de ideas cuyo sentido debe ser modelado". Ha animado una gran investigación que indica hasta qué punto las compañías excelentes poseen ricas redes de leyendas y parábolas de todas clases. Hewlett-Packard, IBM y Digital son tres de sus ejemplos favoritos. La investigación indica también que las empresas menos buenas son relativamente estériles en este campo. Warren Bennis también habla de la primacía de la imagen y de la metáfora:

> No es tanto la formulación de los objetivos por los cuales una [institución] *debe* estar funcionando lo que crea una nueva práctica. Son las imágenes las que permiten comprender y admitir que la nueva vía es la correcta...Fue la preciosa relación que hizo Darwin de sus viajes en el *Beagle,* más bien que el contenido de su escrito, lo que se impuso porque la idea de la evolución estaba ya flotando en el aire desde hacía algún tiempo. No solamente ya se habían hecho alusiones a ella sino que el tío de Darwin había comenzado a trabajar sobre el asunto...Así, si yo tuviera que dar un consejo improvisado a alguien que estuviera tratando de instituir el cambio, le diría: "¿Qué tan clara es la metáfora? ¿Se entiende? ¿Qué tanta energía le dedica usted?"

La prensa económica emplea cada vez más la cultura como metáfora desde 1980. *Business Week* oficializó esta práctica a fines del verano de 1980, cuando dedicó un gran reportaje a la cultura de la empresa. Ahora parece que este término surge cada vez con más frecuencia en el periodismo económico.

Quizás la cultura se convirtió en tabú a raíz de la aparición de *The Organization Man* de William Foote Whyte y la imagen de conformista de traje gris que nos mostró. Pero lo que parece que olvidaron Whyte y los otros teóricos de la administración hasta hace poco, es lo que nosotros llamamos en el capítulo 12 las características de "rigor flexible" de las compañías excelentes. En las mismísimas instituciones en que la cultura predomina tanto, también se encuentra una verdadera autonomía en el más alto grado. La cultura regula rigurosamente las pocas variables de la organización que cuentan y le da sentido al trabajo. Pero en el interior de estos valores cualitativos (y en casi todas las otras dimensiones) se estimula a las personas para que se destaquen, para que produzcan innovaciones. Así, "IBM Significa Servicio", no solo resalta la devoción inmensa de la compañía por su cliente, sino además esta fórmula facilita un campo de acción notable. Anima a todo el mundo, desde el empleado de escritorio hasta el ejecutivo, a hacer todo lo que pueda para asegurar que su cliente recibe la debida atención. Es un escenario más mundano, Steven Rothman, en *D & B. Reports,* cita a un vendedor de Tupperware: "La compañía me deja en libertad para que yo desarrolle mi propia iniciativa. Hay ciertas condiciones que se necesitan en toda reunión para que tenga éxito, pero si usted como vendedor de Tupperware prefiere el color rojo o rosado con lentejuelas y a mí me gusta el color de alhucema con rayas, está muy bien. Esta libertad le permite a uno dar lo mejor de sí mismo". Así, pues, el poder de los valores es, principalmente, animar el espíritu de innovación práctica para que se realice plenamente.

LA EVOLUCION

Así como la cultura y los valores compartidos contribuyen a unificar las dimensiones sociales de una organización, una evolución dirigida es importante para que una empresa conserve sus facultades de adaptación.

Estamos enfrentados a un enigma maravilloso. Una gran parte de la teoría actual carece a la vez tanto de rigor como de flexibilidad. La teoría no es tan rigurosa como para considerar el papel de los valores estrictamente compartidos y de la cultura como la principal fuente de la determinación y de la estabilidad. Al mismo tiempo, no es lo bastante flexible como para considerar que se necesita que haya una relativa falta de estructura y de que exista la necesidad de una lógica de administración totalmente nueva para tener la seguridad de que haya una adaptación constante en las grandes empresas. Más bien, propone generalmente reglas estructurales y ejercicios de planificación —ambas formas de rigidez— para salvar este obstáculo.

Estos dos problemas vienen de la complejidad inherente a las grandes organizaciones, y, sin embargo, ambos han sido superados por las compañías excelentes a su manera. Las grandes instituciones son demasiado complejas para que se dirijan a base de reglamentos, de modo que los gerentes, para simplificar el problema, han recurrido a algunos valores superiores que expresen los objetivos fundamentales. La adaptación también es demasiado compleja como para que siga los reglamentos, de modo que los gerentes astutos se aseguran de que hay suficientes "variaciones a ciegas" (buenos ensayos, afortunados o no) para satisfacer las leyes de la probabilidad y convertir ocasionalmente las probabilidades de acierto en verdaderos éxitos.

Necesitamos un nuevo lenguaje. Es necesario enriquecer nuestro vocabulario de la administración: estructuras temporales, grupos *ad hoc,* organizaciones fluidas, lo pequeño es hermoso, incrementalismo, experimentación, orientación hacia la acción, imitaciones, muchos ensayos, variaciones injustificadas, competencia interna, apasionamiento, técnica de la fantasía, campeones de producto, falsedad, equipos, cábalas y organizaciones paralelas. Todos estos términos someten a discusión nuestras maneras de pensar. Cada uno implica tanto la falta de una dirección clara como la simultánea necesidad de acción. Y lo que es más importante todavía, necesitamos nuevas metáforas y nuevos modelos con los cuales podamos juntar todos estos términos para construir un todo sensato, coherente y memorable.

Como lo observamos, James March ha propuesto para acompañar su metáfora de "el cubo de la basura", un modelo de toma de decisión en el que "torrentes de problemas, de soluciones, de participantes y de posibilidades de elección se agitan para, ocasionalmente, llevar a decisiones". Además, estima: "Tenemos necesidad de completar la tecnología de la razón con una tecnología de la fantasía. Los individuos y las empresas tienen necesidad de hacer cosas sin razón. No siempre, pero sí de vez en cuando. Tienen necesidad de actuar antes de pensar". En un sistema tal, afirma March, el liderazgo tendrá un papel diferente: "Más bien que un analista en busca de datos específicos, pensamos en un inspector en busca de signos extraños". March resume sus puntos de vista en una forma más llamativa cuando dice: "Esa visión de la administración es relativamente sutil. Supone que la organización en vez de empujarse se debe gobernar como un barco de vela y que la eficiencia del liderazgo depende de su capacidad de regular las pequeñas intervenciones de modo que la fuerza de los

procesos naturales de organización las amplifique en lugar de ahogar-
las". Y en la más hermosa de todas sus imágenes dice: "La administración se parece más a la colocación de una barrera de nieve para desviar
la ventisca, que a la hechura de un muñeco de nieve".

Karl Weick prefiere describir la adaptación en términos de "sistemas
de acoplamiento flexibles". Sostiene que la mayor parte de la tecnología de la administración supone equivocadamente un acoplamiento
riguroso: si se da una orden o se define una política, éstas se siguen
automáticamente. "Cuanto más se ahonda en las sutilezas de las organizaciones", dice Weick, "tanto más se pregunta uno qué significa el
orden y tanto más se convence de que lo eficiente, lo planificado, lo
previsible y lo durable son criterios dudosos para la evolución satisfactoria". Según él, hay dos procesos de evolución en el centro de la
adaptación. "Una variación injustificada es decisiva", dice; y añade:
"Yo simpatizo mucho con una complicación deliberada". Y luego
insiste en que "dar un sentido retrospectivo es la metáfora clave. "Con
esto quiere decir que la tarea principal de los gerentes es escoger,
después, entre los "experimentos" que se lleven a cabo en la organización. Los que tienen éxito y están conformes con los objetivos de la
dirección son designados posteriormente ("el sentido retrospectivo")
como las premisas de la nueva dirección estratégica. Los que pierden
son víctimas de tratar de aprender de "un ambiente empobrecido y
superficial". Esto es, hay poco de dónde aprender. La compañía ha
quedado señalada por algunas "buenas tentativas". Weick concluye
lógicamente: "Nadie es libre de hacer lo que no puede imaginar". Y cita
un maravilloso experimento relatado por Gordon Siu para reforzar
esta opinión:

...Si se meten seis abejas y seis moscas en una botella y se coloca ésta hori-
zontalmente, con el fondo contra la ventana, se verá que las abejas no
dejarán de luchar por encontrar salida a través del vidrio, hasta que
mueren de agotamiento o de hambre; mientras que las moscas, en menos de dos minutos, habrán salido por el cuello en el otro lado...Es el
amor de las abejas por la luz, su misma inteligencia, lo que las pierde
en este experimento. Probablemente se imaginan que la salida de una
prisión debe encontrarse donde la luz brilla más y obran en consecuencia y persisten en esta actitud bastante lógica. Para ellas el vidrio
es un misterio sobrenatural que nunca han visto, nunca han tenido una
experiencia de esta atmósfera repentinamente impenetrable y, cuanto
más desarrollada sea su inteligencia, más inadmisible y más incompren-
sible aparecerá este extraño obstáculo. Mientras que las tontas moscas,
indiferentes a la lógica como al enigma de vidrio, hacen caso omiso del

llamado de la luz, vuelan al azar de quí para allá y encuentran la buena suerte que a menudo sonríe a los ingenuos que encuentran la salvación donde los sabios perecen, y acaban, necesariamente, por descubrir la abertura que les devuelve la libertad.

Y Weick concluye:

Este episodio habla de experimentación, de perseverancia, de ensayos y de errores, de riesgos, de improvisación, de la vía mejor, de desviaciones, de confusión, de rigidez y del azar, todos en juego para hacer frente al cambio. Entre los más notables contrastes están los que oscilan de la rigidez a la flexibilidad. Hay diferencias en el grado en que los medios dependen de los fines, en que las acciones son controladas por las intenciones, las soluciones son guiadas por la imitación del vecino, la retroalimentación orienta la investigación, los primeros movimientos determinan los que siguen, la experiencia pasada ordena la actividad presente, la lógica domina la exploración y el grado según el cual la prudencia y la inteligencia influyen sobre la manera de comportarse. En este ejemplo, ataduras flexibles facilitan los medios para que algunos agentes puedan superar un cambio fundamental en su ambiente. Cada mosca vuela, atada vagamente a su vecina y a su propio pasado y hace numerosas adaptaciones idiosincrásicas que, finalmente, le resuelven el problema de escaparse. La flexibilidad es un activo en este caso particular, pero no está claro en qué medida y en qué momento ella contribuye a un cambio afortunado y cómo la acción debe modificarse para que haga frente a la realidad de esta flexibilidad.

Weick, March y algunos otros están fascinados por el papel que desempeñan los procesos clásicos de evolución en el desarrollo de las empresas; los economistas les han reconocido siempre el rol de ligar las poblaciones de las compañías a las necesidades del ambiente: si las compañías no se adaptan, mueren. En el más amplio sentido (aunque desconcierte a la mayoría de los gerentes), la teoría se comprueba muy bien. La mayor parte de las 500 empresas de *Fortune* no existían hace cincuenta años. Todas las creaciones de empleo del sector privado en los Estados Unidos en los últimos veinte años se deben a las empresas que no figuraban entre las 1000 de *Fortune* de hace 20 años, y los dos tercios son el aporte de empresas que tenían menos de veinte empleados hace veinte años. Hace diez años, nuestros gigantes del automóvil parecían invencibles. Hoy nos preguntamos si más de uno logrará sobrevivir.

En 1960, Theodore Levitt, de Harvard, escribió un artículo titulado "La miopía del mercadeo" en *Harvard Business Review,* en el que señalaba que todas las industrias fueron una vez industrias en crecimiento. Insensiblemente, aparece en ciclo vicioso. Cuando los industriales conocen un período de crecimiento continuo acaban por creer que éste es cosa ya segura. Se persuaden a sí mismos de que no hay substituto competitivo para su producto y se atienen demasiado a los beneficios de la producción en masa y a la reducción inevitable de gastos que esto produce. Las administraciones se preocupan por los productos que se prestan a mejoras muy controladas y por las ventajas de la reducción de costos de fabricación. Todas estas fuerzas se combinan para producir un estancamiento o una caída inevitables.

El economista Burton Klein, en *Dynamic Economics,* expone un punto de vista semejante, producto de una profunda investigación: "En una industria que está ya en período de lento crecimiento, los progresos raramente vendrán de las grandes empresas del sector. En realidad, entre algunas cincuenta invenciones del Siglo XX que produjeron nuevas curvas de crecimiento en sectores relativamente estáticos, no pude encontrar ninguna que se deba a una firma importante del sector". George Gilder opina sobre el trabajo de Klein: "El mismo proceso que permite a una firma llegar a ser más productiva tiende a hacerla menos flexible y menos inventiva".

La evolución aparece como un fenómeno continuo en el mercado. Aparece también que la adaptación es decisiva y que pocas de las grandes empresas, si es que hay alguna, la llevan a cabo. Es probable que buen número de nuestras compañías excelentes no permanezca boyante eternamente. Simplemente, podríamos decir que han durado mucho —mucho más y con más éxito que la mayoría— y logran, más que las otras, mantener simultáneamente, su capacidad de adaptación y su tamaño.

Nosotros creemos que esto se debe, sobre todo, al hecho de que estas sociedades hacen germinar deliberadamente la evolución. Las compañías excelentes *son sociedades que aprenden.* No esperan que el mercado las acabe, sino que crean su propio mercado interno. (Un analista anotó que el verdadero milagro de la administración de IBM, en los momentos en que el grupo tenía una participación en el mercado de un 90%, fue crear, prácticamente sin bases, el espectro de la competencia.) El fascinante constatar que las mejores empresas han desarrollado una multitud de artificios y rutinas de administración para evitar la calcificación. Ellas hacen más experimentos, fomentan más ensayos y permiten pequeñas fallas, conservan pequeñas dimensiones, cooperan más con los clientes —especialmente los clientes sofisticados (a todos los niveles de la empresa)—, estimulan la competencia interna y autorizan la duplicación y el traslapo que de ésta resultan. Mantienen un rico ambiente informal, cargado de información, que incita a la difusión de las ideas que triunfan. Es interesante observar que pocas son las que pueden exponer lo que hacen. Las mejores, Hewlett-Packard, 3M, Digital, Wang, Johnson & Johnson o Bloomingdale's, están en incapacidad de explicar el papel de la administración en la orquestación de este proceso. Ellas pueden localizar el fenómeno y detectar el menor desperfecto, pero, como nosotros, carecen de vocabulario para describirlo. Fue Patrick Haggerty quien, con su sistema Objetivos, Estrategias y Tácticas se acercó más a la institucionalización de la innovación en Texas Instruments. Sin embargo, debido a su carácter ordenado y sistematizado, Texas Instruments está, infortunadamente, dando muestras de estar impidiendo más bien que fomentando la adaptación continua.

Hace diez años, Peter Drucker previno acerca de la necesidad de adaptación cuando, en *The Age of Discontinuity,* dijo: "Los hombres de negocios tendrán que aprender a construir y dirigir organizaciones innovadoras". Norman Macrae, editor de *The Economist,* opinó: "Yo considero que debido a su constante reorganización, las grandes empresas norteamericanas son todavía las más eficientes del mundo en el manejo diario de los negocios". Igor Ansoff, quien durante mucho tiempo ha estudiado la estrategia de los negocios, agrega: "Podemos predecir el fin de la supremacía de la estructura como primer criterio para definir la aptitud de una organización. La estructura va a llegar a ser un medio dinámico de cambio y de inmovilismo a la vez, el último modelo del 'caos organizado'. Esto nos recuerda un análisis comparativo de los servicios de exploración que han logrado éxito con los que no han tenido la misma suerte, que llevamos a cabo en importantes empresas del sector minero. Como lo informamos a nuestro cliente, parecía que el éxito se debía a 'nada menos que al caos estructurado'. En uno de los primeros informes relativos a esta investigación, nuestro colega David Anderson calificó, muy justamente, a las compañías excelentes como 'ambientes zumbadores y florecientes'".

En las buenas empresas todo esto podría resumirse en la filosofía de que "lo pequeño es hermoso", "cuanto más pequeño, más eficiente". Nosotros hemos visto constantemente cosas mucho más divididas y mucho menos ordenadas de lo que debían estar, de acuerdo con la doctrina clásica. ¿Qué está pasando? ¿Qué pasó con las economías de escala? ¿Cómo pueden ser rentables estas compañías? ¿Es que no entienden nada de curvas económicas? En un artículo titulado "Sin embargo esto parecía una buena idea en ese entonces", *Science 82* dijo:

> Hace diez años, la compañía Ford Motor Co. construyó una planta para la producción de 500 000 toneladas anuales de bloques de hierro para motor. Partiendo del principio de que una producción en masa produce una reducción de costos, se levantó un edificio de cuatro pisos, lo suficientemente grande como para que cupieran 72 campos de fútbol. Pero esta planta, que estaba destinada a la fabricación de motores V-8, resultó demasiado grande y demasiado especializada. Cuando, a raíz del problema petrolero se adoptaron motores más ligeros, Ford descubrió que volver a equipar esta enorme planta sería prohibitivamente costoso; entonces la planta se cerró y se trasladó a una de menor tamaño, construida hacía 30 años.

Las compañías excelentes saben que más allá de cierto tamaño, quizás muy pequeño, parecen surgir, con espíritu maligno, las *deseconomías* de escala. A principios de 1980, cuando informamos nuestras primeras conclusiones a John Doyle, vicepresidente ejecutivo de Hewlett-Packard, hicimos la observación de que las compañías con grandes rendimientos que habíamos visto, incluso la misma Hewlett-Packard, parecían "suboptimizar" sus divisiones y sus plantas haciéndolas de un tamaño menor de lo que aconsejarían los factores del mercado o las economías de escala. No obstante que nosotros lo habíamos entendido como un comentario favorable, él se disgustó por los términos que habíamos empleado. "Para nosotros lo que ustedes llaman subóptimo es óptimo", afirmó con vehemencia.

En los capítulos siguientes de este libro encontraremos ejemplos de cosas que no están tan organizadas como lo aconsejan los manuales. El tema común, el hilo que parece atar este aparente desorden, es la idea de que pequeño es sinónimo de eficiente. Encontramos divisiones, plantas y sucursales más pequeñas de lo que cualquier análisis de costos hubiera indicado. Hallamos un "espíritu empresarial simulado". Se nos ocurre un buen ejemplo: los "directores de tiendas" de Dana (en realidad, directores de planta). Se puso en práctica una descentralización de funciones donde la teoría económica clásica no lo hubiera permitido. Los directores de tiendas de Dana, en número aproximado de noventa, pueden todos tener su propio sistema de contabilidad de costos, cada uno hace sus propias compras y controla de hecho todos los aspectos de la política del personal. Más de una vez hemos visto equipos de diez personas que eran más innovadoras que algunos grupos de investigación o de estudios con cientos de personas y dotados de todo el equipo que podría desearse. Hemos visto diversos casos de competencia interna, de varios equipos trabajando en lo mismo, de duplicaciones y traslapos de líneas de productos, de personas realizando experimentos y señalando, con orgullo, sus errores, que pueden resultar útiles. Hemos visto multitudes de pequeñísimos grupos de intervención eficientes, y más círculos de calidad de los que se suponía que por entonces estuvieran utilizando las administraciones norteamericanas. Observamos menos estandarización de procedimiento y una mayor voluntad de "dejarlas actuar a su gusto si esto tiene sentido y funciona."

Nosotros creemos que aquí estamos aclarando un importante campo teórico. Observamos más "fragmentación", más subdivisiones en unidades manejables de lo que otros aparentemente tienen. En la teoría actual, la idea de que pequeño es sinónimo de eficiente se limita generalmente a la discusión de innovaciones de las empresas pequeñas. Sin embargo, en la mayoría de las compañías excelentes vimos diversos enfoques de la fragmentación como principio importante de la eficiencia de los dirigentes. Es interesante anotar que cuanto más observamos este fenómeno, tanto más nos convencemos de que éste es un medio de aumentar la eficiencia, lo mismo que la adaptación, y de asegurar la supervivencia de la empresa.

Oliver Williamson, de la Universidad de Pennsylvania, es el primer teórico que habla sobre el frente de la eficiencia. Su libro *Markets and Hierarchies*, probablemente no ha recibido la atención que merece porque es muy difícil de leer (el mismo autor lo admite en el prefacio). Williamson sostiene que en las estimaciones clásicas de las economías de escala se han subvalorado enormemente los "costos de las operaciones", es decir, el costo de la comunicación, la coordinación y la toma de decisiones. Es, aproximadamente, la misma observación que hicimos antes a propósito del aumento geométrico de la complejidad asociada con la progresión aritmética en el número de empleados, si es necesaria la interacción para que se cumplan las tareas. En la medida en que es indispensable coordinar numerosos factores, los costos de esta coordinación trastornan, generalmente, las economías de escala determinadas técnicamente. Un cuerpo creciente de pruebas empíricas corrobora las afirmaciones de Williamson.

   Las ideas de Williamson se aproximan a nuestras propias observaciones, pero con una diferencia esencial: el mundo para él es blanco o negro. Si los costos de operación indican que una función podría ser desempeñada más eficientemente por el mercado de prestatarios externos que por las empresas mismas, entonces es necesario dirigirse al exterior. Tomemos un ejemplo sencillo: en una oficina grande, el riego de las plantas parece una tarea menor. Sin embargo, la decisión de las plantas que se deben comprar según la estación y su mantenimiento le quitan mucho tiempo al personal. Por consiguiente, resulta más barato (y más eficaz) hacer un contrato con un servicio exterior de arreglos florales. (El creador de este servicio es, generalmente, un empresario inteligente que sabe hasta qué punto es molesto el mantenimiento de las plantas.) Pero si las cosas pueden hacerse más eficientemente en el interior, entonces Williamson sostiene que hay que atenerse al orden jerárquico. Nosotros creemos que la opción del mercado es completamente valedera dentro de la compañía. Las prácticas clave de administración de IBM, Hewlett-Packard, 3M, Texas Instruments, McDonald's, Delta, Frito, Tupperware, Fluor, Johnson & Johnson, Digital y Bloomingdale's se apoyan sobre el hecho de que todos los mercados, cualesquiera que sean, funcionan bien en el interior de la empresa. La competencia interna es una política establecida en Procter & Gamble desde 1930; Sloan la utilizó abiertamente en General Motors al comienzo de la década de los años veinte.

   El orden se sacrifica pero se gana en eficiencia. En realidad, se gana más que eficiencia. Con la fragmentación, una empresa estimula multitud de acciones rápidas. La organización actúa y de lo que ha hecho saca en seguida una enseñanza. Experimenta, comete errores, encuentra éxitos inesperados y una nueva orientación estratégica surge inexorablemente. Nosotros estamos persuadidos de que si las grandes empresas dejan de innovar, esto se debe, principalmente, a su dependencia de las grandes fábricas, de las operaciones integradas, de la planificación de los grandes proyectos tecnológicos y de la definición de orientaciones estratégicas rígidas. Olvidan cómo se aprende y dejan de permitir los errores. La compañía olvida lo que le ha permitido triunfar: fue, en general, una cultura que animaba la acción, los experimentos y los ensayos repetidos.

   Ciertamente, nosotros creemos que una empresa que verdaderamente sabe adaptarse evoluciona en una forma muy darwiniana. Ensaya muchas cosas, hace experimentos, comete los errores precisos, es decir, favorece sus propias mutaciones. La empresa que sabe adaptarse ha aprendido rápidamente a deshacerse de las mutaciones inútiles y se compromete totalmente en las que funcionan. Nuestra opinión es que algunas de las orientaciones más creadoras que han tomado las empresas que saben adaptarse no han sido objeto de una planificación precisa. Estas organizaciones construyen las barreras de nieve de March para orientar los ensayos, experimentos, errores y grandes triunfos ocasionales en direcciones que apenas son correctas. Nuestro colega Lee Walton sostiene que en realidad la principal tarea de la administración es "conducir el rebaño en general hacia el oeste".

Nuestra utilización de la analogía darwiniana se critica sobre todo porque aparece limitada a pequeñas innovaciones marginales. Los grandes pasos innovadores, como el Sistema 360 de IBM, dicen los críticos, exigen una planificación sólida al estilo de "el todo por el todo". Nos gusta que se presente este problema porque es muy fácil de refutar sobre bases tanto teóricas como empíricas. En la teoría de la evolución parece que nada apoya una interpretación estricta según la cual la evolución se hace por pequeñas etapas. El biólogo evolucionista Stephen Jay Gould, que es, indiscutiblemente, un líder en este campo, señala que la evolución del cerebro humano, en una variación aleatoria, por ejemplo, lejos de ser el fruto de pequeñísimas progresiones o de un avance lógico paso a paso en las especies, se había adelantado a su tiempo en 50 000 años o más, de tal modo que en la época del hombre de las cavernas, las capacidades del cerebro sobrepasaban las necesidades de los antepasados. Esta es la razón por la cual el cerebro no ha cambiado fundamentalmente desde entonces. Por supuesto, las grandes mutaciones que han alcanzado el éxito son mucho más raras que las pequeñas. Pero, ciertamente, es eso lo que debiéramos esperar. En todo caso, el modelo evolucionista sustenta la idea del avance a grandes saltos, según palabras de Gould, sin necesidad de un Dios omnisapiente ni de una planificación presciente.

Las pruebas empíricas son todavía más sorprendentes. Burton Klein y otros han demostrado en gran número de estudios que nunca es el líder de un sector industrial el que da el gran salto adelante. Por el contrario, dicen ellos, es el inventor o el individuo solitario el responsable de esto, incluso en los sectores lentos como la industria del acero o del aluminio en los que uno no esperaría encontrar muchos inventores. Además, nuestras propias investigaciones indican que la mayoría de las innovaciones, desde McDonald's (los renglones del menú del desayuno, que representan alrededor del 40% del negocio) hasta General Electric (plásticos industriales y motores para avión) son el fruto de pequeños grupos de fanáticos que operan por fuera de la corriente mayoritaria. Ciertamente, un observador de vieja data anotó que ninguno de los productos de IBM lanzados en el último cuarto de siglo ha salido del sistema tradicional. Eso no quiere decir que la compañía, en cualquier momento, no corra grandes riesgos, bien planeados, con productos o negocios nuevos. Desde luego que lo hace. Pero sí quiere decir que la mutación, aun la grande, se realiza en la base, e invariablemente bajo la tutela de fanáticos al margen del sistema. Además, casi ninguna innovación importante (así llamada luego) se utiliza en la forma inicialmente prevista. Como ya lo dijimos, al principio se pensó que los computadores no podrían tener sino pocas aplicaciones, la mayoría en la Oficina del Censo. Los transistores se fabricaron para un número restringido de usos militares. Originalmente se consideró que las locomotoras Diesel no serían útiles sino en los cambiavías de los patios de carga de las estaciones. La xerografía estaba dirigida en masa a una pequeña parte del mercado de la litografía; la copia en masa no fue el objetivo inicial del invento o de la comercialización, en sus principios.

La teoría evolucionista y ligeramente desordenada de la administración es válida para las innovaciones en grande o en pequeña escala y tanto para la eficiencia como para el rendimiento. Debe señalarse especialmente un elemento final de esta teoría. En biología, el aislamiento puede significar el desastre en un medio activo. Las mutaciones de la especie pueden producirse de vez en cuando (equivalente de los ensayos de un nuevo producto), pero las selecciones (éxitos) son poco probables. Así, pues, el proceso de mutación de generación (experimentos, ensayos, errores) no debe provenir del aislamiento sino de las necesidades reales y de las posibilidades de la empresa. En las compañías excelentes esto ocurre mediante una serie notablemente rica de interacciones con el ambiente, es decir, los clientes. Una vez más, la teoría clásica está lejos de la realidad de las compañías excelentes.

La teoría de la administración tomó un rumbo importante hace alrededor de unos quince años. Como lo observamos, el ambiente se infiltró finalmente en los modelos de organización. El estudio decisivo fue el que hicieron en 1967 Lawrence y Lorsch. Más recientemente, los principales defensores de la teoría de la evolución han sido dos jóvenes investigadores, considerados como primeras figuras, Jeffrey Pfeffer y

Gerald Salancik. En 1978 publicaron ellos *The External Control of Organizations: A Resource Dependence Perspective.* También en 1978, Marshall Meyer publicó *Environments and Organizations,* con siete capítulos dedicados a la teoría y la recapitulación de unos diez programas de investigación en diez años. Todos estos investigadores han estado bien intencionados. Tomemos, por ejemplo, a Pfeffer y a Salancik: "La tesis central de este libro es que para comprender la conducta de una organización se debe comprender el contexto de esa conducta. Las organizaciones están irremediablemente ligadas a las condiciones del ambiente. Es cierto lo que se dice en el sentido de que todas las empresas se entregan a actividades cuya conclusión lógica es la adaptación al ambiente". En esto no hay nada falso. Sin embargo, lo que encontramos extraño es que, habiendo examinado los índices de estas tres obras fundamentales, no pudimos encontrar las palabras "cliente" o "clientela". Todos los tres libros hablan del ambiente pero omiten la riqueza del contacto con la clientela; sin embargo, ésta es la marca de la compañía excelente y abarca formas muy diversas que van desde entrevistas efectuadas en el metro bajo el almacén Bloomingdale's en Nueva York (más simbólico que cualquier otra cosa), hasta enormes colecciones de experimentos con los usuarios en Digital y en cualquier otra parte.

Algunos investigadores han ido más lejos. Particularmente, James Utterback y Eric von Hippel, del Instituto de Tecnología de Massachusetts, estudiando empresas de alta tecnología, han hecho varios análisis de la intensidad de los contactos con la clientela entre las mejores compañías. Por ejemplo, Utterback habla de la superioridad de las firmas innovadoras: "Esto implica relaciones particulares y no generales con el ambiente. Y relaciones con usuarios muy creativos y exigentes. Y esto requiere que la relación sea informal y personal...Entre el productor de tecnología y el cliente se establece un gran intercambio de pruebas y de explicaciones. Con frecuencia, hay gran cantidad de interacciones entre los posibles usuarios y la empresa que introduce una modificación importante del producto en el mercado". Pero los trabajos de Utterback y von Hippel quedan aislados y se limitan a una población relativamente pequeña de compañías de alta tecnología. El fenómeno de las relaciones intensas empresa-cliente que observamos, nos complace decirlo, no está limitado a un sector.

No hay nada nuevo bajo el sol. Selznick y Barnard hablaron de cultura y de formación de valores hace cuarenta años. Por la misma época Herbert Simon comenzó a hablar de los límites de la racionalidad. Chandler principió a escribir sobre los vínculos con el medio ambiente hace treinta años. Hace quince años, Weick empezó a tratar las analogías evolucionistas. El problema es, primero que todo, que ninguna de estas tesis ha llegado a imponerse; tuvieron poco o ningún efecto sobre los hombres de negocios prácticos. Segundo —lo que a nuestro juicio es más lamentable—, a todas les falta hablar a fondo de la riqueza y de la variedad de los vínculos que observamos en las compañías excelentes. No es solamente una cuestión de experimentación: son miles de experimentos lo que caracteriza a estas empresas. No es únicamente la competencia interna; es que, prácticamente, todas las asignaciones de recursos se hacen por competencia interna. No es solamente que lo pequeño sea hermoso; son cientos de unidades muy pequeñas, una minúscula fracción del tamaño que la tecnología permitirá alcanzar. No es solamente el contacto con la clientela, sino un gran conjunto de dispositivos para que todo el mundo, desde el joven contador hasta el jefe, esté en contacto regular con el cliente. En pocas palabras, las prácticas clave de la administración en las compañías excelentes no solo son diferentes sino que están en pugna con la visión convencional de la administración.

5

Predisposición para la acción

El ochenta por ciento del éxito consiste en mostrarse.

Woody Allen

Ante todo ensaye algo.

FDR

Atención. Fuego. Apunten.

Un ejecutivo de Cadbury

En los parques zoológicos del Africa Oriental se experimenta una emoción tan grande que es imposible describirla. Ni los libros, ni las diapositivas, ni las películas, y menos aún los trofeos la pueden describir. Uno la siente cuando va allá. Las personas que los conocen pueden pasar horas enteras conversando sobre ellos pero los demás no pueden ni siquiera imaginarlos.

Nosotros experimentamos una impotencia parecida cuando se trata de describir un atributo de una compañía excelente que parece estar sustentando el resto: la orientación hacia la acción, la predisposición para hacer las cosas. Por ejemplo, un día tratábamos de explicar a un ejecutivo encargado de la coordinación del manejo de proyectos, cómo sería posible simplificar de una vez por todas las formalidades, los procedimientos, el papeleo y los directorios entrelazados que habían invadido su sistema, y de improviso le dijimos: "En 3M y en Texas Instruments no parece que tengan esta clase de problemas. Simplemente, las personas se hablan regularmente". Entonces él nos dirigió una mirada sin expresión. Nuestras palabras no le habían parecido un consejo novedoso, ni siquiera útil. Así que le dijimos: "Usted no está compitiendo con 3M. Vamos a pasar el día en San Pablo y echamos un vistazo. Quedará usted sorprendido".

Nuestros amigos de 3M no pusieron ninguna objeción y tuvimos la oportunidad de observar toda clase de actividades extrañas. Se estaban desarrollando veinte o más reuniones con los representantes de los departamentos de ventas, mercadeo, fabricación, investigación y desarrollo —hasta contadores— que discutían los problemas que plantea la aparición de un nuevo producto. Casualmente nos encontramos en una sesión en que un cliente de 3M había venido a hablar informalmente sobre cómo servir mejor a su empresa, con unas quince personas de cuatro divisiones diferentes. Nada parecía haber sido ensayado. No oímos ni una sola exposición estructurada. Así continuó todo el día; las personas se reunían al azar para que las cosas se hicieran. Al final del día nuestro amigo reconoció que le habíamos hecho una descripción bastante exacta. Ahora su problema era el mismo nuestro: no sabía cómo describir la situación a otras personas.

Es muy difícil explicar una orientación para la acción, pero es muy importante ensayar porque es un mundo complejo. La mayoría de las instituciones que hemos visto están atrapadas en informes voluminosos que han pasado por las manos de diferentes personas y, algunas veces, de centenares de funcionarios. De este proceso las ideas salen prácticamente sin vida y despersonalizadas. Las grandes compañías mantienen enormes laboratorios que producen toneladas de papeles y de patentes, pero rara vez productos nuevos. Estas empresas están sitiadas por grandes conjuntos de comités que se entrelazan y por contingentes que acaban con la creatividad y bloquean la acción. Reina el idealismo propagado por personas que ni han fabricado el producto, ni lo han vendido, ni ensayado, ni probado, y que algunas veces ni siquiera lo han visto, pero que se han documentado con la lectura de informes áridos que otros han escrito.

En la mayoría de las compañías excelentes la vida se desarrolla de una manera muy diferente. Es cierto que ellas también tienen fuerzas de tarea, pero es más probable encontrar un enjambre de grupos pequeños, de pocos miembros, que duran cinco días y obtienen que los operarios actúen diferentemente, que un grupo de treinta y cinco personas que dura dieciocho meses y presentan un informe de 500 páginas.

En este capítulo tratamos de la reacción muy razonable y racional ante el problema de la complejidad en las grandes compañías: coordinación, estudio, formación de comisiones, solicitud de más datos (o de nuevos sistemas de información). Es cierto que cuando el mundo es complejo, como pasa en las grandes compañías, puede necesitarse un sistema complejo; pero este proceso se exagera mucho. La complejidad provoca el letargo y la inercia que paralizan a muchas compañías.

Las compañías excelentes nos enseñan que la vida no tiene que ser así. Las compañías excelentes tienen, aparentemente, cantidades de técnicas muy originales que contradicen la tendencia natural al conformismo y a la inercia. Su mecanismo comprende una amplia gama de dispositivos de acción, especialmente en el área de los sistemas de administración, fluidez organizacional y experimentos; dispositivos que simplifican sus sistemas y animan un movimiento constante en la organización.

LA FLUIDEZ DE LA ORGANIZACION: LA "ADMINISTRACION AMBULANTE"

Tanto Warren Bennis en *The Temporary Society* como Alvin Toffler en *Future Shock* definen la "adhocracia" como un modo de vida de la empresa. En una época en que todo cambia tan aprisa, afirman ellos, la burocracia no es suficiente. Por "burocracia" entienden la estructura formal que se ha establecido para tratar con los elementos de rutina, diarios, de los negocios —las ventas, la fabricación, etc. Por "adhocracia" entienden los mecanismos de la organización que tratan de todas las nuevas cuestiones que no dependen de la burocracia o que abarcan tantos niveles que no se sabe quién es responsable de qué, de suerte que nadie hace nada.

El concepto de fluidez organizacional no es, pues, nuevo. Lo que sí es nuevo es que las compañías excelentes saben cómo hacer buen uso de él. Bien sean sus numerosas maneras de comunicarse informalmente o sus maneras especiales de utilizar dispositivos *ad hoc,* como las fuerzas tácticas o de tarea, lo cierto es que las compañías excelentes obtienen una acción rápida porque sus organizaciones son fluidas.

El género y los usos de la comunicación en estas compañías son muy diferentes de los que se practican en las menos buenas. Las compañías excelentes son una amplia red de comunicaciones informales y abiertas. La configuración de esta red y la intensidad misma de las comunicaciones mantienen contactos regulares entre las personas, mientras que las propiedades caóticas/anárquicas del sistema están siempre bajo control en razón de la regularidad del contacto y de su naturaleza (por ejemplo, la confrontación de personas del mismo nivel en situaciones casi competitivas).

La intensidad de las comunicaciones es evidente en las compañías excelentes. Comienza, generalmente, con la insistencia en la informali-

dad. En Walt Disney Productions, por ejemplo, todo el mundo, desde
el presidente para abajo, lleva una placa que tiene grabado únicamente su nombre de pila. En Hewlett-Packard se insiste mucho en la
utilización del nombre. Viene luego la política de puertas abiertas.
IBM le dedica a esto mucho tiempo y energía. Esta política de las
puertas abiertas fue parte importante de la filosofía de Watson y está
vigente todavía hoy, con 350 000 empleados. El presidente sigue aten-
diendo todas las quejas que recibe de los empleados. En Delta Airlines
también impera la política de las puertas abiertas y en Levi Strauss es
de tal modo importante que la llaman la "quinta libertad".

Hacer salir a la administración de las oficinas contribuye también a
los intercambios informales. Ed Carlson, de United Airlines, la llamó
"administración visible" o la "administración ambulante". Hewlett-
Packard considera también esta "administración andariega" como un
principio clave del "estilo HP".

Otro estimulante esencial de la comunicación informal es la instalación de simples elementos físicos. Corning Glass hizo instalar escaleras
automáticas (en lugar de ascensores) en su nuevo edificio para aumentar las posibilidades de los contactos cara a cara. 3M patrocina clubs
para grupos de doce o más empleados con el único objeto de aumentar
las probabilidades de las reuniones improvisadas que permitan resolver los problemas a la hora del almuerzo y en cualquier otro momento
del día. Un ejecutivo del Citibank cuenta que las viejas divisiones en
un departamento entre los encargados de las operaciones corrientes y
los de los préstamos, desaparecieron cuando se instalaron todos los
empleados en el mismo piso, con sus escritorios entreverados.

¿Todo esto para qué? Porque contribuye a desarrollar la comunicación. Todas las reglas de oro de Hewlett-Packard tienden a una mejor
comunicación; incluso sus equipos sociales y materiales la favorecen:
es difícil recorrer durante mucho tiempo las instalaciones de Palo Alto sin encontrar grupos de personas sentadas en un cuarto con un
tablero, tratando de resolver problemas. Es muy probable que estas
reuniones espontáneas incluyan representantes de los servicios de
investigación y desarrollo, de fabricación, de ingeniería, de mercadeo y
ventas. Esto contrasta con la mayoría de las grandes compañías con las
cuales hemos trabajado, en donde los ejecutivos y los analistas no se
encuentran jamás con los clientes ni les hablan, ni se encuentran jamás
con los vendedores ni les dirigen la palabra y nunca miran ni tocan el
producto (y el término "nunca" no se ha escogido a la ligera). Un

amigo en Hewlett-Packard, hablando de la organización del centro de investigaciones de la empresa, agrega: "Verdaderamente no sabemos cuál es la estructura mejor. Lo único que sabemos con certeza es que partimos con un grado muy alto de comunicación informal, que es la clave. Tenemos que defenderla a toda costa". Las convicciones de 3M son las mismas, lo que hizo decir a uno de sus ejecutivos: "No hay sino una cosa que falta en su análisis de las compañías excelentes. Le falta un noveno principio: las comunicaciones. Nosotros simplemente nos hablamos bastante sin papeleos ni jerigonzas". Todos estos ejemplos contribuyen a una verdadera *tecnología del mantenerse en contacto,* un contacto constante y sin formalismo.

En general, observamos el enorme poder de la evaluación regular y positiva de las personas del mismo nivel. Tupperware nos facilita un sencillo ejemplo. Esta empresa obtiene utilidades antes de impuestos de 200 millones de dólares aproximadamente, sobre unos 800 millones de dólares, por concepto de ventas de simples vasijas plásticas. La tarea clave de la administración es motivar a más de 80 000 vendedores, y el primer ingrediente son las Concentraciones que se celebran los Junes por la noche en cada distrito de distribución. Todas las vendedoras asisten a una de estas reuniones y todas van subiendo al escenario en orden inverso al volumen de ventas de la semana anterior, mientras sus compañeras aplauden. Casi todas, si lo merecen, reciben broches o insignias. Luego repiten todo el proceso desfilando en grupos pequeños. Por una parte, este es un ejercicio que tiene aspectos duros: es una competencia directa que no puede evitarse. Por otra parte, es algo positivo: todo el mundo gana; los aplausos y los gritos se oyen por todo el rededor y la técnica de la evaluación es informal en vez de estar fundada sobre un cargamento de papel. En realidad, todo el sistema Tupperware tiene como fin crear ocasiones de divertirse y hacer la celebración del caso. Cada semana hay una cantidad de concursos nuevos. Tomemos el ejemplo de tres distribuciones cuyas ventas están bajando: la gerencia dará un premio a la que tenga el mayor aumento en las ventas en las próximas ocho semanas. Hay también cada año, treinta días de Jubileo, durante los cuales se festeja a 15 000 vendedoras (3000 por semana), con entrega de recompensas, premios y toda clase de ceremonias. Es una utilización sistemática del refuerzo positivo.

Ante todo, al examinar a Hewlett-Packard, a Tupperware y a otros, comprobamos un esfuerzo muy consciente de la administración por hacer dos cosas: 1) respetar toda clase de refuerzos positivos, toda acción valiosa llevada a cabo por las personas que están en lo alto de la escala de jerarquías y, todavía más, las de la base; y 2) buscar todas las ocasiones para intercambiar buenas noticias.

Cuando realizamos nuestra primera serie de entrevistas, los tres principales encuestadores se reunieron al cabo de unas seis semanas. Al tratar de resumir lo que nos parecía más importante (y diferente) estuvieron todos de acuerdo en reconocer que eran los ambientes extraordinariamente informales de las compañías excelentes. Desde entonces no hemos cambiado de parecer. El secreto del éxito es una comunicación rica e informal. El efecto secundario sorprendente es la habilidad para sacarles partido a dos situaciones diferentes: una comunicación rica e informal conduce a más acción, más experiencias, se aprende más y, al mismo tiempo, da mayor aptitud para guardar un mejor contacto y dominar la situación.

Ahora veamos esto. "La voz del director del Chase tenía un tono de renuente admiración", dice *Euromoney*. "Si en el Citibank no les gusta algo, lo cambian. No poco a poco como lo haríamos nosotros, sino inmediatamente, aunque tengan que volver el banco al revés". Y ahora el comentario de un ejecutivo de IBM: "Se dice que en los años sesenta, IBM se fijó como objetivo la capacidad de proceder a una reorganización total en algunas semanas solamente". Los valores de IBM no han cambiado, y la estabilidad consecuente permite movilizar estructuralmente masas de personas y de recursos para abordar un problema importante. Asimismo, el director de Trak, compañía de artículos de deporte con negocios por 35 millones de dólares, observó que para tener a sus "estrellas" motivadas había tenido que adoptar una organización flexible: "Es necesario estar lanzando permanentemente nuevos proyectos si se quiere contar con personas que valgan. Hemos optado por una reorganización flexible y grupos de trabajo en equipo. Son elementos permanentes de nuestro sistema de organización".

Harris Corporation ha logrado lo imposible: prácticamente ha superado el problema de la difusión de la investigación subvencionada por el gobierno a áreas comercialmente viables. Muchas otras han ensayado y casi todas han fracasado. La razón principal del éxito de Harris se debe a que la administración retira con alguna regularidad grupos de ingenieros (de veinticinco a cincuenta) de los proyectos del sector oficial y los coloca, también en grupo, en nuevas divisiones comerciales. Tácticas semejantes han sido decisivas para el éxito de Boeing. Un ejecutivo observa: "Nosotros somos capaces de crear una unidad nueva y grande en dos semanas. En International Harvester no lo pudimos hacer en dos años".

Hay cantidades de variaciones sobre este tema en las compañías excelentes, pero todas llegan a esta disposición alentadora para efectuar rápidos cambios de recursos: grupos de ingenieros, grupos de comercializadores, productos de una división a otra, etc.

LA DIVISION EN GRUPOS

Muy presente tenemos la visita que hicimos a un alto ejecutivo que ahora es "coordinador de grupos de producto". Era un recio veterano que había ganado sus galones resolviendo problemas laborales. Su escritorio estaba ahora desocupado mientras él hojeaba una colección de artículos de *Harvard Business Review*, sobre relaciones humanas. Cuando nos pusimos a hablar acerca de lo que él hacía, nos mostró una lista de los comités que presidía. Este ejemplo nos traslada, de hecho, a la matriz, a un ambiente de responsabilidades fragmentadas. No nos sentimos viendo lo que habíamos encontrado en las compañías excelentes.

Un ejecutivo que había dirigido una de las filiales asiáticas de Exxon durante los últimos diez años, dictó recientemente una conferencia sobre la "estrategia". Contó una notable historia de progreso. No se trataba de un caso de previsión sagaz o de atrevidas tácticas estratégicas. Se trataba, en realidad, de la historia de una serie de acciones pragmáticas. Prácticamente, en cada uno de esos diez años se había resuelto un problema distinto. Una vez vino de la sede regional un grupo de "acción relámpago" a ayudarle a controlar las cuentas por cobrar. Otro año la lucha se dirigió al cierre de algunos segmentos improductivos. Durante otro año, un esfuerzo adicional colaboró a un nuevo arreglo con los distribuidores. Todo esto constituiría un ejemplo clásico de lo que hemos llegado a llamar la "teoría de la división en grupos". Hemos llegado a creer que el factor clave del éxito en los negocios es luchar a brazo partido con el problema práctico, cualquiera que sea, y ponerlo fuera de combate. En el Japón, Exxon simplemente ejecutó (casi a la perfección) una serie de maniobras prácticas. Se las arreglaron para que cada problema fuera manejable y, luego, lo atacaron. El tiempo consagrado a cada programa fue relativamente corto. Nadie discutió que para tan corto tiempo esa fuera la prioridad número uno. Esto sonaba a previsión estratégica, pero nosotros diríamos más bien que se trataba de una característica mucho más notable: simplemente se había logrado hacer bien una serie de tareas prácticas.

Tenemos aquí un principio fundamental, una característica importante de la orientación para la acción que nosotros llamamos división en grupos. Sencillamente esto significa fraccionar las cosas para facilitar la fluidez de la organización y estimular la acción. Estas porciones y piezas orientadas a la acción tienen diferentes denominaciones: campeones, equipos, fuerzas tácticas, zares, centros de proyectos, círculos de calidad, etc. —pero tienen algo en común. Nunca figuran en los organigramas formales y rara vez en el directorio telefónico de la empresa. Sin embargo, son la parte más visible de la "adhocracia", factor de fluidez de la empresa.

El grupo pequeño es el más notorio de los dispositivos de la división. Sin lugar a dudas, los grupos pequeños son la piedra angular de las compañías excelentes. Generalmente, cuando se habla de los fundamentos de la organización se piensa en los conjuntos mayores: departamentos, divisiones o unidades estratégicas de las empresas. Estos son los que aparecen en el organigrama. Pero, en nuestra opinión, el grupo pequeño desempeña un papel decisivo en el buen funcionamiento de la organización. En este sentido (como en muchos otros) las compañías excelentes parecen muy japonesas. En *Japan As Number One,* Ezra Vogel opinó que la actividad y la estructura social de las compañías japonesas giran alrededor del Kacho (jefe de sección) y el grupo de ocho a diez personas que típicamente forman una sección:

> La piedra angular de una empresa no es un hombre investido de un papel particular y con su secretaria y sus asistentes. La piedra angular de la organización es la sección...La modesta sección, dentro de su esfera, no espera las órdenes de la dirección sino que toma las iniciativas. Para que este sistema sea eficaz, los directivos de sección deben tener un mejor conocimiento de los objetivos de la compañía e identificarse con ellos más que en una empresa norteamericana. Alcanzan este resultado gracias a larga experiencia y a largos años de discusiones con otros a todos los niveles.

Aparentemente, el grupo pequeño considerado como piedra angular funciona también en los Estados Unidos, aunque no sea un elemento de la cultura nacional como en el Japón. En el área de los nuevos productos, 3M tiene varios centenares de equipos de cuatro a diez miembros que andan de una parte a otra. Recuérdense los 9000 equipos de Texas Instruments que andan en busca de pequeñas mejoras en la productividad. En Australia, una de las grandes empresas de excelente productividad, es ICI. Entre los programas que el director gerente Dirk Ziedler estableció a principios de los años setenta, se encuentra una serie de equipos entrelazados que se parecen mucho a la sección japonesa.

La verdadera fuerza del grupo pequeño reside en su flexibilidad. Los equipos encargados del nuevo producto se forman en cualquier parte en 3M y, en realidad, nadie se preocupa mucho por saber si se acomodan bien dentro de los límites de las divisiones. Con mucha razón, el presidente de Texas Instruments, Mark Shepherd, llama a su empresa "un ambiente fluido, orientado a la acción". La buena noticia que transmiten las compañías bien manejadas es que lo que debe funcionar, funciona de verdad.

Es muy interesante también ver cómo la utilización eficaz del equipo en las compañías excelentes corresponde a la letra con las mejores conclusiones académicas sobre la forma de los grupos pequeños y eficaces. Por ejemplo, en las compañías excelentes el tamaño de los equipos eficaces de productividad o de nuevos productos es, generalmente, del orden de cinco a diez miembros. Los analistas son claros a este respecto: el tamaño óptimo del grupo, según la mayoría de los estudios, es de siete miembros. Hay otras conclusiones que siguen la misma corriente. Los equipos constituidos por voluntarios, que tienen una duración limitada y que se fijan sus propios objetivos, son generalmente, mucho más productivos que los que tienen las características inversas.

El grupo de intervención ad hoc. El grupo de trabajo o fuerza táctica *(task force),* es el mejor ejemplo de una eficaz división en grupos. Infortunadamente, también puede convertirse en la quintaesencia de una arraigada burocracia. Recordamos el caso de un cliente nuestro, con negocios por 600 millones de dólares, filial de una compañía que tenía negocios por varios miles de millones de dólares. Hicimos el inventario de los grupos de trabajo y encontramos que existían 325. Hasta aquí, nada extraño. Pero lo que nos dejó confundidos, e igualmente a la compañía, fue que ni uno solo había completado su encargo en los últimos tres años. Tampoco se había disuelto ninguno. En una situación parecida con otro cliente, tomamos al azar informes de los grupos de trabajo y encontramos que todos tenían bastante más de cien páginas; las disoluciones eran de veinte a cincuenta.

Rápidamente volvamos atrás para comprender el amor que se ha despertado ahora por las fuerzas tácticas. Aunque, indudablemente, ya existían en muchas formas no identificadas, adquirieron buena reputación con la NASA y el programa Polaris. La NASA inventó la estructura del equipo *ad hoc* e hizo la prueba de su eficiencia en los primeros programas. El programa del submarino Polaris resultó todavía mejor. El concepto de fuerza táctica o grupo de trabajo llegó a la industria y se usó para todo. En 1970 ya se había incorporado de tal manera a muchas de las grandes compañías, que llegó a ser apenas una parte adicional del sistema rígido que estaba destinado a mejorar.

Volviendo atrás la mirada, parece que muchas cosas marcharon mal. Como cualquier otro instrumento adoptado dentro de un contexto burocrático, se convirtió en un fin en sí mismo. El manejo del papeleo y la coordinación reemplazaron al trabajo dirigido a la realización de tareas precisas. Instituciones pesadas, formales, sepultadas por los papeles, muy reglamentadas, encerraron al grupo en un laberinto en vez de utilizarlo como una entidad autónoma, estimulante de la acción. Las fuerzas tácticas se convirtieron en apenas comités de coordinación, con nombre diferente. Como otras herramientas de la administración adoptadas sin el debido conocimiento, el grupo de trabajo empeoró las cosas en lugar de mejorarlas.

Ese es el aspecto malo. El aspecto bueno es que en las empresas donde el contexto es el apropiado —pronta aceptación de la fluidez y de la adhocracia— la fuerza táctica se ha convertido en un instrumento notablemente eficaz para resolver problemas. En efecto, constituye la defensa número uno contra las estructuras formales en matriz. Acepta la necesidad de esfuerzos multifuncionales para resolver los problemas y ejecutar las soluciones, pero no por medio de dispositivos permanentes.

Con una anécdota se aclarará este punto. Un día de febrero, cuando estábamos en lo más interesante de esta encuesta, uno de los nuestros se dirigió a la sede de Digital, en Maynard, Massachusetts. Habiendo finalizado la entrevista, solicitamos a un ejecutivo que nos dijera cuál sería su trabajo en los próximos días. Queríamos tener una idea general del verdadero funcionamiento de Digital.

Nos contestó que con otras seis personas de la empresa estaba empeñado en reorganizar el personal de ventas a nivel nacional. Todos los siete eran jefes ejecutivos. Cada uno tenía atribuciones para ratificar el cambio para su grupo. Esta conversación tuvo lugar un jueves. El y su grupo debían partir para Vail, Colorado, esa misma noche. Nos dijo: "Estaremos de regreso el lunes por la noche y creo que podremos comunicar los cambios en el personal de ventas el martes. La primera etapa de la ejecución deberá estar en marcha alrededor de una semana después".

Avanzando en nuestras entrevistas, estuvimos oyendo, permanentemente, variaciones sobre este tema. Las características de trabajo de las fuerzas tácticas que vimos en compañías tan distintas como Digital, 3M, Hewlett-Packard, Texas Instruments, McDonald's, Dana, Emerson Electric y Exxon, eran notablemente diferentes del modelo burocrático que hubiéramos esperado encontrar, habida cuenta de nuestra experiencia pasada. En las compañías excelentes, los grupos funcionaban conforme a lo esperado.

Estos grupos están formados por pocos miembros, generalmente diez o aun menos. Ellos en realidad son la encarnación de las propiedades del grupo pequeño de que hablamos antes. En el modelo burocrático, desgraciadamente, la tendencia es a comprometer a todas las personas que pudieran tener algún interés. El número de participantes es, generalmente, de veinte y hemos visto algunos con setenta y cinco. El problema es limitar la participación activa a los principales interesados. Esto no podría funcionar en muchas empresas porque se requiere que los no participantes confíen en quedar bien representados.

El nivel jerárquico ante el cual la fuerza táctica es responsable y la antigüedad de sus miembros son proporcionales a la importancia del problema. Si éste es grande, prácticamente todos los miembros son altos ejecutivos y el grupo depende del director general. Es supremamente importante que los participantes tengan amplia libertad para hacer cumplir estrictamente todo lo que recomiendan. Un ejecutivo de Digital declaró: "Como miembros no queremos sino altos ejecutivos, nada de suplentes. Queremos personas muy ocupadas cuyo principal objetivo sea salir de esta endiablada fuerza táctica y regresar al trabajo". Es lo que llamamos el "teorema del miembro ocupado".

La duración del grupo típico es muy limitada. Esta es una característica obligatoria. En Texas Instruments es raro que un grupo dure más de cuatro meses. Entre la compañías excelentes, la sola idea de que una fuerza táctica pueda durar más de seis meses, resulta antipático.

La participación es generalmente voluntaria. Fue en 3M donde se nos dio la mejor explicación: "Si Mike me pide formar parte de un grupo de trabajo, yo lo hago. Aquí esto es normal. Pero tiene que tratarse de un verdadero problema y deben obtenerse resultados. Si ése no es el caso, que me lleve el diablo si otra vez vuelvo a perder mi tiempo ayudándole a Mike. Si se trata de mi propio equipo, trataré de asegurarme de que los que le dedican su tiempo obtengan algo positivo".

La fuerza táctica se constituye rápidamente en respuesta ante una necesidad y no tiene un estatuto particular. En la medida en que estos grupos sean el principal medio de resolver problemas en ambientes complejos y funcionales, las empresas de nuestra encuesta, afortunadamente, están en capacidad de constituirlos en un abrir y cerrar de ojos y sin mayor escándalo. Por el contrario, en la burocracia de los 325 grupos de intervención de que ya hablamos, cada uno tenía redactados sus estatutos (con frecuencia prolijos).

El seguimiento es rápido. En este aspecto, Texas Instruments es ejemplar. Nos cuentan que después de tres meses de la formación de un grupo, la administración quiere conocer los resultados. No puede considerarse como respuesta satisfactoria: "No hay ninguno; todavía estamos trabajando en un informe".

No se asigna personal de planta. Cerca de la mitad de los 325 grupos antes mencionados contaba con personal de planta permanente: individuos que revuelven papeles asociados con un grupo que también revuelve papeles. En ningún caso ni en Texas Instruments, ni en Hewlett-Packard, 3M, Digital o Emerson, encontramos ningún informe de un miembro del "personal de planta" asignado con carácter permanente a una fuerza táctica como director ejecutivo, "asistente", o redactor de informes de tiempo completo.

La documentación es informal y con frecuencia escasa. Un ejecutivo nos dijo: "Aquí las fuerzas tácticas no tienen el negocio de producir papel. Su negocio es producir soluciones".

Finalmente, debemos insistir en la importancia del contexto, del clima. Frederick Brooks, de IBM, señaló la necesidad de una red de comunicaciones abiertas, cuando expuso el desarrollo del Sistema 360, cuyo principal arquitecto fue él. Aunque éste era un grupo de proyecto gigante con un campo de acción mucho mayor de lo que típicamente se entiende por fuerza táctica, su estructura era fluida. Según Brooks, se llevaban a cabo reorganizaciones con bastante regularidad. El contacto entre los miembros era muy grande; todos los actores principales se reunían medio día cada semana para revisar los progresos y decidir los cambios del caso. Después de las reuniones, en menos de doce horas estaban publicadas las actas. Todos los participantes tenían acceso a cuanta información fuese necesaria. Por ejemplo, cada programador tenía a la mano todos los documentos que salían de cada uno de los grupos del proyecto. Ninguno de los que asistían a las reuniones semanales llegaba con papel de consejero (es decir, funcional). "Cada uno tenía atribuciones para contraer compromisos precisos", dice Brooks. El grupo encargado del Sistema 360 tenía sesiones anuales de "corte suprema" durante dos semanas. Todos los problemas que no habían tenido solución antes, se resolvían en estos intercambios intensivos de dos semanas. La mayor parte de las compañías que hemos estudiado no podían concebir que se mandaran veinte individuos claves a otra parte durante dos semanas o que se les permitiera reunirse medio día por semana. Y tampoco podían imaginarse una extensa participación de informaciones o reuniones en que todos los participantes tuvieran autorización para contraer compromisos precisos.

La diferencia entre esta manera y la que acostumbran tantas otras organizaciones para desarrollar sus actividades es tan impresionante, que otro ejemplo, tomado de las empresas menos buenas, puede aportar una conclusión a esta sección. Recientemente se nos solicitó estudiar por qué no marchaba un proyecto de sistema de información computarizada. Este proyecto abarcaba muchos sectores de la organización y había sido organizado como una fuerza táctica. Pasamos revista a sus actividades del año anterior y encontramos que, no obstante que se estaban observando la mayoría de las reglas de la buena administración de una fuerza táctica, el personal encargado del computador y las personas de las divisiones prácticamente nunca tenían una comunicación cara a cara, excepto en reuniones oficiales. Siendo un pequeño grupo habrían podido, por ejemplo, instalarse en el mismo edificio y aun trabajar en el mismo recinto. Pero ninguno estaba dispuesto a hacerlo. En sus viajes habrían podido alojarse en el mismo hotel, pero nunca lo hicieron. Unos alegaban que se hospedaban en hoteles menos costosos; los otros replicaban que escogían hoteles más cercanos a las plantas. Habrían podido, por lo menos, comer juntos después de tantas horas de viaje, pero unos querían jugar al tenis y los otros no. Esto parece verdaderamente tonto y los ejecutivos no nos creyeron al principio. Pero cuando, finalmente, los tuvimos a todos reunidos en la misma habitación, todos admitieron, de mala gana, que nosotros teníamos razón en todo respecto. Habría sido muy agradable decir que esto mejoró después, pero nunca sucedió. El proyecto, bueno desde todo punto de vista, fue abandonado finalmente.

Equipos y centros de proyectos. El análisis de las fuerzas de trabajo es muy común. Todo el mundo lo hace y, sin embargo, las compañías excelentes hacen de esta herramienta un uso muy diferente. En ellas este grupo es un dispositivo *ad hoc,* estimulante y fluido. Es, virtualmente, la única manera de resolver los problemas espinosos y un incentivo sin igual para la acción.

IBM adoptó para su proyecto del Sistema 360 una fuerza táctica muy grande, o equipo de proyecto, otra forma de adhocracia. Se dice que el proyecto se desarrolló al principio en forma deshilvanada pero la organización del Sistema 360, particularmente en los últimos años, atrajo visiblemente a los mayores talentos de la empresa y los puso a trabajar sin descanso en esta tarea monumental. Compañías como Boeing, Bechtel y Fluor utilizan todo el tiempo estos enormes equipos de proyectos. En efecto, ésta es una de sus características fundamentales, pues gran parte de su negocio es trabajar en proyectos. Tienen una habilidad impresionante para pasar de una estructura a otra: de la rutinaria para asuntos cotidianos, a la de los equipos de proyecto. Pero quizás más impresionante aún es ver que una compañía grande que no utiliza por costumbre equipos de proyecto; cambia a esta modalidad con la facilidad con que un buen conductor cambia de velocidad. Parece que éste fue el caso de IBM con su Sistema 360, y esto nos ha dejado bastante impresionados.

General Motors nos da otro ejemplo particularmente notable de la utilización de la estructura temporal. La industria automotriz es víctima de un ataque. Prácticamente todas las empresas de este sector parecen encontrarse atrasadas un día y necesitadas de un dólar. Sin embargo, nos impresiona que una empresa con negocios por 60 000 millones de dólares pudiera ganarles a sus principales competidores nacionales por casi tres años en la ejecución de un programa y eso fue exactamente lo que hizo General Motors con la fabricación de modelos reducidos ("compactos"). Su arma fue el "centro de proyectos", organización temporal clásica. El centro de proyectos de General Motors sacó 1200 personas clave de sus famosas divisiones autónomas, incluidos los individuos más importantes de cada división, como el ingeniero jefe, y las puso en el centro de proyectos. Este centro duró cuatro años. Su función era muy clara: poner en marcha el proyecto del modelo reducido y trasladarlo luego a las diversas divisiones para su ejecución final. Lo extraordinario de la historia es que, una vez cumplida la tarea, el centro para el proyecto del modelo reducido desapareció en 1978. Ante el éxito de este proyecto, decidieron adoptar los centros de proyectos como base de organización en los años ochenta. Actualmente hay ocho centros de proyectos en un edificio especial para ellos. Dos están trabajando ahora en el coche eléctrico y en la computarización total del motor; otro se ocupa en los problemas laborales.

La mayor parte de las empresas, cuando se hallan enfrentadas a un problema estratégico abrumador, lo confían a equipos de planificación o lo anexan a los objetivos de los gerentes, por demás ya muy ocupados. Si se supone que el personal de planta debe resolver el problema, nadie se comprometerá. Si se supone que los funcionarios de línea deben resolverlo, nunca se desarrollará el ímpetu. El Sistema 360 de IBM y el proyecto para los coches reducidos de General Motors son ejemplos halagüeños de la forma en que se pueden abordar tales problemas con éxito.

Los japoneses utilizan esta forma de organización con una asombrosa presteza. Para adquirir una posición competitiva mundial, v.gr. en el campo de los robots o en el de los microcomputadores, los japoneses sacan personas clave de diversas compañías y las colocan en centros de proyectos para que pongan las bases del desarrollo de la investigación. Una vez que han quedado resueltos los problemas tecnológicos fundamentales, las personas clave regresan a sus propias empresas y se entregan a competir como locas entre ellas mismas. Los productos están listos entonces para ser entregados al mundo, después de haber sido pulidos por una difícil competencia dentro del Japón.

El programa CVCC de Honda es un ejemplo. Se tomaron individuos claves de otras tareas y se trasladaron a este proyecto durante varios años. Canon hizo la misma cosa para desarrollar su Canon AE-1. Esta compañía metió juntos a 200 de sus ingenieros jefes en la "Fuerza Táctica X" durante dos años y medio hasta que se diseñó el AE-1, se produjo y se lanzó con éxito al mercado.

Hay muchos otros ejemplos de la división en grupos y volveremos sobre ellos en posteriores secciones de este libro. Por el momento, queremos destacar cuatro puntos principales: Primero, las ideas sobre el rendimiento y las economías de escala nos están llevando a construir enormes burocracias incapaces de actuar. Segundo, las compañías excelentes han encontrado muchas maneras (no solamente unas pocas) de fragmentar las cosas a fin de tornar fluidas sus organizaciones y de oponer los recursos adecuados a los problemas. Tercero, todas las divisiones en grupos y todos los dispositivos posibles no funcionarán si el contexto no es bueno. Las actitudes, el clima y la cultura deben considerar el comportamiento *ad hoc* como más normal que el comportamiento burocrático. Finalmente, los ambientes de rueda libre en los que florece el comportamiento *ad hoc* solo superficialmente parecen mal estructurados y anárquicos, pero en el fondo, bajo la ausencia de formalismo se encuentran propósitos compartidos, lo mismo que una tensión interna y una competitividad, lo cual hace que estas culturas sean muy vigorosas.

EMPRESAS QUE EXPERIMENTAN

"Hágalo, arréglelo, pruébelo" es nuestro axioma favorito. Karl Weick agrega que "una acción anárquica es preferible a una inacción ordenada". "No se quede ahí parado, haga algo", es frase de la misma especie. Seguir adelante, sobre todo en un ambiente complejo, es simplemente intentar algo. El aprendizaje y el progreso no se producen sino cuando existe alguna cosa de la cual se pueda sacar una enseñanza y esta cosa es toda acción llevada a término. Es necesario realizar experimentos.

La manifestación más importante y más visible de la predisposición a la acción de las compañías excelentes es la buena voluntad con que ellas hacen ensayos y experimentos. El experimento no tiene nada de mágico. Simplemente es una pequeñísima acción llevada a término, una prueba manejable que le ayuda a uno a aprender algo, como la clase de química en el colegio. Pero la experiencia que tenemos es que la mayor parte de las empresas grandes ha olvidado cómo se ensaya y cómo se aprende. Parece que prefieren el análisis y la discusión a la experimentación, y el miedo al fracaso, por pequeño que sea, las paraliza.

El problema ha sido tratado recientemente, con mucha precisión, en *Science.* La NASA "inventó" una técnica llamada la administración orientada al éxito (SOM)* para controlar el desarrollo del transbordador espacial. Se parte del principio de que todo saldrá bien. Como lo dijo un funcionario: "Esto significa que se proyecta todo lo más exactamente posible y luego se elevan oraciones para que funcione". Se trataba de eliminar así el desarrollo paralelo y quizás redundante

---

* Success Oriented Management.

del equipo de ensayo, como reacción a las presiones de los costos actuales que afrontaba la Agencia. Pero como *Science* y otros lo han observado, el programa ha llevado a grandes demoras de trabajo difícil, accidentes molestos, nuevos y costosos planes, enganche desordenado de personal, y a la ilusión de que todo va bien. "El resultado de este enfoque de la administración", dice *Science,* "ha sido una ausencia de planificación realista, una mala comprensión de las condiciones del programa y la acumulación de retardos y de pérdidas".

El problema nunca se ha manifestado más que en el desarrollo de los tres motores principales del transbordador espacial. Cuenta *Science*: "En vez de probar separadamente cada pieza del motor, el contratista principal de la NASA sencillamente lo armó todo y se aventuró a ponerlo en marcha. Por lo menos cinco incendios importantes se produjeron". Bajo la influencia de esta técnica SOM, los funcionarios de la NASA principiaron a confundir predicción con realidad (en justicia, es probable que la realidad política los haya movido a ello). La NASA ha sido víctima de una "confianza desmesurada en sí misma en materia tecnológica", dijo un observador del Senado. "Los dirigentes estaban persuadidos de que los hallazgos tecnológicos se materializarían y salvarían la situación". Esta no es ciertamente la NASA antigua, en que la redundancia era intencionada, donde se efectuaban pruebas regularmente y los programas estaban a tiempo —y funcionaban.

La similitud y abundancia de este estilo de historias son asombrosas, y no se trata de nada más que de una práctica de administración corriente. Por ejemplo, un banco muy grande se había preparado para lanzar sus cheques de viajeros a un mercado sumamente competido. Una fuerza táctica trabajó dieciocho meses y presentó un sinnúmero de análisis de mercado. Cuando se aproximaba la fecha del lanzamiento nacional, preguntamos al jefe del proyecto qué era lo que él había hecho como prueba de mercado. Nos contestó que había hablado con dos banqueros amigos en Atlanta. "¿Dos?" fue nuestra reacción de incrédulos. "Sí, dos", afirmó. "Nosotros no estábamos seguros de que el proyecto fuera aprobado. No queríamos revelar nuestros planes".

Constantemente oímos excusas tan flojas como ésta. Pero, en cambio, quedamos impresionados por el agudo comentario de un amigo en Crown Zellerbach, firma competidora de Procter & Gamble en algunos mercados de la industria papelera: "En Procter & Gamble siempre están haciendo ensayos. Se les puede ver en esto durante meses, con frecuencia años. No descuidan nada, ninguna variable se escapa a la prueba". Procter & Gamble no parece tener temor de estar ensayando y de que todo el mundo lo sepa. ¿Por qué? Porque lo que se aprende antes de lanzar un producto vale mucho más que lo que se pierde por no ser una sorpresa.

Seguir adelante es característico de Procter & Gamble y de la mayoría de las compañías excelentes. Charles Phipps, de Texas Instruments, cuenta los primeros éxitos de la empresa, su voluntad de ser atrevida y temeraria. El capta el espíritu experimental —la habilidad de Texas Instruments para aprender con rapidez, de lograr alguna cosa (prácticamente, cualquier cosa). "Ellos mismos se quedaron sorprendidos: una compañía muy pequeña, con negocios por 20 millones de dólares, con recursos muy limitados y, sin embargo, descubrieron que podían aventajar a los grandes laboratorios como Bell, RCA y General Electric en el área del semiconductor, porque tratarían de hacer alguna cosa con el producto, en lugar de guardarlo en el laboratorio".

Todos los ejemplos reflejan la misma mentalidad experimentadora. En Bechtel, los ingenieros hablan del principio que los gobierna: conservar una "gran sensibilidad para lo factible". En Fluor, el factor principal del éxito puede ser lo que llaman "coger una idea y convertirla en metal". El santo y seña que tienen en Activision para la planeación de juegos electrónicos es: "Construya un juego tan rápidamente como pueda. Encuentre alguna cosa con que se pueda jugar, con la cual sus colegas puedan divertirse inmediatamente. Aquí no cuentan las buenas ideas. Tenemos que ver algo". Win Ng, propietario de Taylor & Ng, próspera empresa fabricante de muebles en San Francisco, con negocios por unos 25 millones de dólares, explica su filosofía: "Desarrollar pronto un prototipo es el objetivo número uno de nuestros diseñadores o de cualquiera que tenga una idea al respecto. No nos fiamos de él hasta poder verlo y tocarlo".

En Hewlett-Packard es tradicional que los diseñadores de producto dejen el trabajo que están adelantando sobre su escritorio, de modo que cualquiera pueda jugar con él. Pasear por las diferentes secciones es la base de su filosofía para todos los empleados, y el nivel de confianza es tan alto que los individuos se sienten libres de tratar de mejorar lo que idean sus colegas. Un joven ingeniero dice: "Uno aprende pronto que debe proporcionarle a la gente algo con lo cual se pueda entretener. Es probable que el primer día se le advierta que el tipo ese que se pasea por todas partes y se pone a jugar con las cosas suyas no tiene nada de raro que sea uno de los altos ejecutivos de la compañía, quizá incluso uno de los señores Hewlett o Packard en persona". En Hewlett-Packard se habla también del "síndrome de la mesa vecina". La idea es que cada uno mire las personas que trabajan en las mesas vecinas y piense en lo que pudiera facilitarles a ellas su tarea.

Robert Adams, que dirige el departamento de investigación y desarrollo de 3M, explica así su pensamiento: "Hacer un poco, vender un poco, hacer un poco más". McDonald's ensaya más renglones de su carta de platos, más arreglos de sus locales y más políticas de fijación de precios que cualquiera de sus competidores. Durante las tres primeras horas de nuestra entrevista en Dana, se mencionaron más de sesenta experimentos de productividad diferentes que se estaban desarrollando en una u otra planta. Procter & Gamble es, como lo hemos dicho, muy conocido, especialmente por lo que un analista llama su "culto del ensayo". Diariamente fluyen otros ejemplos de empresas bien dirigidas. Según un observador, "Bloomingdale's es el único detallista grande que experimenta en su tienda". Acogiendo esta observación, un empleado de Levi Strauss, que asistía recientemente a un seminario, intervino para decir: "Sepan ustedes que de ahí tomó Levi la idea de los *jeans* desteñidos. Bloomingdale's compraba nuestros *jeans* y los decoloraba". Se dice que Holiday Inns tiene 200 hoteles en operación piloto, donde están experimentando continuamente con las habitaciones, los precios y los menús del restaurante. En una compañía tan próspera como es Ore-Ida se están efectuando permanentemente comprobaciones de mercados, pruebas de sabores, estudios de precios y paneles de clientes. Y el director general conoce tan bien estas pruebas y sus resultados como los problemas financieros.

El factor decisivo es un ambiente y un conjunto de actitudes que estimulan la experimentación. Este comentario del inventor del transistor explica la esencia del experimento:

> Me inclino a creer más en la astucia y en el saber aprovechar las oportunidades...¿Cómo emprender un trabajo? Hay personas que leen todo pero no llegan a ninguna parte. Y hay personas que no leen nada y tampoco llegan a ninguna parte. Hay personas que van por todas partes haciendo preguntas a todo el mundo, y personas que no preguntan nada. Yo les digo a mis empleados: "No sé cómo iniciar un proyecto. ¿Por qué no van ustedes a hacer un experimento?" Ustedes ven que aquí hay un principio. Primero que todo, no se emprende nada cuyo resultado no vaya a conocerse antes de seis meses. Siempre se puede encontrar alguna cosa con la cual, en unas pocas horas de esfuerzo, se pueda progresar algo.

David Ogilvy también dice que no hay palabra más importante que "ensayar":

> La palabra más importante del vocabulario de la publicidad es ENSA-YAR. Si uno pre-ensaya su producto con los clientes y si pre-ensaya su publicidad, tendrá éxito en el mercado. Veinticuatro de veinticinco productos nuevos no pasan las pruebas del mercado. Los fabricantes que no someten sus productos a las pruebas de mercado incurren en el enorme costo (y en la desgracia) que representa el que sus productos fracasen a escala nacional en lugar de desaparecer discreta y económicamente en las pruebas de mercado. Pruebe sus expectativas. Pruebe sus medios publicitarios. Pruebe sus titulares y sus ilustraciones. Pruebe su nivel de desembolsos. Pruebe sus mensajes publicitarios. No deje jamás de hacer pruebas y ensayos y su publicidad no cesará de mejorar...La mayoría de los ejecutivos jóvenes de las grandes empresas se comportan como si la utilidad no fuera función del tiempo. Cuando Jerry Lambert triunfó en su primera salida con Listerine, aceleró el proceso total de mercadeo dividiendo el tiempo en meses. En vez de encerrarse en planificaciones anuales, Lambert verificaba mensualmente su publicidad y sus utilidades. Y el resultado fue que en ocho años ganó 25 000 000 de dólares, mientras que la mayoría de la gente emplearía doce veces más tiempo en ganarlos. En la época de Jerry Lambert, la Lambert Pharmacal Company vivía al mes en vez de al año. Es lo que yo recomiendo a todos los anunciadores.

Peter Peterson, actual presidente de Lehman Brothers, recordando la época en que fue presidente de Bell & Howell, da un encantador y concreto ejemplo de un experimento:

> ¿Han oído ustedes hablar de los lentes *zoom*? Una de las grandes ventajas de ser nuevo en una compañía es que uno ignora totalmente lo que no se puede hacer. Yo pensaba que una cámara *zoom* era algo que se utilizaba para los partidos de fútbol. Esa era la imagen que yo me había formado: un objeto extraordinariamente costoso. Un día estaba yo en el laboratorio y allí había un *zoom*. Nunca en mi vida había visto uno. Miré en el objetivo. Pues bien, es una cosa muy dramática. Se me explicó que no se podía comercializar porque costaría mucho, etc. Pregunté entonces: "¿Cuánto costaría fabricar una cámara especial para mí, solamente una, con un lente *zoom*? Me contestaron: ¿"Una sola? Es decir, ¿una tosca modificación? Probablemente unos 500 dólares". "Bien", dije. "¿Qué tal si la hacemos? Como mi tiempo vale mucho, nos costaría por lo menos 500 dólares continuar esta conversación una o dos horas más, de modo que ¡hagámosla!" Me llevé la cámara para mi casa. Esa noche, en una comida, puse el *zoom* sobre el piano y pregunté a todos los invitados si querían participar en una investigación de mercado muy sofisticada, a saber, mirar por el objetivo. La reacción fue extraordinariamente entu-

siasta: "¡Dios mío! Esto es maravilloso. ¡Nunca en mi vida había visto
nada parecido!" Nos costó alrededor de 500 dólares...Si más industrias
decidieran ensayar nuevas ideas sobre la base de un costo bajo, quizás
aumentarían sus esperanzas de lo que podría llegar a ser el mercado.

La historia de Peterson lleva varios mensajes importantes respecto
de la mentalidad del experimentador en la empresa. El más evidente es
la rentabilidad del ensayo como alternativa del análisis sistemático.
Menos evidente es la capacidad de las personas de ser más creativas
—y a la vez más concretas— cuando ya tengan un prototipo en su
poder.

En su obra clásica *Language in Thought and Action,* S.I. Hayakawa explica la esencia del fenómeno cuando señala que una vaca no es
una vaca. La vaca Bessie no es la vaca Janie. Recuerda la importancia
de saber pasar de un nivel de abstracción a otro —de la idea de vaca a
Bessie y a Janie— con el fin de pensar claramente o de comunicarse
eficazmente.

Por ejemplo, uno de nosotros pasó recientemente una agradable
tarde de fin de semana dedicado a preparar cuidadosamente en casa un
jabón. La tarea no es muy compleja. El manual que usamos estaba
clara y correctamente escrito. Sin embargo, cometimos una multitud
de errores, pero aprendimos una cantidad de pequeños secretos que
nos serán útiles la próxima vez, todo esto en dos o tres horas. Por
ejemplo, es indispensable que la mezcla de lejía y las grasas disueltas
estén a la misma temperatura. El manual es muy claro en esto y facilita
cantidades de secretos. Pero todavía tuvimos problemas: teníamos
una sartén metálica, grande, muy panda y una vasija de vidrio alta y
estrecha. En el momento crítico los dos recipientes se enfrían a distinta
velocidad debido, entre otras cosas, a su material y forma diferentes.
Solamente "tocando" se puede hacer frente rápidamente a un fenómeno tan complejo. La riqueza de la experiencia (en lenguaje matemático, el número de variables reconocidas y utilizadas) que se manifiesta
solamente cuando uno entra en contacto con un sujeto, un material o
un proceso, excede al análisis o a la descripción escrita y abstracta.

Así, pues, cuando "tóquelo", "pruébelo" y "huélalo" llegan a ser el
santo y seña, los resultados son, con la mayor frecuencia, extraordinarios. Igualmente extraordinario es ver hasta dónde puede llegar la
gente con tal de evitar probar alguna cosa. Fred Hooven, protegido de
Orville Wright, poseedor de treinta y ocho patentes importantes y profesor de ingeniería mecánica en la Universidad de Dartmouth, relata

un caso grotesco y, sin embargo, muy típico: "En mi carrera he tenido por lo menos, que yo recuerde, tres casos en que mis clientes no lograban resolver un complicado problema mecánico y tuve que insistir para que colocaran en el mismo cuarto a los ingenieros y los técnicos que fabricaban el modelo. En cada caso la solución no se hizo esperar. *Recuerdo que una vez se me hizo la objeción de que si se ponían los ingenieros en el taller, se ensuciaban los dibujos".* Hooven agrega: "El ingeniero debe tener fácil acceso a todo lo que necesite para poner sus ideas en práctica...Cuesta más hacer el dibujo de una pieza que fabricarla, y el dibujo es una forma de comunicación de una sola vía, de tal modo que cuando el ingeniero recibe la pieza, ya probablemente ha olvidado para qué la quería, o encontrará que ésta no funciona porque cometió un error en el dibujo o porque necesita algún pequeño cambio, lo, que, con frecuencia, puede tardar todavía otros cuatro meses".

De tal manera que, por vía de experimentación, es más fácil para las personas (diseñadores, gestores comerciales, presidentes, vendedores, clientes) pensar creativamente acerca de un producto o de sus diferentes usos si se dispone de un prototipo, es decir, algo concreto. Todas las investigaciones de mercado no habrían podido predecir el éxito fenomenal del computador Apple II. Pensamos que ha podido ser por la combinación de un producto de alta calidad y la aparición de una sorprendente red de grupos de usuarios que, jugando con las máquinas, han estado inventando casi diariamente nuevas programaciones. Ninguna investigación de mercado habría predicho que una señora que conocemos llegaría a ser la más importante usuaria del Apple en su familia. Ella, la que menos, tampoco lo hubiera podido predecir. La diferencia consistió en que ella montó su propia empresa en su casa y allí tuvo el Apple, lo que le permitió ensayarlo y divertirse con él a sus anchas. Si usted le hubiera hablado antes de las maravillas de la informática, ella hubiera dicho (como en realidad lo dijo) que no utilizaría el computador. El concepto era muy abstracto. Con el solo hecho de tener el aparato a su disposición, se convirtió.

Esta es la razón por la cual en Hewlett-Packard se insiste en que los ingenieros dejen sus nuevos prototipos experimentales sobre su mesa de trabajo, a fin que los otros puedan divertirse con ellos. Por ello, la investigación de mercado que adelantó Peterson sobre los lentes *zoom* durante una comida en su casa, resultó ser la más sofisticada que se hubiera podido imaginar.

VELOCIDAD Y CIFRAS

La presteza y el número de experimentos son los elementos decisivos del éxito por la experimentación. Hace varios años adelantamos un estudio comparativo entre los exploradores independientes del sector petrolero que habían triunfado y los que no habían tenido la misma suerte. Concluimos que si se dispone de los mejores geólogos, de la última técnica de la geofísica y del más sofisticado equipo, etc., el promedio de éxito en la perforación independiente en terrenos dados ascendería aproximadamente al 15%. Sin todas estas ventajas, el éxito sería alrededor del 13%. Esto indica que el denominador —el número de ensayos— cuenta mucho. En verdad, un reciente análisis de Amoco, empresa que, gracias a una revitalización, se ha convertido en el mejor explorador de petróleo de los Estados Unidos, indica un solo factor del éxito: *sencillamente, Amoco perfora más pozos.* El jefe de producción de la compañía, George Galloway, dice: "Nosotros no habíamos previsto la mayor parte de los resultados positivos...Esto sucede, necesariamente, si se perfora un gran número de pozos". El mismo fenómeno lo encontramos en la prospección de minerales. La diferencia entre las compañías exploradoras que no han tenido éxito es el número de perforaciones con taladros de punta de diamante. Aunque esta clase de perforaciones parece costosa, es la única forma de saber lo que realmente hay bajo la superficie. Lo demás no es sino especulaciones, aunque puedan estar bien documentadas, de geólogos y geofísicos.

Un antiguo director en jefe de Cadbury también hace notar el valor de la velocidad y de las cifras. Relata el nombramiento de un nuevo ejecutivo de desarrollo de productos en Cadbury. El tipo echó un vistazo a lo que yacía desordenado en el circuito del desarrollo y anunció, alegremente, que habría seis nuevos lanzamientos de productos en los próximos doce meses. Y otros seis en los doce meses subsiguientes. Casi todo lo que él planeaba lanzar, había estado en diversos grados de olvido de dos a siete años. Cumplió su programa y tres de los productos son todavía hoy grandes ganadores. Un contemporáneo de esta historia hizo el siguiente comentario: "Se puede dividir el tiempo para los lanzamientos según se desee, si verdaderamente hay la voluntad de hacerlo. El hizo doce lanzamientos en solo veinticuatro meses. Nosotros no lo hubiéramos hecho mejor si nos hubiéramos tomado cinco años para lanzar la misma cantidad".

Peterson explica la razón de ser del fenómeno Cadbury. Un experimento, por ser una acción simple, puede estar sujeto a términos muy estrechos. Bajo la presión de los términos —y cuando es materialmente factible— lo imposible ocurre regularmente, según parece. Peterson comenta:

> Yo he observado que con frecuencia las personas trabajan en algo durante años y, de pronto, se presenta una situación de urgencia...y, de pronto también, sale bien. Una vez teníamos en plan de desarrollo una filmadora de 8mm, con ojo eléctrico, y pensábamos que nos llevaría tres años tenerla lista. Un día el vicepresidente de mercadeo decidió probar una técnica diferente. Les llevó algo a los ingenieros y les dijo: "Acabo de saber que nuestro competidor tiene una cámara de 8mm con ojo eléctrico". En veinticuatro horas tuvieron una modalidad totalmente diferente. Me pregunto ¿cuál ha podido ser el papel que la urgencia ha desempeñado en esto?

Velocidad significa rápida entrada (pruébelo ahora) y también rápida salida. La propensión de Jesse Aweida, presidente de Storage Technology, a toma de decisiones, hace que toda la compañía se encuentre frecuentemente en estado de experimentación. He aquí el informe de *Fortune:*

> Una transmisión de disco salía costando 1000 dólares más que su precio de venta. Con su prontitud característica, Aweida aumentó el precio en un 50%; cuando esto no le resultó, suprimió el producto a pesar de la inversión de 7 millones de dólares que había hecho...El siente pánico por la inacción. En la reunión nacional de ventas de STC en enero pasado declaró: "Con frecuencia creo que tomar una decisión, así sea mala, es mejor que no tomar ninguna". Su habilidad para cambiar rápidamente el rumbo ha rescatado a la compañía de las consecuencias de algunas de sus decisiones equivocadas. Afortunadamente para STC, la desmesurada ambición de Aweida está compensada por su sentido de corrección rápida.

Hay una cualidad en la experimentación como estado de espíritu corporativo que se asemeja mucho a un juego de póker. Con cada carta aumentan las apuestas y con cada carta uno sabe más, pero, verdaderamente, nunca sabe lo bastante hasta que se juegue la última carta. Pero lo más importante en el juego es saber cuándo retirarse.

En la mayor parte de los proyectos o experimentos, por más mojones que se coloquen o diagramas PERT que se tracen, lo que realmente se está comprando con el dinero invertido es más información. Nunca se puede estar seguro de si todo esto valía la pena o no, sino hasta después de terminar. Además, en el curso del proyecto o del experimento, cada paso decisivo cuesta mucho más que el anterior —y es más difícil detenerlo a causa de los gastos ya hechos y, especialmente, del compromiso personal. La decisión crucial de la administración es si deberá suspender el proyecto. Los mejores sistemas de administración de proyectos y de experimentación que hemos visto, son los que tratan estas actividades más o menos como una partida de póker y las fraccionan en bloques manejables, hacen revisiones rápidas y no administran demasiado. Para que todo funcione, simplemente es necesario tratar los proyectos importantes como experimentos, nada más, lo que ciertamente son, y tener la entereza mental del jugador de póker para jugar una carta y tomar otra inmediatamente si no se puede esperar nada del juego que se tiene.

EL APRENDIZAJE BARATO

La experimentación es para la mayoría de las compañías excelentes una manera barata de aprender, que generalmente resulta menos costosa —y más útil— que la investigación sofisticada de mercados o que la planificación cuidadosa. Recordando siempre su época en Bell & Howell, Peterson es muy claro sobre esto:

> Antes de renunciar a una idea y antes de dejarnos convencer por una apreciación muy racional de que ésta no funcionará, nos hacemos otra pregunta. ¿Hay alguna forma de que podamos experimentar con esta idea a bajo costo? El experimento es el instrumento más poderoso para transformar la innovación en acción y probablemente no es tan utilizado como debía ser en la industria norteamericana...Lo que yo quiero decir es que si podemos fijarnos en la mente el concepto de experimento y así aclarar una cantidad de estos "no se puede", "esto no será" y "no debería ser", más ideas buenas se traducirán en acciones...Permítame que les dé un ejemplo. Como nosotros no somos una compañía grande, no podemos darnos el lujo de gastar millones de dólares en la promoción de alguna cosa sin saber si será o no eficaz. Un día llegó alguno con una idea que, a primera vista, parecía "descabellada". Quienes han leído los cursos de mercadeo de Harvard, sabrán, por muchas razones, por qué esto no funcionará: ¿Por qué no vender una filmadora de 150 dólares (esto fue en 1956) por correo? En lugar de decir: "Señores, esta idea es absurda", tratamos de tenerla en cuenta "Examinemos algunas razones por las cuales esto sí podría resultar". Luego la pregunta clave: "¿Cuánto nos

costaría ensayar esta idea?" Todo salió costando unos 10 000 dólares aproximadamente. El hecho es que habríamos podido gastar 100 000 dólares dándole un carácter exageradamente intelectual a este problema...Nueve de diez expertos les dirán a ustedes que esta idea no puede funcionar. Pero funcionó y ahora es la base de una importante y lucrativa empresa nuestra. A todos nos pasa que podemos volvernos algo presumidos a causa del poder de un enfoque intelectual y racional a una idea que, a menudo, es enormemente compleja.

Otra importante propiedad de la experimentación es su relativa invisibilidad. En General Electric llaman esto "contrabandear". (El término equivalente en 3M es "gorrear"). Esta tradición de sacar un poco de dinero, un poco de recursos humanos y trabajar fuera de la corriente principal de la empresa, no es nueva. Los grandes éxitos de General Electric, como los anteriormente mencionados, en las áreas de los plásticos para uso industrial y de motores para avión, han sido el resultado directo del "contrabando". Este proceso ha sido esencial para General Electric. En realidad, un estudio reciente atribuye prácticamente todas las grandes salidas de General Electric de los últimos veinte años a una u otra forma de "contrabando". Varios observadores han dicho lo mismo de IBM. Un antiguo colega del señor Watson llega hasta sugerir que se puede medir la salud de una compañía en el terreno de la innovación por el volumen del tráfico clandestino. Tait Elder, quien dirigió la división de nuevos proyectos de 3M, dice que se deben permitir "algunos escapes" en la planificación, la presupuestación y aun en los sistemas de control. Muchas personas tienen necesidad de disponer de un poco de dinero y jugar con el margen que dejan los presupuestos para continuar con los programas marginales.

Finalmente, y es lo más importante, está la conexión con el cliente. Este, especialmente el sofisticado, representa un papel clave en la mayoría de los procesos de experimentación que tienen éxito. Trataremos ampliamente esta noción en el próximo capítulo, pero por el momento diremos que gran parte de la experimentación en las compañías excelentes se efectúa en unión de un usuario importante. Digital ha puesto en marcha experimentos más baratos que cualquiera de sus competidores. (Hewlett-Packard y Wang le siguen muy de cerca.) Cada uno trabaja con un comprador, en el despacho del comprador.

Los experimentos de McDonald's, naturalmente, se realizan todos con los clientes. Muchas compañías, por el contrario, esperan hasta que se haya diseñado y fabricado el producto perfecto para someterlo al examen detenido del cliente. Esto en las últimas fases del proyecto, y a menudo después de haber gastado millones de dólares. La habilidad de Digital, McDonald's, Hewlett-Packard y 3M consiste en permitir que el cliente vea, pruebe y remodele el producto —muy al principio.

EL CONTEXTO DE LA EXPERIMENTACION

En la misma forma que los dispositivos *ad hoc,* tales como las fuerzas tácticas, no funcionan si el ambiente no es fluido e informal, la experimentación no tendrá éxito si el contexto es equivocado. La administración debe tolerar los escapes en los sistemas, debe admitir errores, sostener el "contrabando", continuar a pesar de los cambios imprevistos y estimular a los campeones. Isadore Barmash, en *For the Good of the Company,* habla de una fascinante reacción en cadena que permitió a una sola persona, Sam Neaman, concebir un proceso de experimentación que tuvo tal éxito en los años sesenta, que aumentó las utilidades de las tiendas McCrory en millones de dólares. Es una descripción tan extraordinaria de cómo se adelanta con éxito un proceso de experimentación, que vamos a citar extensamente a Neaman, que en ese entonces era un ejecutivo sin cartera y que más tarde llegó a ser ejecutivo jefe:

> Yo no tenía ninguna autoridad...Pero se presentó una oportunidad. Había una tienda que había perdido mucho dinero. Yo quería saber qué se necesitaba para manejar bien una tienda. Así que le dije a John, que era el administrador: "Vamos a traer un grupo de personas, un equipo, y usted será el capitán. Usted irá con ellas a visitar a todos los competidores de la ciudad y tomarán nota de todo lo que encuentren. Harán un inventario de la mercancía. Todas las tardes usted hará una reunión con todas las personas, con tablero, y cambiará opiniones con cada una... Además, voy a hacer venir al gerente regional, comerciantes, compradores y otros directores de almacén. Quiero saber cómo está nuestra técnica tomando una muestra de las personas que se dediquen a descubrir qué pueden hacer pensando todas juntas". Durante varias semanas estudiaremos la tienda. Tuvieron momentos difíciles para ponerse de acuerdo entre sí, pero al fin lo lograron. El espíritu de trabajo estaba en su punto más alto, y la emoción imposible de describir. ¿Por qué? Era la primera vez que se les daba una oportunidad de expresarse como individuos y como grupo y cada uno hizo lo más que pudo. No se gastó un centavo. Se hicieron todos los cambios a partir de lo que teníamos en el almacén. Se cambiaron los pisos, se ampliaron los pasillos y se pintaron las paredes. Era una tienda nueva, grata a la vista.

¿Cuál fue el milagro? Ellos sabían que debían visitar la competencia y luego mirar objetivamente nuestra tienda. Aplicaron lo que habían aprendido. Hasta ese momento tenían que mirar al jefe a los ojos y adivinar qué era lo que él quería. Todo lo que hice fue pedirles que usaran la cabeza y los sentidos y logré tener un almacén admirable. Este en los dos años siguientes, redujo sus pérdidas y luego principió a producir dinero. Pasando este alboroto, toda la compañía se enteró. El presidente y todo su séquito vinieron corriendo a ver qué estaba pasando. Todo el mundo se subió al tren de la victoria. Todo el mundo quería su parte —todos los vicepresidentes, el vicepresidente ejecutivo, e incluso el presidente.

A la gente hay que mostrarle el camino. Eso fue lo que hice. Hasta me conseguí un lugar a dónde mandarlos. Indianápolis. Les decía: "Vayan a Indianápolis, Indiana. Vayan a ver la tienda y aprendan. Es obra de personas como ustedes, que no han hecho sino aprovechar sus disposiciones y su talento". Poco después, en la oficina principal, cambié el patrón. Al vicepresidente de un sector de variedades encargado de las compras, le dije: "Muy bien, Joe. No tienes que ir al Medio Oeste. Hazme un Indianápolis aquí mismo, en Nueva York. Tú has visto lo que se puede hacer. Pero no quiero que lo copies. Tendremos a Indianápolis como una especie de escuela". Le dije que nos diera su versión de una buena tienda en Flushing.

Pues bien. Unas semanas más tarde, me invitó al almacén y me encontré con una de las más lindas tiendas de ventas por menor que haya visto. Inmediatamente invité a algunas otras personas a verla. Uno no podía creer que ese horrible almacén pudiera haberse convertido en la atracción del vecindario y la joya de la compañía. Las ventas comenzaron a subir inmediatamente y llegó a ser nuestra mejor tienda en Nueva York. Pero también se volvió un desafío para los otros ejecutivos de la casa principal salir a "hacer un Indianápolis".

Cuando la compañía matriz comenzó a jactarse más y más, desarrollé nuevas variaciones. Utilicé entonces la idea de la tienda de Indianápolis como ayuda visual. Esto significaba concebir un método de escoger una unidad para mejorarla, animar a las personas a ponerla en orden y luego hacer venir a otras para que vieran lo que hicieron aquéllas y pudieran sacar una enseñanza. Esto fue el reemplazo de las notas escritas y de las instrucciones telefónicas. Más bien yo decía: "Vengan a ver. ¡Esta es la nueva empresa, nada menos!" Recomendé que cada distrito (de 10 a 15 tiendas) tuviera su propia tienda modelo. Todas la capacidades de un gerente de distrito deberían reflejarse en una tienda, y a partir de ese "Indianápolis" debería mejorar todas las tiendas de su distrito. Aquélla debería ser su tienda modelo, el modelo de su gerente y el modelo para todos los que quisieran verla. La idea prendió como pólvora. No hubo tregua ni por las noches, ni los domingos, ni durante las vacaciones. Los domingos se organizaron grandes fiestas con comidas y bebidas que suministraba el administrador del restaurante del almacén. Para todos fue el mejor año, el que pasaron organizando la cadena en los 47 distritos.

La descripción de Neaman es algo más que simplemente la historia de cantidades de personas dedicadas a la experimentación: es también la historia de los individuos a quienes se les permite destacarse un poco, los individuos que comienzan a sentirse ganadores. Y todavía lo más importante, es la historia del contexto que permite —en realidad, estimula— a las personas hacer ensayos. Y a este respecto podríamos agregar que aparentemente hay dos aspectos contextuales importantes para el proceso de la experimentación en las compañías:

El primero es un proceso de difusión; en cierto modo es impuesto, pero, ante todo, es natural, se forma él mismo. Este proceso de difusión gira alrededor de la manera de empezar. "El principio es el momento más delicado", dijo un sabio. Tiene razón. Se comienza por las cosas fáciles, las cosas fáciles de cambiar y donde hay un apoyo definido dentro de la compañía. Eso fue lo que vimos hacer a Neaman. La tienda de Indianápolis no era ni la mayor ni la más vistosa; pero al cuidado de Neaman era la más a propósito para ensayar alguna cosa. Un amigo nuestro, Julian Fairfield, tuvo como primer problema en su administración el volver a organizar una planta de alambres y cables que andaba muy mal. Nos dijo: "Todo andaba mal. Yo no sabía por dónde empezar. Entonces resolví aplicar los principios del manejo doméstico y por ahí comencé. Era la única cosa en que todo el mundo podría estar de acuerdo y fue fácil de arreglar. Yo pensaba que si me volvía un fanático de los quehaceres domésticos, lo que era fácil de mejorar, aceptarían naturalmente otros cambios". Y eso sucedió.

El Chase Manhattan Bank acaba de terminar con éxito una modificación importante en el servicio a sus clientes. La historia fue prácticamente la misma. La dirección empezó con la gerente regional, que era quien mostraba más interés en hacer alguna cosa. Su territorio no era el mayor, ni el peor, ni el mejor. Sencillamente, era el más maduro para el cambio. Pero ella hizo ensayos, pruebas, obtuvo algunas conquistas evidentes. La saga pasó de un voluntario a otro. Solo al final apareció el más terco. Igualmente, la presentación del menú del desayuno de McDonald's se hizo en la provincia. Algunas tiendas recogieron la idea, que se propagó como el fuego en la pólvora durante los dos años siguientes. Actualmente, esto representa de un 35% a un 40% de los ingresos de McDonald's. En Bloomingdale's el proceso de experimentación se inició en la misma forma: el departamento más fácil de modificar era el preferido del presidente, el de alimentos importados. Ahí se inició. Luego le tocó el turno al renglón de muebles. Por último vino la alta costura, renglón al que se prestó mucha atención, pero que fue el más difícil de cambiar.

El consejero Robert Schaffer hizo una preciosa descripción del proceso de creación de impulso por la acumulación de pequeños éxitos:

> La idea esencial es concentrarse inmediatamente en resultados tangibles —más bien que en programas, preparaciones y resolución de problemas— como la primera etapa del lanzamiento del programa para mejorar los resultados...Casi siempre es posible identificar uno o dos objetivos de menor importancia en que los elementos del éxito están ya en su lugar...El enfoque "primero los resultados" cambia toda la psicología del mejoramiento de rendimientos...La gente debe hacer diferentes clases de preguntas...No, por ejemplo: "¿Cuál es el obstáculo?" sino más bien: "¿Qué podemos hacer inmediatamente?" En vez de tratar de vencer la resistencia de las personas a una tarea para la que no están preparadas, es necesario descubrir lo que están dispuestas a hacer. Casi inevitablemente, cuando los gerentes completan un proyecto con éxito, tienen muchas ideas sobre cómo organizar las siguientes etapas.

Schaffer describe, a la manera de Neaman en Indianápolis, cómo habérselas con una tarea manejable. Sugiere que se pula y se siga puliendo hasta que aparezca lo que es factible. "Elija una sucursal cuyo gerente aparente interesarse en la innovación y en el progreso. Trabaje con un equipo de vendedores para aumentar las ventas en algunas líneas escogidas, tal vez tan solo en algunos sectores del mercado, seleccionados, y fije un porcentaje específico para alcanzar en cosa de cuatro o seis semanas. Si ven resultados palpables, seguramente recomendarán ampliar la prueba".

Schaffer, al igual que Neaman, Fairfield, Chase Manhattan y Bloomingdale's, desentierra un gran número de variables. El proceso de experimentación es casi revolucionario. Prefiere la acción a la planificación o la reflexión, lo concreto a lo abstracto. Sugiere, a lo Zen, seguir la corriente: las tareas factibles, comenzar por los objetivos más fáciles y más próximos, buscar campeones dóciles más bien que rebeldes notorios. Se piensa en esas multitudes de quienes toman pequeños riesgos en Bloomingdale's, 3M, Texas Instruments, Dana, McDonald's, General Electric, Hewlett-Packard o IBM. En las compañías excelentes, resulta arriesgado no tomar riesgos, no "salir y hacer un pequeño algo". La tarea de la dirección es sostener los buenos ensayos, permitir los pequeños fracasos, calificar después como éxitos los experimentos, dar aliento, y tranquilamente dirigir el proceso de difusión. La experimentación es el centro del nuevo enfoque de la administración, aun en medio de la mayor complejidad, como en una General Electric o una IBM.

SIMPLIFICACION DE LOS SISTEMAS

El carácter de los sistemas formales de las compañías excelentes favorece la fluidez, la división en grupos y la experimentación. Por ejemplo, un colega nos entregó recientemente un legajo para leer con el fin de preparar una entrevista con un cliente. Había reunido una serie de propuestas que le habían llegado al director de la división de nuestro cliente. La más corta llegaba a cincuenta y siete páginas. Así no es en Procter & Gamble.

Los sistemas de esta empresa son pocos y simples en su estructura, en armonía con su enfoque sensato de la ejecución, y están bien aceitados, son bien comprendidos y perfectamente adaptados. Los directores hablan de que "los surcos son profundos y claros". En Procter & Gamble el lenguaje de la acción —el de los sistemas— es el célebre memorando de una página.

Recientemente nos desayunamos con un gerente de marca de Procter & Gamble y le preguntamos si esta leyenda tenía algún fundamento. "Eso es relativo"; * dijo, "pero acabo de hacer una serie de recomendaciones para introducir algunos cambios en mi estrategia. Empleé página y cuarto y me la rechazaron; les pareció muy larga". La tradición se remonta a Richard Deupree, un ex presidente:

> Deupree detestaba profundamente los memorandos de más de una página escrita a máquina. Con frecuencia se le vio devolver una nota larga con esta orden: "Redúzcala a algo que yo pueda entender". Si el memo implicaba una situación compleja, entonces solía agregar: "Yo no entiendo problemas complicados. Solamente comprendo los sencillos". Cuando un periodista lo interrogó acerca de esto, dio esta explicación: "Parte de mi trabajo consiste en enseñar a la gente a dividir una cuestión complicada en una serie de asuntos simples. Entonces todos podemos actuar inteligentemente".

Ed Harness, quien se retiró hace poco de la presidencia de Procter & Gamble, evoca esta tradición: "Un breve informe escrito que separe los hechos de la opinión, es la base de la toma de decisiones aquí".

---

* Por ejemplo, el memorando del presidente Neil McElroy del 13 de mayo de 1931, que hizo historia y que recomendaba una competencia entre marcas, "valientemente llegó a tres páginas".

La proliferación de sistemas de información gerencial (MIS)*, y de modelos de previsión, los desacuerdos continuos entre los numerosos funcionarios y la "politización" que acompaña al proceso de resolución de problemas, explican en parte la creciente falta de confiabilidad. El memo de una página constituye una gran ayuda. En primer lugar, hay menos asuntos que discutir y es más fácil verificar y aceptar veinte en una página que veinte veces ciento. Esto permite la concentración. Además, en una sola página el contenido siempre está a la vista. No se puede razonablemente hacer responsable a alguno por no haber entendido un punto del anexo 14. En cambio, si no hay sino veinte puntos, la responsabilidad se puede establecer automáticamente, lo que constituye un factor de confiabilidad. La negligencia es sencillamente incompatible con un memo de una página.

B. Charles Ames, ex presidente de Reliance Electric y actual presidente de Acme-Cleveland, dice algo semejante: "Yo puedo pedir a un director de división que en una noche despache un informe de setenta páginas. Lo que no me parece posible es conseguir un análisis de una página, un gráfico que muestre la tendencia y la proyección, y luego diga: Estas son las tres razones por las cuales esto podría ser mejor y estos son los tres puntos que podrían hacer empeorar las cosas".

Una vez John Steinbeck dijo que la primera etapa para escribir una novela consiste en redactar un plan de una página. Si no se puede ser claro en una página, es poco probable que la novela pueda ir lejos. Parece ser un principio establecido en el oficio de escritor, pero esto escapa a los hombres de negocios. No es sorprendente que las hipótesis clave se pierdan en una propuesta de inversión de 100 páginas. Probablemente la lógica es especiosa. El desarrollo muy probablemente es de relleno. Por definición, el pensamiento es débil. Y, lo que es peor, la discusión que seguirá entre los ejecutivos y los revisores será igualmente desenfocada.

Un analista financiero dijo de Procter & Gamble: "Son tan cuidadosos que se vuelven aburridos". Y otro agregó: "Es una empresa muy considerada y muy exigente". Los extraños se preguntan cómo pueden ser tan cuidadosos y exigentes si sus informes solamente son de una página. Parte de la respuesta está en el esfuerzo que se requiere para que todo quepa en una sola página. La tradición dice que el primer memorando de un nuevo gerente de marca requiere por lo menos quince borradores. Otra parte de la respuesta es que ellos disponen de

* Management Information Systems.

una cantidad de análisis complementarios, como cualquier otro. La diferencia en Procter & Gamble es que no se apabullan con todas esas páginas los unos a los otros. Hay además otra característica dominante de este culto de la página única: es... ¡menos papel!

El poder del memorando de una página es que su verdadero impacto va más allá de esta lista parcial de características. A propósito de la disminución del papeleo y de la protección de la acción, Jorge Díaz Serrano, presidente de la compañía petrolera mexicana Pémex, dice que él dejó de responder por escrito a toda la correspondencia y comenzó a utilizar el teléfono; aspiraba a establecer un modelo de comunicación en la compañía. Y Harry Gray, presidente de United Technologies, dice: "Se me conoce como el hombre que odia el papel. Cuando me posesioné como ejecutivo jefe, reuní a todos los principales directivos y les informé de esta loca aversión por el papel. Les hablé de la fobia que le tengo. También les conté que durante un año había estado agobiado por la lectura de las copias de lo que ellos consideraban correspondencia importante. Les ordené desistir y no mandarme ni un papel más, excepto los de menos de una página".

Hablando de su primera experiencia en Reliance, Charles Ames se refiere a esta pasión por los sistemas complejos que con frecuencia ocultan una incapacidad para dominar los principios básicos: "Nosotros teníamos toda clase de sistemas de planificación, desde los de estrategia a largo plazo hasta los de a corto plazo. Pero éramos incapaces de prever nuestras ventas del mes siguiente. Desmonté entonces el sistema de planificación a cinco años y pasé a uno anual y posteriormente a uno trimestral. Acabamos manejando la empresa sobre un sistema mensual durante un año aproximadamente. Solo entonces aprendimos a calcular correctamente. Después regresamos al sistema estrategia a largo plazo, pero nunca a las proporciones épicas que vivimos inicialmente.

Contrariamente a la primera experiencia de Ames, Emerson Electric, Dana, Texas Instruments y otras compañías fomentan las reacciones rápidas, concentrándose en una o dos cifras vigiladas muy de cerca. Por ejemplo, un artículo de *New York Times* dedicado a Emerson Electric dice: "Los directores de división y sus colaboradores más cercanos son sometidos mensualmente a un examen minucioso por el vicepresidente de su grupo, en la casa principal de la compañía. Se le dedica más atención al presente que al futuro. Tres renglones — inventarios, utilidades y ventas— son las pruebas más severas a que se someten los gerentes. Se les dice que su tarea es asegurarse de que las utilidades se produzcan cada mes, cada trimestre y, finalmente, cada año". De igual manera, un artículo sobre Dana, publicado en *Management Today* dice: "Aunque la casa matriz no tiene mucha necesidad de informes escritos, sí se necesita un cierto mínimo de información. El renglón más importante es la cifra de ingresos, que en el pasado solía aparecer con muchas otras cosas, en una tabla en que se comparaban las cifras reales con las del presupuesto, el 20 del mes siguiente. Con el sistema actual, las divisiones transmiten a la dirección, por teléfono o por telex, el total de su facturación y la utilidad aproximada al finalizar las labores diariamente".

Prácticamente, todos los sistemas pueden aligerarse y simplificarse. Entre los lemas de Texas Instruments encontramos: "Más de dos objetivos no son ningún objetivo" y "A comienzos de la década de los años setenta superamos la etapa de marcar tantos". Texas Instruments es, evidentemente, una compañía dirigida por sistemas; el ex presidente Haggerty ha pasado diez años inculcándoles lo que él llama el "lenguaje" del sistema por objetivos, estrategias y táctica, OST,[1] pero el principio básico de este sistema es fomentar las comunicaciones informales y la responsabilidad personal —y nada refleja mejor las técnicas de esta empresa que el sistema, aparentemente mundano, de los dos objetivos. La mayoría de los sistemas de administración por objetivos con que nos hemos encontrado comprende hasta treinta objetivos anuales para cada gerente. Es evidente que nadie puede lograr desempeñar más de unas poquísimas actividades en algunos meses. Texas Instruments lo reconoce: "Hemos ensayado todo. Cada gerente tenía un conjunto de objetivos. Pero poco a poco hemos ido puliendo y puliendo y todavía puliendo más. Ahora cada director de PCC[2] [centro de producto/cliente, equivalente a una división] tiene un objetivo por trimestre. En estas condiciones se puede esperar —y nosotros esperamos— que todo el mundo haga bien su tarea".

Hay otros que han establecido costumbres semejantes. John Hanley, presidente de Monsanto (que aprendió en Procter & Gamble) dice: "De tres a cinco objetivos por año es el máximo". John Young, de Hewlett-Packard, es de la misma opinión: "En nuestros estudios de estrategia, el punto crítico son los tres a cinco objetivos anuales del

---

[1] Objectives, Strategies and Tactics.

[2] Product Customer Center.

gerente general de división. En realidad no necesitamos datos financieros. La única razón para tenerlos es complacer a los directores de división. Si éstos alcanzan sus objetivos, las cifras seguirán". La naturaleza de los objetivos de Hewlett-Packard es importante también para la acción, y, una vez más, es muy diferente de la que se encuentra en las compañías no tan excelentes. En Hewlett-Packard los objetivos son actividades, no cifras abstractas que escapan al control del gerente; por ejemplo: "Se necesita que la planta de Eugene, Oregon, esté trabajando al 75% de su capacidad el 15 de marzo próximo"; o: "Es necesario que el personal de ventas del Distrito Oeste dedique el 50% de su tiempo a visitar a los clientes de la clase X más bien que a los de clase Y a partir del próximo 31 de octubre".

Si los memorandos de una página, las cifras correctas y los objetivos centrados son las características de los sistemas de las compañías excelentes, el contexto es igualmente importante. El problema es que no se puede considerar el contexto como solamente un conjunto de las características mundanas. Muchas compañías han ensayado todas estas características y todos los sistemas —las comunicaciones rápidas, toma de decisiones basada en los hechos, administración por objetivos. Pero ensayan, no tienen suerte y renuncian; otra cosa que va a parar al cesto de los papeles. Pocos persisten concibiendo sistemas hasta que encuentran la proporción adecuada entre simplicidad y complejidad. Procter & Gamble ha estado perfeccionando su sistema de comunicaciones de una página desde hace cuarenta años.

LA ORIENTACION A LA ACCION

La característica más importante de las compañías excelentes es la orientación hacia la acción. Parece algo casi baladí: experimentos, fuerzas tácticas *ad hoc*, pequeños grupos, estructuras temporales. Sea que se trate de la introducción del Sistema 360 de IBM (acontecimiento de gran importancia en la historia de la empresa norteamericana) o de una fuerza táctica *ad hoc* de tres días en Digital, estas compañías, a pesar de su gran tamaño, rara vez sufren de exceso de complejidad. No ceden a la tentación de crear comités permanentes o grupos que duran años. No se entregan a largos informes. Tampoco montan matrices formales. Viven de acuerdo con las limitaciones humanas fundamentales de que hablamos anteriormente: las personas no pueden manejar mucha información a la vez, y pueden prosperar si se sienten autónomas en alguna forma (por ejemplo, en la experimentación, aunque sea sencilla).

La principal queja sobre la organización es que se ha vuelto más compleja de lo necesario. Las compañías excelentes reaccionan diciendo: Si usted tiene un problema grande, reúna las personas apropiadas y espere que ellas lo resuelvan. Las "personas apropiadas" son a menudo los altos ejecutivos que "no tienen tiempo". Pero, en Digital, Texas Instruments, HP, 3M, IBM, Dana, Fluor, Emerson, Bechtel, McDonald's, Citibank, Boeing, Delta, etc., de alguna manera tienen tiempo. Y lo tienen porque no están entorpecidas por los organigramas o por las descripciones de oficios o porque la autoridad equilibre exactamente la responsabilidad. Atención. Disparen. Apunten. Saquen alguna enseñanza de sus ensayos. Es suficiente.

6

Acercamiento al cliente

Probablemente, el principio más importante de la administración que hoy se pasa por alto es el permanente acercamiento al cliente para satisfacer sus necesidades y anticiparse a sus deseos. Para muchas empresas el cliente se ha convertido en una molestia cuyo comportamiento impredecible estropea los planes estratégicos cuidadosamente elaborados, cuyas actividades desarreglan las operaciones del computador, y que obstinadamente insiste en que los productos que compra funcionen.

Lew Young, director de *Business Week*

Que una empresa debe permanecer cerca de sus clientes, parece un principio bastante sencillo. Entonces podemos preguntarnos: ¿Para qué escribir un capítulo como éste? La respuesta es que a pesar de todos los elogios que se han venido haciendo de la orientación al mercado, Lew Young y otros tienen razón: al cliente no se le tiene en cuenta o se le considera un fastidio.

Es agradable ver en las compañías excelentes hasta qué punto y con qué intensidad los clientes se inmiscuyen en todos los rincones e intimidades de la organización: ventas, fabricación, investigación, contabilidad. Un mensaje simple impregna la atmósfera. El éxito depende enteramente de algo que llamamos una venta, lo que, al menos momentáneamente, une empresa y cliente. La principal enseñanza que en este terreno hemos sacado de nuestra investigación es ésta: las compañías excelentes están realmente cerca de sus clientes. Así es. Otras compañías hablan de esto. Las compañías excelentes lo hacen.

Ninguna teoría de la administración sirve mucho para explicar el papel del cliente en la compañía excelente. A lo sumo, la teoría reciente hablá de la importancia que tiene la influencia del ambiente exterior en la empresa. Sin embargo, deja a un lado la intensidad de la orientación hacia el cliente que se encuentra en las compañías de más altos rendimientos, y esa intensidad es, según parece, uno de los secretos mejor guardados de la empresa norteamericana.

John Doyle, director de investigación y desarrollo de Hewlett-Packard, nos hizo una muy buena descripción del caso cuando discutíamos los valores claves de la empresa. Dijo que la única posición que tiene la posibilidad de sobrevivir a los estragos del tiempo es una concentración infalible sobre el exterior: "La única forma de sobrevivir es que todo el mundo escarbe y busque lo que se necesita para hacer que la próxima generación de productos llegue a la casa del cliente".

Observando las compañías excelentes y, específicamente, la forma en que éstas manejan la interacción con el cliente, lo que más nos ha llamado la atención ha sido la constante presencia de la *obsesión*, que se manifiesta como un compromiso incondicional y aparentemente injustificado, con alguna clase de calidad, confiabilidad o servicio. Esta orientación hacia el cliente no significa que nuestras compañías excelentes sean incompetentes en el plano de la tecnología o de la rentabilidad. Pero nos parece que están siendo conducidas más por la orientación directa hacia sus clientes que por la tecnología o su deseo de producir al menor costo. Por ejemplo, tomemos a IBM. No está verdaderamente retardada, pero la mayoría de los observadores admitirán que durante décadas no ha sido un líder de la tecnología. Su supremacía se debe a su compromiso de servicio.

El servicio, la calidad y la confiabilidad son estrategias que tienden a ganar una clientela fiel y a asegurar un crecimiento regular a largo plazo de los ingresos (y su mantenimiento). *Parece que los ganadores se preocupan sobre todo por producir ingresos, lo que creemos concomitante con la orientación hacia el cliente.* Lo uno resulta de lo otro.

LA OBSESION DEL SERVICIO

Aunque no se trata de una compañía, nuestro ejemplo favorito de lo que debe ser el acercamiento al cliente es el de Joe Girard, vendedor de automóviles. En once años ha vendido más coches nuevos y camiones al año que cualquiera otra persona en el mundo. En efecto, en un año normal vendió más del doble de unidades que el vendedor siguiente. Al explicar el secreto de su éxito, Joe dijo: "Yo mando más de trece mil tarjetas al mes".

¿Por qué, pues, empezar con Joe? Porque su magia se parece a la de IBM y a la de muchas de las compañías excelentes. Es simplemente un asunto de servicio, de un servicio dominante, especialmente un servicio después de la venta. Joe anotó: "Hay una cosa que yo hago y que muchos vendedores no hacen: pensar que la venta empieza realmente *después* de la venta, no antes...El cliente no ha salido todavía y ya mi hijo le ha escrito una nota de agradecimiento". Generalmente, Joe intercede personalmente, un año después, con el gerente del servicio después de la venta a favor de su cliente. En el intervalo, mantiene el contacto:

No hay posibilidad de que los clientes de Joe lo olviden después de haberle comprado un coche. ¡El no los deja! Todos los meses les envía una carta. Esta les llega en un sobre sencillo, siempre de tamaño o color diferentes, "que no se parece en nada a esa clase de correo que se tira aun sin abrir", confiesa Joe. La abren y en la primera página leen: "USTED ME GUSTA". En el interior dice: "Feliz Año Nuevo le desea Joe Girard". En febrero les envía una tarjeta deseándoles un "Feliz cumpleaños de Jorge Washington". En marzo es: "Feliz día de San Patricio". A los clientes les encantan estas tarjetas. Orgullosamente Joe dice: "Si oyera usted los comentarios que me hacen".

Fuera del contexto, las 13 000 tarjetas de Joe parecen otro truco comercial. Pero, a semejanza de las mejores compañías, Joe se preocupa sinceramente por sus clientes. Dice él: "De las cocinas de los grandes restaurantes de este país brotan amor y cuidado...y cuando yo vendo un auto quiero que mi cliente, al salir, se sienta lo mismo que cuando sale de un gran restaurante". El sentido de atención de Joe sigue vigente después de la venta: "Cuando [un cliente] regresa para que se le preste un servicio después de la venta, yo lucho porque reciba el mejor...Hay que ser como un médico. Si su auto tiene alguna falla, uno sufre por él". Además, Joe se ocupa de cada cliente, tratándolo como individuo. No habla de estadísticas, pero recalca que ha vendido "uno a la vez, frente a frente". Dice: "Ellos no me molestan ni me importunan. Son los que me dan para vivir". Esta sección la hemos comenzado con Joe porque él actúa como si el cliente realmente contara.

"Asistí a una reunión de gerentes de ventas con Mr. Watson, padre", dice Gordon Smith, quien se acaba de retirar de Memorex. "El objeto de la reunión era examinar algunos problemas de la clientela. Sobre la mesa había ocho o diez cerros de papeles que identificaban el origen de los problemas: problemas de fabricación, problemas de ingeniería, etc.

Después de muchas discusiones, el Sr. Watson, un hombre corpulento, se acercó lentamente a la mesa y de un manotón hizo volar todos los papeles por la sala y dijo: 'Aquí no hay varias clases de problemas. No hay sino uno. Algunos de nosotros no prestamos bastante atención a nuestros clientes'. En seguida dio media vuelta y salió, dejando atrás a veinte individuos que se preguntaban si todavía tendrían o no su empleo".

En *A Business and Its Beliefs*, Thomas J. Watson, hijo, habla de las ideas que ayudaron a construir la compañía. Acerca del servicio hace esta convincente observación:

Con el tiempo, el buen servicio en IBM se volvió casi un reflejo... Hace algunos años publicamos un anuncio, en negrita, que decía simplemente: "IBM significa servicio". Con frecuencia he pensado que este fue nuestro mejor anuncio. Expresaba claramente lo que defendemos. *Nosotros queremos prestar el mejor servicio del mundo al cliente, después de la venta.* Los contratos de IBM no han ofrecido nunca *máquinas* en alquiler, sino *servicios* de máquinas, es decir, el equipo mismo y los consejos y recomendaciones permanentes del personal de la compañía IBM.

Al igual que Joe Girard, IBM defiende con pasión sus ideales de servicio. En la mayor parte de las compañías los "asistentes" de los altos jefes no son más que secretarios, pero en IBM algunos de los mejores vendedores, son ascendidos a asistentes de los ejecutivos superiores. Una vez que están en esta posición pasan tres años haciendo una sola cosa: *atender durante las veinticuatro horas del día los reclamos de los clientes.* (Sobre el terreno, los esfuerzos de la 'tropa' son igualmente notables. Un ejecutivo de informática de Lanier, en Atlanta, firma competidora de IBM en algunas áreas, vive encantado con los computadores de IBM: "Recuerdo la última vez que tuvimos un problema. En el espacio de algunas horas la manada apareció de todas partes. Hicieron venir alrededor de ocho expertos en este problema. Por lo menos cuatro venían de Europa, uno del Canadá y uno de América Latina. De donde estuvieran".)

Lo más notable de la historia de servicio de IBM es que nunca falla. Recientemente, en el curso de una semana, uno de nosotros 1) hizo el vuelo de Nueva York a San Francisco sentado al lado de una vendedora de IBM, de veinticinco años, con residencia en Oakland, 2) habló con un ejecutivo de AT&T, que había sido formado en IBM, 3) habló con un ejecutivo que había sido encargado de fabricación en IBM, 4) discutió una decisión de ventas de IBM con el director de un hospital

y 5) habló con un joven ex vendedor de IBM en el ambiente de un salón
de clase. Estas personas no se parecían físicamente: iban desde una
atractiva joven negra hasta un hombre encanecido a los cincuenta
años. Pero todos tenían el mismo tema. Todos estaban de acuerdo en
que IBM había tenido problemas de programación y algunas veces
hasta de calidad. Pero también todos coincidían, utilizando prácticamente el mismo vocabulario, en que el servicio y la confiabilidad de
IBM no tienen igual. Pero lo verdaderamente impresionante es la
profunda y constante convicción de que IBM realmente *se preocupa*
por el servicio.

Abundan los ejemplos. Nuestra oficina se encuentra en el piso
cuarenta y ocho de la sede mundial del Bank of America. Por lo tanto,
estamos en contacto con muchos ejecutivos de este banco. Un amigo
nuestro fue nombrado director de operaciones de la división internacional. El nos contaba que cuando iniciaba sus funciones, alrededor de
tres meses antes de esta conversación, no tenía en verdad sino un
objetivo: desligar al banco de su total dependencia de IBM. "Procurar
conseguir algo con Amdahl, por ejemplo". Y continúa: "Hacía unas
cuatro semanas que estaba desempeñando esta posición, cuando al
entrar en mi oficina una mañana encontré sobre mi escritorio un
enorme proyecto llamado "Los sistemas de los años ochenta". Lo
miré. Era de mi ejecutivo de cuenta de IBM. Yo no lo necesitaba. Lo
llamé y le dije: ¿Por qué diablos me hace Ud. esto? El fue directamente
al grano y me contestó: ¡Es que ésta es la forma de controlar a nuestros
clientes!"

Cuando se oye hablar al vicepresidente de mercadeo de la firma,
Buck Rodgers, como lo oímos recientemente, hay un sentimiento de
déjà vu, y pronto se da uno cuenta de que está escuchando a la
encarnación moderna de Watson insistiendo sobre la Regla de Oro
(del servicio). Rodgers declara que todo proyecto propuesto a un
cliente debe ser "completamente rentable desde el punto de vista del
cliente". (Un ex empleado de IBM, que conocemos, se queja: "Un
vendedor de IBM vende siempre el producto más barato que sirva para
el caso" y agrega que le gustaría que pudiera decirse lo mismo de su
compañía actual. "No puedo entenderlo", dice de esta última. "Ellos
tratan de venderles el puente de Brooklyn. Actúan como si no hubiera
un mañana".) Rodgers afirma que IBM es impulsada por el cliente y
por el mercado, no por la tecnología". El quiere que los vendedores
actúen "como si estuvieran en la nómina del cliente", y habla de poner

"todos los recursos de IBM a disposición del cliente". Finalmente, anota que "conseguir el pedido es la etapa más fácil; lo que cuenta es el servicio después de la venta". Agrega luego que a IBM le gusta conservar sus sucursales pequeñas (máximo 100 personas) a fin de que "sea fácil negociar con ellas". Y concluye:"Debemos estar constantemente en contacto".

Para asegurarse de mantener el contacto, IBM mide cada mes la satisfacción externa e interna del cliente. Estas medidas se tienen en cuenta, en buena parte, para los incentivos económicos, sobre todo para los cuadros directivos. Cada noventa días se estudia también la actitud de los empleados y se verifica su percepción de la forma en que el servicio a la clientela se está adelantando.

Los altos ejecutivos de IBM todavía hacen visitas a la clientela con gran regularidad. Recientemente, en Nueva York, uno de nosotros se encontró con un ejecutivo financiero que hace visitas a su clientela e insiste en que todo su personal haga lo mismo: "¿Cómo se puede trazar una política de cobros si no se conoce a la clientela?" El presidente John Opel subraya este punto: "Uno debe recordar quién paga las cuentas. Cualquiera sea su especialidad —finanzas, fabricación— debe conocer y experimentar la emoción de las ventas. Ahí es donde las cosas suceden".

IBM sostiene su política de acercamiento al cliente con una preparación intensa. La formación básica del vendedor dura quince meses: el 70% del tiempo lo pasa en una sucursal y el 30% en centros de formación. La preparación avanzada sigue funcionando como un reloj. Por ejemplo, más de 1000 personas por año participan en la clase del presidente. Esta es dirigida por ocho profesores de Harvard y seis profesores de IBM y su propósito es "enseñar cómo piensan los presidentes clientes". Aproximadamente otros 1000 vendedores siguen los cursos de un director financiero, que se llevan también conjuntamente con Harvard. Aprenden cómo razonan los directores financieros. Es parte de un programa que equivale a quince días de preparación formal obligatoria para todos, cada año, no importa la antigüedad.

La insistencia de IBM sobre el servicio tiene su aspecto duro. Quienes manejan las cuentas de los clientes son "totalmente responsables" del equipo instalado. Supongamos que usted está encargado de una cuenta y que mañana en la mañana visita a un cliente quien le dice, en su primera reunión, que parte del equipo IBM instalado recientemente tiene que ser reemplazado. Aunque su antecesor haya sido el representante de ventas durante los últimos diez años (y es, por consiguiente, el responsable de lo que pasa), Rodgers declara que a usted se le descontará de su prima y de su salario la totalidad de la comisión pagada al vendedor anterior que tomó el pedido. Inútil es decir que este sistema refleja la magnitud del interés de esta compañía en el servicio después de la venta y la importancia de un contacto permanente con la clientela. Rodgers insiste: "Esto obliga al que tiene relaciones con el cliente actual a pensar siempre en la satisfacción de éste". Jacques Maison-Rouge, jefe de comercio internacional de IBM, señala: "IBM actúa siempre como si estuviera a punto de perder *todos* sus clientes".

Otros sistemas penosos incluyen los "exámenes colectivos de las pérdidas". Mensualmente se reúne el personal de las regionales y de las sucursales para discutir las pérdidas. Además, el presidente de la junta, el presidente ejecutivo y los cuadros directivos reciben todos, *diariamente,* informes sobre las cuentas perdidas. Un antiguo ejecutivo de IBM declara: "Es admirable. Recuerdo que una vez perdí un cliente grande. Apenas acababa de entrar en mi oficina cuando sonó el teléfono.'¿Qué pasó? Cuénteme'. Al día siguiente la mitad de la plana mayor me cayó encima. Hasta la fecha no sé cómo se ponían al corriente tan rápidamente". Los antiguos empleados de IBM viven sorprendidos de la ausencia de sistemas tan rigurosos en sus nuevas compañías. Uno que es ahora vicepresidente ejecutivo de una competidora nos comentaba consternado: "Yo no logro entenderlo. El presidente ni siquiera tiene una lista de nuestros cien clientes principales".

Sin embargo, si se observa detenidamente, casi siempre se puede encontrar alguno que lo hace mejor; por ejemplo, en algunos mercados *Lanier* deja atrás a IBM en cuanto a servicio. Un amigo que dirige el servicio de informática en una importante empresa hablaba de la lentitud de la difusión del concepto de la "oficina del futuro". Decía que uno de los problemas es que todo el mundo llama a uno de los principales componentes, la llamada máquina de escribir inteligente, "la procesadora de palabras". "Con seguridad, no hay nada más desagradable o una mayor amenaza que este término para el usuario o la secretaria". ¿Hay alguien que no la llame una procesadora de palabras? Que nosotros sepamos no hay sino uno: Lanier. Y la última vez que la observamos, la pequeña Lanier había dejado atrás a competidoras gigantes como IBM, Xerox, Wang y cerca de otras cien en el campo de las puras procesadoras de palabras. Tenía la mayor participación en el mercado y tenía además, un sólido margen. Llaman a su máquina la "Máquina de Escribir sin Problemas". Esta denominación da una idea de la orientación al cliente. Lanier vive, duerme, come y respira para el cliente. En realidad, uno de nuestros colegas comentaba que estar con los ejecutivos de Lanier es como estar de tiempo completo en el camerino de un estadio de fútbol y medio tiempo en el juego. La charla gira sin descanso alrededor de las ventas, los clientes y el desafío declarado a los competidores.

A Wesley Cantrell, presidente de Lanier, le brota la orientación al cliente. Los cuadros directivos de Lanier visitan a sus clientes una vez al mes. La orientación al cliente de Lanier insiste también en la simplicidad y la "amistad" del producto. Cantrell ha estado muy influido por sus primeros tiempos como vendedor. Vendía fotocopiadoras 3M para oficina. Dice que el manual de instrucciones de Kodak tenía quince páginas, mientras que el de 3M tenía solamente una. "Su manual de instrucciones fue mi mejor instrumento de ventas", comenta.

Lanier quiere que su producto pueda ser usado fácilmente por el cliente, lo cual le ha dado resultado. Una reciente tesis de doctorado de la Escuela de Negocios de Harvard, en un estudio de la adaptación, comparaba a Xerox, Wang Labs y Lanier. La conclusión fue que Lanier era la más orientada hacia el usuario final, a saber, la secretaria. El resultado fue una adopción muy rápida de las características que llamaban la atención a las secretarias.

Con un flujo intenso de servicio y un servicio rápido a domicilio, Lanier le gana a IBM en el campo del servicio. Ambos datos son controlados constantemente por Lanier. Para prestar un servicio rápido, gastan dinero. A su personal encargado del servicio lo dotan con un gran equipo. La inversión en las herramientas y en los dispositivos de que disponen los agentes de mantenimiento de Lanier está bastante por encima del promedio en este sector. Lanier trata también de eclipsar a IBM en lo que respecta a reclamos. La empresa sostiene que atiende todos los reclamos en cuatro horas, y el presidente mismo maneja una buena parte de este sector. (Agrega él: "Y a mis agentes regionales de ventas y servicios les aplico mi propia tarifa por horas por haber resuelto el problema".) A él le gusta sobrepasar la norma de las cuatro horas y dice: "Claro está que la Máquina de Escribir sin Problemas facilita la tarea.

Quizá nuestro ejemplo preferido de diligencia en cuanto a servicio es *Frito-Lay*. Hemos leído muchas teorías microeconómicas y a veces parece que hay una sola cosa en que los economistas están absolutamente seguros después de varios centenares de años de investigaciones:

los productores de trigo no tienen grandes márgenes en mercados
plenamente competitivos. En nuestro estudio no hemos presentado
productores de trigo ejemplares, pero nos hemos acercado bastante.
Las papas fritas y los pretzels deben ser los productos no diferenciados
clásicos. Al igual que los productores de trigo, los productores de
papas fritas no deben realizar grandes márgenes o tener importante
participación en el mercado. Pero Frito-Lay, filial de PepsiCo, vende
más de dos mil millones de dólares en papas fritas y pretzels al año,
tiene una participación en el mercado del orden del 60% al 70% en la
mayor parte del país y márgenes que dan envidia a la industria alimen-
taria. ¿Por qué?

Lo que llama más la atención en Frito no es su sistema de gerencia de
marca, que es sólido, ni su programa publicitario, que está bien hecho.
Lo que es notable en su personal de ventas de alrededor de 10000
personas y su "nivel de servicio del 99.5%". En la práctica, ¿qué
significa esto? Significa que Frito hace cosas que no son económicas a
corto plazo. Gasta centenares de dólares en enviar un camión para
reabastecer un almacén con un par de cartones de 30 dólares de papas
fritas. Parecería que así no se ganara dinero. Pero en la compañía
abundan las historias de vendedores que desafían los tiempos más
rigurosos para entregar una caja de papas fritas o para ayudar a
levantar nuevamente un almacén después de un huracán o de un
accidente. Las cartas sobre estos hechos afluyen a la sede principal en
Dallas. En la visita del servicio después de la venta hay magia y
simbolismo que no pueden cuantificarse. Como antes lo dijimos, es el
sueño de un analista de costos. Siempre se puede economizar reduciendo el nivel de servicio en uno o dos puntos. Pero la administración de
Frito, observando las participaciones en el mercado y los márgenes, no
quiere interferir el fervor del personal de ventas.

Frito vive simplemente para su personal de ventas. El sistema ha
resultado bueno porque Frito sostiene a su agente viajero, cree en él y
lo hace sentir indispensable para su éxito. La compañía tiene alrededor
de 25000 empleados. Los que no están vendiendo aplican la simple
máxima: "Servicio a las ventas". Aun cuando al gerente de planta,
para dar un ejemplo, se le evalúa tradicionalmente sobre su aptitud
para ceñirse a su presupuesto, cuando el personal de ventas atraviesa
un mal momento, él no vacilará en hacer trabajar horas extras en la
planta para asegurarse de que el servicio de ventas obtiene lo que
necesita. Si no lo hace así, oirá hablar de él en todas partes, como
nuestro amigo de IBM que perdió un cliente grande.

El mejor análisis externo del concepto del "contacto con el cliente por medio del servicio" que hayamos visto es el estudio llevado a cabo en 1980 por Dinah Nemeroff, del Citibank. Dieciocho compañías respondieron a su encuesta, entre las cuales se hallaban American Airlines, Disney Productions, McDonald's, Westin, Hertz e IBM. Una de las conclusiones más interesantes de la señora Nemeroff es que las personas de estas empresas tan diferentes pero enlazadas todas por la prestación de servicios, usan el mismo lenguaje para describirse ellas mismas. Dice ella: "Utilizan las mismas palabras para discutir asuntos de servicio".

La señora Nemeroff encuentra tres temas principales en una orientación hacia un servicio eficaz: 1) un compromiso intenso y activo por parte de los cuadros directivos; 2) la notable atención que se presta al personal; 3) una gran intensidad de evaluación y de retroinformación. Como lo hemos visto repetidas veces, todo comienza con los cuadros directivos. La señora Nemeroff llama esto claramente "la política del servicio". Los altos ejecutivos llevan a cabo esta política por medio del ejemplo personal. Su compromiso comienza con una filosofía de la compañía. En realidad, muchas de las compañías de su estudio consagran al servicio una parte explícita de la declaración de su misión. Y en muchas de estas compañías la excelencia en el servicio está considerada como el objetivo número uno. Teniendo el servicio como su meta principal, dicen que "la rentabilidad sigue naturalmente", lo que viene a confirmar la observación que hicimos al principio de este capítulo.

La señora Nemeroff ha recogido numerosos ejemplos de características de estilo de administración que vienen a reforzar esta filosofía del servicio. Encontró que los altos ejecutivos trataban los asuntos de servicio como problemas "de tiempo real", es decir, que exigen su inmediata atención personal. Descubrió, asimismo, que ellos intervienen directamente, prescindiendo del conducto regular, en las decisiones sobre el servicio. Estos gerentes se reúnen regular y frecuentemente con los ejecutivos jóvenes que contestan las cartas de los clientes. Escriben "notas marginales en la correspondencia de los clientes", y "hacen proezas en materia de servicio para aumentar la visibilidad frente a los clientes". (Y, agregaríamos nosotros, para reforzar este mensaje del servicio en sus propias organizaciones.)

A propósito de otro aspecto del estilo de administración, la señora Nemeroff hace una anotación crucial e ingeniosa: "Los ejecutivos entrevistados creen que deben conservar una visión del servicio a largo plazo como un generador de ingresos". Este es un aspecto que muy frecuentemente se pasa por alto en las grandes compañías norteamericanas. Los objetivos de utilidad, a pesar de ser muy necesarios, están concentrados hacia el interior y, ciertamente, no son una fuente de inspiración para los miles de asalariados. Por el contrario, los objetivos de servicio motivan casi siempre a los empleados. Es definitivo que cada empleado tenga un sentido sólido de su responsabilidad personal. Y uno sabe que esto se ha logrado cuando alguien declara, como lo hizo una de las personas interrogadas por la señora Nemeroff: "Cada uno de nosotros *es* la compañía".

La señora Nemeroff subraya que "las relaciones con la clientela simplemente reflejan las relaciones con los empleados". No se puede separar la forma en que estas compañías orientadas hacia el servicio manejan a sus empleados de la importancia que se presta a la evaluación y a la retroinformación. Quizá su más importante hallazgo a este respecto ha sido la preparación continua de nuevos programas de gratificaciones y de incentivos. Por ejemplo, una de las personas interrogadas dijo que "por lo menos cada año se cambian los programas de incentivos por el servicio, de modo que estén siempre actualizados y la mayor parte de ellos es fruto de la administración local". Realmente, esto nos causó impresión en todos los aspectos del trabajo de las compañías excelentes. Los programas para el personal, bien sean programas de estímulos, programas de entrenamiento o simplemente regocijos, se someten a continuos retoques, de la misma manera que el desarrollo de los productos. No puede esperarse que ninguna técnica produzca un impacto eternamente y, al igual que los productos, los programas para el personal tienen ciclos de vida que pueden ser más cortos aún.

Uno de los mejores ejemplos del servicio a través del personal nos lo suministra *Walt Disney Productions*. En realidad, muchos consideran a Disney y a McDonald's como las dos mejores empresas de servicio de los Estados Unidos y, quizás, del mundo. Red Pope, quien por mucho tiempo ha analizado a W. Disney, escribe: "La forma en que ellos se ocupan de su personal, tanto interior como exteriormente, como lo tratan, como se comunican con él y lo recompensan es, en mi opinión, la base en que descansan sus cinco décadas de éxitos...Yo he llegado a observar de cerca y a admirar la teoría y la práctica de vender satisfacción y servir a millones de personas diariamente, con éxito. Es lo que Disney hace mejor".

Las observaciones de Pope sobre Disney confirman el estudio de la señora Nemeroff. Por ejemplo, el compromiso intenso de la adminis-

tración está puesto de relieve en Disney por un programa anual de una
semana que ellos llaman "utilización cruzada". Según Pope, en este
programa los ejecutivos de Disney dejan sus escritorios y se desprenden de sus ropas habituales de hombres de negocios. Se ponen otros
vestidos y se lanzan a la acción. "Durante toda una semana, el jefe
vende entradas o palomitas de maíz, sirve helados o salchichas, sirve
de acomodador, estaciona vehículos, maneja el monorriel o los trenes,
y desempeña cualquiera de las cien tareas que animan el parque de
diversiones".

El tema del servicio por el personal comienza en Disney, como en
muchas de las compañías excelentes, con un lenguaje especial. En
Disney no hay obreros. Los empleados son "miembros del reparto" y
el departamento de personal se llama el "reparto". Cuando se trabaja
en contacto con el público se está "en escena". Por ejemplo, dos de los
hijos de Red Pope, de dieciséis y dieciocho años, fueron contratados
por Disney World, en Orlando, para recibir los billetes de entrada.
Para este trabajo, aparentemente trivial, tuvieron que seguir un curso
de instrucción de cuatro días de ocho horas diarias antes de ser
autorizados para subir a escena. Tuvieron que recibir información
sobre los Visitantes con 'V' mayúscula, no clientes con 'c' minúscula.
Pope les preguntó a sus hijos por qué habían tardado cuatro días en
aprender a recibir billetes, a lo cual respondieron: "¿Qué pasa si
alguien quiere saber dónde están los baños, cuándo se inicia el desfile,
qué bus se debe tomar para volver a los campos?...Nosotros necesitamos saber las respuestas y dónde encontrarlas rápidamente. Después
de todo, papá, nosotros estamos en escena y ayudamos a montar el
Espectáculo para nuestros Visitantes. Nuestra tarea de cada minuto es
ayudar a que los Visitantes se diviertan".

Las personas se impregnan muy temprano de esta cultura. Todo el
mundo debe asistir a la Universidad de Disney y pasar por "Tradiciones I" antes de pasar a la formación especializada. Pope dice:

> La Tradición I es una experiencia de todo un día durante el cual se enseña
> al recién contratado la filosofía Disney y la metodología operativa.
> Ninguno está dispensado de este curso, desde el director hasta el princi-
> piante de tiempo parcial...Disney espera que el nuevo MR [miembro del
> reparto] sepa algo de la compañía, su historia y su éxito, y su estilo de
> administración antes de empezar su trabajo en serio. A todos se les mues-
> tra cómo cada división se relaciona con las otras divisiones —operacio-
> nes, lugares de reunión, alimentos y bebidas, mercadeo, finanzas, diver-
> siones y otras— y cómo cada división "se relaciona con el espectáculo".

En otros términos: "Así es como trabajamos todos juntos para que esto marche, y éste es tu papel en la gran escena".

Los sistemas de apoyo para las personas que están en escena también son dramáticos. Hay por ejemplo, cientos de teléfonos escondidos en los arbustos, cuyas líneas están conectadas a una central que contesta las preguntas. Y la cantidad de esfuerzo que se despliega por la limpieza diaria sorprende incluso a los observadores más empedernidos. En ésta y en muchas otras formas, el fervor es la marca de todos los aspectos del acercamiento de Disney a sus clientes.

Que sean o no tan fanáticas en su obsesión de servicio como Frito, IBM o Disney, todas las compañías excelentes parecen tener un ideal de servicio muy arraigado. En efecto, una de nuestras conclusiones más significativas sobre las compañías excelentes es que, sea que se ocupen de metalurgia, de alta tecnología o de hamburguesas, todas se han definido como empresas de servicios.

El vicepresidente ejecutivo de AT&T, Archie McGill, ex ejecutivo de IBM, va más allá y hace una sutil distinción entre el servicio normal y lo que llama un "enfoque sobre el cliente" (un verdadero enfoque sobre el servicio). El último, dice él, significa "reconocer que cada individuo tiene su propia percepción del servicio". Una medida excesiva del servicio (por ejemplo, muchas variables) puede ser perjudicial, añade él. Se pierde de vista al cliente individual. Supongamos que se tiene una norma del noventa y cinco por ciento. McGill se pregunta entonces; "¿Qué pasa con el cinco por ciento restante? Aunque sea teóricamente imposible de alcanzar el ciento por ciento, la empresa debe actuar como si no se pudiera tolerar la menor falla".

La *Boeing* es otro ejemplo excelente. Esta compañía fabrica aviones, pero lo que la distingue es su orientación hacia el servicio. Un analista del *Wall Street Journal* dice de Boeing:

Casi todo piloto de Boeing tiene una historia de cómo la compañía presta ayuda en un apuro. Cuando la pequeña Alaska Airlines tuvo necesidad de un tren de aterrizaje que permitiera a un jet posarse en un terreno sin pavimentar, ahí estuvo Boeing. Cuando Air Canada tuvo un problema por la formación de hielo en las aberturas de ventilación, Boeing envió sus ingenieros a Vancouver, donde trabajaron sin descanso para resolver el problema y minimizar los retardos de los vuelos. La atención que presta Boeing a las relaciones con la clientela ha demostrado que vale la pena. En diciembre de 1978, Alitalia perdió un DC9 en el Mediterráneo y necesitaba urgentemente reemplazarlo. El presidente, Umberto Nor-

dio, telefoneó a T.A. Wilson, presidente de Boeing para hacerle una solicitud especial: ¿Se podría entregar rápidamente un Boeing 727 a Alitalia?
En ese entonces se requería una espera de dos años para obtener ese aparato, pero Boeing hizo malabares con sus programas de entregas, y Alitalia recibió su avión en un mes. Seis meses después el señor Nordio de-
volvió la atención: Alitalia canceló su proyecto de comprar aviones
DC10 a McDonald Douglass, y pidió en cambio nueve Jumbos Boeing
747 por un valor aproximado de 575 millones de dólares.

Refiriéndose a su sorprendente metamorfosis, de una compañía que
dependía principalmente del sector militar a una compañía que es
ahora casi totalmente comercial, Boeing dice en un libro titulado
Vision: "Hemos tratado de formar un equipo que esté orientado hacia
el cliente. Hemos entendido que si queremos tener éxito en el campo
comercial, el elemento importante es el cliente. No podemos permitir
que una aerolínea nos diga —como algunas veces ha pasado— 'Ustedes se interesan en nuestro problema solamente cuando están tratando
de vendernos un nuevo avión'. Nos hemos tardado mucho en reconocer los problemas del cliente. Ahora, este punto de vista comienza a
infiltrarse en toda la organización".

No podemos terminar esta exposición sin mencionar, aunque sea
brevemente, algo que es principalísimo para muchos observadores:
¿No se exagera a veces en gastos para servicio? Desde luego, en un
sentido absoluto, puede gastarse demasiado. Pero si en el sentido
absoluto nuestra respuesta es sí, en el plano de la administración, es
no. En efecto, así como, según el análisis racional hay "demasiados"
campeones en 3M y "demasiadas" divisiones en Hewlett-Packard o
Johnson & Johnson, casi todas nuestras instituciones orientadas hacia
el servicio "gastan demasiado" en servicio, calidad y confiabilidad.
Como nos lo recuerda David Ogilvy: "En las mejores compañías se
cumplen las promesas cualquiera que sea el costo en angustia y horas
extras". Esto es valedero para la publicidad, la informática, las máquinas de escribir, los parques de diversiones y los pretzels.

Finalmente, hemos podido observar que la orientación hacia el cliente es un poderoso factor de motivación. Recientemente nos encontramos con un antiguo contador de Johnson & Johnson que ahora es vicepresidente del Chase Manhattan Bank. Recordaba él: "Durante las
dos primeras semanas, hice visitas a la clientela. Es algo típico. En
efecto, Johnson & Johnson dice que si uno no puede entender a los
clientes, no entenderá nada del negocio". Otro amigo nos cuenta una
historia parecida:

Yo me encontraba en el Pentágono en la oficina del jefe de operaciones navales. Un grupo de funcionarios civiles GS-11 y -12 [mandos medios] trabajaban para mí sobre ciertas partidas del presupuesto de operaciones y mantenimiento. Siempre me sentía angustiado de ver hasta qué punto les faltaba motivación para el trabajo, pero cómo eran de animados en general. Muchos de ellos se ayudaban con negocios de finca raíz o dirigían otros pequeños negocios. Sin embargo, había un "experto" que estaba realmente motivado. Solamente más tarde comprendí cuál era la razón. A causa de su habilidad para transferir recursos y encontrar dineros extras, yo tenía la costumbre de enviarlo en misiones de dos o tres días a Norfolk y allá trabajaba con el personal de la Flota y se ingeniaba alguna forma de conseguirles suficiente combustible para maniobras suplementarias o algo por el estilo. Ahora me doy cuenta de que él era simplemente el único que tenía un verdadero "contacto con el cliente". Veía los barcos y las personas que los dirigían. Para él los números no tenían nada de abstracto. Sus acciones tenían resultados mensurables, mejor aún, tangibles. Retrospectivamente, me doy cuenta de que hay centenares de cosas que yo podría haber hecho para haber convertido esa experiencia en un lugar común para toda mi gente.

Según nuestra experiencia con las compañías mejor dirigidas, no hay parte de una empresa que no esté al alcance del cliente. La Caterpillar manda gente de sus plantas a los campos de ensayo para que vean funcionando las grandes máquinas. El Citibank permite que el personal de "entre bastidores" visite regularmente a los clientes y que los contadores resuelvan directamente los problemas operacionales. 3M insiste en que es supremamente importante que sus empleados del servicio de investigación y desarrollo visiten con regularidad a sus clientes. Hewlett-Packard hace lo mismo. En esta forma la orientación al servicio se hace tangible a todo el mundo. "Cada uno de nosotros es la compañía" viene a tener así su verdadero significado.

OBSESION DE LA CALIDAD

Ya hemos dicho que muchas de nuestras compañías excelentes tienen la obsesión del servicio. Por lo menos otras tantas la tienen por la calidad y la confiabilidad. Y *Caterpillar Tractor* es un ejemplo espléndido. Ofrece a sus clientes un servicio garantizado de entrega de repuestos en cuarenta y ocho horas, en cualquier lugar del mundo. Si no puede cumplir su promesa, el cliente recibe gratis la pieza pedida. Esto muestra hasta qué punto Caterpillar está segura, en primer lugar, de que sus máquinas funcionan. Nuevamente nos encontramos en presencia de un nivel de realización que, en términos estrictamente económicos, sería considerado una forma de locura; locura hasta que uno examine los resultados financieros de Caterpillar.

Un artículo en *Fortune* dice simplemente: "Los principios de operación de la compañía parecen ser una versión individual de la ley de los niños exploradores: los principios fundamentales son: excelencia en la calidad, confiabilidad en la actuación y lealtad en las relaciones con los distribuidores. Caterpillar se ha dedicado con verdadero celo al objetivo que se ha fijado: fabricar el mejor y más eficaz tractor de oruga del mundo". Un analista de *Business Week* comparte esta opinión: "La calidad del producto es algo que para el personal de Caterpillar tiene el valor de un catecismo". Cuando hablamos sobre Caterpillar en presencia de dos ejecutivos del sector agrícola que conocemos, a ambos prácticamente se les humedecen los ojos de veneración. De la misma manera, uno de nosotros recuerda a Caterpillar desde los días en que se ordenaba equipo de construcción para la Marina en el Vietnam. Llegábamos casi a todos los extremos, extendiendo hasta el límite los reglamentos de compras, para solicitar el equipo Caterpillar, siempre más caro. Teníamos que hacerlo porque sabíamos que nuestros comandantes de campo nos ahorcarían si no encontrábamos la forma de conseguirles Caterpillar. Cuando se transportan por aire explanadoras a territorio enemigo para construir reducidas pistas de aterrizaje detrás de las líneas enemigas, se necesita maquinaria que funcione todo el tiempo.

En el caso de Caterpillar, acercamiento al cliente significa también acercamiento al distribuidor. El ex presidente y cabeza de la junta directiva William Blackie declara: "Nosotros tenemos una gran consideración con nuestros distribuidores. Nunca tratamos de prescindir de ellos o vender más barato. Algunos de nuestros competidores lo hacen y sus distribuidores les renuncian. Los distribuidores de Caterpillar no renuncian, mueren ricos". Más allá de los intereses económicos, los distribuidores de Caterpillar son tratados como "miembros de la familia". Por ejemplo, *Business Week* informa: "La compañía llega hasta organizar cursos en Peoria para animar a los hijos de los distribuidores a permanecer en la empresa. El vicepresidente ejecutivo de mercadeo, E. C. Chapman recuerda: 'El hijo de un distribuidor estaba estudiando para ingresar en el seminario, y también se interesaba por la música. Cuando los despachamos para su casa, cambió los planes de su carrera. Ha llegado a ser uno de nuestros mejores distribuidores'".

William Naumann, un ex presidente de la junta de Caterpillar, dice que desde el mismo comienzo de la expansión de los negocios de Caterpillar, inmediatamente después de la segunda guerra mundial, la empresa tomó una decisión que debía ejercer impacto duradero sobre la forma de manejar todos sus negocios: "Adoptamos una política firme: un producto o un componente Caterpillar, cualquiera sea el lugar donde se fabrique, debe tener la misma calidad o el mismo funcionamiento del mismo producto o componente fabricado en cualquier otra parte, bien sea en este país o en el extranjero". Afirma que "los usuarios pueden contar con la disponibilidad de piezas de repuesto, en cualquier lugar donde se hallen, hecho decisivo en un sector altamente movible. Nosotros no tenemos huérfanos".

Naumann cree que esta decisión sobre la confiabilidad, la calidad y la uniformidad ha sido una gran fuerza unificadora en el desarrollo de la compañía. "Una máquina fabricada en una planta es la réplica exacta de la misma máquina hecha en cualquiera otra planta y las piezas son intercambiables en el mundo entero".

McDonald's es otra compañía que aventaja en materia de calidad. Su lema desde hace muchos años ha sido: "Calidad, servicio, limpieza y precio". Su fundador, Ray Kroc, dice: "Si me hubieran dado un ladrillo cada vez que he repetido estas palabras, creo que hubiera podido construir un puente sobre el Océano Atlántico". Desde los primeros días de la organización, todos sus restaurantes han sido evaluados regularmente por su desempeño en estas categorías, y la medida de estos valores juega un gran papel en la remuneración del gerente. La falta de cumplimiento de las normas de McDonald's puede ocasionar el despido de los gerentes o la pérdida de una concesión.

Ray Kroc y otros miembros de la dirección general son célebres por inspeccionar ellos mismos los restaurantes con el propósito de verificar la calidad, el servicio, la limpieza y el precio. Y hoy el concepto es tan bueno y tiene tanta vigencia como siempre —con 7000 restaurantes y 40 mil millones de hamburguesas vendidas hasta la fecha en una empresa con negocios por 2500 millones de dólares. En la página 4 del informe anual de McDonald's para el año de 1980, página que sigue a la carta obligatoria a los accionistas, la primera frase comienza así:

"La calidad es la primera palabra de la divisa de McDonald's: Calidad, servicio, limpieza y precio...Esto es porque la calidad es lo que los clientes aprecian cada vez que entran en un restaurante de McDonald's".

"Está bien", diría algún escéptico; "pero ¿todas las compañías no hablan el mismo lenguaje?" En una de nuestras muchas verificaciones de la historia de McDonald's, entrevistamos a un amigo, ahora joven ejecutivo, que había trabajado en McDonald's cuando era un estudiante de diecisiete años. Intencionalmente la entrevista no se había preparado a manera de cuestionario, de modo que él pudiera decir lo que quisiera, pero inmediatamente principió a hablar de calidad, servicio y limpieza. "Mirando atrás, lo que me impresionó", declaró, "fue la calidad de los ingredientes. McDonald's utiliza siempre carne de primera calidad, la mejor". Y continuó: "Si las papas fritas estaban excesivamente cocidas, se tiraban a la basura...si con el dedo hacíamos un agujero en el pan [lo que frecuentemente sucedía, sobre todo a los nuevos en el difícil empleo de manejar miles de panes], los desechábamos. Lo increíble es que aquí estoy, después de trece años, y si quiero comida rápida, sigo yendo a McDonald's. Siempre pensé que las papas fritas eran su mejor producto".

McDonald's también es fanático de la limpieza. Pregúntele a un ex empleado sobre lo que recuerda mejor, y casi con seguridad le hablará de la limpieza permanente. "Nunca había tiempo para vagar, recuerda un antiguo cocinero; cuando había un momento de calma, limpiábamos alguna cosa".

Las anécdotas con respecto a la calidad y al servicio constantes relatadas por antiguos cocineros vienen a quedar reforzadas por estrategias brillantes. Donald Smith, ahora ejecutivo de PepsiCo, dejó a McDonald's hace algunos años para dirigir al competidor principal, Burger King. Es interesante anotar que la prioridad estratégica número uno de Smith fue hacer a Burger King "más persistente [en presentación y servicio] en todo el país". En cinco años al timón, mejoró notablemente las cosas. Pero luchar con McDonald's es una tarea difícil. El sucesor de Smith en Burger King, Jerome Ruenheck, todavía está martillando sobre el mismo tema. "El problema es de constancia. Ellos son más constantes que nosotros por todo el país".

En la investigación original de las compañías excelentes y en nuestro continuo seguimiento del asunto, encontramos repetidos ejemplos de quienes van tras la calidad con celo quijotesco. *Digital* se ajusta exactamente a esta categoría. La filosofía de la empresa estipula: "El crecimiento no es nuestro objetivo principal. Nuestro objetivo es ser una empresa de calidad y hacer un trabajo de calidad, lo que significa que durante muchos años podremos enorgullecernos de nuestro trabajo y de nuestro producto. Al lograr calidad, el crecimiento sigue por sí

mismo". Para dar otro ejemplo, el objetivo primordial de *Maytag* es:
"Diez años de funcionamiento sin problemas", para todas las máquinas. En este estado avanzado de su ciclo de vida, las lavadoras deben
ser casi artículos de primera necesidad como el trigo o las papas fritas.
Sin embargo, este culto de Maytag por la confiabilidad le permite
ganar un 15% más en los precios, mientras continúa dominando el
mercado a pesar de la presencia de competidores tan resueltos como
General Electric. La calidad y la confiabilidad son, en realidad, un
bote salvavidas en todos los estadios del ciclo económico. Mientras
que General Electric sufría una grave recesión en Louisville, en el
campo de las lavadoras domésticas, y mientras que todos los fabricantes de electrodomésticos luchaban por sobrevivir, las utilidades de
Maytag crecieron nuevamente, aunque no con el mismo vigor que en el
período de prosperidad. La calidad de Maytag no es el producto de
una rara tecnología; se debe a productos que funcionan. Un analista
observa:"Maytag construyó su reputación sobre una confiabilidad
sólida, no sobre el entusiasmo...Fabrica cosas buenas y sencillas".

Continúan los ejemplos. En *Holiday Inns,* la confiabilidad es un
objetivo primordial y su tesis fundamental de "nada de sorpresas"
impregna la institución, incluso su publicidad. *Procter & Gamble* cree
tan profundamente en la calidad de sus productos, que un analista ve
ahí su "talón de Aquiles ocasional". Por ejemplo, Procter & Gamble
no rivalizará con sus competidores en el terreno de las características
de moda. "Procter & Gamble se defiende menos bien cuando trata de
reaccionar contra un competidor que ofrece ventajas superficiales
como el sabor más bien que la prevención de las caries", dice un
observador. "Los cosméticos no se avienen con los Calvinistas de la
Sexta y Sycamore", dirección de la sede de Procter & Gamble en
Cincinnati.

La historia que cuenta un joven ex gerente de producto que tenía a
su cargo la marca Charmin de papel higiénico, ilustra el aspecto
altamente positivo de la veneración de Procter & Gamble por la
calidad. Contaba que todos los reclamos de los clientes se transmitían
directamente al gerente de producto para que él tomara las medidas
del caso, y recuerda un incidente interesante. Aparentemente existen
tres clases de dispensadores de papel higiénico: el que se encuentra en
los baños públicos, el que está típicamente fijado a la pared de los
hogares y un estilo, ya pasado de moda, que está medio incrustado en
la pared y encaja en una cavidad semi-cilíndrica. Resulta que un rollo
de Charmin tiene alrededor de tres milímetros más de diámetro que el

modelo antiguo, por lo cual no entraba en la cavidad. La solución de Procter & Gamble fue bastante drástica: no disminuir el número de hojas, pues correría así el riesgo de comprometer la calidad. En lugar de esto, el departamento de ingeniería, el de investigación y desarrollo y el gerente de marca se reunieron y salieron con la idea de inventar una máquina que enrollara más rápidamente el papel higiénico, reduciendo así el diámetro del rollo lo suficiente para que cupiera en el dispensador.

La división de sistemas de computación de *Hewlett-Packard* fabrica el HP 3000. Este sistema, que salió a la venta por primera vez en 1968, se instaló en 5000 lugares en el mundo entero, y hoy está instalado en más de 8000. En cuanto a calidad, el sistema se encuentra muy en alto, como lo han establecido diversos encuestadores independientes. Entonces parece extraño que conociendo tal éxito desde el punto de vista de las ventas y de la calidad, la división de sistemas de computación haya emprendido un nuevo programa de mejoramiento de la calidad del HP 3000. Pero eso fue exactamente lo que hizo. Su actitud, sumamente rara, es: "Si no conservamos nuestro ímpetu por la calidad, los japoneses nos van a dejar atrás".

Lo que inmediatamente nos llama la atención acerca del programa de calidad es el fanatismo y los extremos a que llega en el conjunto de la organización. Aunque parezca inútil decirlo, esta actitud parte de la cima. Richard Anderson, director de la división, pasa una semana al mes visitando las instalaciones, hablando con los clientes y asistiendo a reuniones de los vendedores. En esta forma obtiene cantidades de datos de primera mano sobre las necesidades de los clientes y el comportamiento de la competencia. Y, específicamente, solicita que se le informe sobre la calidad.

Anderson lanzó la última campaña de la calidad hace un año. La anunció, como se acostumbra con los nuevos programas importantes de Hewlett-Packard, durante la "pausa del café" de la mañana en la cafetería donde se reúnen todos los días la mayoría de los 1400 empleados de la división para hablar de negocios. Pidió a su personal que se dedicara a definir y a evaluar la calidad. Y mencionó la conquista de este sector por los japoneses como un ejemplo y una buena razón para darse prisa. Y en el curso del año, diversos programas sobre la calidad se fueron difundiendo por la división.

Hacia el final del primer año, según la evaluación hecha con normas tan esenciales como la de "intermedio entre fracasos", la calidad, por demás ya magnífica, había mejorado en un ciento por ciento. Anderson está ya apuntando este año a otra mejora del ciento por ciento a partir de una base que va ya ganándole al sector por un amplio margen.

La dirección de la división señaló muy pronto y con caracteres dramáticos que la campaña por la calidad era real. Durante una memorable "pausa del café" por la mañana, se llevaron cinco bultos de tableros de circuitos mal impresos y se vaciaron en el piso. La dirección explicó a los asombrados espectadores que esos tableros, lo mismo que algunos defectos de los programas, menos visibles, representaban una pérdida de 250 000 dólares de participación en las utilidades (casi todos los empleados de Hewlett-Packard son accionistas y se benefician del programa de participación en las utilidades). Este acto era para mostrar la forma en que la división sanciona y recompensa los resultados. Por las fallas en materia de calidad, todos comparten la culpa. Por los éxitos, se distingue a los individuos.

El programa de desarrollo de la calidad es rico en recompensas formales e informales, comenzando por la más simple de todas: la dirección recorre las instalaciones felicitando individualmente a los empleados. La calidad se festeja solemnemente en las "pausas del café", en las comidas del equipo y en diversas fiestas en que se reúne toda la división. Dentro de la mayor seriedad, en 1981, el vicepresidente ejecutivo del grupo presidió una ceremonia de entrega de recompensas en el curso de una "pausa del café". Los ganadores eran las personas que habían alcanzado los objetivos de calidad en sus áreas de trabajo. Se les dieron placas especiales, juegos de estilógrafos y comidas gratuitas. Sus nombres se fijaron en el vestíbulo de la división y ganaron viajes gratis para asistir a seminarios o visitar oficinas de ventas de Hewlett-Packard en el territorio de los Estados Unidos. Y un director de Hewlett-Packard agregó: "Sí, incluso Hawaii".

Los sistemas de rutina de Hewlett-Packard están hechos para reforzar el objetivo de la calidad. Estos hacen parte del programa de administración por objetivos, programa que todo el mundo en Hewlett-Packard toma en serio. La retroinformación es frecuente. Por ejemplo, cada semana el gerente de la división pone a todo el mundo al corriente de las últimas cifras de embarques, ventas y utilidades.

Cada departamento dentro de la división hace parte de una red de calidad. En el programa "conciencia del ambiente de los clientes" de Hewlett-Packard, vienen éstos a explicar a los ingenieros sus propias necesidades y sus reacciones ante los productos y servicios de la compañía. Según un observador "la reuniones se celebran siempre con lleno completo". En otro programa, los ingenieros de programación atienden los teléfonos de los representantes de ventas y visitan a los usuarios para recibir directamente los consejos de los clientes. Y lo que es más importante aún, el departamento de control de calidad hace parte del equipo de desarrollo; esto es muy diferente de lo que acontece en la mayoría de las compañías, donde se considera al personal del control de calidad como a los tipos malos —los gendarmes— que están en permanente conflicto con el resto de la división.

Los equipos de calidad se conocen con varios nombres, que son la versión de Hewlett-Packard de los círculos de calidad y que funcionan ahora en el programa de calidad de esta compañía. Hoy los sistemas de administración de Hewlett-Packard están llenos de objetivos y medidas en busca de calidad y a ningún departamento se le excluye del programa. Un observador lo ha expresado muy bien: "El punto central de la calidad tiene en Hewlett-Packard un carácter de ubicuidad porque los empleados parecen incapaces de separarlo de cualquiera otra cosa que estén haciendo. Si se les pregunta algo sobre personal, hablan de calidad. Si se les pregunta algo sobre ventas en la zona, hablan también de calidad. Si se les habla de la administración por objetivos, hablan de calidad por objetivos".

Calidad y confiabilidad no son sinónimos de tecnología extraña. Para nosotros fue especialmente interesante y sorprendente ver que aun en las empresas de más alta tecnología se prefería siempre la confiabilidad a la magia de la técnica. Los mejores sacrifican conscientemente una tecnología que no se ha probado por algo que funciona. A este fenómeno lo llamamos "segundo en el mercado y orgulloso de serlo". Estos son algunos ejemplos característicos:

Hewlett-Packard (nuevamente): "La empresa muy rara vez es la primera en lanzar sus nuevos productos en el mercado. Xerox e IBM, por ejemplo, fueron las primeras con las caras impresoras de rayos laser. La estrategia comercial de la compañía es, generalmente, la de contragolpe. Tan pronto como un competidor lanza al mercado un producto nuevo, los ingenieros de Hewlett-Packard, al hacer sus visitas de servicio, preguntan a sus clientes lo que les gusta o no les gusta del nuevo producto y las características que quisieran encontrar...Muy poco tiempo después, los vendedores de Hewlett-Packard vuelven a visitar a sus clientes con un nuevo producto que responde a sus necesidades y exigencias. El resultado: clientes felices y leales". *(Forbes)*

Digital: "Nosotros debemos suministrar confiabilidad. Intencional-mente nos hemos quedado rezagados en las técnicas dos o tres años. Permitimos que nuestros principales usuarios —por ejemplo, los labo-ratorios de investigación del gobierno— nos empujen adelante. Enton-ces desarrollamos un producto confiable para nuestros clientes fabri-cantes de equipos originales, y para otros, últimos usuarios". (Entre-vista)

Schlumberger: "Si llega a suceder que un competidor sea el primero en el mercado con un nuevo producto, cuando Schlumberger lanza el suyo, éste será más completo y de mejor calidad". *(Dun's Review)*

IBM: Volviendo a sus primeros tiempos, IBM rara vez ha lanzado al mercado productos que estén justamente en el primer plano de la nueva tecnología. UNIVAC y otros han mostrado el camino; IBM ha aprendido de los errores de los otros. "Rara vez fueron los primeros en dar un nuevo paso tecnológico, pero no estaban muy atrás. Y siempre sus nuevas líneas estaban mejor concebidas, se vendían más y gozaban de un servicio mejor que las de sus competidores". *(Financial World)*

Caterpillar: Aun en el mundo de la tecnología menos avanzada se encuentra el mismo fenómeno. "Rara vez Caterpillar se presenta de primera en el mercado con un nuevo producto. Estar en el primer plano no ha sido jamás uno de los objetivos de la compañía. Ha creado su reputación dejando que otras compañías pasen la prueba de fuego y cometan los errores del lanzamiento de nuevos productos. Más tarde, Caterpillar sale al mercado con el producto menos problemático. En verdad, los productos Caterpillar no siempre tienen el precio más ba-jo. Más bien la compañía cuenta con la calidad y un servicio confia-ble para seducir a los clientes". *(Business Week)*

Deere: Esta empresa es, sin lugar a duda, la mejor en el terreno del equipo agrícola. Deere es al equipo agrícola lo que Caterpillar es al equipo de construcción. "Deere no dice si va a sacar una combinada rotativa. Un analista financiero dice: 'Yo pienso que Deere sacará su combinada rotativa dentro de dos años...y tratará de aprovecharse de los primeros errores de sus competidoras' " *(The Wall Street Journal)*

Ahora bien, la satisfacción aparente de las compañías excelentes de ser la segunda no debe engañar a nadie en cuanto a su aptitud tecnoló-gica. Muchas de las compañías excelentes, como Hewlett-Packard, IBM y Procter & Gamble se encuentran entre las primeras del sector en cuanto a gastos básicos para investigación y desarrollo. Lo que las distingue es su inclinación a hacer que la tecnología funcione para el público consumidor. Los nuevos productos que logran pasar por su tamiz tienden, sobre todo, a satisfacer las necesidades del consumidor.

Un ejecutivo de informática nos describió una estrategia opuesta, por lo demás muy común: "Nosotros nos precipitamos al mercado con un nuevo producto que era claramente superior en el plano técnico. Queríamos apoderarnos rápidamente de una parte del mercado. Pero la confiabilidad era aterradora. Nuestra participación alcanzó un máximo de catorce por ciento del mercado y actualmente está por debajo del ocho por ciento, mientras que habíamos debido tener un treinta o un treinta y cinco del mercado. Una demora de seis meses en la fecha del lanzamiento para lograr suprimir los defectos habría logrado ese resultado".

Las personas que nos han oído insistir en la calidad, el servicio y la confiabilidad se preguntan si no es posible llevar estas características hasta la exageración. La respuesta es "sí", naturalmente. Como lo dice Freddy Heineken: "Yo tengo que estar diciéndoles a mis empleados de mercadeo que no se esmeren demasiado en hacer la botella de cerveza con etiqueta de fantasía o en papel dorado. Si no, el ama de casa se va a sentir muy intimidada para tomarla del estante del supermercado". Alguien que ha estudiado mucho la industria aeronáutica anota lo mismo: "Braniff creía que calidad quería decir obras de Alexander Calder y graciosas azafatas. Delta sabe que significa aviones que cumplen su itinerario". En el mercado se encuentra la respuesta a cuánto servicio es suficiente o cuál es el tipo de calidad correcta necesario. Un amigo expone el caso en términos al alcance de todo el mundo: "El cliente que está buscando una ensalada de setenta y cinco centavos no espera encontrar aguacate, pero espera que la lechuga esté fresca. El productor de la ensalada de setenta y cinco centavos debe concentrarse en la lechuga fresca y olvidarse de los aguacates baratos".

Gracias a su buena suerte o quizás gracias a su buen sentido, estas compañías que insisten en la calidad, la confiabilidad y el servicio han escogido la única área en que es fácil despertar el entusiasmo del empleado medio. Al personal lo hacen sentir orgulloso de su trabajo. Hacen posible amar el producto. En *The Decline and Fall of the British Manager,* Alistair Mant (otro ex funcionario de IBM) da un buen ejemplo de la mecánica de inculcar el amor y el cuidado de los productos:

Aparentemente no hay nada particularmente interesante en Platt Clothiers Ltda., excepto su buen éxito. Pero, detrás de la fachada, se encuentra una colmena eficaz y estrechamente controlada donde todo el mundo vive y piensa en *sobretodos*. Si uno interroga a Monty Platt sobre sus ventas y su organización, le va a contestar: "Mis sobretodos venden mis sobretodos". Todas las mañanas a las 11 a.m., suena una campana y todo el que quiera va al taller de diseño a echar un vistazo a la producción de la víspera. Allí encuentran un muestrario de sobretodos que pueden tocar, probarse, desgarrar y echar a perder. Y el jefe está allí hablando de sobretodos con su director de despachos, su joven equipo de producción y sus diseñadores. *Monty Platt ha logrado inculcar su entusiasmo por los sobretodos a todos los que trabajan para él.* Desde luego, tiene que hablar de "mercadeo", "personal", "producción" y de otras ideas sofisticadas, pero nadie puede dudar del contexto esencial: los sobretodos. Su relación con los empleados es sobre el *trabajo* y para ellos se trata de trabajar para un equipo que sabe lo que hace, se preocupa por *eso* y lo hace bien. ¿Cuál es la moraleja de esta historia? No todas las empresas se pueden dar el lujo de fabricar un único producto ni el de tener la comodidad de una organización integrada y sólida. Pero todas las firmas hacen alguna cosa y difieren enormemente en cuanto al cuidado que ponen en ello. Si pudieran organizarse de manera que las personas que tienen el sentido de la fabricación, de hacer las cosas y hacerlas bien, terminaran desempeñando las posiciones clave, la situación global sería sensiblemente diferente. Esas personas tienen una *integridad*, en el sentido exacto de la palabra, en un sistema de fabricación, y provocan alrededor de ellas un amplio sentido de la integridad.

Lo imposible se vuelve casi posible en las compañías excelentes. ¿Es aparentemente factible lograr una calidad o realizar un programa de servicio del 100 por ciento? La mayoría de las personas soltarían la carcajada con solo pensarlo. Pero la respuesta es sí y no. Estadísticamente hablando, es no. En una empresa grande, la ley de los números grandes asegura que habrá defectos y violaciones ocasionales de las normas de servicio. En cambio, un amigo de American Express nos recuerda: "Si no se apunta al ciento por ciento, se están tolerando los errores. Se obtendrá lo que se merece". Así, pues, es posible estar sinceramente apenado por un fracaso, cualquiera que sea, a pesar del tamaño. Freddy Heineken dice claramente: "Para mí, una botella mala de Heineken es un insulto personal". Mars, Inc. (la enorme empresa de bombones), que ha tenido tanto éxito en un mercado altamente competitivo, prospera por la calidad. Un ejecutivo de la empresa nos da su apreciación de Forrest Mars: "Es propenso a tremendos accesos de cólera, como la vez que descubrió un lote de bombones mal empacados y los arrojó todos, uno por uno, contra un tabique de vidrio de una sala de juntas, ante la mirada atónita de sus asistentes". J. Willard Marriott, padre, a los ochenta y dos años se irrita todavía por cualquier signo de negligencia en una instalación de Marriott, y hasta hace poco leía todos los reclamos de los clientes.

Las compañías orientadas al servicio y a la calidad pueden hacer las cosas bien, y así lo esperan. Hay mucho que decir acerca de la fe ciega (asociada con el trabajo asiduo), pues solamente con una creencia tan fuerte es posible que la organización trabaje en armonía. Cuando se daña un computador IBM, un cliente de Caterpillar tiene necesidad de un repuesto, un gerente de Frito necesita más existencias, o cuando Hewlett-Packard se siente amenazada por los japoneses, no hay problema. La organización moviliza todos sus recursos para superar la dificultad. Pero aun con altas normas, las compañías pueden relajarse con solo que se tolere la menor falla ocasional en la calidad o en el servicio. Un ejecutivo de Digital lo sintetiza así: "Es como el día y la noche. Para la una, hacerlo bien es la única conducta que se debe seguir. La otra trata al cliente como una estadística. ¿Quiere usted formar parte de la población golpeada por "el fracaso nacido de la tolerancia"?

Los economistas hablan de los "obstáculos por franquear", para entrar a competir en un sector. Como es el caso muy frecuente, el modelo racional nos lleva de nuevo a confundir 'duro' y 'suave'. Generalmente vemos los obstáculos por franquear como muros de hormigón. Por ejemplo, el costo de la inversión para aumentar la capacidad de la planta. Sin embargo, sobre la base de los datos de las compañías excelentes, hemos llegado a pensar que esto es completamente falso. *Los verdaderos obstáculos son una inversión a 75 años para hacer que cientos de miles de individuos vivan el servicio, la calidad y la solución de problemas del cliente en IBM, o son una inversión a 150 años en calidad de Procter & Gamble.* Estos son los "obstáculos" verdaderamente infranqueables, fundados sobre un capital de personas ligadas por tradiciones de servicio, de confiabilidad y calidad.

EL ARTE DE SITUARSE EN EL MERCADO

La orientación hacia el cliente es por definición una manera de situarse, es decir, una manera de encontrar una ubicación en la cual logre ser el mejor de todos. Una gran parte de las compañías que examinamos son afortunadas en la división de su clientela en numerosos segmentos en forma tal que pueden suministrar productos y servicios adecuados. Al hacer esto, sacan sus productos de la categoría de artículos comunes y corrientes para venderlos a un precio más alto. Tomemos por ejemplo a Bloomingdale's. El secreto de su éxito son las *boutiques,* y cada una de ellas está diseñada para un servicio único y una clientela no muy numerosa. La matriz de Bloomingale's, Federated Stores, sigue la misma estrategia con Bullock's, I. Magnin, Rich's y Filene's. "Cada departamento es una exhibición", observa un ejecutivo. Chesebrough-Pond's es un buen ejemplo de cómo se llega a la cima por una adecuada situación en el mercado. *Forbes* publicó recientemente la siguiente descripción de la estrategia del presidente Ralph Ward: "Aunque puede jugar a la promoción con millones de dólares, a él le gusta también coger desprevenido a un competidor [en un mercado pequeño]". Cuando en 1978, por ejemplo, lanzó su producto Rave, aspiraba al mercado doméstico de la ondulación permanente que podría producirle entonces unos $40 millones de dólares anuales y que en ese momento dominaba Toni, de Gillette. Dice Ward: "Esta categoría estaba en letargo durante años. Nosotros introdujimos un producto sin amoníaco —y sin olor— y el mercado es ahora de 100 millones de dólares al año". Además, siendo rara esta estrategia en una empresa de bienes de consumo, sus divisiones de productos son independientes las unas de las otras a fin de acelerar la busca posterior de otros mercados.

3M es muy hábil en este juego. Su presidente, Lew Lehr declara: "Nuestra organización no cree en una pocas apuestas. Nuestro personal hace cientos de pequeñas apuestas en forma de nuevos productos para los mercados especializados". Tenemos aquí un ejemplo entre otros. Recientemente hablamos con el ejecutivo jefe de una compañía impresora de Richmond, Virginia, de 50 millones de dólares, líder en impresiones en offset en grandes cantidades, un mercado pequeño que se surte con diversos productos de 3M. Esta última decidió que quería realmente aprender a negociar con el segmento representado por estos impresores y se lanzó al ataque. De St. Paul vinieron equipos de ventas, repletos de ingenieros y técnicos para tratar de resolver sus problemas. Entonces invitaron al ejecutivo jefe y a algunos de sus asistentes a St. Paul para dictar conferencias en varias divisiones sobre cómo 3M podría prestarles un mejor servicio. Lo que más nos gustó fue tanto la intensidad del enfoque de 3M como su flexibilidad. Los equipos de diferentes sectores de 3M respondieron todos a este llamado. No hubo ni batallas ni demoras burocráticas. Si la magia de 3M va más hondo, como vamos a verlo, su forma de buscar su ubicación en cualquier mercado, no importa su tamaño, es sorprendente.

Tales ejemplos nos llevan a preguntarnos si es posible segmentar demasiado. Teóricamente, como es el caso del servicio y la calidad, la respuesta es 'sí'. Sin embargo, en la práctica, puede ser 'no'. Nos parece que 3M, Digital, Hewlett-Packard y muchas otras compañías excelentes han permitido, deliberadamente, una proliferación más grande de lo normal. Cortan demasiado el pastel, de acuerdo con las convenciones normales de mercadeo y, sin embargo, entre las corporaciones gigantes se distinguen por sus logros. Su táctica para situarse en el mercado no es siempre ordenada. Pero funciona.

En estas compañías que permanecen cerca del cliente por medio de las estrategias para ubicarse, encontramos cinco atributos fundamentales: 1) manipulación sagaz de la tecnología, 2) habilidad para fijar los precios, 3) mejor segmentación, 4) orientación a la solución de problemas y 5) voluntad de gastar para poder escoger mejor.

James Utterback, de MIT, que ha estudiado durante largo tiempo el proceso de difusión de la tecnología, sostiene de manera convincente que "la nueva tecnología entra por un segmento especializado del mercadeo, en el cual una utilización de alto rendimiento permite soportar elevados costos". Esta es la forma en que las empresas como Digital e incluso IBM parecen ver las cosas. ¿Recuerdan Uds. el ejemplo de los principales usuarios que empujaban a Digital hacia nuevos niveles de tecnología? ¿En dónde coloca Digital sus mejores vendedores? En los laboratorios importantes del gobierno y de las universidades. Al encontrar soluciones para estos clientes, Digital desarrolla la próxima generación para un mayor público. Estos individuos, que son expertos en buscar su posición en un mercado, también lo son en el aprendizaje de una tecnología sofisticada en ese mercado, en probarla con futuros usuarios, en allanar los problemas y en pasar esta tecnología a otros. También hacen maravillas en la fijación de precios, principalmente en función del valor. Entran pronto en el mercado, cobran mucho por suministrar un producto adaptado a una población limitada y luego, cuando llegan otros competidores, se retiran. Un ejecutivo de 3M describe así este proceso:

> Nuestro objetivo es, primero y ante todo, disponer de un flujo regular de nuevos productos. Luego, una vez que hemos acertado, esperamos dominar ese mercado, a veces durante tres o cuatro años solamente. Durante ese lapso fijamos los precios de acuerdo con el valor real para el cliente.

Estamos facilitando una nueva herramienta que, en alguna forma, ahorra trabajo, y esperamos que el mercado pague lo que vale. Claro está, dejamos "una puerta abierta". Así que cuando llegan otros con productos similares, quizás a menor costo, en lugar de ponernos a pelear por la participación en el mercado, cedemos el puesto, por lo general, y nos retiramos. Porque en ese momento ya estamos desarrollando las próximas generaciones de productos para ese y otros mercados.

David Packard recordaba una vez a sus gerentes el origen de una de las escasas fallas de Hewlett-Packard en los primeros tiempos del mercadeo de las calculadoras de bolsillo: "No sabemos cómo nos vino la idea de que la participación en el mercado era un objetivo en sí mismo", dijo. "Espero que esto ya haya terminado. Cualquiera puede labrarse su participación en el mercado. Si fija los precios lo bastante bajos, puede quedarse con todo el mercado. Pero aquí esto no lo conducirá a ninguna parte, se lo aseguro".

La mayoría de los bancos han descubierto que los individuos acaudalados representan un segmento muy atrayente, pero todavía se preguntan, cómo poner a marchar sus programas para "individuos acaudalados", porque en general son detenidos por la enorme desventaja que significa la incomprensión de los halagos del segmento. Es una excepción esto que cuenta un banquero:

Decidimos lanzarnos a fondo sobre los clientes acaudalados. Nos pareció que sus contadores podrían ser un buen contacto. Así que salimos a hacer una presentación del proyecto a los socios de cada una de las ocho grandes firmas en una importante área metropolitana. En siete de las ocho firmas éramos ¡el primer banco en venir a hacerles una presentación en sus oficinas! En cada caso éramos también los primeros en llevar altos ejecutivos a la reunión. Esto comenzó a dar resultados inmediatamente. En todos los ocho casos hicimos nuestro primer negocio al día siguiente de la presentación. En varios casos lo hicimos en el acto.

El arte de saber situarse en el mercado va acompañado de una mentalidad orientada hacia la solución de problemas. IBM capacita a sus vendedores no para que sean vendedores sino para que sepan resolver los problemas de los clientes. 3M ha hecho siempre lo mismo. Un ejecutivo de ventas de General Instruments capta muy bien el espíritu de este conocimiento del cliente, que le permite llegar a resolver sus problemas:

Recuerdo mi primer empleo. Pasé mucho tiempo dedicado a conocer verdaderamente bien un pequeño número de clientes. Esto me produjo muy buenos resultados. Alcancé un 195% de la cuota, el mayor rendimiento de mi división. Uno de los directores me llamó y me dijo: "Buen trabajo, ciertamente. Pero usted hace en promedio 1.2 visitas a los clientes por día y el promedio de la compañía es 4.6. Piense en lo que podría usted vender si pudiera alcanzar ese promedio". Imagínense cuál sería mi respuesta, una vez que recuperé el sentido: "Piense usted por un momento en lo que los otros podrían vender si rebajaran su promedio de visitas a 1.2".

Los expertos en buscar su posición en el mercado están dispuestos a gastar para poder escoger. Edward Finkelstein, de Macy's, dice: "Para prosperar, hay que gastar lo necesario para volver atractiva la tienda". Esto ha significado para él gastar ingentes sumas de dinero en sus tiendas a fin de estar a la altura de lo que hace Bloomingales's en Nueva York. Pero lo logró. Fingerhut, próspera empresa de ventas por correo, gasta excesivamente en la acumulación de datos. "Usando mejor nuestros datos podemos abrirle a cada cliente su almacén personal", dice un ejecutivo. En Ore-Ida es la misma historia. Son tacaños cuando se trata de gastos generales, pero en cuanto a pruebas de mercado, el presupuesto tiene un baño de oro. Hace años que Ore-Ida viene siendo invencible en el área de productos congelados a base de papa.

LA PREOCUPACION DE LOS COSTOS

Cuando iniciamos nuestro estudio esperábamos encontrar que las compañías excelentes ponían énfasis en los costos o la tecnología, o en los mercados, o en la ubicación en éstos. En otras palabras, pensábamos que algunas tendrían estrategias orientadas hacia determinada cosa, y algunas hacia otra; pero no esperábamos ninguna preferencia en particular. Pero eso no fue lo que encontramos. Aun cuando hay diferencias entre los sectores, tienen algo notable en común: las compañías excelentes prefieren preocuparse más bien por el cliente que por la tecnología o los costos.

Para ilustrar este punto, hemos seleccionado cincuenta compañías de alto nivel y las hemos clasificado por tipo de actividad y por lo que parece ser su tendencia dominante. Es posible que algunos observadores discutan nuestra clasificación. Desde luego que ninguna compañía pasa por alto completamente los costos o la tecnología; pero, realmente, parece que el poner un fuerte énfasis en determinada variable se hace a expensas de la atención a otras. De acuerdo con el cuadro siguiente, encontramos que las compañías excelentes en diferentes sectores están orientadas, principalmente, en la ecuación de la rentabilidad, hacia el lado del valor más bien que al del costo. Los segmentos de nuestra clasificación comprenden: alta tecnología, bienes de consumo, servicios, industrias varias, dirección de proyectos y artículos de primera necesidad. Nos parece útil hacer una breve explicación de cada categoría.

En la categoría de alta tecnología, nos pareció que solamente cuatro de las catorce compañías estaban bastante o principalmente orientadas hacia el costo. Son ellas: Texas Instruments, Data General, National Semiconductor y Emerson. Parece que todas éstas, excepto Emerson, han tenido problemas en los últimos años, y están modificando sus estrategias. Tanto Data General como National Semiconductor opinan que en el futuro la estrategia muy probablemente, estará dirigida a buscar nuevas posiciones en el mercado. El caso de Data General es particularmente ilustrativo. Esta compañía trató de ganarle a la ya veterana Digital en su propio juego. Data General se concentró en el mercado de empresas industriales y desarrolló una estrategia basada en un pequeño número de productos de bajo costo. En el curso del proceso desarrolló, e incluso fomentó, una imagen de "individuos testarudos". Un artículo apareció en *Fortune* en 1979 cuestionaba la proliferación de productos de Digital (lo que fatalmente iba a causar altos costos) y su personal de ventas sin comisión, que contrastaba con el personal de ventas de Data General, que es agresivo y gana comisiones elevadas. Pero la situación cambió. Digital se liberó de su dependencia de la clientela industrial y junto con Wang, Hewlett-Packard y Prime, abrió el camino de la fabricación de productos flexibles y gratos al usuario. Las políticas que crearon una duplicación de productos y un personal de ventas capaz de resolver los problemas de los clientes produjeron buenos resultados a Digital. El cambio, la imagen de "individuo testarudo" de Data General le ha sido perjudicial y ha retardado, por lo menos por un tiempo, su notable adelanto.

En comparación con su maravillosa actuación de los últimos veinte años, Texas Instruments ha estado luchando un poco en los últimos tiempos y ha vuelto la vista al exterior, hacia el mercado. Su vieja obsesión declarada por los costos y la participación en el mercado parece explicarnos por qué esta compañía no ha figurado a la cabeza del mercado de semiconductores, ha tenido problemas con el computador doméstico y, verdaderamente, nunca ha tenido pleno éxito con

Costos	Servicio/calidad confiabilidad		Busca de posición en un mercado con alto valor agregado

ALTA TECNOLOGIA (14)

Costos	Servicio/calidad confiabilidad		Busca de posición en un mercado con alto valor agregado
Data General	Allen-Bradley		Digital Equipment
Emerson	International Business Machines		Corporation
National Semiconductor	Lanier		Hewlett-Packard
Texas Instruments			Raychem
			ROLM
			Schlumberger
			Tandem
			Wang

BIENES DE CONSUMO (11)

Costos	Servicio/calidad confiabilidad		Busca de posición en un mercado con alto valor agregado
	Blue Bell	Frito-Lay	Avon
		Mars	Chesebrough-Pond's
		Maytag	Fingerhut
		Procter & Gamble	Johnson & Johnson
			Levi Strauss
			Tupperware

SERVICIOS (12)

Costos	Servicio/calidad confiabilidad		Busca de posición en un mercado con alto valor agregado
	K mart	American Airlines	Delta	Bloomingdale's
		Disney Productions	Ogilvy &	Citibank
		Marriott	Mather	Morgan Bank
		McDonald's	Wal-Mart	Nieman-Marcus

INDUSTRIAS VARIAS (4)

Costos	Servicio/calidad confiabilidad		Busca de posición en un mercado con alto valor agregado
Dana	Caterpillar		Minnesota Mining
	Deere		and Manufacturing
			(3M)

DIRECCION DE PROYECTOS (3)

Costos	Servicio/calidad confiabilidad		Busca de posición en un mercado con alto valor agregado
	Bechtel		
	Boeing		
	Fluor		

ARTICULOS DE PRIMERA NECESIDAD (6)

Costos	Servicio/calidad confiabilidad		Busca de posición en un mercado con alto valor agregado
Amoco	Dow		Du Pont
Arco			Nucor Steel
Exxon			

la electrónica para el grueso público. Por ejemplo, en el terreno de las fichas, mientras que los cerebros de la organización se consagraban al problema de reducir los costos de producción del RAM de 8k, casi sin darse cuenta perdieron de vista el porvenir, es decir, las fichas de RAM de mayor tamaño. Esto es lo penoso del asunto. Demasiada atención a los costos provoca una desviación de orientación que se infiltra lentamente en la empresa y pasa casi inadvertida. En el terreno de los bienes de consumo, como relojes y calculadoras, el enfoque de Texas Instruments fue nuevamente el costo bajo: "Fabricar productos de primera necesidad y los más baratos", parecía que era lo que pensaban. El proyecto de Texas Instruments para los bienes de consumo, no solamente ha fracasado ante los japoneses, sino que parece también que ha sustraído recursos clave de la decisiva innovación en materia de microfichas.

Como ya lo hemos hecho notar, Lanier e IBM simbolizan ambas las compañías que se entregan completamente al servicio en la categoría de la alta tecnología. Es cierto que los laboratorios de IBM podrán llevar muchos años de adelanto, por ejemplo, con la conexión Josephson, pero sus productos corrientes están en general, atrás de lo que es técnicamente posible. Allen-Bradley, compañía conservadora, privada, con negocios por miles de millones de dólares, que fabrica sistemas de control en Milwaukee, también hace parte de las sociedades orientadas hacia el servicio, la calidad y la confiabilidad. Toda la compañía vive para la calidad y la confiabilidad que, en resumidas cuentas, es lo que cuenta en los sistemas de control.

Se podría continuar la lista citando a Hewlett-Packard y a Digital, que muestran su preferencia por la calidad y el servicio; pero ellas, como las demás compañías que entran en esta categoría, parecen orientadas ante todo a ubicarse en el mercado. Son todas un crisol de actividades pequeñas y emprendedoras que se proponen "disparar" nuevos productos al mercado. Por ejemplo, Wang colocó más de un nuevo producto en el mercado cada semana durante 1980. Se dice que los éxitos alcanzados por su servicio de investigación y desarrollo, que en gran parte se deben a la intensidad de las relaciones con el usuario, pasan del 75%, lo cual constituye una ejecución verdaderamente notable.

ROLM es un ejemplo análogo. Se trata de una empresa muy orientada hacia el usuario y que no tiene nada de líder en materia de tecnología. ROLM ha golpeado severamente a Western Electric, empresa de AT&T, en el terreno de los autoconmutadores telefónicos, simplemente por resolver mejor los problemas especiales de los usuarios. El "Computador que no se detiene jamás" de Tandem, es un ejemplo clásico de ubicación en el mercado. "Cada cliente es en sí un segmento" es el lema de Tandem. Raychem vende conectadores eléctricos complicados. Ha invertido grandes sumas de dinero en la preparación y el desarrollo de sus vendedores, y la razón es simple: sus vendedores son ingenieros especialistas en las aplicaciones prácticas diarias. Ellos venden sus conectadores sobre la base del alto valor económico del producto para el cliente. La instalación de un conectador exige mucho trabajo, pero los dispositivos adaptados a las necesidades del usuario permiten disminuir enormemente los gastos de mano de obra. Los conectadores son una fracción microscópica del valor del producto final —por ejemplo, un gran avión. Por lo tanto, el cliente puede, en efecto, permitirse el lujo de pagar muy caro. La historia de Schlumberger es muy semejante. Sus 2000 ingenieros de campo hacen la medición de los pozos de petróleo y facilitan otros servicios a las empresas perforadoras. Son exactamente como Raychem. Su producto es una ínfima fracción del costo total de las operaciones de los yacimientos petrolíferos, pero el valor del trabajo bien hecho por Schlumberger es enorme para el usuario.

En la medida en que nuestro cuento de los líderes de la alta tecnología representa un patrón, deberíamos todos sentirnos sorprendidos. Las compañías llamadas de alta tecnología no son, en primer lugar, los líderes de la tecnología. Pertenecen a este sector, pero su principal atributo es la fabricación de productos y la prestación de servicios confiables y de alto valor agregado.

En la categoría de *bienes de consumo,* hemos examinado, para los efectos de este análisis, once compañías. En nuestra opinión, ninguna es productora a bajo costo. En cambio, ofrecen servicio, calidad y confiabilidad. El observador casual diría que el éxito de Procter & Gamble se debe a la publicidad y a la gerencia de marca. Los informados dirán que es su culto de la calidad y del ensayo. Cuando tienen un problema grave, como fue el caso con los tampones Rely y el "shock" tóxico, reaccionan rápidamente, con cantidades de dinero y hacen lo que más pueden para recuperar su reputación de calidad. En servicio, Frito-Lay es un ganador total. Y Maytag lo es en confiabilidad. Su ya antigua publicidad que muestra al "Viejo Solitario", este hombre encargado de las reparaciones de Maytag, con la cara triste y nada que hacer, lo dice todo. Naturalmente, Mars también entra dentro de esta categoría.

Muchas compañías hacen la venta puerta a puerta, pero ninguna con la intensidad de Avon o Tupperware. A estas empresas de tanto rendimiento las colocamos en la categoría del alto valor agregado y del arte de buscar su posición por el simple hecho de salir y crearse sus propios mercados.

Levi Strauss y Blue Bell son dos líderes indiscutibles de la industria del vestido y, sin embargo, es interesante observar que sus enfoques son diferentes. Levi se fundó sobre el principio de la calidad y ahí se mantiene, lo cual no obsta para que su admirable crecimiento en los últimos tiempos provenga de un mercado muy sutil, insinuando con esto que ha seguido una política muy concentrada en su situación en el mercado. Blue Bell, número dos en este sector, lo ha hecho admirablemente bien con su fuerte orientación hacia los costos, que ha venido a complementar su obsesión de la calidad.

A nuestro juicio, Johnson & Johnson es una compañía muy hábil para buscar su ubicación. Esta compañía se compone de unas 150 empresas casi independientes, cada una de las cuales tiene la responsabilidad fundamental de sacar nuevos productos. Johnson & Johnson vive con el credo que predica que los clientes ocupan la primera posición, los empleados la segunda, la comunidad la tercera, y los accionistas la cuarta y última. Chesebrough sobresale en el mismo juego.

Parece extraño que Fingerhut, importante detallista de ventas por catálogo, forme parte de este conjunto y, sin embargo, probablemente sea la compañía por excelencia en situarse en el mercado. Gracias a un notable sistema que le permite seguir la pista a sus clientes y averiguar la capacidad económica de cada uno, virtualmente cada cliente es en sí mismo un segmento del mercado. Así, por ejemplo, *Fortune* observa: "Un mes antes que su hijo cumpla ocho años, usted recibirá un paquete que incluye una carta personal en la que le prometen que si acepta ensayar cualquiera de los productos ofrecidos, Fingerhut le enviará, completamente gratis, un regalo de cumpleaños apropiado para el niño que cumple ocho. Cuantos más pedidos haga usted, tantos más paquetes recibirá...Fingerhut se concentra en sus clientes clave, e incluso presta el servicio de crédito 'pre-aprobado' en medio de una recesión en que hasta J.C. Penney y Sears han tenido que hacer restricciones". Tras de la fachada, no se encuentra nada mágico en Fingerhut. Esto no tiene nada de sofisticado. Es, simplemente, que ninguna otra importante empresa de ventas por correo se ha preocupado por hacerlo.

Viene luego una docena de *empresas de servicios.* En Ogilvy y Mather, por ejemplo, David Ogilvy insiste en el respeto por su lema: el objetivo número uno debe ser un excepcional servicio al cliente, no la rentabilidad. En los hoteles Marriott, a los ochenta y dos años J. Willard Marriott, padre, sigue siendo tan fanático por la calidad como lo era hace cuarenta años. Su hijo, quien actualmente dirige la compañía, ha tomado el mismo tema y la publicidad de Marriott se concentra inclusive en las visitas que personalmente hace Bill Marriott, hijo, a todos los hoteles. En el campo del transporte aéreo, Delta y American son las primeras de la lista de empresas con mejor desempeño. También son las primeras en cuanto a servicio. American no deja de ser siempre la primera en las encuestas sobre servicio a la clientela. Lo mismo sería en Delta si el análisis se concentrara en el sector que la compañía ha escogido para atender con especialidad: el hombre de negocios.

En el sector bancario hemos registrado dos ejemplos principales: el Morgan y el Citibank. Hoy este sector no deja de hablar del desarrollo de la aptitudes de la administración para atender la clientela de las grandes empresas; hace muchos años que el Morgan fijó la pauta sobre esto. El Citibank fue el primer banco importante en adaptar su estructura de organización a los segmentos del mercado. Esto fue en 1970 y apenas ahora otros bancos comienzan a hacerlo.

Entre las empresas que tratan con el grueso público, las estrellas son McDonald's y Disney. Ya hemos hablado de ambas. Se nos hace que es prácticamente imposible encontrar alguna falla en su habilidad para atender a sus clientes con distinción y calidad constantes.

¿Quiénes son las estrellas en el comercio al por menor? Sin duda alguna, entre todas se destacan Neiman-Marcus y Bloomingdale's. Cuando Neiman-Marcus abrió sus puertas en 1907, su primer anuncio fue: "La tienda de calidad y valores superiores". Bloomingdales's, como ya lo dijimos, es el símbolo de la posición en el mercado.

Wal-Mart ha sido el gran éxito de la venta al por menor a fines de los años setenta y comienzos de los ochenta. Y tenemos que volver al tema de saber ubicarse en el mercado y prestar servicios. Desde 1972, sus tiendas han aumentado de 18 a 330, y sus ventas han ascendido de 45 millones de dólares a 1600 millones. Le ha hecho a K mart lo mismo que Lanier les ha hecho a sus grandes competidores en procesadores de palabras. Walt-Mart abre "demasiadas" tiendas en su sector del Oeste Medio y del Sur Oeste. La razón es muy sencilla. Al obrar así, desanima a K mart para establecerse allí.

K mart merece que se le admita entre los grandes ejecutores, pero, al igual que Emerson, esta compañía es, en cierto modo, una anomalía. Se ha desarrollado concentrándose, ante todo, en los costos bajos. En efecto, es la única de las doce compañías de servicios que tiene como rasgo característico una orientación hacia los costos. Pero tampoco es cierto que en el proceso se haya descuidado la calidad. Hasta podría argumentarse que comienza a ocupar el puesto que tradicionalmente ha tenido Sears. "Valor a un precio decente", ha sido por largos años la filosofía de Sears, y rápidamente se está convirtiendo en la de K mart.

En la *categoría de las industrias varias*, 3M constituye el modelo en el arte de situarse: busca un mercado pequeño; entra en él; saca de él lo máximo que puede, y pasa al siguiente. Caterpillar y Deere, que también hemos colocado en esta categoría de "todo como en botica", son fanáticas de la confiabilidad y de la calidad. También tienen muy buenas relaciones con sus distribuidores. Dana se destaca en esta categoría. Lo mismo que Emerson, ha sido muy afortunada, principalmente por su habilidad para conservar los costos bajos, realizando constantemente ganancias de productividad.

Indudablemente, las primeras figuras de la *dirección de proyectos* son Fluor, Bechtel y Boeing. Las dos primeras son líderes en el negocio de los grandes proyectos de construcción. Ambas están orgullosas de la calidad y la confiabilidad de sus servicios y los cobran caro. Boeing se preocupa por los costos pero habla, sobre todo, de la importancia de la calidad y la confiabilidad. Cuando hicimos este estudio encontramos varias veces que la mejor manera de comprender la orientación de una compañía es escuchar cuidadosamente cómo sus gentes hablan de sí mismas.

En fin, para que esto quedara completo, observamos algunas de las estrellas de las *empresas de artículos de primera necesidad*. Aquí son importantes, antes que todo, los precios bajos. Por definición, en este sector, especialmente cuando se vende a otras compañías y no al último usuario, los costos son decisivos. (Por ejemplo, Utah Consolidated, filial de General Electric, realiza ingentes utilidades vendiendo carbón a los japoneses. No saca gran ventaja de su habilidad para el mercadeo. Simplemente, es el productor más barato que surte de carbón y coque de calidad a los productores de acero en el Japón). Amoco, Arco y Exxon son excelentes exploradoras y explotadoras de yacimientos. Son capaces de extraer petróleo en forma más económica que las demás empresas.

E inclusive en el sector de los artículos de primera necesidad se encuentran algunas diferencias interesantes. Dow y Du Pont son los polos opuestos, aunque ambas son ganadoras. Dow, fabricante de productos básicos, ha sido el líder indiscutible de los últimos años, gracias a su estrategia de precios bajos en momentos en que la OPEP trataba de ahorcarnos. Pero, por lo menos, hasta en fecha muy reciente, Du Pont tenía el récord más envidiable en cuanto a nuevos productos. Ha prosperado por la innovación en los segmentos del mercado creado por estos nuevos productos.

En general la siderúrgica no es un negocio muy lucrativo, pero hay algunas excepciones. Nucor, compañía altamente lucrativa, vive de mercados de acero especiales con un alto valor agregado.

El anterior análisis no es válido estadísticamente hablando. Tampoco sacamos de él la conclusión de que los costos no cuenten o que, digamos, el 80% o el 90% de las compañías mejor dirigidas estén enormemente orientadas hacia la calidad, el servicio o la búsqueda de mercados. Sin embargo, pensamos que podemos confiar en la muestra y que los datos son suficientes para demostrar que para la mayoría de las mejores compañías hay algo que cuenta más que el precio de venta. Y ese algo es una forma especial de estar cerca del cliente.

ESCUCHAR A LOS CLIENTES

Las compañías excelentes prestan más atención. Sacan un provecho de su proximidad al mercado, que, en verdad, no esperábamos —hasta que nos pusimos a reflexionar. La mayor parte de sus innovaciones vienen del mercado.

Procter & Gamble fue la primera empresa de bienes de consumo que puso en todos sus empaques un número de teléfono, el 800, al que se podía llamar gratuitamente. En su informe anual correspondiente a 1979, declaran que en ese número 800 recibieron 200 000 llamadas de clientes que sugerían ideas o formulaban reclamos. Procter & Gamble respondía a todas las llamadas de las cuales mensualmente se hacía un resumen con destino a la junta directiva. Los empleados de la compañía dicen que el número 800 ha sido una importante fuente de ideas para la mejora de los productos.

Una teoría sorprendente y poderosa viene en sustentación de lo que Procter & Gamble y otras empresas están haciendo. Eric von Hippel y James Utterback, de MIT, han venido estudiando de tiempo atrás el proceso de innovación. No hace mucho tiempo que von Hippel analizó cuidadosamente la fuente de innovación en el sector de los instrumentos científicos y obtuvo las siguientes conclusiones: de las once más importantes invenciones "originales" que examinó, *todas* eran producto de los usuarios; de sesenta y seis "mejoras importantes", el 85% procedía también de los usuarios; de ochenta y tres "mejoras menores", aproximadamente dos terceras partes habían sido ideas de los usuarios.

Von Hippel dice que los usuarios no solamente dieron ideas; en la gran mayoría de los inventos que estudió —incluidos todos los originales*— la idea fue primero ensayada, constituida en prototipo, probada y usada por los usuarios y no por el fabricante de instrumentos. Además, otros usuarios habían hecho una difusión adicional extensa de estas ideas antes de la comercialización, es decir, el usuario líder inventó un instrumento, fabricó un prototipo y lo dio al servicio. Otros usuarios experimentaron lo recogieron. Solo entonces entró en escena el productor, "encargándose de la técnica y aumentando la confiabilidad, dejando intactos el modelo original y los principios de funcionamiento".

Un grupo de ejecutivos de Boeing aprueba esto. Ellos observan que, según su propia experiencia, las conclusiones de von Hippel son extremas; pueden citar un buen número de ejemplos en que las ideas importantes y los prototipos procedían de sus propias gestiones para el desarrollo. Pero se apresuran a agregar que si el producto no se adapta inmediatamente a las necesidades de los clientes y se desarrollan en estrecha colaboración con un cliente, lo abandonan. Anota uno de ellos: "Si no podemos encontrar un cliente interesado en trabajar con nosotros desde el primer momento, con seguridad la idea es mala".

Las mejores compañías son estimuladas por sus clientes, y esto les encanta. ¿Quién inventó los *jeans* de Levi Strauss? nadie. En 1873, por 68 dólares (el precio de la solicitud de patente), Levi's obtuvo, de uno de sus clientes, Jacob Youphes, comprador de telas para *jeans* en Nevada, los derechos para comercializar los *jeans* claveteados. Y, como ya tuvimos ocasión de decirlo, Bloomingdale's inventó los *jeans* prelavados para Levi's. Casi todas las primeras innovaciones de IBM, incluido el primer computador de la compañía, fueron desarrolladas en colaboración con el cliente clave: la Oficina del Censo. ¿Cuando

---

* Instrumentos sofisticados, tales como el cromatógrafo de gas, el espectómetro de resonancia nuclear y el microscopio de transmisión electrónica.

despegó el negocio de la cinta pegante 3M? Cuando un vendedor, no un técnico, inventó un dispensador de escritorio para lo que hasta entonces se había considerado un producto de uso exclusivamente industrial.

Y esto continúa. ¿El avance de Digital? "Ellos confían más en sus clientes para encontrarles usos a los minicomputadores, que en recargar a la compañía con los enormes costos del desarrollo y del mercadeo por su cuenta. Los vendedores de Digital, los ingenieros que venden a otros ingenieros, fomentan sólidas y durables relaciones con los clientes". El analista que escribió eso anota: "Es sorprendente ver cuán poco han participado en su propio crecimiento. Durante años han venido siendo arrastrados por las aplicaciones interesantes que sus clientes han descubierto". La historia de Wang Labs es la misma: "Lo que el cliente desea influirá más en ellos. Entre otras cosas, están planeando el establecimiento de un programa conjunto de investigación y desarrollo en el que la compañía trabajará en colaboración con sus clientes para decidir sobre nuevas utilizaciones de los sistemas integrados". El fundador, An Wang, dice: "El trabajo con los usuarios nos ayudará a responder a sus necesidades". Un alto ejecutivo de Allen-Bradley apunta: "Nosotros nos negamos a ensayar cualquier cosa a menos que encontremos un usuario que quiera cooperar con nosotros en un experimento". Agrega que Allen-Bradley se había quedado atrás en los dispositivos de programación y de control numéricos. Así fue como la compañía fue impulsada a una posición dominante por sus sofisticados usuarios claves y no por sus propios investigadores o ingenieros. Un ejecutivo expresó que "Boeing, Caterpillar y General Motors estaban creando su propio equipo. En efecto, dijeron: "Adelante con él u olvídennos".

En una próspera compañía de alta tecnología que vimos, el director del departamento de investigación y desarrollo ha venido tomando anualmente lo que él llama dos meses de "vacaciones de verano" durante los últimos doce años. En julio y agosto visita exclusivamente a los clientes y examina cuidadosamente lo que ellos hacen con los productos de su compañía y cuáles podrían ser sus necesidades para el futuro. Hace poco oímos casualmente una conversación en un bar de Palo Alto. Un ingeniero de una división de circuitos integrados de Hewlett-Packard hablaba con algunos amigos. Uno de ellos le preguntó en dónde trabajaba. El mencionó entonces una instalación de Hewlett-Packard en Palo Alto, pero agregó rápidamente que pasaba la mayor parte del tiempo trabajando en aplicaciones en las instalaciones de sus clientes en otra ciudad.

Estas historias serían de poco interés si no estuvieran en tan marcado contraste con la mayoría de las prácticas de administración. Con mucha frecuencia, el producto se concibe en el vacío y ha sido la ilusión de los ingenieros que aman la tecnología, pero que pueden no haber visto jamás clientes de carne y hueso usando los productos de sus compañías.

Así, pues, las compañías excelentes no solo son mejores en el campo de la calidad, el servicio, la confiabilidad, el saber ubicarse, sino también en el arte de escuchar. Esa es la otra mitad de la ecuación de la aproximación al cliente. El hecho de que estas compañías sean tan sólidas en materia de calidad, servicio y otras cosas, procede, en buena parte, de la atención que prestan a las necesidades del cliente; del hecho de saber escuchar; del hecho de invitar al cliente a visitar la compañía. El cliente es verdaderamente un socio de las compañías eficaces, y viceversa.

Los análisis SAPPHO* adelantados por el famoso economista Christopher Freeman, figuran entre los estudios más completos que se hayan hecho a propósito de la innovación. Analizó treinta y nueve innovaciones en la industria química y treinta y tres en el sector de los instrumentos científicos. Utilizó más de 200 medidas de los aspectos de la innovación, de la cuales solamente 15 resultaron significativas para fines estadísticos. El factor número uno fue el mismo para los dos sectores: "Las empresas con éxito comprenden mejor las necesidades del cliente" (la probabilidad de que la mención del factor sea más casual que sistemáticamente es: productos químicos, 0.000061; instrumentos, 0.00195; en conjunto, 0.00000019; es decir, parece perfectamente válido). El factor número dos también fue el mismo para los dos sectores, la confiabilidad: "Las innovaciones que logran éxito tienen menos problemas". Su análisis de casos de fallas específicas también fue revelador. Las razones principales mencionadas por las personas interrogadas las vemos en el cuadro de la página siguiente.

Resumiendo, Freeman y sus colegas observan: "Las empresas que tienen éxito prestan más atención al mercado que las que fracasan. Los innovadores que tienen éxito hacen innovaciones según las necesida-

---

* Scientific Activity Predictor from Patterns with Heuristic Origin.

	Innovaciones en la industria química Siete fracasos	Innovaciones en los instrumentos científicos Dieciséis fracasos
"Sin investigaciones entre los clientes"	1	3
"Poquísimas investigaciones o clientes no representativos"	2	4
"Respuestas de los clientes desechadas o mal interpretadas"	0	4
"Sin investigaciones sobre el terreno de las técnicas del cliente"	0	3
"Sometidas a diseño preconcebido"	4	2

des del mercado, hacen participar a los clientes potenciales en el desarrollo de la innovación y comprenden mejor las necesidades del cliente".

No queremos cerrar este capítulo sin mencionar brevemente la discusión que tuvo lugar dentro de nuestras propias filas. Estamos convencidos, basándonos en el estudio de las compañías excelentes, de que el cliente es soberano para producir y ensayar ideas. En cambio, varios de nuestros colegas sostienen que a las compañías les resulta mejor concentrarse en la tecnología y la competencia. Además, Robert Hayes y William Abernathy, en un artículo ampliamente citado de *Harvard Business Review,* han acusado a las compañías norteamericanas de estar demasiado "orientadas hacia el mercado" más bien que a la "tecnología". Argumentaban que nuestra visión a corto plazo nos ha vuelto cautivos de las últimas encuestas sobre las preferencias de los consumidores.

Nosotros no estamos de acuerdo. En primer lugar, desconfiamos de las respuestas simples y no tratamos de proponer una. Todos los tres factores —clientes, competidores, tecnología— son esenciales. Sin embargo, la cuestión de la competencia se puede dejar de lado fácilmente. Es evidente que las compañías excelentes hacen más y mejores análisis de la competencia que las otras. Sencillamente, este trabajo no se hace en torres de marfil, donde el personal se dedica a la lectura o a la producción de informes abstractos. El representante de servicios de Hewlett-Packard, el vendedor de IBM, el vendedor o el jefe del equipo de investigación de 3M, el encargado de la concesión de McDonald's y el comprador de Bloomingdale's —por cientos o por miles— mantienen una estrecha vigilancia sobre la competencia. Prácticamente lo hacen todo en el sitio. Y tienen los medios para ello.

El punto más controvertido por nuestros críticos es el problema de la tecnología. Por ejemplo: "Los clientes típicamente no hacen más que repetir lo mismo más bien que sugerir una verdadera innovación". Esto puede ser cierto en algunos sectores (los productos químicos, por ejemplo), pero no en muchos. Los líderes en el terreno del control sofisticado, como Allen-Bradley, fueron impulsados a ensayar los robots por sus clientes grandes y no por sus laboratorios centrales. IBM fue empujada por sus clientes principales al procesamiento distribuido; entre ellos se destaca el Citibank. NCR perdió el mercado de la electrónica a finales de los años sesenta por descuidar a sus principales clientes —Sears, J.C. Penney y otros— y solo después de renunciar a su obstinación se recuperó.

Los que "saben escuchar", se mantienen muy próximos a sus *usuarios líderes.* En verdad, esto es lo decisivo y difiere mucho del enfoque de Hayes y Abernathy. El cliente innovador, incluso en el sector de los bienes de consumo, está muchos años adelante del cliente medio, quizá más de diez años en las áreas de más alta tecnología. (General Motors fue el "usuario líder" clásico, diez años adelante del rebaño para ensayar la ayuda del computador en el diseño de los vehículos, lo que sirvió mucho a la empresa para ganarles a Ford y a Chrysler en este campo). De la misma manera, se encuentran pequeños inventores que dejan atrás a grandes empresas en la adopción de una nueva tecnología. Y ellas, a su vez, trabajan con otras. No es sorprendente, pues, que haya tantas asociaciones de este género en funcionamiento. Y las grandes ganadoras, por lo que nosotros hemos visto, son aquellas cuyos equipos de ventas, de mercadeo, de fabricación, de ingeniería y de desarrollo de producto están lo bastante próximos a sus principales clientes y mantienen con ellos un contacto regular, para observar y aprovechar rápidamente a estas asociaciones de cliente e innovador.

Escuchar o investigar en esta forma, que se aproxima a un arte —o es en sí misma un arte— es algo muy distinto de las encuestas o de los páneles que se reúnen para someter a discusión los gustos de tiempos pasados. También dista mucho del enfoque "tecnología en el laboratorio" que predican Hayes y Abernathy. Desde luego, es necesario invertir en la investigación y el desarrollo básicos; pero el papel principal de la empresa es, sin lugar a dudas, desarrollar las ideas que los innovadores pragmáticos del interior como, verbigracia, los campeones, los vendedores que resuelven los problemas, los clientes clave y los agentes de comercio orientados hacia el cliente, pueden "robar", explotar y aplicar inmediatamente.

7

Autonomía y espíritu empresarial

La idea nueva, o encuentra un campeón o muere...Ningún compromiso ordinario con una nueva idea suministra la energía para hacer frente a la indiferencia y a la resistencia que un importante cambio tecnológico provoca...Los campeones de las nuevas invenciones demuestran tenacidad y valor heroico.

Edward Schon, MIT

El hecho más desalentador en la vida de las grandes empresas es la pérdida de lo que las colocó en el primer lugar: la innovación. Si las grandes compañías no detienen completamente su proceso de innovación, el ritmo casi con seguridad disminuye muchísimo. Según *Inc.,* un estudio de la National Science Foundation revela que "las empresas pequeñas produjeron aproximadamente cuatro veces más innovaciones por dólar invertido en investigación y desarrollo que las empresas de tamaño mediano, y alrededor de veinticuatro veces más que las grandes". Al estudiar el mismo tema, el economista Burton Klein descubrió que las más importantes empresas rara vez son —si es que alguna vez lo son— responsables de los progresos más notables en sus sectores. Las conclusiones de Verónica Stolte-Heiskanen, quien recientemente hizo un estudio en cincuenta laboratorios de investigación de los sectores público y privado, son aproximadamente las mismas: "La relación entre los recursos materiales objetivos (fiscales y de personal) y la efectividad de la investigación es...generalmente, mínima y, a veces, negativa".

En cambio, tenemos las compañías excelentes, que son grandes. Tienen records envidiables de crecimiento, de innovación y de prosperidad. Naturalmente, todas las probabilidades están contra ellas, pero triunfan a pesar de todo. Quizás el elemento más importante de su envidiable récord es su habilidad para ser grandes y, sin embargo comportarse como pequeñas. Estimulan el espíritu empresarial entre su personal, dándole una notable autonomía: Dana con sus "gerentes de taller", 3M con sus equipos piloto, Texas Instruments con más de noventa centros de producto/cliente. En Emerson Electric y Johnson & Johnson encontramos "demasiadas" divisiones y, por consiguiente, un tamaño de división que a primera vista parecía encontrarse por debajo del punto óptimo. Muchas de estas compañías estaban orgullosas de sus "talleres irregulares", pandillas de ocho o diez fanáticos que operan en los rincones y que con frecuencia tienen más éxito que los grupos de desarrollo de productos que cuentan con cientos de miembros.

Después comprendimos que todas estas compañías estaban cambiando deliberadamente una cosa por otra. Para hacer nacer el espíritu empresarial, estaban creando una descentralización y una autonomía casi radicales, aceptando el traslapo, el desorden, la falta de coordinación, la competencia interna y las comisiones un poco anárquicas. Habían renunciado a un poco de orden para alcanzar una innovación regular.

Pero cuanto más observábamos, tanto más perplejos nos quedábamos. La gente hablaba de duelos de rendimientos (IBM), de suprimir los programas al menos una vez (3M), de programas de compañeros y colaboradores individuales (IBM y Texas Instruments), de gerentes de estación (United Airlines), de sostener los fracasos (3M, Johnson & Johnson, Emerson), de presentarse como voluntarios para proyectos importantes, de constituir nuevas divisiones, de encontrar individuos que escuchen, y asimismo de encontrar a quienes "contrabandeen" (General Electric), de perforar más pozos (Amoco), de atacar muchos frentes simultáneamente (Bristol-Myers) y de estimular a los tábanos y los rebeldes (IBM). Si nosotros no estuviéramos todavía convencidos de que la metáfora militar era inadecuada para describir la vida de la administración en las compañías excelentes, lo habríamos sabido después de analizar satisfactorios sistemas de innovación.

Pero sentimos que la innovación suponía algo más que una descentralización radical y la incitación a las tropas a "ser creadoras", como un colega describe el enfoque típico para tratar de innovar. Y resultó lo que se suponía.

EL CAMPEON

Toda la actividad y la aparente confusión que observábamos giran alrededor de "campeones" motivados y de la preocupación por que el innovador potencial, o campeón, avance, crezca y prospere —aun a costa de una ligera locura. Porque, como nos lo dijo rotundamente Tait Elder, por entonces jefe de la división de nuevas operaciones de 3M: "Nosotros esperamos que nuestros campeones sean irracionales".

Howard Head es el campeón por excelencia. De él y de su revolucionario esquí dice James Brian Quinn: "Estaba poseído por su idea. Era un fanático del tema". Para comprender qué son en realidad los campeones, basta leer la historia de Head y de su invención del esquí metálico como la describe *Sports Illustrated:*

En 1946, Head fue a Stowe, Vt., a esquiar por primera vez. "Quedé descorazonado y humillado de ver lo mal que esquiaba", dice, y estuve tentado a echar la culpa al equipo, esos esquís de nogal, largos e incómodos. Camino a casa me encontré de pronto jactándome ante un oficial de la Armada, sentado a mi lado, de que yo podía hacer, con materiales para avión, un esquí mejor que el de madera".

De vuelta a Martin, en la mesa de dibujo de Head comenzaron a aparecer unos garrapateos que le dieron la idea de recoger un poco de aluminio del montón de chatarra de la planta. En sus horas libres instaló un taller en el segundo piso de un establo arreglado en un pasadizo vecino a su estudio de una habitación. Su idea para fabricar un esquí como un "emparedado de metal", que consistiera en dos láminas de aluminio bordeadas de madera y en el centro plástico en forma de panal de abejas.

Como necesitaba presión y calor para soldar los materiales, ideó un proceso que habría sido el orgullo de Rube Goldberg. Para obtener la presión necesaria de 1 kilo por centímetro cuadrado, colocó el molde del esquí en un enorme saco de caucho y bombeó luego el aire para hacerlo salir por un tubo sujeto a un viejo compresor de un refrigerador conectado al revés, de modo que se produjera succión. Para el calor, soldó un tanque de hierro, en forma de ataúd, lo llenó de aceite para motor que sacó de algunos automóviles y con dos quemadores para campamento, comprados en Sears, calentó toda esa mezcla olorosa a 350°. Luego arrojó el saco de caucho con el molde del esquí en el tanque de aceite hirviendo, y se instaló como un ama de casa en espera de que se doren sus buñuelos.

Seis semanas más tarde, Head sacó de la hediondez y del humo sus seis primeros pares de esquís y corrió al esquiadero de Stowe para hacerlos ensayar por los profesionales. Para probar la combadura de los esquís, un instructor introdujo en la nieve el extremo de uno y lo dobló. Se rompió. Y así pasó con todos los seis pares. "Cada vez que uno se rompía, algo estallaba dentro de mí", dice Head.

En vez de darse por vencido, Head se fue de Martin el 2 de enero de 1948, tomó 6000 dólares que había ganado al póker y que tenía ocultos debajo de su cama y se puso a trabajar en serio. Cada semana enviaba un nuevo par de esquís perfeccionados a Neil Robinson, instructor en Bromley, Vt., para su prueba, y cada semana Robinson los devolvía rotos. "Si yo hubiera sabido entonces que se iban a necesitar 40 versiones antes de conseguir un buen resultado, a lo mejor habría abandonado el plan", dice Head. "Pero, afortunadamente, uno acaba por pensar que el próximo modelo será el bueno".

Head luchó con su obsesión durante tres angustiosos inviernos. Introdujo algunas mejoras: bordes de acero, madera en el centro para mayor resistencia, una superficie plástica. En una fría mañana de 1950, Head se encontraba en la pista de Tuckerman's Ravine, en New Hampshire, y observaba al instructor de esquí, Clif Taylor, que descendía y se detenía haciendo una curva delante del radiante inventor.

"Son magníficos, Mr. Head; sí, de verdad magníficos", exclamó Taylor. En ese momento, dice Head, "supe que había triunfado".

Texas Instruments realizó hace poco una estupenda encuesta sobre sus cincuenta últimos lanzamientos de productos, afortunados o no, y encontró que había un factor que caracterizaba todo los fracasos: "Sin excepción, encontramos que no habíamos tenido un campeón *voluntario*. Había alguno al que habíamos engatusado para el trabajo". El ejecutivo que nos contó esto agregó: "Actualmente, cuando examinamos un producto para decidir si lo lanzamos o no, recurrimos a nuevos criterios. El primero es la presencia de un campeón celoso y voluntario. Bien atrás vienen, en segundo y tercer lugar, el potencial del mercado y la rentabilidad probable".

Terminamos recientemente un análisis de los rendimientos durante los últimos veinte años en unas doce importantes compañías norteamericanas y japonesas. Parte del análisis fue un estudio profundo de las veinticuatro iniciativas más importantes de estas empresas, como la infortunada irrupción que hizo General Electric en el mundo de los computadores y su éxito con los plásticos para uso industrial, y con los motores para avión. De nuevo se comprobó aquí que el papel del campeón es decisivo. Catorce de los quince casos afortunados examinados tenían un campeón, mientras que en nueve fracasos, solamente tres de ellos habían contado con uno. (Los otros seis, o no habían tenido campeón o éste se había retirado pronto y, en consecuencia, el proyecto había sido abandonado.) Además, para sorpresa nuestra, los datos de los norteamericanos y los de los japoneses concordaban. Nosotros pensábamos que iríamos a encontrar pocos campeones en el ambiente japonés, que es más colectivista. No obstante, el ciento por ciento (seis de cada seis) de los proyectos japoneses que habían tenido éxito tenían un campeón, y tres de los cuatro fracasos de los japoneses no tenían ninguno.

Con gusto reconocemos que Head es el paradigma mismo del inventor que trabaja en un garaje mohoso y maloliente. ¿Pero los individuos de Hitachi y de General Electric? Sí; y los de IBM también. James Brian Quinn, pasando revista a un cuarto de siglo de historia de IBM, dice: "Los campeones motivados eran estimulados para que desarrollaran proyectos importantes. El presidente Vincent Learson creó este estilo en IBM durante el período más innovador de la compañía. Estimulaba a los diferentes grupos para que presentaran proyectos de diseños en competencia con las propuestas de otros grupos. Era, en efecto, difícil encontrar una innovación importante y afortunada de IBM que fuera el producto directo de una planificación de producto formal más bien que de este proceso de campeonato".

Un antiguo funcionario de IBM en la época del señor Watson padre, observa: "El 650 [uno de los primeros computadores de IBM] fue un caso clásico. Los técnicos de los laboratorios centrales en Poughkeepsie avanzaban lentamente. Un grupo de Endicott [el cuartel general de fabricación e ingeniería] trabajaba de contrabando en un pequeño sub-proyecto. La sede de Armonk barruntó este proyecto. Era notablemente mejor —más sencillo, más barato— que el producto del laboratorio. Este fue el 650". Una conversación con un ejecutivo de IBM en San José nos confirmó:

> Los proyectos paralelos son fundamentales. No hay la menor duda. Cuando pienso en la docena de productos que acabamos de lanzar, encuentro que en más de la mitad de los casos el gran proyecto de desarrollo sobre el cual "apostamos" pasando por las vías normales, fracasó en gran parte. En todos los casos —y quiero decir todos los que hemos estudiado— había dos o tres proyectos pequeños (cinco, una vez) adelantados por grupos de cuatro a seis personas, dos en un caso, que habían estado trabajando sobre una tecnología paralela o sobre gestiones paralelas de desarrollo. Se las ingeniaban para sacar tiempo y gente. Pero ésta es una tradición de hace mucho. Hacemos la vista gorda. Eso paga. En efecto, advertimos que entre los proyectos en que la forma inicial falló, el

de sustitución se había adelantado al plan original en tres casos. Es sorprendente lo que un puñado de personas motivadas puede hacer cuando creen en algo. Por supuesto que tenían una ventaja: puesto que estaban tan limitadas en sus recursos, tenían que diseñar un producto más sencillo.

En General Electric es la misma historia. Si profundizamos, podemos desenterrar varios cuentos. Por ejemplo, uno de sus más grandes éxitos comerciales recientes, además de cualquier adquisición, han sido los plásticos para uso industrial (de cero en 1970 a mil millones de dólares en 1980). La idea de estos plásticos provino de una actividad paralela, informó un comentarista de *Dun's Review:*

> Como la mayor parte de las compañías, General Electric piensa que algunas ideas de sus investigadores no prometen mucho, ni siquiera como para que [el laboratorio central de Investigación y Desarrollo en] Schenectady las financie. Así es que la compañía deja el campo libre para que un investigador ambicioso se comprometa en un trabajo clandestino financiado subrepticiamente por fondos asignados a otro proyecto. Generalmente conocido en General Electric como "contrabando", este género de investigación no autorizada puede, algunas veces, pagar jugosos dividendos. En los años cincuenta, un investigador llamado Daniel W. Fox, que trabajaba en un nuevo material aislante para cables eléctricos, entró un día en la oficina de Beuche, director de tecnología, con un inmenso globo de plástico pardo en el extremo de una varilla de vidrio. Lo puso en el suelo, lo golpeó con un martillo, y el martillo se rompió. Luego probó cortarlo con un cuchillo, pero no pudo. Se hizo una demostración del material a la nueva unidad de desarrollo de productos químicos que lo refinó y lo convirtió en una sustancia plástica llamada Lexan policarbonatado, dando origen así a lo que actualmente es la actividad comercial de General Electric que crece con mayor rapidez.

Pero la cosa no fue tan fácil. Fox, el campeón de la tecnología, no era suficiente. Se necesitaban otros actores importantes para que este producto pasara con éxito a través de las redes de la burocracia y fuera lanzado al mercado. El joven Jack Welch, actual presidente, era el ejemplo clásico del campeón. No dejaba de "contrabandear", descubría aplicaciones para experimentar con los clientes y buscó fuera del sistema jóvenes ingenieros químicos que podían desarrollar más aún el Lexan. Además, Welch mismo estaba protegido por un puñado de fuertes e iconoclastas "campeones ejecutivos".

Pero, si tantas personas coinciden en que los campeones son fundamentales para el proceso de innovación, ¿cómo se explica que las compañías no salgan a contratar algunos más o procuren desarrollar otros? La respuesta podría ser, en parte, que, al parecer, el estilo de trabajo del campeón choca con los principios de administración de la mayoría de las empresas. Nuevamente citamos a James Brian Quinn:

> La mayoría de las empresas no tolera al fanático creativo que ha sido la fuerza motriz de casi todas las innovaciones importantes. Las innovaciones que no están en la línea mayoritaria del negocio, no prometen mucho en las primeras etapas de su desarrollo. Además, el campeón es detestable, impaciente, egoísta y quizás irracional, en términos de la organización. Como consecuencia, no lo contratan. Y si lo contratan, ni lo promueven ni lo recompensan. Se le considera como "persona no seria", "molesta" o "perturbadora".

Otro factor parece ser una cierta confusión que existe entre la creatividad y la innovación. Theodore Levitt, de Harvard, expone muy bien el caso:

> El problema con la mayoría de los consejos que en el momento actual reciben las empresas sobre la necesidad de ser más fuertemente creadoras es que sus defensores no hacen la distinción entre creatividad e innovación. Creatividad es imaginar cosas nuevas. Innovación es hacer cosas nuevas...Una nueva y poderosa idea puede circular en una compañía sin ser utilizada durante años, no porque no se le reconozcan sus méritos sino porque nadie ha asumido la responsabilidad de pasarla de la teoría a la práctica. Las ideas son inútiles si no se usan. La única prueba de su valor está en su realización. Hasta entonces, permanecen en el limbo.

Si usted habla con las personas que trabajan para usted, se dará cuenta de que en la empresa norteamericana no hay escasez de creatividad o de gente creadora. Lo que falta son innovadores. Con demasiada frecuencia la gente cree que la creatividad conduce automáticamente a la innovación. Esto es falso. Las personas creativas tienden a pasarles a los demás la responsabilidad de ir a la práctica. Ellas son el cuello de botella. No hacen ninguna clase de esfuerzos para que sus ideas sean oídas y experimentadas...

El hecho de que se pueda reunir una docena de personas sin experiencia en una habitación y tener una sesión de improvisación en grupo que produzca nuevas y apasionantes ideas, muestra la poca importancia relativa que las ideas mismas tienen...Los hombres de ideas no cesan de acribillar a todo el mundo con propuestas y memorandos que son lo suficientemente breves para llamar la atención, despertar la curiosidad y mantener el interés, pero demasiado cortos para transmitir sugerencias serias de ejecución. Son raras las personas que tienen el conocimiento, la energía, la osadía y la perseverancia necesarias para poner en práctica esas ideas... Puesto que la empresa es una institución "para que se hagan las cosas", la creatividad que no va seguida de efectos, es una forma de comportamiento estéril. En cierto sentido, es irresponsable.

Un alto ejecutivo de una próspera compañía de bienes de consumo refuerza el punto de vista de Levitt con un ejemplo muy práctico. Dice:

> Los productos ganadores están sostenidos siempre por un gerente de marca que ha ido más allá de los reglamentos. Ha trabajado personal e intensamente con el departamento de investigación y desarrollo (sus compañeros menos afortunados solo han trabajado formalmente con investigadores), y por eso acapara una parte "excesiva" del tiempo y la atención de ese departamento. Igualmente, apartándose bastante de su papel oficial, participa en la fabricación piloto. Sobre todo, su fervor lo lleva a ensayar más cosas, a aprender más aprisa, a recibir mucho más tiempo y más atención de parte de otros y, finalmente, a triunfar. No hay nada milagroso. Yo puedo reunir cinco individuos del departamento de investigación y desarrollo, cualquier tarde, y salir con setenta y cinco a cien ideas aparentemente realizables de nuevos productos. Pero lo importante es ensayar y avanzar. No es asunto de genio. Es cosa de perseverar.

El campeón no es un soñador, ni un gran intelectual. Hasta puede ser un ladrón de ideas. Pero, ante todo, es el pragmático que se apodera de la teoría de otro, si es necesario, y se obstina en ponerla en práctica.

COMO SE HACEN LOS CAMPEONES

En el capítulo 5 contamos la historia de Sam Neaman. En McCrory's fue un verdadero campeón, pero no el único. ¿Qué tal aquel amigo de Indianápolis que hizo su primer almacén de demostración? En el caso de la entrada de General Electric en los plásticos para uso industrial, descubrimos varios héroes: el inventor, el innovador dentro de la empresa y los campeones ejecutivos que protegieron de la burocracia a los demás.

En *Research Management*, un escritor expuso recientemente esta conclusión: "Los individuos solitarios es poco lo que logran hacer... Los empresarios necesitan un patrocinador". Los numerosos modelos de los sistemas de campeones llegan todos a lo mismo: alguna clase de campeón fundamental, más alguna forma de protector. Si pasamos del estudio del individuo al de la organización, encontramos que se necesitan jugadores que hagan avanzar la innovación.

Nuestras observaciones nos han permitido identificar tres papeles importantes: el campeón del producto, el campeón ejecutivo y el padrino*. (Intencionalmente hemos omitido al innovador técnico o inventor, porque no consideramos el trabajo técnico inicial, el trabajo sobre la idea, como una variable primordial de la innovación. Creemos que la restricción en la innovación es casi siempre la falta de un campeón de producto, de un campeón ejecutivo o de un padrino. Principalmente estamos convencidos de la importancia del campeón ejecutivo y del padrino.)

El *campeón del producto* es el individuo celoso o fanático en la filas, que hemos descrito como alguien que no tiene nada del tipo administrativo. Al contrario: es un solitario,ególatra y caprichoso. Pero *cree* en el producto específico que tiene en la cabeza.

El *campeón ejecutivo* que tiene éxito es, invariablemente, un ex campeón de producto. Ha pasado por todo el lento proceso de maduración y ha visto lo que cuesta proteger de las tendencias negativas de la organización una nueva idea potencial.

El *padrino* es, típicamente, un viejo líder que sirve de modelo de referencia. En 3M, Hewlett-Packard, IBM, Digital, Texas Instruments, McDonald's y General Electric la tradición es decisiva en el largo proceso práctico de la innovación de producto. Las figuras míticas de Lewis Lehr y Raymond Herzog (3M), Edison, Welch y otros (General Electric), Hewlett (Hewlett-Packard), Olsen (Digital), Wang (Wang) y Learson (IBM) son esenciales para estimular a los campeones. Un joven ingeniero o el que lanza el producto no se compromete ni se arriesga simplemente porque tiene un "buen presentimiento". Se compromete y se arriesga porque la historia de la institución apoya esta actitud como una forma de alcanzar el éxito. Y lo hace a pesar de la seguridad de los repetidos fracasos.

El juego de los números. Los campeones experimentan fracasos la mayor parte del tiempo, lo cual no es de sorprender. Si afirmamos que los campeones y los sistemas para hacer campeones son la clave más

---

* Nosotros no somos los primeros en proponer este modelo. Edward Roberts de MIT, James Brian Quinn de Darmouth y Modesto Maidique de Stanford, entre otros, han propuesto alguna forma de jerarquía de campeones.

importante del éxito sostenido de la innovación en las compañías excelentes, ¿cómo reconciliamos los repetidos fracasos y el éxito general? No hay sino una forma: es que el éxito de la innovación es un juego de números.

Supongamos ahora que se lanza una nueva iniciativa y que sus probabilidades de éxito son solamente del 10%. Si se lanzan diez de estas iniciativas, las leyes de la probabilidad nos enseñan que las posibilidades de que por lo menos una triunfe se elevan al 65%. Si se lanzan veinticinco iniciativas, las posibilidades de que por lo menos una tenga éxito pasan del 90% (y la de conseguir dos aciertos son casi del 75%). Lo que queda diáfanamente claro es que, aunque las posibilidades de que una cosa resulte sean pocas, las probabilidades de éxito son muy altas si se hacen varias tentativas. Según James Brian Quinn: "La administración debe autorizar un número suficiente de proyectos a largo plazo para que tenga efecto la razón característica del éxito 1:20. Al principio, los gerentes con espíritu de empresa quizá necesiten emprender proyectos con una menor razón de riesgo a fin de despertar confianza en la administración."

La única forma de asegurar más éxitos es aumentar el número de "ataques". Así pues, Digital, Hewlett-Packard, 3M, Texas Instruments, Bloomingdale's, IBM, McDonald's, General Electric, Wang, Johnson & Johnson y otras, tienen más campeones potenciales que sus competidores. Así es como Digital trata a cada cliente, prácticamente como un centro de ensayo de sus nuevos productos.

Un análisis reciente del éxito de Bristol-Myers proporciona un buen ejemplo del éxito mediante los números. Richard Gelb ha alcanzado un gran récord en la presidencia de Bristol. *Forbes* declara que Gelb acepta gustoso llegar regularmente en segundo lugar: "Dick Gelb dice: 'Con tal que podamos producir dos buenas innovaciones al mismo tiempo, saldremos mejor. Los productos que quedan en segundo lugar ganan más dinero'". Y observa *Forbes* que "Gelb ataca simultáneamente suficientes frentes; así, en caso de que un producto no sea rentable a la larga, puede él reducir sus pérdidas rápidamente". Las cifras de Bristol confirman la validez de la estrategia de Gelb. Durante los últimos cinco años en el mercado del grueso público, treinta y tres productos para el cuidado de la salud y de la belleza han sido considerados como éxitos comerciales (con ventas anuales por 5 millones de dólares, o más, en los almacenes de productos alimenticios). Según *Forbes*, "Bristol-Myers tuvo ocho. La mejor de sus competidoras, tres", Gelb comenta: "Los productos de combate son excelentes, pero hay otras formas de avanzar éticamente en el sector farmacéutico. Nosotros no colocamos todos los huevos en la canasta de la droga milagrosa del futuro. Si yo tengo mil millones de dólares en ventas de productos farmacéuticos, estaría mucho más feliz con 10 negocios de 100 millones cada uno que con dos de 500 millones de dólares". *Forbes* sintetiza: "Bristol no pierde el tiempo, saca una gran cantidad de productos y hace dinero en seguida. Su gran fuerza reside precisamente en que *no destina* 250 millones a la investigación y se sienta a orar para que cualquier día se presente alguien con un remedio contra el cáncer".

El juego de los números es mucho más evidente en la industria del petróleo. Bajo la presidencia de John Swearingen, Amoco, por ejemplo, ha batido tal récord con el éxito obtenido en la exploración del petróleo en los Estados Unidos, que se ha colocado a la cabeza de este sector, aventajando aun a Exxon, Arco o Shell. Esto simplemente gracias a los números. "A Standard le gusta perforar todos los pozos que pueda", comenta un escritor en *Fortune*. "Esta pasión por la exploración a cualquier precio distingue a Amoco de las otras grandes. Así por ejemplo, Exxon rara vez perfora un pozo a menos que éste pague con creces la inversión. Y [el jefe de producción de Amoco] George Galloway, se sorprendió al enterarse, a raíz de una reciente reunión en Houston, de que Mobil estaba operando con solamente 500 000 acres* de concesión, en una región en que Amoco tenía 20 veces más". (Galloway agrega: "Mobil tiene que estar muy segura de sí misma para determinar su exploración tan minuciosamente. Yo no creo que nosotros seamos tan listos".)

Esta historia de los números apenas valdría la pena de contarse si no fuera por la mentalidad de "solo aciertos grandes", que es la marca de la mayoría de los negocios, incluso en el sector petrolero. Esta mentalidad proviene de una fe extraviada en la planificación, de una incomprensión del proceso de innovación desordenado, de una confianza excesiva en las operaciones a gran escala y de incapacidad para concebir la administración del caos organizado y de muchos aciertos pequeños.

Respaldo a los campeones. Los campeones son pioneros y a los pioneros les tiran. Por consiguiente, las compañías que obtienen de sus campeones el máximo son las que tienen ricas redes de apoyo que permiten a sus pioneros florecer. La importancia de este punto es tal,

---

* 200000 hectáreas.

que ninguna insistencia sobra. Sin sistemas de respaldo no hay campeones. Sin campeones no hay innovaciones.

Lo que más nos llama la atención en las compañías excelentes es la integridad de sus sistemas de apoyo a sus campeones. En efecto, las compañías excelentes están organizadas para crear campeones. Particularmente, sus sistemas ofrecen "filtraciones" deliberadas para que los campeones tengan de qué echar mano. Esto lo hacen en "talleres irregulares". Por ejemplo, en una compañía de 5000 millones de dólares, tres de los cinco últimos nuevos productos lanzados al mercado provienen de un "taller irregular". Este es un equipo de ocho a diez personas localizado en un segundo piso oscuro de un inmueble situado a seis millas de la sede de la corporación. El genio técnico es un individuo cuyo grado más alto es el equivalente de bachillerato, obtenido en el ejército de Corea (aunque la compañía tiene en su nómina literalmente miles de ingenieros y de doctores en física). Otro miembro de este grupo fue arrestado por haberse entrado subrepticiamente en una fábrica y haber sacado sin permiso unos materiales que necesitaba para un experimento.

El primer proyecto del grupo, cuyo renglón de ventas anuales representa hoy unos 300 millones de dólares, se desarrolló completamente (se convirtió en un prototipo) en veintiocho días. En el último año, un importante producto de la empresa fue un fracaso. Un miembro de un taller irregular pidió y obtuvo permiso de llevar a casa dos muestras para instalarlas en su sótano. Se sirvió de una como punto de referencia. Durante unas tres semanas estuvo trabajando con la otra y, prácticamente, le corrigió todos los defectos (con artículos de cinco y diez centavos), triplicando realmente el rendimiento sobre el modelo original. El presidente visitó su sótano y aprobó inmediatamente todas las modificaciones. El último de los éxitos del grupo fue concebido en competencia secreta con un "equipo" de ingenieros de la empresa de casi 700 miembros.

El pragmatismo de los talleres irregulares es notorio, como nos lo muestra otra anécdota a propósito de este grupo. Una parte de una nueva máquina se estaba recalentando. Enormes equipos de ingenieros lucharon con el problema durante varios meses. Finalmente se decidió montar sobre la máquina un acondicionador de aire de una tonelada. Un miembro de un taller irregular pasó por ahí casualmente. Examinó el problema, luego fue a la farmacia de la esquina y compró un ventilador casero por 8.95 dólares. La necesidad quedó satisfecha y se arregló el problema disminuyendo suficientemente la temperatura.

Los sitios en que oímos hablar de talleres irregulares son aquellos en donde no existen estructuras más elaboradas para sostener a los campeones o estimularlos. En las mejores compañías oímos hablar más de algo que nuestro colega David Anderson ha llamado "la posición con autonomía limitada", queriendo decir con esto una posición más extendida de lo que podría esperarse, que tiene cualidades de espíritu de empresa dignas de los campeones, pero que realmente está muy restringida.

Este concepto lo encontramos por primera vez en un estudio de United Airlines, cuando estaba en su época de prosperidad, bajo la dirección de Ed Carlson. Carlson hablaba de un "espíritu de empresa simulado". Les concedió a unos 1900 "jefes de operaciones" de United cierto control sobre sus propios destinos. Por primera vez, se les distinguió y clasificó no en función del total de sus rendimientos sino en función de las variables sobre las cuales ellos ejercían algún control. Carlson dice: "Nosotros estábamos tratando de lanzar un desafío realista a cada uno de los jefes de operaciones de modo que al cabo de seis meses él pudiera decir a su jefe o a su esposa: "¡Me gané una plata!"

Este fenómeno lo encontramos en seguida en Dana, en donde el presidente, Rene McPherson inventó el concepto de "gerente de taller", como ya lo vimos. Consistía este concepto, prácticamente hablando, en dar mucha autoridad a sus directores de planta, que eran aproximadamente noventa. Ellos tenían un control nada común sobre los contratos y despidos de personal; tenían sus propios sistemas de control financiero; hacían sus propias compras, tareas todas que, generalmente, están centralizadas. La opinión de McPherson es que éstos son los hombres de primera línea y que, a la larga, son quienes tienen más probabilidades de tomar mejores decisiones que el personal central.

El mismo concepto en Procter & Gamble y en Frito-Lay se conoce como "gerente de marca". En realidad, el gerente de marca no es un innovador fanfarrón. Por el contrario. Todo el proceso de socialización del sistema de Procter & Gamble, por ejemplo, está dirigido a convencerlo de que él es un héroe. Constantemente el sistema de cuentos y de mitos canta alabanzas al valiente gerente de marca que durante tantos años ha desafiado a su superior y ha restablecido su marca contra viento y marea (y en competencia con todos los otros gerentes de marca).

En Schlumberger, que está en el sector de equipos para la industria del petróleo, los empresarios simulados son los 2000 jóvenes ingenieros petroleros enviados a concesiones aisladas, aquellos de quienes D. Euan Baird, jefe de las operaciones de taladros, ha dicho: "Para mí, Schlumberger es el individuo que, un poco inquieto, visita los pozos, tiene buenas respuestas para el cliente y se marcha creyéndose King Kong". La tasa de rotación de personal es elevada. Pero todos *son* Schlumberger, en donde esto cuenta —en los rincones más apartados. La responsabilidad, en cierto modo, es bastante limitada. Pero, sin embargo, cada uno ha sido entrenado para que crea que tiene mucho poder.

En IBM, Digital y Raychem, la situación de autonomía limitada es la del vendedor que resuelve los problemas. Este concepto lo lanzó Tom Watson en IBM hacia 1920. Digital lo aplica hoy día, y llama al proceso de acercamiento al cliente "el mercadeo que se recoge las mangas". A 3M la conocen los extraños como la "compañía de vendedores". Todo comenzó cuando sus vendedores evadieron a los agentes de compras y se dirigieron directamente a los operadores de las máquinas en el taller. Hoy el personal de ventas de 3M sigue utilizando este método. Prácticamente todos los vendedores de Raychem son egresados de la Escuela de Negocios de Harvard. Comienzan como vendedores y resuelven los problemas.

En nuestra opinión, no hay sino un solo medio para hacer marchar estas situaciones. Pero es duro. Se trata de *socializar* a los gerentes para que ellos se crean campeones potenciales, y simultáneamente de mantener cierto control donde se necesite. La mayor parte de las compañías que son incapaces de pensar más allá de trivialidades como: "La autoridad debe estar a la misma altura de la responsabilidad", no pueden afrontar esta dura dualidad. Muchas compañías lanzan modelos de gerente de marca o de gerente de producto, pero Dios sabe cuántas han tratado de copiar a Procter & Gamble. Pero rara vez dedican tiempo a crear la mitología, los modelos de referencia y la estructura de los héroes que pasan la carga (el compromiso, la pasión) a los gerentes de marca. O si lo hacen, como algunos, no juegan bien la otra mitad del juego —facilitar los sólidos y regulares sistemas de respaldo que estimulan silenciosamente al gerente de marca de Procter & Gamble y le ayudan a hacer su trabajo. El caso de Procter & Gamble es el clásico. Al gerente de marca se le enseña que si actúa como King Kong en el mercado, algún día puede acabar como presidente de la compañía. Sin embargo, con la disciplina favorecida por la estructura vertical de la gerencia de marca y el pequeño número de sistemas "profundamente arraigados", su autonomía es, en verdad, muy limitada. Tiene algo de malabarismo.

Las divisiones "subóptimas". Una organización con negocios por 6000 millones de dólares que estudiamos hace algunos años había transformado sus grupos técnicos en "centros de competencia": para física, química, etc. Estos centros habían llegado a ser los elementos fundamentales de la organización. Los proyectos y los productos estaban muy atrás. El resultado práctico de este desequilibrio fue que el tiempo de cada uno estaba irremediablemente fragmentado. Cualquier persona podía trabajar en media docena de proyectos ligados a su especialidad. Los proyectos podían abarcar tres o cuatro divisiones y dos o tres grupos. La organización fue un desastre. Muy pocas cosas se entregaban a tiempo, principalmente —a nuestro juicio— por la falta de un compromiso y debido a un enfoque equivocado hacia las disciplinas técnicas más bien que hacia los productos, los proyectos y los clientes. Cuando, después de una interrupción de cinco años, la empresa volvió a los sistemas de proyecto (con la competencia técnica relegada a un segundo plano), las actividades de desarrollo se reiniciaron notablemente —y casi de la noche a la mañana.

Comparemos este caso con el de Hewlett-Packard. Esta empresa con negocios por 3500 millones de dólares, se compone de cincuenta divisiones pequeñas (con un promedio de 70 millones de dólares). Cada división está limitada a unos 1200 empleados. Recientemente, visitamos una división que había alcanzado los 2000 empleados. La solución fue organizarla en tres unidades, cada una, como de costumbre con toda la capacidad de desarrollo del producto. Igual que en 3M, lo que se busca no es desarrollar divisiones de mayor tamaño, sino producir "un enjambre" de nuevas. Un comentador agrega: "Llevando a cabo su misión fundamental, una división de Hewlett-Packard se desempeña como una empresa independiente. Como tal, es responsable de su propia contabilidad, de la política de personal, de la conservación de la calidad y del lanzamiento de sus productos".

Cada división, como en 3M, tiene su propio grupo de desarrollo de producto. Puede que vaya más allá. Un gerente general dijo: "Se supone que nosotros debemos centralizar los programas. Pero cada una de mis unidades desarrolla sus propias capacidades. No se sienten bien si no lo hacen. Francamente, yo cierro los ojos porque tampoco me sentiría bien. Igualmente, cada uno fabrica sus propias microfichas". ¿Empezando de cero? le preguntamos. "Sí, todas a partir del silicio...Me preocupan las pequeñas series de producción y la consecuente falta de automatización. Pero yo prefiero tener los nuevos productos, aun en duplicado. Una gran parte de lo que fabricamos debería estar en otras divisiones".

El mensaje de las compañías excelentes que examinamos era, invariablemente, el mismo. Equipos pequeños de innovación independientes en 3M (unos cien); pequeñas divisiones en Johnson & Johnson (más de 150 en una empresa con negocios por 5000 millones de dólares); noventa Centros Producto/Cliente en Texas Instruments; los equipos de producto dirigidos por un campeón en IBM; equipos de "contrabando" en General Electric; pequeñas secciones en constante transformación en Digital; todos los meses nuevas tiendas de Bloomingdale's. En una palabra: esto es lo que entendemos por fragmentación. Lo pequeño *es* hermoso.

Competencia interna. Hay, fundamentalmente, dos maneras de arreglar el funcionamiento de las organizaciones. La primera es "seguir el reglamento", es decir, proceder por algoritmia, que es lo que predican los racionalistas. En la naturaleza de la burocracia, que se define como un comportamiento muy respetuoso de los reglamentos, está el actuar en esta forma. Así es como encontramos en una empresa una estructura de 223 comités que participan en el lanzamiento de nuevos productos. La segunda consiste en introducir el "mercado" en el interior de la empresa. La organización aparece así dirigida por los mercados internos y la competencia interna. Los mercados existen para las personas que buscan que se les destine a los equipos de proyectos, como en 3M, Fluor, Texas Instruments y Bechtel. La competencia directa en materia de proyectos es un hecho real como en IBM y sus "duelos de rendimientos". No solamente hace uno la vista gorda ante el "contrabando", sino que lo apoya secretamente, como en General Electric o en IBM. Las marcas compiten en Procter & Gamble. El traslapo y la duplicación deliberados entre las divisiones y en las líneas de productos se presentan en Procter & Gamble, Digital, Hewlett-Packard, 3M, Johnson & Johnson y Wang.

Es sorprendente ver hasta qué punto se evitan, en las compañías excelentes, los dispositivos racionales y formales de organización. Por ejemplo, en 3M, las divisiones y hasta los grupos se hacen la competencia intencionalmente. Dentro de un grupo, las funciones de las divisiones se traslapan. ("Preferimos que el segundo producto en el mercado salga de otra de nuestras divisiones".) Se recompensa específicamente a los gerentes que se encargan de las actividades del desarrollo de un nuevo producto desde *fuera* de su propia división o grupo.

La idea no es nueva. En General Motors, Alfred Sloan hizo una "colcha de retazos" de pequeñas compañías fabricantes de automóviles y las integró en la estructura divisionaria de General Motors. Intencionalmente puso a funcionar un traslapo de marcas: Pontiac y Buick de un lado, Pontiac y Chevrolet del otro, y así sucesivamente. Con los años, General Motors se apartó de los principios de Sloan y se hizo más monolítica. Una de las prelaciones manifiestas de Roger Smith, recientemente nombrado presidente, es restablecer el antiguo espíritu de competencia. Tiene la intención de dar "rienda suelta a la talla de una imagen propia para cada división".

Puede haber todavía una competencia más intensa entre los directores por debajo del nivel de división. En Bloomingdale's, el vicepresidente de comercio, los compradores y los coordinadores de estilo se disputan interminablemente el escaso espacio. La compañía se va reorganizando regularmente a medida que van apareciendo ganadores y perdedores.

Los gerentes de marca en Procter & Gamble constituyen el ejemplo tipo de competencia interna. La compañía inició esta política en 1931, invitando oficialmente a una "competencia entre marcas, libre de trabas". La administración decidió que la competencia interna era "la única forma de evitar volverse demasiado difíciles de manejar". Hoy los gerentes de marca no reciben ninguna información (distinta de la suministrada al público) sobre lo que está pasando con otras marcas de Procter & Gamble. Se les estimula a competir. Hasta existe un lenguaje especial para describir esta competencia: "contrapartismo", "conflicto creativo", "el desgaste de las ideas". Procter & Gamble viola las reglas racionales. Uno de nosotros hizo notar a un antiguo ejecutivo de Procter & Gamble que los gerentes de marca preferirían más bien el "canibalismo" con el producto de uno de sus colegas que derrotar a la competencia. El estuvo de acuerdo y agregó: "Recuerdo que yo era gerente de control de calidad cuando Crest fue certificada por American Dental Association hace algunos años. A la semana siguiente me encontré con el gerente de marca de otro de nuestros dentífricos. Medio en broma me dijo: ¿Usted no podría ponerle algunos microbios a esa cosa?" Se puede atribuir gran parte de los nuevos productos de

Procter & Gamble al deseo inmenso de los gerentes de marca de que se les considere ganadores. Cada año sale una "promoción" de gerentes de marca y la competencia entre las promociones es violenta.

IBM es reconocida maestra en el arte de estimular la competencia entre las ideas de productos potenciales. La compañía estimula formalmente el "contrabando" y muchos enfoques del mismo problema. Luego organiza "duelos" de rendimientos entre los grupos en competencia —*verdaderas* confrontaciones entre los instrumentos y los programas en marcha (no la "competencia" típica entre planes sobre el papel).

Hewlett-Packard tiene ya una rutina en materia de competencia: "Convenza al personal de ventas". El personal de ventas no está obligado a aceptar un producto desarrollado si no lo quiere. La compañía cita numerosos casos en que una división había gastado ya varios millones de dólares de los fondos para el desarrollo, cuando el personal de ventas dijo: "No, gracias". Texas Instruments tiene una rutina semejante. Su personal de ventas también está separado, generalmente, de los Centros de Producto/Cliente orientados al mercadeo. Esta compañía hizo nacer la competencia forzando a los funcionarios de mercadeo y a los ingenieros de producto a ir directamente al cliente con su auto y material de demostración para presentar los nuevos prototipos. Es la prueba de fuego.

El deseo de Digital de autorizar a sus gerentes de sección y a sus vendedores para incluir en su catálogo productos que se traslapan, es una variación sobre el mismo tema. Digital está sumamente orientada hacia el cliente, de suerte que trata de adaptar los nuevos productos a la medida de las necesidades de los clientes. No quieren productos contrarios. Un analista de *Fortune* anota: "La estrategia típica de crecimiento le ocasiona a Digital algunas desventajas. Entre otras cosas, muchos de los 10 000 artículos que figuran en la lista de precios tienen doble uso. En ciertas aplicaciones se puede utilizar cualquiera de los dos sistemas de Digital para obtener, más o menos, el mismo resultado". Así, Digital, como Procter & Gamble, está dispuesta a pagar el precio de la duplicación, que es mensurable, para realizar una utilidad.

La competencia interna, en lugar del comportamiento formal, respetuoso de las reglas y de los comités, está muy extendida en las compañías excelentes. Ocasiona altos costos de duplicación, "canibalismo", sobreposición de productos, sobreposición de divisiones, múltiples proyectos de desarrollo, dólares para el desarrollo perdidos cuando el personal de ventas no quiere aceptar la imaginación del individuo encargado de mercadeo de los productos. Sin embargo, las ventajas, aunque menos mensurables, son grandes, especialmente en términos de compromiso, innovación y concentración en los ingresos.

La comunicación intensa. Un alto ejecutivo de Hewlett-Packard dijo: "No estamos realmente seguros de cómo funciona el proceso de innovación. Pero sí estamos seguros de una cosa: la facilidad de comunicación y la ausencia de obstáculos para la discusión son fundamentales. Cualquier cosa que hagamos, cualquiera que sea la estructura que adoptemos, cualesquiera que sean los sistemas que ensayemos, ésa es la clave y no haremos nada que la ponga en peligro".

En las compañías excelentes, los sistemas de comunicación tienen cinco atributos que parecen estimular la innovación:

1. *Los sistemas de comunicación son informales.* En 3M hay reuniones interminables, aunque pocas están programadas. En la mayoría de los casos, los individuos —de diferentes actividades— se reúnen casualmente para hablar de los problemas que se les presentan. Este proceso está reforzado por el ambiente de *campus* de una ciudad universitaria de sus instalaciones de Saint Paul, así como por el ambiente de "las mangas de camisa" y la naturaleza inherente de la organización que obliga a todo el mundo a conocerse algún día. Todo esto hace que las personas tengan contactos regulares.

En McDonald's el equipo de dirección vive de manera informal, dando así el tono a la empresa. En Digital, el jefe ejecutivo Ken Olsen "se reúne regularmente con un comité formado por aproximadamente veinte ingenieros de todos los niveles. Olsen decide el orden del día y, periódicamente, disuelve y reorganiza el comité, para que las ideas se renueven constantemente. Se considera un 'catalizador' o un 'abogado del diablo'". Un investigador, Ed Schon, expone la importancia de esta clase de interacción, sintetizando un importante estudio del proceso generador de campeones: "Los que proponen ideas afortunadas trabajan fundamentalmente en estructuras informales". Un sistema generador de campeones en el corazón de la organización lleva consigo una cultura informal *de facto*.

2. *La intensidad de las comunicaciones es extraordinaria.* Dos compañías conocidas por sus sistemas de comunicación sin trabas, en sectores que pasan por poco comunicativos, son Exxon y Citibank. Nosotros tuvimos la oportunidad de ver a los altos ejecutivos en acción en ambas compañías. La diferencia entre su comportamiento y el de

sus competidores es sorprendente. Cuando ellos hacen una exposición se permiten todas las preguntas. Todo el mundo participa. Nadie vacila en interrumpir al presidente, al gerente general o a un miembro de la junta directiva.

¡Cómo contrasta esto con el comportamiento de la mayoría de las compañías que estudiamos! Los cuadros directivos, que algunas veces han trabajado juntos durante veinte o más años, no asisten a las reuniones si no se ha preparado un orden del día. Parece que son incapaces de hacer otra cosa que no sea escuchar las presentaciones y luego hacer comentarios amables sobre su contenido. Se llega hasta el extremo de que personas cuyas oficinas se hallan en el mismo piso no se comunican sino por escrito. Este género de comportamiento es totalmente opuesto a la reunión diaria que en Caterpillar tienen los diez ejecutivos más altos, "sin orden del día ni actas"; a las "pausas para el café" de los diez o quince directores de Fluor y de Delta, y a la reunión diaria e informal de la plana mayor de McDonald's.

Los ejecutivos de Intel llaman este proceso "la toma de decisiones por los pares". Es un estilo de administración abierta, en que se resalta la confrontación, donde se debaten los problemas directa y francamente. Las personas no necesitan esconderse porque hablan todo el tiempo. Una reunión no es un acontecimiento extraño y formal y menos aún, político.

3. *A la comunicación se le brinda apoyo físico.* Un ex ejecutivo de IBM cambió recientemente de puesto y se posesionó de un importante cargo en el departamento de investigaciones en otra empresa de alta tecnología. Pocas semanas después de su llegada, entró en la oficina de uno de los ejecutivos, cerró la puerta y dijo: "Tengo un problema". El ejecutivo palideció: el otro criticaba sus planes: "Yo no comprendo por qué aquí no hay tableros", dijo el antiguo funcionario de IBM. "¿Cómo hace la gente para conversar y cambiar ideas sin tableros por todas partes?" Se le dio la razón. Tom Watson, padre, lanzó la idea en IBM, utilizando por todas partes un caballete y hojas de papel. Instrumentos como éstos ayudan a desarrollar la comunicación intensa e informal, que es la base de una innovación regular.

El presidente de una compañía de las de nuestra lista nos relató una reciente actividad que él consideraba muy importante: "Yo me deshice de las pequeñas mesas redondas para cuatro personas que había en el comedor de la compañía y las reemplacé por mesas de comedor del ejército, largas y rectangulares. Es algo importante. En una pequeña mesa redonda, cuatro personas que ya se conocen se sientan a almorzar todos los días. Con las mesas largas de los oficiales, los que no se conocen entran en contacto. Un científico habla con algún individuo del departamento comercial o con alguno de la división de fabricación. Es un juego de probabilidades, y esto aumenta las posibilidades del intercambio de ideas importantes".

Los nuevos edificios de Intel en Silicon Valley se proyectaron con un número excedente de pequeñas salas de conferencias. La dirección quiere que la gente almuerce y resuelva los problemas ahí. Estas salas están llenas de tableros. (Podríamos llamar este conjunto de conclusiones "el factor tablero".)

Thomas Allen, de MIT, ha estado estudiando durante largos años las configuraciones físicas. Sus resultados, obtenidos en las oficinas de investigación e ingeniería, son sorprendentes. Si las personas están separadas por más de 10 metros, la probabilidad de comunicarse por lo menos una vez a la semana es solamente de alrededor de 8 o 9 por ciento (contra 25 por ciento a una distancia de 5 metros). La figura de la página 219 ilustra este proceso verdaderamente dramático.

Existe un gran número de instalaciones con ambiente de *campus* universitario entre las compañías excelentes. A nuestro modo de ver no es coincidencial que un número tan pequeño de las mejores empresas estén instaladas en Nueva York, Chicago y Los Angeles. En cambio, encontramos el complejo de Deere en Moline, de Caterpillar en Peoria, el "campus" de 3M en Saint Paul, las instalaciones de Procter & Gamble en Cincinnati, el centro de Dana en Toledo, la casa matriz de Dow en Midlands, Michigan, la colmena de Hewlett-Packard en Palo Alto, el importante complejo de Texas Instruments en Dallas, o el "Kodak Park" de Kodak, en Rochester. En la mayor parte de estas compañías, comparativamente hablando, muchas de las disciplinas importantes están reunidas en un solo sitio no cosmopolita.

4. *Dispositivos impulsores.* Estos son todavía otro aspecto de los sistemas de comunicación que favorece la innovación: programas que virtualmente institucionalizan la innovación. El programa "Fellow" de IBM es el tipo clásico. Los Fellows de IBM son una manifestación del deseo de Watson, padre, de criar "patos salvajes" (Watson tomó esta metáfora de Ibsen). Hay unos cuarenta y cinco, y recientemente fueron anunciados en *Newsweek* como "soñadores, herejes, tábanos, rebeldes y genios". "Somos menos que los vicepresidentes de las corporaciones", dijo uno de ellos. A un Fellow se le da prácticamente rienda suelta durante cinco años. Su papel es muy sencillo: sacudir el sistema.

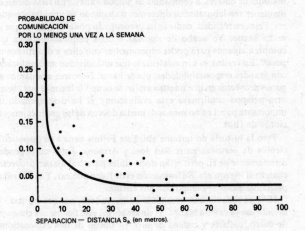

EFECTO DE LA LOCALIZACION SOBRE LA COMUNICACION
LABORATORIOS DE INVESTIGACION Y DESARROLLO, E INGENIERIA

PROBABILIDAD DE
COMUNICACION
POR LO MENOS UNA VEZ A LA SEMANA

SEPARACION — DISTANCIA S₄ (en metros).

Y en verdad que lo sacuden. Nos encontramos con uno de ellos durante un vuelo entre San José y Nueva York; éste acababa de comprar microprocesadores, principalmente por catálogo, por varios millones de dólares, a compañías de Silicon Valley."En IBM debemos mantener seis laboratorios diferentes trabajando en microprocesadores. Pero, en realidad, nadie se ha preocupado por averiguar lo que ya se ha hecho. Yo acabo de mandar a unos empleados míos a que compren algunos para poder experimentar con ellos y divertirnos un poco". En verdad, es sorprendente lo que un individuo medio alocado, con grandes responsabilidades, puede hacer. Nosotros evaluamos algunos proyectos en que nuestro amigo se ocupó (e hicimos que alguna otra persona confirmara esta evaluación): él ha desempeñado un importante papel en no menos de media docena de las grandes innovaciones de IBM.

Pero la historia no termina ahí. Este Fellow tiene a su disposición cientos de personas entre San José y Armonk. Estas no dependen directamente de él, pero están disponibles para trabajar en proyectos cuando él lo requiera. Su formación es de físico nuclear. Y su actividad preferida: pasar el tiempo con sus clientes.

IBM es todavía una compañía conservadora, aunque no todo el mundo use ya camisa blanca. Y, sin embargo, este Fellow usa chaqueta de cuero, collares y cadena de oro. Es dueño de dos explotaciones vinícolas. Por tanto, IBM debe quererlo mucho.

El programa de Colaboradores Individuales de Texas Instruments y la División de Nuevas Actividades de 3M, son también dispositivos impulsores. Pero además hemos descubierto otros ejemplos. Harris y United Technologies recompensan ampliamente la excelencia en la transferencia de tecnología entre divisiones. Bechtel insiste en que cada director de proyecto dedique por lo menos el veinte por ciento de su tiempo a experimentar con nuevas tecnologías. General Electric ha abierto un "almacén de juguetes" (un lugar en que las personas de la compañía pueden ver y alquilar robots) para acelerar su ingreso a la "fábrica del futuro". Data-Point ha instalado "Centros de Tecnología" con el mismo fin; son lugares en que personas de disciplinas diferentes se reúnen en nombre de la innovación. Todas las disposiciones de que acabamos de hablar son medios directos para impulsar la entrada de la innovación en la organización.

5. *El sistema de comunicación intenso e informal actúa como un sistema de control muy cerrado,* aunque favorece en vez de restringir la

innovación. 3M es un ejemplo típico: "Desde luego, estamos controlados. Ningún equipo puede gastar más de unos pocos miles de dólares sin que cantidades de personas observen lo que está haciendo: no es que los atropellen sino que están realmente interesados en lo que está pasando". Creemos que los "controles" similares efectuados en las compañías excelentes son los más estrechos. No se puede pasar mucho tiempo en una de estas compañías sin que una cantidad de gente esté verificando de manera *informal* cómo avanzan las cosas. En algunas otras compañías que conocemos, en que los controles son más "rígidos y formales" se pueden gastar 5 millones de dólares sin doblar una lata y nadie sabrá nada con tal que se llenen los formularios correctamente y a tiempo.

EL FRACASO TOLERADO

La tolerancia real del fracaso caracteriza el medio ambiente positivo e innovador orientado hacia el éxito. James Burke, presidente de Johnson & Johnson, dice que uno de los principios de esta compañía es que "uno tiene que estar dispuesto a fracasar". Agrega que el general Johnson, fundador de esta empresa, le dijo: "Si yo no hubiera cometido errores sería que no había tomado decisiones". Charles Knight, de Emerson, afirma: "La aptitud para el fracaso es necesaria. No se puede innovar si no se está dispuesto a aceptar los errores". La tolerancia del fracaso es un elemento muy específico de la cultura de las compañías excelentes —y esa lección viene directamente de arriba. Los campeones deben hacer cantidades de tentativas, y como consecuencia de esto, sufrir algunos fracasos, o si no la organización no aprenderá.

Todavía una observación importante sobre el fracaso: el aspecto punitivo es mucho menor con un diálogo regular. Los grandes fracasos, los que realmente dejan cicatrices, son, generalmente, los que se producen en el curso de un proyecto que se ha autorizado a proseguir durante años sin una guía seria. Tales eventualidades no ocurren en el ambiente de la comunicación sin trabas de las compañías excelentes. El intercambio es franco y honesto. Uno no puede ocultar las malas noticias y no tiene ni el deseo ni la necesidad de ocultarlas.

Así, pues, los campeones están muy respaldados. Los dispositivos específicos descubiertos se cuentan por centenares; la prueba presentada escasamente rasguña la superficie de nuestro banco de datos.

Ninguno es una panacea. Apenas son ejemplos. La madeja de soportes que se entremezclan —y evolucionan constantemente— es, *per se*, el mensaje.

Específicamente, los campeones no surgen automáticamente; surgen porque la historia y los numerosos apoyos recibidos los estimulan, los ayudan en los pasos difíciles, celebran sus éxitos y los consuelan en los fracasos ocasionales. Con estos apoyos, la población de campeones potenciales resulta enorme: no está limitada, ciertamente, a un puñado de prodigios creativos.

El mejor refuerzo imaginable para todos los puntos importantes que hemos tratado en este capítulo —los campeones, los sistemas generadores de campeones, el número de experimentos, los numerosos soportes que se entremezclan— pueden encontrarse en Saint Paul, Minnesota, donde 3M se distingue, no solamente por sus notables rendimientos financieros, sino, sobre todo, por su impresionante aptitud para asegurar un flujo constante de nuevos productos. Además, el récord de 3M no fue fácil de alcanzar. Esta compañía no se beneficia de un sector que crece naturalmente o de una rara tecnología; ella participa por lo menos en tantos segmentos de crecimiento rápido como de crecimiento lento.

3M: UN CASO IMPORTANTE

Nuestro estudio se ocupó primero de los gigantes —las enormes corporaciones, que rara vez parecen tan innovadoras como "deberían" ser. 3M se puede calificar como un gigante: ocupa el número cincuenta y uno en la lista de las 500 de *Fortune*, con ventas por 6100 millones de dólares en 1980. Pero 3M sí ha innovado: más de 50000 productos en total, más de 100 nuevos productos importantes al año, más de 40 divisiones y creando más de éstas cada año. Y ha tenido éxito. Una considerable utilidad de 678 millones después de impuestos, sobre 6000 millones en ventas, la coloca en el quinto lugar por ingresos de ventas entre las principales (las 100 de *Fortune*) después de Sohio, Kodak, IBM y American Home Products.

3M tiene múltiples actividades. La mayor de ellas, que representa alrededor del 17 por ciento de las ventas, es la de cinta pegante y sus derivados, como la Scotch Tape. Las otras incluyen sistemas gráficos, sustancias abrasivas, adhesivos, materiales de construcción, sustancias químicas, productos para protección, productos fotográficos, productos para industrias gráficas, control estático, productos para grabación, productos eléctricos y productos para el cuidado de la salud. Pero a pesar de la diversidad hay un tema que tiene preponderancia: la compañía está dominada por los ingenieros químicos que hacen prodigios en las técnicas del pegado y del revestimiento. El hecho de concentrarse en esta disciplina central no significa solamente ensanches de líneas de productos. Entre los nuevos de los dos últimos años, según *Fortune*, están: "una loción bronceadora que no se la lleva el agua; una cosedora, que un cirujano puede usar rápidamente para cerrar las incisiones con ganchos de metal; una película para impresión en offset, que no requiere el costoso uso de plata, y un producto para que el césped crezca más despacio".

Peter Drucker observa: "Yo he aprendido que siempre que hay una realización ésta ha sido alcanzada por un sujeto monomaníaco investido de una misión", y 3M fomenta la noción de que el compromiso es la condición *sine qua non* de un buen desarrollo de los productos. *Fortune* hace el siguiente comentario sobre una de las dimensiones de este compromiso: "Lo que los tiene contentos en Saint Paul es saber que cualquiera que inventa un nuevo producto o lo promociona cuando los otros ya han perdido la fe en él, o imagina la forma de producirlo en masa económicamente, tiene la posibilidad de ocuparse de este producto, tal como si se tratara de su propio negocio, y hacer esto con un mínimo de intervenciones de los de arriba".

Uno de los soportes decisivos del campeón que arriba observamos es la existencia de un protector o amortiguador. En 3M, uno de los protectores es el *campeón ejecutivo*. En esa compañía, invariablemente, debido a su historia de innovación, el campeón ejecutivo es un ex campeón de producto que se comportó de manera "irracional", le "dispararon", se comprometió en alguna cosa y, probablemente, quedó aferrado durante diez o más años a un proyecto propio. Pero ahora, como campeón ejecutivo, se encuentra ahí para proteger a los jóvenes de las intrusiones prematuras de los funcionarios de la empresa y para lanzarlos fuera del nido, cuando llegue el momento. 3M tiene una o dos expresiones para describir el proceso de los campeones ejecutivos. Por ejemplo: "El capitán se muerde la lengua hasta que le sale sangre". Es una expresión usada en la marina y hace referencia a un joven oficial que por primera vez conduce un buque grande hacia el muelle. En 3M hace alusión al proceso angustioso que consiste en delegar en los jóvenes la responsabilidad de lanzar nuevos productos. El campeón ejecutivo en 3M no es un "jefe". Es un entrenador, un mentor. Se le paga por su paciencia y su habilidad para desarrollar otros campeones. Es el fabricante de cercas de nieve de James March.

En 3M, la unidad fundamental de soporte del campeón es el *equipo de innovación*. Es un grupo de intervención con características muy especiales. Las tres más importantes son: sus miembros deben venir de sectores diferentes y estar disponibles de tiempo completo durante determinado período; deben ser voluntarios y tener una perseverancia a toda prueba.

Una vez que se ha formado un equipo de innovación en 3M, éste dispone rápidamente de miembros de tiempo completo que vienen, por lo menos, de los servicios técnicos, de la fabricación, del departamento de mercadeo, de ventas y quizás del departamento financiero. El equipo está constituido por miembros de tiempo completo, sea que los necesite o no al principio. La compañía sabe que éste es un posible factor de duplicación, sobre todo en los primeros tiempos cuando, por ejemplo, solamente es necesaria la tercera parte del tiempo de un especialista del departamento de fabricación. Pero parece que están dispuestos a pagar el precio de la duplicación para que la gente se comprometa. Y, según el sensato razonamiento de 3M, solo una asignación de tiempo completo puede conducir a un fervoroso compromiso.

Otro estimulante del compromiso es el hecho de que todos los miembros del equipo son voluntarios. Como un ejecutivo de 3M declara, "los miembros del equipo se alistan, no se designan. Hay una gran diferencia. Si yo soy el empleado del departamento de mercadeo nombrado para evaluar la idea del técnico, con los incentivos que se encuentran en la mayor parte de las compañías, puedo salir de este mal paso diciendo que la idea no vale nada y señalando todas las imperfecciones... Esto no pasa jamás si yo soy miembro voluntario del equipo".

Finalmente, 3M apoya la autonomía y la perseverancia del equipo. Insiste en que el equipo permanezca unido desde la fase inicial hasta el lanzamiento. Edward Roberts, de MIT, quien ha estudiado a 3M durante veinte años, anota: "La compañía les dice: nos comprometemos con ustedes como grupo. Ustedes lanzan el producto al mercado y se benefician de su desarrollo, con tal que respeten nuestros criterios y normas de rendimiento. Si fracasan, les aseguramos un empleo al mismo nivel del que dejaron para ingresar en este equipo". (Este es otro aspecto del sistema de apoyo: respaldar los buenos ensayos aunque fallen).

El sistema de recompensas apoya tanto al equipo como al individuo. Todo el mundo recibe una promoción, como grupo, a medida que el proyecto va salvando obstáculos. El campeón se beneficia a medida que el grupo prospera y viceversa. Citamos de nuevo a Roberts a propósito del progreso de la carrera de alguien que es parte de un equipo de innovación que ha tenido éxito:

> El individuo comprometido en un nuevo equipo gozará de una mejora automática de empleo y de una remuneración proporcional al aumento de ventas de su producto. Se iniciará, por ejemplo, como ingeniero de primera categoría en lo alto o en lo bajo de la escala de salarios para este trabajo. Inmediatamente que su producto sale al mercado asciende a "ingeniero de producto". Cuando el volumen de ventas anuales alcanza el millón de dólares, el producto entra en la categoría de "producto completo", y entonces cambia el nombre del cargo del individuo. La escala de salarios también cambia para él porque ahora tiene una cosa cuyas ventas ascienden a 1 millón de dólares al año. Cuando un producto alcanza la marca de 5 millones, pasa al siguiente umbral; ahora es "gerente de línea de producto". Si el producto llega a los 20 millones de dólares, inmediatamente el equipo se convierte en un departamento de producto independiente, y si él es el técnico clave del proyecto, entonces se le nombra "gerente de ingeniería o de investigación y desarrollo" de ese departamento.

Si se quiere comprender la cultura que anima el espíritu de empresa en 3M, se debe comenzar por su *sistema de valores,* y en particular, por su "undécimo mandamiento". Este es: "No matarás la idea de un nuevo producto". La compañía puede retardar el proceso, o puede no designar un equipo de innovación, pero no fusila a sus pioneros. Como observa un analista de 3M, el undécimo mandamiento va contra lo que pasa en la mayoría de las grandes corporaciones. Además, agrega: "Si se quiere detener un proyecto que está dirigido al desarrollo de un nuevo producto, la carga de la prueba recae sobre el que quiere detenerlo, no sobre el que lo propone. Al cambiar la responsabilidad, de demostrar que la idea es buena a demostrar que es mala, es mucho lo que se contribuye a modificar el ambiente interno de la compañía en lo tocante al estímulo de las personas emprendedoras".

Durante nuestra entrevista, uno de nosotros estuvo conversando con un ejecutivo de 3M sobre los últimos presidentes y los ejecutivos clave. Prácticamente todos tuvieron un éxito de campeón bien difundido. Todo el equipo de la alta gerencia y muchos de sus antecesores sirven de modelo de referencia a las nuevas generaciones de la empresa. Los campeones potenciales sacan estímulos de la colección de cuentos de héroes: no matar las ideas; el fracaso está permitido; pueden pasar años y años antes que una nueva idea logre éxito en el mercado, etc. Por ejemplo, las historias del legendario Richard Drew y su ayudante John Borden tienen una gran enseñanza para los jóvenes. El presidente Lewis Lehr lo cuenta así: "Los vendedores que visitaron las fábricas de automóviles notaron que los obreros que pintaban los autos nuevos de dos colores, tenían problemas porque éstos se mezclaban. Richard G. Drew, joven técnico laboratorista de 3M, encontró la solución: cinta adhesiva protectora, primera cinta adhesiva de la compañía. En 1930, seis años después que Du Pont lanzó el celofán, Drew encontró la forma de volverlo adhesivo. Así nació la Scotch Tape, destinada inicialmente a uso industrial, que no empezó a rodar hasta que otro héroe imaginativo de 3M, John Borden, gerente de ventas, inventó un dispensador con cuchilla incorporada". Por varias razones esta anécdota es típica y muy significativa. Primero, resalta la estrecha interacción que existe entre la compañía y el cliente. Segundo, muestra que el técnico no es necesariamente el inventor. Tercero, demuestra que 3M no pone límites a los proyectos sobre la base del volumen potencial del mercado, simplemente porque la primera utilización (por ejemplo, la primera Scotch Tape era de limitado uso industrial) frecuentemente no tiene ninguna relación con el potencial real del producto. Quienes estudian con cuidado la innovación observan permanentemente este fenómeno con toda clase de nuevos productos.

En 3M, cuando los campeones ganan, se les festeja con pompa. Según Lehr, "por lo menos de quince a veinte veces o más al año algún nuevo y prometedor proyecto alcanza un nivel de un millón de dólares de utilidad en ventas. Se podría pensar que esto no llama mucho la atención...pero no es así. Las luces se encienden, las campanas suenan, se piden videograbadoras para reconocer los méritos del equipo autor de esta hazaña". Es así como la compañía estimula al ingeniero de veintiocho años con ideas brillantes, para que se lance y tome riesgos.

El sistema de valores de 3M insiste en que prácticamente toda idea es buena. "Debido a la diversidad de líneas de 3M, fácilmente se extiende la convicción de que en esa compañía cualquiera es capaz de utilizar cualquier cosa", anota un analista. La famosa historia que nos sirve de ejemplo en este momento es la de un material que no sirvió para cintas, se usó después en la copa plástica para *brassieres* y tampoco sirvió; pero al fin se utilizó con éxito en la máscara de seguridad estándar del obrero en los Estados Unidos después de la creación de la Occupational Safety and Health Administration (OSHA). Aunque para la compañía lo que cuenta es ante todo su tecnología fundamental de encolado y revestimiento, no ejerce ninguna restricción con respecto a las clases de productos que está lista a aceptar. Roberts anota: "Si la idea del producto satisface los criterios financieros de crecimiento, rentabilidad y otros por el estilo, 3M es feliz de tenerlo aunque éste no haga parte de su campo de actividad principal". otro comentario de la misma especie lo hace un ejecutivo de 3M: "No nos gusta la idea de la vaca lechera. Son las personas que tienen una tradición de éxito en las divisiones que lo han alcanzado quienes comprenden mejor el potencial de la continua innovación". 3M entiende esta verdad muy humana: el éxito engendra éxito.

Y el fracaso se admite. El presidente Lehr cuenta:

> Nosotros nos iniciamos en el negocio de la fabricación de gránulos para los recubrimientos de asfalto en techos porque un trabajador se empeñó en encontrar la forma de usar materiales de desecho de papel de lija. En verdad, a él se le despidió por el tiempo y el esfuerzo que gastaba en esta idea. Pero de todas maneras continuó viniendo al trabajo. Hoy nuestra división de gránulos para entechados tiene importantes ingresos. El autor de esto se retiró hace diez años como vicepresidente de división...Poco después de la segunda guerra mundial tuvimos un programa para el desarrollo de una gasa quirúrgica para uso de los cirujanos durante las operaciones. La alta gerencia suspendió dos veces el programa*. Pero la perseverancia

---

* Al campeón de la máscara hecha con cinta para *brassieres* también se le pidió que abandonara el proyecto. Entonces terminó él haciendo *en casa* la mayor parte del trabajo para desarrollar el producto.

permitió finalmente la producción de una gasa con éxito, y abrió el camino a los productos para el cuidado de la salud que representan
hoy una cifra de 400 millones de dólares anuales...Nosotros no dejamos caer en el olvido estas historias y las repetimos con frecuencia
a fin de que el empleado con espíritu de empresa que se siente descorazonado, frustrado e ineficaz en una empresa grande, sepa que
no es el primero en enfrentarse a obstáculos considerables...No obstante, la libertad de perseverar implica la libertad de equivocarse y
de fracasar.

Los que han perseverado han sido recompensados. Otro ejecutivo comenta: "Nosotros no matamos las ideas, pero las hacemos a
un lado. Hacemos apuestas sobre las personas". Y agrega: "Invariablemente se necesita matar un programa por lo menos una vez
antes que éste tenga éxito. Es la forma de descubrir a los fanáticos,
a los que verdaderamente están comprometidos en encontrar una
forma —cualquier forma— de hacerlo funcionar".

Pero, ¿qué significa todo esto? Entre otras cosas, significa manejar una paradoja: sostener constantemente una idea que puede
ser buena, pero no exagerar en gastos, porque 3M es, ante todo,
una compañía muy pragmática. El proceso tipo es así: el campeón, cuando su idea pasa de la etapa conceptual a la del prototipo, principia a reunir a su alrededor un equipo de cinco o seis
personas. Supongamos luego (como es estadísticamente probable), que el programa tropieza con un obstáculo. Probablemente
3M lo reducirá rápidamente y retirará algunas personas del equipo. Pero, como lo sugiere la tradición, al campeón se le estimula
—si él está empeñado— para que persevere, completamente solo
o quizás con otro, reduciendo el esfuerzo al 30%. En la mayor
parte de los casos, 3M ha observado que el desarrollo de un
producto puede llevar *un decenio* o más antes que el mercado
esté realmente listo a recibirlo. (Un decenio parece un tiempo
largo, pero todos los estudios revelan que el intervalo promedio
entre la idea y su desarrollo comercial casi en cualquier terreno,
bien sea alta tecnología o no, es de diez a veinte años). Así, pues, el
campeón sobrevive a los altibajos. De pronto, el mercado acaba
por madurar. Y su equipo se reorganiza.

"Nosotros pensamos que tenemos la capacidad de resolver los
problemas prácticos", dice un ejecutivo de 3M, y eso es lo que es
la 3M: una compañía cuyos miembros resuelven los problemas
prácticos, bien sean los vendedores o los campeones técnicos.

Así fue como todo principió. Un analista observa: "La obsesión de la invención se remonta a los orígenes de la compañía. Varios inversionistas locales compraron una mina que pensaron tenía corindón precioso, mineral muy duro que se usa en abrasivos de alta calidad. Resultó de baja calidad. Los inversionistas concluyeron que la única forma de sobrevivir era encontrar derivados que tuvieran un alto valor agregado". Lehr dice: "Los vendedores tocaron a todas las puertas. Pero no se detuvieron en la oficina del comprador. Entraron en los talleres para hablar con los muchachos y ver qué se necesitaba hacer que nadie lo estuviera haciendo entonces". Los vendedores se convirtieron en personas que resolvían los problemas, y el vendedor, con su técnico al remolque, es todavía hoy la piedra angular de la estrategia de 3M.

3M es la primera en considerar la innovación como un *juego de números*. "Nuestro enfoque es hacer un poco, vender un poco, hacer un poco más", dice Robert M. Adams, vicepresidente de investigación y desarrollo. Uno de sus colegas habla de "grandes resultados a partir de pequeños principios...Gastar todo el dinero que sea necesario para reducir un poco más la ignorancia...Muchos ensayos pequeños en poco tiempo...El desarrollo es una serie de pequeñas exploraciones...Las probabilidades de llevar una sola idea hasta la comercialización son prácticamente cero ...No hay límite a la imaginación". Tanto es así que por todas partes hay campeones que hacen experimentos, gastando poco dinero. En general, fracasan. Sin embargo, algunos vencen obstáculo tras obstáculo, y unos pocos van hasta el final.

3M financia a las personas que quieren formar un grupo, cualquiera que sea su objeto, desde el tejido de canasta (literalmente) hasta la física o la micro-electrónica. Además el *campus* de ciudad universitaria en Saint Paul es una colmena de laboratorios piloto. Su capacidad de materializar la idea y de transformarla en prototipo es notable. Los usuarios participan también en el proceso de desarrollo del producto desde el principio hasta el lanzamiento.

En nuestras primeras entrevistas en 3M nos dijeron que los planes de nuevos productos comprendían alrededor de cinco páginas, y esta brevedad nos sorprendió. Mencionamos esto en una conferencia. Uno de los vicepresidentes de 3M también fue orador. Se levantó y, aunque en general estaba de acuerdo con nuestro análisis de la compañía, dijo: "En eso están ustedes equivocados". Todos quedamos esperando "la caída del otro zapato": ¿También tenía 3M propuestas de nuevos productos de 200 páginas, como la mayoría de las compañías con que habíamos trabajado? Y continuó: "Nosotros consideramos que una frase coherente es un anteproyecto aceptable para un plan de un nuevo producto".

Todo marcha: los campeones, los equipos de innovación, las comunicaciones informales, el voluntariado de los miembros de los equipos, el respaldo al fracaso, etc. —porque se hace todo lo posible por limitar la burocracia. Este mismo vicepresidente agregó: "Al principio, cuando todavía no sabemos nada, no dejamos que los planes se nos vuelvan un problema. Claro está que planificamos. Establecemos planes de venta detallados, pero cuando ya sabemos algo. Al principio ¿para qué gastar tiempo escribiendo un plan de 250 páginas que trate de clarificar las cosas antes de haber hecho previamente algunos simples ensayos en casa del cliente o en un laboratorio piloto en alguna parte?"

En el mismo orden de ideas, 3M evade la idea de un "tamaño mínimo" para un producto. "Nuestra experiencia", dice un ejecutivo, "nos enseña que antes de entrar en el mercado, no sabemos hacer una estimación adecuada del crecimiento que tienen las ventas de un nuevo producto. En consecuencia, preferimos hacer pronósticos del mercado una vez que hemos entrado en él, no antes". Y el director de la división de nuevas actividades afirmó: "*Nunca* se justifica un producto de nuestra división por el análisis, sino únicamente por la convicción en que se basa".

Vista desde otro ángulo, la estructura organizacional no tiene gran importancia en 3M. Roberts observa: "La estructura de 3M, si usted la mira sobre el papel, no tiene nada de extraordinario". Y, en un lenguaje todavía más terminante, dice un ejecutivo: "La estructura nos tiene sin cuidado".

Pero hay cierto número de características, más o menos estructurales, que son esenciales. Primero, a pesar de la existencia de un conjunto de disciplinas técnicas que podrían llevar a otra empresa a adoptar una organización de matriz o funcional, 3M sigue siendo una empresa radicalmente descentralizada. Tiene algo así como cuarenta divisiones. En efecto, crear nuevas divisiones es la ley: exactamente hace diez años no tenía sino veinticinco. Subdividir más bien que buscar un volumen de ventas más elevado en una división es la ruta tradicional (aunque no convencional) hacia el éxito.

Esta clase de flexibilidad va mucho más lejos, especialmente en lo que hace al "arranque" de nuevas actividades. Supongamos que en 3M alguno que trabaja en el grupo de desarrollo de productos de una división, tiene una idea. Primero, sigue el conducto regular: Se dirige a su jefe en busca de financiación. Supongamos ahora que su jefe lo rechaza. Es en este momento cuando comienza la magia de 3M. Entonces él va a otra división dentro de su grupo. Si nuevamente es rechazado, repite el recorrido: va a otra división dentro de su grupo. Puede ser que él esté en el grupo de adhesivos, pero no sería extraño que se dirigiera al de productos de oficina. Ahora, si este grupo u otro cualquiera no puede dedicarle tiempo, tiene un último recurso: la división de nuevas actividades. Ahí es donde termina todo.

¿Qué hace 3M para que tal enfoque funcione? Muy sencillo: a los gerentes se les da toda clase de incentivos. Quien dirige un grupo tiene un porcentaje sobre el valor de la iniciativa que él ha financiado por fuera de su grupo. La misma regla rige para los gerentes de división. Los incentivos directos están ahí listos para estimularlo a usted a vender su idea a cualquier precio, y, si usted es comprador están listos también a comprar una a cualquier precio. La organización es flexible en cuanto a los traslados de su personal. Cuando un miembro del grupo A vende una idea a un director de división del grupo B, se traslada allá.

Hay algunas reglas. Por ejemplo, cada división tiene una regla estricta de que por lo menos el 25 por ciento de sus ventas provenga de productos que no existían hace cinco años. Según la teoría convencional, cabe anotar que se ha puesto énfasis en cada una de las cuarenta o más divisiones (bien sea en un sector de crecimiento lento o en uno de crecimiento rápido).* En otras compañías, esta clase de objetivos se aplica a nivel corporativo o a nivel de grupo; la voluntad de comprometerse falta allí donde más se necesita, en la división donde se puede hacer algo. En 3M, donde el objetivo se ha fijado siempre a nivel de división, cuarenta directores, no cinco o diez, se ingenian la forma de fabricar nuevos productos.

Pero la noción más importante, como ya lo hemos repetido varias veces, es que no son una o dos cosas las que hacen que todo esto funcione. Es cierto que el campeón, el campeón ejecutivo y el equipo

---

* También éste es un truco de Procter & Gamble. Un antiguo gerente de marca anota: "La primera cosa que le dicen es: ¡Olvídese de los ciclos de vida del producto y de las vacas lecheras! Por lo menos ochenta veces se ha cambiado la fórmula de uno de los jabones y está saliendo muy bien".

de innovación son el centro del proceso. Pero cuando tienen éxito es solo porque: los héroes abundan; el sistema de valores estimula a los individuos para que se ingenien la forma de fabricar nuevos productos; el fracaso se acepta; hay una orientación hacia una permanente y estrecha relación con la clientela; hay un proceso bien comprendido por todos que predica el progreso por pequeñas etapas; las comunicaciones intensas e informales son la norma; las instalaciones de las plantas facilitan gran cantidad de sitios para la experimentación; la estructura organizacional no solamente sirve a la innovación dentro del estilo de 3M sino que la apoya; y la ausencia de exceso de planificación y de papeleo es evidente, como lo es la presencia de la competencia interna. Todos estos factores son una docena, aproximadamente. Y es el hecho de que todos marchen de común acuerdo —durante varios decenios—, lo que hace que una innovación tenga éxito en 3M.

8

Productividad por el personal

El ex jefe de operaciones navales de los Estados Unidos, Elmo Zumwalt, da por sentado "que todos los que están por debajo del rango de capitán de fragata carecen de madurez". Un amigo nuestro que maneja varias fábricas de General Motors nos dio un poema clandestino de los trabajadores del automóvil, que expresa un sentimiento parecido:

> ¿Son estos hombres y mujeres
> trabajadores del mundo?
> ¿O es ésta una guardería infantil
> con chiquillos... muchachos bobalicones,
> mocosas que se ríen de nada?
>
> ¿Qué es lo que tiene esa entrada,
> esas puertas de la planta?
> ¿Son los guardias, la placa que se muestra, el olor?
> ¿Existe un ojo invisible
> que lo atraviesa a uno
> y transforma su ser? Algún aura
> o éter que le hace el lavado cerebral y espiritual
> y le ordena: "Durante ocho horas
> serás diferente".
>
> ¿Qué es lo que instantáneamente hace
> de un hombre un niño?
> Momentos antes era padre, marido,
> propietario de una casa,
> elector, amante, adulto.

Cuando hablaba al menos alguien escuchaba.
Los vendedores buscaban su favor.
Los agentes de seguros apelaban a su responsabilidad familiar
y acaso la Iglesia buscaba su ayuda...

Pero eso era antes que pasara frente al vigilante,
subiera las escaleras,
colgara su chaqueta y
ocupara su puesto en la línea.

El que nos dio este poema nos dijo que no hay sino una clave para
entenderse con la gente: la confianza. Algunos abusarán de ella. "Del
tres al ocho por ciento", agregó sonriendo por la precisión de su
cálculo. Los que no creen "darán un número infinito de razones por
las cuales no es posible confiar en los trabajadores. La mayor parte
de las organizaciones se gobiernan por reglas que suponen que el
trabajador *término medio* es un incompetente o un inútil que no
quiere sino fastidiar". Da una ilustración simbólica: "¿Van ustedes a
los parques? Casi todos están llenos de letreros que dicen: prohibido
pisar el prado, prohibido estacionar, prohibido esto, prohibido lo
otro. Unos pocos dicen: los campistas son bienvenidos; o, mesas de
picnic para su comodidad. Unos le dicen que *no debe hacer;* los otros
le dicen que *debe hacer*, lo invitan a tomar parte y aprovechar las
ventajas que se le ofrecen". Sostiene, y con mucha razón, que esta
diferencia de supuestos ejerce un impacto monumental en las personas.

En sus pocos años de mando, Zumwalt revolucionó las prácticas
de la Armada, basándose en su creencia sencilla de que las personas
responden bien cuando se les trata como adultos. Deriva sus creencias de una de las primeras tareas de su mando:

> Lo que más me esforcé por hacer fue asegurarme de que todo oficial y
> marino a bordo no solo supiera qué estábamos haciendo, no solo por
> qué realizábamos determinada evolución táctica, por difícil que fuera,
> sino que también entendiera cómo todo aquello engranaba, de modo que
> empezara a experimentar algo de la diversión y el estímulo que disfru-
> tábamos los que estábamos en los puestos de mando. Nuestras técnicas
> no tenían nada de extraordinario. Hacíamos frecuentes comentarios
> por los altavoces acerca del suceso que se estaba desarrollando. Al prin-
> cipio y al final del día, discutía yo con los oficiales, quienes a su vez
> discutían con sus subalternos lo que iba a ocurrir o lo que acababa de

suceder, qué estaba haciendo la competencia y qué debíamos hacer nosotros para hacerle frente. En el orden del día, publicábamos noticias escritas para dar a la tripulación algo del color e interés humano de lo que el barco estaba realizando. Yo celebraba largas sesiones de discusión en los alojamientos de los cabos de mar, donde a menudo me detenía para tomar con ellos una taza de café. Desde luego, más importante que todos estos detalles eran el esfuerzo básico de comunicarles la sensación de entusiasmo, diversión y gusto en todo lo que estábamos haciendo.

Agrega Zumwalt que en el corto plazo de dieciocho meses estas prácticas permitieron que su barco saltara del último lugar al primero en eficiencia dentro de su escuadra. "Yo sabía por experiencia —dice— el impacto de tratar a los marineros como lo que son, hombres adultos". El presidente de Tandem, James Treybig, canta la misma tonada: "Nosotros damos por sentado que los trabajadores son adultos". Nuestro colega de Tokio, Ken Ohmae, afirma: "La administración japonesa no se cansa de decirles a los trabajadores que quienes están en la frontera (primera línea) conocen mejor el negocio, y que la innovación y las mejoras tienen que provenir del *genba* (donde está la acción)". Peter Smith, que hace poco recibió su grado de magister en administración en Wharton, abandonó el camino del analizador y ocupó el cargo de gerente de una fábrica de General Signal, está de acuerdo: "Los trabajadores lo inundan a uno de ideas si se les permite".

Una experiencia de trabajo que relata un estudiante de postgrado en administración, subraya estos puntos (inclusive el infortunado final):

> Yo era gerente de operaciones en la terminal de San Francisco de una gran compañía de transportes en camión. No se distinguía esta terminal en el distrito sino por su nula rentabilidad. Les expresé mis preocupaciones a algunos conductores y ellos me contestaron que les encantaba su oficio y se sentían competentes en él, pero que ningún supervisor les había pedido *jamás* que colaboraran para resolver los problemas de distribución de rutas de la terminal, ni les habían hecho sentir que ellos fueran parte clave de la operación. Lo primero que hice fue tomar medidas para que cuando los conductores llegaran al trabajo por la mañana, encontraran los vehículos lavados y abastecidos de combustible, con los motores calientes y listos para empezar el trabajo. Pensé que esto le daría un sentido de urgencia al oficio. En segundo lugar, les di a todos gorras de la compañía y folletos para que distribuyeran entre la clientela como bien les pareciera. (Esto estaba estrictamente prohibido;

solamente los vendedores podían hacerlo. Tuve que robarme las gorras una mañana del auto de un vendedor.)

Otra cosa muy importante era que los itinerarios para carga local siempre los habían fijado los supervisores (por lo general sin éxito); les di instrucciones en el sentido de que por cada tres o cuatro pedidos dejaran uno sin hoja de ruta, de modo que cuando el capataz del muelle de carga les pidiera instrucciones al respecto, ellos pudieran solicitarle a él mismo que las sugiriera. La mayor parte de estas ideas las mantuve en secreto para que no las conocieran ni mis jefes ni la jerarquía del sindicato. Con gran sorpresa de mi parte, la operación se hizo rentable. Fijé los resultados económicos en la cartelera del sindicato (de nuevo contrariando abiertamente el reglamento) y nunca recibí ninguna queja. La cosa llegó a tal punto, que los vendedores se dieron cuenta de que los conductores estaban consiguiendo más clientes nuevos que ellos mismos, de modo que varios vendedores resolvieron ir en los camiones con los choferes para aprender sus "secretos".

La rentabilidad duró durante varios períodos, hasta que mi jefe vio lo que estaba pasando y se puso nervioso por la latitud que yo les daba a los conductores. Por ese tiempo, la compañía introdujo un sistema de control, según el cual se exigía a todos los conductores dar cuenta de todo cuarto de hora de su tiempo durante el día de trabajo. La rentabilidad desapareció y las quejas de la clientela aumentaron. Yo me retiré para volver a la universidad.

Hay que tratar a los trabajadores como adultos, como socios; hay que tratarlos con dignidad, con respeto. Hay que tratarlos *a ellos* —no los gastos de capital ni la automatización— como la fuente primaria de mejoras en la productividad. Estas son lecciones fundamentales que se desprenden de la investigación en las compañías excelentes. En otros términos, si uno quiere productividad y las recompensas financieras consiguientes, tiene que tratar a los trabajadores como los activos más importantes. Bien lo dice Thomas J. Watson, hijo, en *A Business and Its Beliefs:* "La filosofía de IBM está contenida en tres creencias sencillas. Quiero comenzar con la que considero más importante: *nuestro respeto por el individuo.* Este es un concepto sencillo pero en IBM ocupa una parte muy importante del tiempo de la administración. Le dedicamos más esfuerzo que a ninguna otra cosa. Esta creencia estaba arraigada muy profundamente en mi padre".

No había quizá tema o *leitmotiv* más constante y penetrante en las compañías excelentes que el respeto por el individuo. Estaba en todas partes. Pero, lo mismo que muchas otras cosas de que hemos hablado, no es una sola —un supuesto, creencia, declaración, meta, valor, sistema o programa— lo que le da vida al *leitmotiv*. Lo que le da vida en estas compañías es un conjunto de dispositivos estructurales, sistemas, estilos y valores, todos los cuales se refuerzan mutuamente, de tal modo que las compañías realmente sobresalen por su habilidad para obtener resultados extraordinarios con personas ordinarias. Este mensaje nos vuelve a llevar a nuestro capítulo anterior sobre el hombre y la motivación. Estas compañías dan a sus trabajadores control de sus destinos; le dan sentido a su actividad. Convierten en ganadores a un Juan o a una Juana comunes y corrientes. Permiten que todos se destaquen, y aun lo exigen. Acentúan lo positivo.

Aclaremos bien otro punto previo. No estamos hablando de mimar a la gente sino de respetar al individuo seriamente y de estar dispuesto a adiestrarlo, a fijarle expectativas razonables y claras, y a concederle autonomía práctica para que salga adelante y contribuya directamente en su labor.

La genuina orientación hacia las personas contrasta fuertemente con las dos alternativas principales que se observan con mucha frecuencia en las empresas: el desastre de la insinceridad y el desastre de las tretas.

El de la insinceridad es el peor. Todos los gerentes con quienes hemos hablado dicen que las personas son importantes, indispensables; pero después de decirlo, no prestan mucha atención a sus trabajadores . En realidad, tal vez ni se dan cuenta de sus omisiones. "Los problemas del personal me ocupan todo mi tiempo", es la réplica típica. Lo que quieren decir es: "Este negocio sería mucho más fácil si no fuera por la gente".

Solo cuando observamos las compañías excelentes, percibimos el contraste. La orientación hacia las personas en estas compañías se inició en casi todas hace varios decenios: políticas de empleo total aun en tiempos de recesión, una cantidad extraordinaria de adiestramiento cuando la norma era no adiestrar a nadie, llamar a todo el mundo por su nombre de pila en épocas mucho más formales que la nuestra, y cosas por el estilo. Los gerentes de estas instituciones llevan en la sangre el ser solícitos con sus empleados. La gente es la razón por la cual existen los gerentes, y ellos lo saben y lo viven.

Esta orientación es profunda y se ha incorporado en el lenguaje mismo. En Delta se llama "el sentimiento de familia". En HP es "la manera Hewlett-Packard" y "la administración ambulante". En Dana es sencillamente el empleo constante de la palabra "personas" en los informes anuales, en los discursos de los altos ejecutivos, en declaraciones sobre políticas. (Rene McPherson, ex presidente de la junta directiva, insiste mucho en ello. En una conversación casual presenta un anuncio de una formidable campaña de Ford. "¡Demonios!", exclama. "Hablan de trabajadores. ¿Por qué no de personas?"). En McDonald's los empleados se llaman "miembros de la tripulación"; en Disney Productions, "anfitriones"; y "asociados" en J. C. Penney.

El ruido y el alboroto para celebrar los éxitos del personal pueden parecer cursis, pero lo cierto es que a la gente le gusta. Cuando examinamos por primera vez este fenómeno, pensamos que tales celebraciones se limitarían a las compañías como Tupperware, en que el presidente y sus altos gerentes toman parte, según se dice, durante 30 días al año, en un jubileo que tiene por objeto festejar el éxito de sus 15000 mejores vendedores y gerentes. Encontramos, empero, que también se hace mucho alboroto en las compañías de alta tecnología (v. gr. el canto de Hewlett-Packard, "Agarra un oso", para celebrar su computador serie 3000). Y en Caterpillar nos informaron acerca de una fiesta para introducir equipo nuevo, en la cual presentaron disfrazadas las grandes máquinas de movimiento de tierra.

Quizá sea una sorpresa enterarse de que la orientación hacia las personas también tiene su lado duro. En las compañías excelentes se preocupan por los números y los resultados, pero sus exigencias se manifiestan más bien como altas expectativas recíprocas que como complicados sistemas de controles o gerentes que dan puñetazos sobre la mesa. El lado duro, en efecto, es probablemente más duro que en las compañías no tan buenas y más apegadas a sistemas formales, pues nada es más comprometedor que sentirse uno necesario; ésta es la magia que producen las altas expectativas. Y si son los mismos compañeros de trabajo los que tanto esperan de uno, entonces es mayor aún el incentivo para desempeñarse bien. A todos les gusta compararse con los demás, como lo observamos en el capítulo 3, y también alcanzar determinadas normas en su desempeño —siempre que éstas se puedan alcanzar y sobre todo, si la misma persona contribuyó a fijarlas.

El punto es, pues, que la orientación hacia las personas es *completa* en las compañías excelentes. En aquellas donde tal orientación solo existe de labios para afuera, digan lo que digan, falta casi todo lo que acabamos de describir. Ciertamente, los despidos no se toman a la ligera, pero encontramos pocas historias que se puedan comparar con los esfuerzos verdaderamente extraordinarios de IBM, Delta, Levi, o Hewlett-Packard por evitar los altibajos en el empleo. Y el lenguaje también es distinto. Las historias de tiempo de guerra en las compañías menos buenas no se refieren tanto como en Dana, Digital o IBM, al cuidado, manejo y alimentación de los empleados. En las compañías insinceras, la palabra "gerente" no designa ya a un individuo que se arremanga para ponerse a trabajar al lado de su gente, sino a una persona que contrata asistentes para que hagan el trabajo. Estas compañías nunca mencionan la revisión por los compañeros de trabajo. Son reservadas y deliberadamente ocultan la información a sus empleados. La razón es clara: suponen que los empleados no tienen la madurez necesaria para manejar la verdad. ¿Y el alboroto, las celebraciones, el cambio constante de premios, recompensas y otros incentivos? Tampoco existen. A veces, es cierto, ensayan algún programa como la administración por objetivos o los círculos de calidad, o el plan Scanlon, cuando se ponen de moda; pero pronto los abandonan o los burocratizan. El fracaso suele atribuirse a los sindicatos o a "falta de buena voluntad de los empleados", pero muy rara vez reconocen que se debe a la falta de perseverancia y de sincero interés y cuidado por parte de la gerencia.

Esto nos lleva directamente al segundo problema: los trucos y las tretas. Actualmente la treta de moda es el círculo de calidad. No es que la idea en sí tenga absolutamente nada de malo, y los japoneses nos lo han recordado vigorosamente, sino que los círculos de calidad son apenas la última de una larga lista de herramientas que pueden ser o bien muy útiles o simplemente servir de cortina de humo mientras la gerencia se las arregla para seguir adelante sin hacer nada en beneficio del personal. Hace diez años, la moda era la ampliación de oficios; antes de eso era el omnipresente movimiento de desarrollo organizacional, lleno de formación de equipos, grupos-T, resolución de conflictos, y cuadros gerenciales. Los huesos de estos programas están esparcidos en el desierto de la baja productividad norteamericana. Muy poco es lo que ha cambiado. Los consultores y asesores convencían de sus programas a los niveles más bajos de la administración, como los funcionarios de adiestramiento; y los altos gerentes les permitían seguir adelante con ellos, quizá, más que todo, por no ensuciarse ellos mismos las manos. Pero estas supuestas panaceas no podían aplicarse con éxito si se empezaba únicamente de abajo hacia arriba, es decir, sin que hubiera un intenso interés por parte de la alta administración. Los cambios que se requieren son fundamentales.

Tales programas jamás pueden implantarse de verdad sin el apoyo definitivo de todo el equipo de administración superior.

Así como no hay forma de que unos pocos programas agarren y produzcan un cambio fundamental, tampoco existe razón alguna para esperar que determinada técnica tenga de vida efectiva más de unos pocos años. Las compañías excelentes también tienen sus sistemas de administración por objetivos, sus círculos de calidad, y probablemente han ensayado la formación de equipos, e incluso es posible que todavía estén utilizando algunos de estos instrumentos. Pero tienen mucho más. Cuando hicimos nuestra investigación nos sorprendió el gran número de programas de personal que encontramos y la frecuencia con que se reforman y se mejoran. Y estos programas no son insinceros ni son tretas. Encontramos espléndidos sistemas de incentivos monetarios, lo cual es de esperar; pero descubrimos igualmente una serie increíble de incentivos no monetarios y una sorprendente variedad de programas nuevos o experimentales. Probablemente ningún dispositivo tenga indefinidamente eficacia, ni siquiera en las mejores instituciones. El problema hay que tratarlo como se trataría un producto nuevo. La tubería de abastecimiento debe estar siempre llena de un gran número de posibles programas, la mayor parte de los cuales seguramente no servirán, lo mismo que sucede con las ideas sobre nuevos productos. Si el enriquecimiento de oficios no funciona en una fábrica, ensayemos otros siete programas que sí están funcionando en otras plantas o que han dado buenos resultados en otras compañías.

HISTORIAS DE EXITO

Todos los altos gerentes dicen que sus compañías se preocupan por la gente, pero las compañías excelentes se distinguen por la intensidad y amplitud de esta preocupación. La única manera adecuada de describirla es citando ejemplos.

RMI

Un buen ejemplo para empezar es RMI, la filial de U.S. Steel y de National Distillers, y fabricante integrada de productos de titanio. Durante muchos años su rendimiento fue inferior a lo normal, con baja productividad y muy pequeñas utilidades. Pero en los últimos tiempos, ha experimentado un éxito extraordinario debido casi totalmente a la adopción de un programa de productividad intensamente orientado hacia el personal.

Empezó este programa cuando fue nombrado jefe ejecutivo "Big Jim" Daniell, ex jugador profesional de fútbol y ex capitán de los Browns de Cleveland. El programa que Daniell instaló lo describió el *Wall Street Journal* como "pura cursilería —una mezcla de lemas sensibleros, comunicación, y sonrisas por todas partes". Las fábricas están repletas de letreros que dicen: "Si se ve a algún individuo sin sonrisa, regálele una de las suyas"; o "Nadie tiene éxito en una cosa si no la hace con gusto". Todos llevan la firma "Big Jim".

Esta historia no tiene más complicaciones. El emblema de la compañía es un rostro sonriente que aparece en la papelería, en la fachada del edificio, en los letreros de la fábrica, y en los cascos de los obreros. RMI tiene su sede en Niles, Ohio, a la que ahora todo el mundo llama "Smiles*, Ohio". Big Jim pasa gran parte de su tiempo recorriendo la fábrica en un carrito de golf, saludando con la mano y haciendo chistes con los trabajadores, escuchándolos, y llamándolos a todos por su nombre de pila —a todos los 2000 trabajadores. También pasa mucho tiempo con el sindicato. El presidente local del sindicato dice refiriéndose a él: "Nos invita a sus reuniones y nos informa de lo que está ocurriendo, lo cual no se acostumbra en otras industrias".

¿Y cuál es el resultado de todo esto? Pues bien, en los últimos tres años, sin gastar casi ni un céntimo en inversión, ha logrado un aumento de casi un 80 por ciento en productividad, y según el último informe, el número de reclamaciones acumuladas del sindicato había bajado de unas 300 a unas 20. Los clientes de Big Jim con quienes hemos conversado (v. gr. en Northrop) dicen que el espíritu solícito de este hombre hacia su gente le brota por todos los poros.

HEWLETT—PACKARD

En un estudio, dieciocho de veinte ejecutivos de Hewlett-Packard entrevistados dijeron espontáneamente que el éxito de su empresa

---

* "Sonrisas".

depende de su orientación hacia el personal. Lo llaman "la manera Hewlett-Packard". Uno de los dos funcionarios, Bill Hewlett, lo describe así:

> En términos generales, me parece que consiste en las políticas y los actos que fluyen en la creencia en que los hombres y las mujeres desean realizar un buen trabajo, un trabajo creativo, y que lo harán si se les ofrece el ambiente adecuado. Esta es la tradición de tratar a todo individuo con consideración y respeto, y de reconocer las realizaciones personales. Parece casi trivial, pero Dave [Packard, el otro fundador] y yo honradamente creemos en esta filosofía...La dignidad y el valor del individuo son, pues, parte muy importante de la manera Hewlett-Packard. Teniendo esto en cuenta, desde hace muchos años acabamos con los relojes de marcar tarjeta y hace poco introdujimos el programa de horario flexible. Esto también es una expresión de confianza en la gente y da a ésta la oportunidad de ajustar sus horas de trabajo a las necesidades de su vida personal...Muchos empleados nuevos y muchos visitantes observan y nos comentan otra característica de nuestro sistema, o sea nuestra informalidad, el hecho de que todos nos llamamos los unos a los otros por nuestros nombres de pila. Podría citar otros ejemplos, pero el problema es que ninguno de ellos por sí solo capta la esencia de la manera Hewlett-Packard. No se puede describir en números ni en estadísticas. En último análisis, es un espíritu, un punto de vista. Existe el sentimiento de que todo el mundo es parte del equipo, y que el equipo es Hewlett-Packard. Como lo dije al principio, es una idea que se basa en el individuo. Existe porque la gente se ha dado cuenta de que funciona y todos creen que este sentimiento hace de Hewlett-Packard lo que ella es.

En Hewlett-Packard la orientación hacia el personal empezó desde hace mucho tiempo. En la década de los años 40, Hewlett y Packard resolvieron "no ser una compañía de contratar y despedir". Fue una decisión valerosa en aquellos tiempos, cuando el negocio de artículos electrónicos dependía casi totalmente del apoyo gubernamental. Posteriormente se puso a prueba el espíritu colectivo de Hewlett-Packard cuando la empresa sufrió duramente en la recesión de 1970. Entonces, en vez de despedir gente, Hewlett, Packard, y todos los demás en la organización aceptaron una rebaja del 20 por ciento en sus sueldos. Todos trabajaron 20 por ciento menos horas, y así la empresa logró salir al otro lado sin haber sacrificado el empleo total.

No solo se inició esta filosofía hace mucho, sino que se renueva automáticamente. Los objetivos empresariales acaban de revisarse y de volverse a publicar para todos los empleados, y en ellos se incluye un replanteamiento de la filosofía de la empresa. En la primera frase se dice: "Lo que una organización alcanza es el resultado del esfuerzo combinado de todos los individuos..." Y un poco más abajo Hewlett-Packard refuerza su compromiso con la gente innovadora, filosofía que ha sido una fuerza motriz en el éxito de la organización. "Primero, debe haber en toda la organización gente capaz e innovadora...Segundo, la organización debe tener objetivos y liderazgo que generen entusiasmo en todos los niveles. Los que ocupan importantes puestos administrativos no solo deben ser entusiastas sino que deben escogerse por su habilidad para engendrar el entusiasmo entre sus asociados". La introducción a esta declaración revisada de objetivos concluye así: "Hewlett-Packard no debe tener una organización rígida de tipo militar sino más bien dar a las personas libertad para trabajar por el logro de los objetivos generales en las formas que ellas determinen como las mejores en sus propias áreas de responsabilidad".

La confianza que tiene Hewlett-Packard en su gente se manifiesta en forma conspicua en su política de "depósito-laboratorio abierto", que algunos de nuestros estudiantes encontraron en la división de Santa Rosa. En este depósito es donde se guardan los componentes eléctricos y mecánicos. La política de depósito abierto significa que no solo los ingenieros tienen libre acceso a este equipo, sino que se les estimula ¡para que se lo lleven a su casa, para su uso personal! La idea es que lo que los ingenieros hagan con el equipo, ya sea que se relacione o no directamente con su trabajo, utilizándolo en su casa aprenderán mucho y así se refuerza el compromiso de la compañía con la innovación. Se cuenta que un sábado Bill Hewlett* fue a una fábrica y encontró el depósito cerrado con candado. Inmediatamente fue al departamento de mantenimiento, tomó una sierra de trozar pernos y procedió a cortar el candado de la puerta del depósito. Dejó una nota que encontraron el lunes por la mañana y decía: "No vuelvan a cerrar jamás esta puerta con candado. Gracias. Bill".

Lo mismo dijo un ingeniero de 24 años que apenas hacía un poco más de uno estaba en la empresa. Comentando algunos problemas de un nuevo procedimiento de personal dijo: "No estoy muy seguro de que Bill y Dave lo hubieran hecho de esa manera". Es realmente notable encontrar que los valores de la compañía se infunden tan rápidamente y con tanta claridad. El joven pasó a describir la dedicación de Hewlett-Packard a "seguir adelante", la necesidad de interve-

---

* Todas las historias de Hewlett o de Packard, no importa la edad del narrador, se refieren a ellos como "Bill" y "Dave".

nir en cada introducción de nuevos productos de éxito para progresar, el método de triunfar mediante una serie de realizaciones reales más bien que de habilidad en el manejo de papeles, la posibilidad de hablar con cualquiera, en cualquier parte. Habla del gerente general de su división y de los funcionarios superiores como si fueran sus amigos personales y él fuera su único empleado. Se explaya en el tema de la administración ambulante. La discusión pasa a dispositivos de comunicación que han recibido tanta publicidad como la "tertulia del café", donde todas las semanas se resuelven problemas en un ambiente informal en que toman parte todos. Resulta bien justificado el refuerzo positivo.

En resumen, la característica más extraordinaria en Hewlett-Packard es la uniformidad del compromiso, del enfoque y la actitud. Por dondequiera que uno pase encuentra gente que habla de calidad de los productos, y todos se muestran orgullosos de lo que su división ha logrado en esta área. En todos los niveles la gente muestra energía y entusiasmo ilimitados, hasta el punto de que muchos colegas nuestros, después de encontrarse casualmente con un ejecutivo, un ingeniero o un trabajador de línea, preguntan: "¿Este tipo es de verdad?" Luego tratan a otros e invariablemente su escepticismo, por duro que haya sido, empieza a desaparecer. Nosotros mismos tratamos de mantener una actitud fría, de no entusiasmarnos, pero no fue posible.

WAL-MART

Wal-Mart, con más de 26 000 empleados, es hoy el cuarto vendedor al por menor en los Estados Unidos. Durante los años 70, sus ventas ascendieron de 45 millones de dólares a 1600 millones, y sus tiendas aumentaron de 18 a 330. Sam Walton, o "Mr. Sam" como le dicen en la compañía, es la fuerza motriz de este éxito y es hombre que se preocupa por sus empleados. Sus gerentes, por solicitud suya, llevan botones con el letrero "Cuidamos de nuestra gente".

Walton aprendió a interesarse en las personas trabajando con J.C. Penney, y, lo mismo que en Penney's, a los que trabajan con él no les llama empleados sino "asociados". Y los escucha. "La clave es ir a la tienda y escuchar lo que los asociados dicen", explica. "Es sumamente importante que todos participen. Nuestras mejores ideas provienen de dependientes y empleados de las bodegas". Se cuentan muchísimas historias de Walton. *The Wall Street Journal* informa:

"Hace unas pocas semanas Mr. Walton no podía dormir. Se levantó, compró unas rosquillas en una pastelería que permanecía abierta durante toda la noche, y a las 2:30 de la madrugada se fue con ellas a un centro de distribución donde estuvo charlando un rato con los trabajadores de los muelles de carga. Esa noche descubrió que hacían falta otras dos duchas en los baños destinados al uso de este personal. Aquí lo sorprendente no es la historia en sí: cualquier comerciante o industrial puede contar anécdotas parecidas. La noticia sorprendente es que un alto ejecutivo todavía pueda conservar ese profundo interés por su gente en una empresa de 2000 millones de dólares.

En todas las actividades se refleja la misma idea de que la gente cuenta en cualquier nivel. Las oficinas ejecutivas están prácticamente vacías. La sede parece una bodega. La razón es que los gerentes de Walton pasan la mayor parte de su tiempo en el terreno, en las once áreas de servicio de Wal-Mart. ¿Y qué hacen? "Encabezan los equipos de festejos en la apertura de nuevas tiendas, exploran las tiendas de los competidores, y llevan a cabo sesiones de análisis con los empleados". Walton visita personalmente todas las tiendas durante el año (recuérdese que ahora son 330) y esto lo ha hecho desde 1962.

En Wal-Mart todo el mundo se siente ganador. Las reuniones regulares de gerencia empiezan el sábado a las 7:30 de la mañana. El comprador del mes recibe una placa. Hay "cuadro de honor" para las tiendas todas las semanas; y también todas las semanas un equipo especial que va a modernizar las tiendas da fe de los trabajos bien ejecutados. Mr. Sam se levanta y grita, "¿Quién es el número uno?" y naturalmente todos contestan en coro: "¡Wal-Mart!".

Entonces empiezan las aclamaciones y, lo mismo que muchas otras cosas que hemos visto, es muy divertido. *The Wall Street Journal* informa: "Parece que el que más se divierte es Mr. Walton. No hace mucho voló en su avioneta a Mount Pleasant, Texas; allí la estacionó y dio instrucciones a su copiloto para que fuera a recogerlo unas 100 millas más adelante, en la carretera. En seguida hizo detener un camión de Wal-Mart y viajó en él para poder charlar con el conductor, lo cual le pareció muy divertido".

El tema de la diversión en los negocios se encuentra en una gran parte de la investigación sobre las compañías excelentes. A los líderes y gerentes les gusta lo que están haciendo y se entusiasman con ello. O, como lo dijo hace poco Howard Head en un discurso: "Me parece que uno tiene que asociarse personalmente con lo que hace. A mí me encanta el diseño. Si no fuera divertido no lo haría".

DANA

Una de las historias de éxito más impresionantes en cuanto a la gente y la productividad es la de Dana Corporation bajo la dirección de Rene McPherson. Dana es una compañía de 3000 millones de dólares que produce cosas no muy raras, como aspas de cobre para hélices y cajas de cambio de velocidades, que suministra principalmente a un mercado secundario y nada emocionante en las industrias automovilística y de transporte por carretera. Si uno ve a Dana como un problema de administración estratégica, sin duda la considerará perdedora. Pero sin embargo, en los años 70, esta empresa del Oeste medio chapada a la antigua, ocupó el segundo puesto entre las 500 compañías de *Fortune* en lo tocante a redituación para los accionistas. A comienzos de la década de los años 70, las ventas por empleado fueron lo mismo que el promedio para toda la industria; a fines del decenio, y sin un gran gasto de capital, las ventas de Dana por empleado se habían triplicado mientras que el promedio de toda la industria ni siquiera se duplicó (en el sector industrial de Dana, la productividad apenas aumentó), lo que es una marca fenomenal de productividad para un negocio tan grande en una industria por lo demás poco interesante. Esto aparte, el personal de la compañía está en gran parte sindicalizado y en casi todas sus plantas está la United Auto Workers (UAW). Pero en el mismo decenio, su tasa de reclamaciones bajó a una pequeña fracción del promedio general de UAW.

El ingrediente clave es la productividad por el personal, pura y simplemente. Como se dijo atrás, cuando McPherson se posesionó, en 1973, uno de sus primeros actos fue destruir $22\frac{1}{2}$ pulgadas de manuales de políticas y reemplazarlos con una declaración de filosofía que solo ocupaba una página. Esta dice así:

- Nada hace participar más eficazmente a la gente, sostiene más la estimación o genera más el entusiasmo, que la comunicación cara a cara. Es fundamental suministrarle al personal todas las cifras de desempeño de la organización y discutirlas con todos.
- Tenemos la obligación de dar adiestramiento y oportunidad de desarrollo a nuestro personal productivo que quiera mejorar sus destrezas, ampliar sus carreras y oportunidades, o simplemente mejorar su educación general.
- Es esencial garantizar a nuestra gente la seguridad del empleo.

- Debemos crear programas de incentivos que descansen en las ideas y sugerencias, lo mismo que en el trabajo a conciencia, para establecer un paquete de recompensas.

McPherson dice: "La filosofía viene primero. Casi todos los ejecutivos están de acuerdo en que las personas son el activo más importante, pero casi nadie actúa de acuerdo con ello".

McPherson redujo rápidamente su plana mayor de 400 a 150, y el número de niveles de su organización de 11 a 5. Sus gerentes de planta —unos 90— pasaron a ser "gerentes de taller", y se les creó la responsabilidad (como se hizo también posteriormente en Delta y en Disney) de aprender todos los oficios de las plantas. Se les dio además autonomía para ver que se realizara la tarea total. Su éxito llevó a McPherson a decir, en una declaración que a otro le habría podido costar su puesto en cualquier junta directiva: "Yo me opongo a la idea de que lo que necesitamos para mejorar la productividad es menos gobierno, menos reglamentación, incentivos para la formación de capital, y renovada investigación en actividades de desarrollo. Mi recomendación es: Dejemos que nuestra gente realice la tarea".

En Dana, la filosofía realmente es lo primero; pero es en gran parte cuestión de difusión voluntaria de las ideas. Todo el mundo es responsable de que haya aumentos de productividad. McPherson sugiere el punto de partida adecuado: "La personalidad productiva de los altos administradores es un símbolo vital". Pero a nadie se le dice cómo debe lograr esto. En el fondo, hay que tener verdadera fe en la eficiencia del individuo que está más abajo en la organización. McPherson señala:

> Mientras no aceptemos que el experto en cualquier oficio es la persona que lo está realizando, estaremos limitando siempre el potencial de esa persona en términos tanto de su propia contribución a la organización, como de su desarrollo personal. Considérese un escenario manufacturero: dentro de su área de 25 pies cuadrados nadie sabe más acerca de cómo manejar una máquina, maximizar su producción, mejorar su calidad, optimizar el flujo de material y mantenerla funcionando eficientemente que los operarios de las máquinas, los que manejan los materiales y los encargados del mantenimiento. Nadie.

Y agrega:

> No perdemos tiempo en tonterías. No tenemos procedimientos. No tenemos una numerosa plana mayor. Dejamos que todos hagan su trabajo sobre la base de lo que necesitan, de lo que dicen que van a hacer, y de los

resultados que obtienen. Y les damos tiempo suficiente para hacerlo...
Lo mejor es que reconozcamos que la gente más importante en una organización es la que está realmente prestando un servicio o produciendo un
artículo o agregándole valor, y no los que administran la actividad... Es
decir, cuando yo estoy en sus 25 pies cuadrados de espacio, debo escu-
charlos.

El enfoque de McPherson siempre es el mismo. Ya sea en la conversación casual o en una presentación formal, nunca deja su énfasis en
las personas. Uno de sus antiguos asociados en Dana nos decía:
"Nunca le oí hacer una declaración que no tuviera algo que ver con las
personas". McPherson dice: "Fíjense ustedes en las fotografías de los
informes anuales. Por el presidente no se preocupen; a él siempre le
ponen su nombre debajo de la foto, y siempre bien escrito. Observen
las fotos de los trabajadores de línea. ¿A cuántos de ellos se les
identifica por su nombre?"

Lo mismo que Hewlett-Packard, Dana acabó con los relojes de
control. "Todos se quejaron —dice McPherson—: ¿Qué vamos a hacer
sin los relojes? Yo les contesté: ¿Cómo manejan ustedes a cualquier
grupo de diez personas? Si ven que una llega tarde todos los días, le
llaman la atención. ¿Para qué necesitan relojes de control para saber si
las personas que trabajan para ustedes están llegando tarde?" También
recalca la necesidad de empezar con supuestos positivos sobre el comportamiento de las personas, y continúa la historia en esta forma: "Mis
colegas me dijeron: No podemos quitar los relojes de control porque el
gobierno exige un registro de la asistencia de cada persona y el tiempo
que ha trabajado. Yo les contesté: Está bien; de ahora en adelante todo
el mundo llega a tiempo y todo el mundo sale a tiempo. Eso es lo que va
a decir el registro. Cuando haya excepciones muy notorias, las trataremos
mos una por una".

McPherson es gran partidario de la comunicación cara a cara y de
discutir todos los resultados con toda la gente. Exigió que hubiera una
reunión mensual de la gerencia de división con todos los miembros de
ésta para discutir directa y específicamente todos los detalles de los
resultados obtenidos. (Esto lo vemos una y otra vez en las compañías
excelentes. Tienen obsesión por compartir ampliamente la información y evitar el secreto. Están dispuestas a cambiar cualquier pérdida
marginal de información competitiva por el compromiso adicional.)
McPherson recalca los contactos cara a cara hasta en la publicidad
institucional. Publicó anuncios que, como dice, "pusieron muy nervio-
sos al principio" a los gerentes de nivel medio. Uno de esos avisos

decía: "Respóndale al jefe", otro "Haga preguntas tontas". McPherson deplora que la gerencia no quiera escuchar: "Para una presentación en diapositivas necesitaba una foto en que apareciera un trabajador hablando con su jefe. En el archivo había 14 000 fotos, pero ninguna de ellas mostraba a un supervisor *escuchando* a un trabajador".

Pasaba del 40 al 50 por ciento de su tiempo llevando el mensaje directamente a su gente e insistía en reuniones a las cuales todos asistieran. Recuerda una experiencia en Reading, Pennsylvania: "Yo quería hablar con toda la gente. El jefe dijo que no había un local para acomodarlos a todos. Así pasaron tres años. Al fin yo dije: Desocupen el departamento de despachos. Se presentaron 1600 personas. Durante todos mis años de viajes, los empleados nunca me hicieron preguntas tontas, y sin embargo el gerente de planta y el gerente de división nunca quisieron asistir a estas reuniones cuando yo los invitaba. Mire usted estas fotos: son fotos de las reuniones. Siempre aparecen allí maquinistas, nunca gerentes que hagan preguntas. ¿Sabe usted por qué? Los gerentes no hacen preguntas. Tienen miedo".

Otra obsesión suya es el adiestramiento, la mejora continua. Su orgullo es la Universidad Dana, por la cual pasaron millares de empleados de la empresa el año pasado. Las clases son prácticas, pero al mismo tiempo refuerzan la orientación hacia las personas. Muchas clases las dictan vicepresidentes de la compañía (encontramos un fenómeno parecido en Disney y en McDonald's). Según McPherson, no hay posición más prestigiosa para un miembro de la administración que ser nombrado regente de la Universidad. La junta de regencia se compone por lo general de nueve gerentes generales de división.

En Dana nada es forzado. El plan de utilidades Scanlon, que ha recibido tanta publicidad, es buen ejemplo. Con gran sorpresa nuestra, nos enteramos de que solo está vigente en siete de las 40 divisiones de la empresa. McPherson dice: "Estos planes se implantan donde funcionan bien. No es más. A ningún gerente de división se le hace presión para que los acepte".

La principal presión en Dana proviene de los mismos compañeros de trabajo y es muy real, como lo es en nuestras otras compañías excelentes. Culmina en lo que llaman la semana del infierno. Dos veces al año unos cien gerentes se reúnen durante cinco días para intercambiar información sobre los resultados obtenidos y las mejoras de productividad. McPherson estimula este proceso porque cree que la presión de los compañeros es lo que hace que todo resulte bien. Dice: "Siempre se puede engañar al jefe. Yo lo hacía. Pero uno no se puede esconder de sus compañeros porque ellos saben qué es lo que está pasando realmente". Y, desde luego, durante esas semanas hay una libre y abierta comunicación que es casi una lucha entre todos. "Los hacemos pasar por el infierno", dice.

Su filosofía sobre la seguridad en el empleo se ha puesto a prueba durante los últimos tiempos de dificultades en la industria automovilística norteamericana. A pesar de que la compañía hubiera querido evitarlo, se vio obligada a despedir gente, pero aun esto se acompañó con continuas e intensas comunicaciones. A todo el mundo se le dijo qué era lo que estaba pasando a medida que ocurría. De los resultados prácticos, McPherson comenta: "Teníamos una participación del 80% en el plan de acciones en 1979. Luego vinieron 9000 despidos. ¿Cuál es ahora nuestra participación, incluyendo los despidos? Sigue siendo el 80%". Además, la recuperación de 1981 en los resultados de Dana, que iba fuertemente contra la corriente, resultó en verdad fenomenal.

En la filosofía de McPherson se reconoce el valor de que todos contribuyan con ideas y no se contenten simplemente con mantener el ritmo en la línea. "Para mantenerse fresco —afirma— uno nunca deja de moverse, nunca deja de escuchar, nunca deja de preguntarles a todos qué piensan". Compárese esto con el siguiente comentario que hizo un trabajador de General Motors a quien despidieron hace poco después de 16 años de servicio en la División Pontiac: "Supongo que me han despedido porque hago autos de mala calidad. Pero en 16 años ni una sola vez se me pidió una sugerencia sobre cómo hacer mejor mi oficio, ni una sola vez".

DELTA AIRLINES

Delta Airlines es una de las pocas empresas de aviación que pasaron por la des-reglamentación de la industria con pocas cicatrices en su historia limpia de fuerte desempeño financiero. Su última huelga ocurrió en 1942. El último voto sindical fue en 1955. Francis O'Connell, del sindicato Transport Workers of America, dice de la empresa: "Tienen una relación con sus empleados que es muy difícil de penetrar". Esta es una empresa de la gente. Anuncia el "espíritu de familia Delta" y vive esa filosofía. Hace ascensos desde adentro, paga mejor que la mayor parte de las aerolíneas, y llega a todo extremo para evitar el despido de trabajadores en una industria tradicionalmente cíclica.

Lo mismo que hacen muchas compañías excelentes para acomodarse al ambiente, Delta empieza por escoger muy cuidadosamente a los solicitantes de empleo. *The Wall Street Journal* observa: "Las cabineras se escogen entre millares de solicitantes, se someten a dos entrevistas y luego se envían al psicólogo, el doctor Sidney Janus, quien dice: Yo trato de determinar su sentido de cooperación o de trabajo en equipo. En Delta uno entra no solo en una compañía sino que entra asimismo en un objetivo".

El éxito de esta compañía proviene de una colección de muchísimas cosas pequeñas. La política de puerta abierta fija el tono. El ex presidente William Beebe explica: "Tengo que hacer limpiar la alfombra de mi oficina una vez al mes porque vienen a verme los mecánicos, los pilotos, los auxiliares de vuelo.—todos. Si realmente quieren decirnos algo, nosotros les concedemos el tiempo necesario. No tienen que pasar por otras personas. Ni el presidente de la junta, ni el de la compañía, ni el vicepresidente —ninguno de nosotros tiene ni un solo asistente administrativo que filtre a nuestros visitantes. No tenemos intermediarios". Desde luego, lo que hace que esto funcione es que algo ocurre cada vez que se usa la puerta abierta. Delta destina muchísimo tiempo y dinero (algo totalmente inconcebible para los que no practican estas cosas) comprobando la versión que da el empleado. Es frecuente que de ahí resulte un cambio de política con respecto, digamos, al ambiente, la paga, o los procedimientos contables. Todo esto "se debe a la tradicional disposición de los empleados a utilizar la puerta abierta y a la tradicional disposición de la alta gerencia a mantener la puerta abierta", dice un analista.

The Wall Street Journal da otro ejemplo típico:

> En febrero de 1979, James Burnett, mecánico de 41 años, observó un faltante de $38 en el cheque de su sueldo. Delta Airlines no le había pagado completo el trabajo de un día que llegó a las 2:00 de la mañana para reparar un motor L-1011. Como su supervisor no le ayudara, el mecánico le escribió al presidente de la compañía, David C. Garrett, hijo. Le decía: "El problema de paga que estamos experimentando es serio, y ello ha ocasionado que muchos trabajadores muy buenos estén descontentos de la compañía". Tres días después, el señor Burnett recibió su dinero junto con excusas que le enviaba la alta administración. Delta fue más allá: cambió la política de pagos y aumentó el pago por trabajo extra para los mecánicos a quienes se llamara fuera de las horas normales de trabajo.

Una de las cosas más interesantes en Delta es que los papeles gerenciales son intercambiables. Por ejemplo, el presidente de la junta

directiva insiste en que todos sus vicepresidentes principales tengan
adiestramiento suficiente para poder encargarse de cualquier oficio en
la compañía (menos el de pilotos de los aviones, por supuesto). Se
espera que los vicepresidentes superiores conozcan suficientemente
bien el área de sus colegas para poder reemplazar a cualquiera en un
momento dado. E incidentalmente, es una tradición que los altos
gerentes en época de Navidad echen una mano para ayudar a los
empleados que están manejando los equipajes.

La administración de Delta, como la de Dana, pasa muchísimo
tiempo simplemente conversando con su gente. Los altos gerentes se
reúnen con todos los empleados por lo menos una vez al año en un
"foro abierto", en el cual se establece comunicación directa entre el
nivel más alto y el más bajo de la organización. La cantidad de tiempo
que se necesita para todas estas comunicaciones es abrumadora y
también difícil de imaginar para los que no trabajan en este tipo de ambiente. Por ejemplo, todo alto administrador dedica cuatro días completos al año solo a conversar con los auxiliares de vuelo basados en
Atlanta. Los vicepresidentes superiores emplean más de cien días al
año en viajes, y éstos no son días fáciles, pues en ellos se incluyen cosas
como presentarse en las pistas a la 1:00 o 2:00 de la madrugada para
verse con los del turno de noche. Las comunicaciones intensas empiezan desde arriba. Es un ritual los lunes por la mañana una reunión de la
plana mayor, en la cual se revisan los programas de la compañía, sus
problemas y sus finanzas. Después, los vicepresidentes invitan a sus
jefes de departamento a almorzar para ponerlos al día. Y así las
noticias pasan rápida y regularmente a través de toda la empresa.

Escuchar a los empleados se toma en serio. Por ejemplo, un comité
de auxiliares de vuelo escoge los uniformes para los 6000 cabineros y
cabineras de Delta. "Esto es importante porque uno tiene que vivir
dentro de ellos", dijo una de las auxiliares. Los mecánicos hasta
escogen sus supervisores inmediatos.

McDONALD'S

Fred Turner, actual presidente de la junta directiva de McDonald's,
empezó como vendedor de zapatos. Y eso está muy bien, porque en
ocupaciones como ésa los líderes de las organizaciones que se interesan
por la gente han aprendido las cosas que son realmente básicas: a
entenderse con los clientes, a prestar un buen servicio y a sentir orgullo

y responsabilizarse de un oficio determinado. McDonald's se distingue sobre todo por las cosas básicas. Turner dice: "La historia demuestra que el compromiso de la administración entre nuestros competidores no es duradero. No prestan una atención profunda a los detalles".

McDonald's cree que los altos gerentes deben estar en el terreno prestando atención a los empleados, al adiestramiento y a la ejecución. El fundador, Ray Kroc, dice: "Creo que *menos es más* en el caso de la administración empresarial; para su tamaño, McDonald's es hoy la empresa menos estructurada que yo conozco y no creo que se pueda encontrar un grupo más feliz, más seguro de sí mismo, ni más trabajador de ejecutivos en ninguna parte".

En la compañía se habla interminablemente de las contribuciones individuales. Kroc sostiene: "Un restaurante bien administrado es como un equipo de béisbol ganador, que aprovecha al máximo las habilidades de cada miembro del equipo y también todas las oportunidades instantáneas de acelerar el servicio". Se fija en las cosas pequeñas: "Recalco la importancia de los detalles. Hay que perfeccionar todas las cosas fundamentales del negocio si se espera desempeñarse bien". La perfección en todos los detalles, que es el estilo de McDonald's, requiere una cantidad increíble de aprendizaje y de intensidad. Un antiguo empleado dice: "Cuando empecé a trabajar me pusieron un gorrito blanco que decía *aprendiz*. Primero me dedicaron al oficio más fácil, que es freír papas. Pasé luego a papas fritas y batidos. Y así sucesivamente hasta llegar a manejar los panecillos y cocinar las hamburguesas. Solo teníamos un cuarto pequeño para descansar, y allí siempre había encendido un televisor y casetes que hacían hincapié en alguna de las maneras de hacer las cosas en McDonald's: cómo cocinar una hamburguesa mejor, cómo conservar las papas fritas bien tostadas, y todo lo demás".

El reglamento en McDonald's especifica los procedimientos y los detalles. Por ejemplo: "Los cocineros deben voltear las hamburguesas, nunca lanzarlas al aire", o bien: "Si una hamburguesa grande no ha sido comprada diez minutos después de cocinada, hay que descartarla, y las papas fritas hay que descartarlas después de siete minutos. Los cajeros deben establecer contacto visual con todo cliente y sonreírle". Y así, las demás cosas.

A pesar de la rigidez de los procedimientos que se emplean en muchas áreas, a los gerentes de los restaurantes se les estimula para ejercer autonomía y mantener el entusiasmo. *Fortune* informa que "Debbie Thompson, que empezó a trabajar en McDonald's como cajera hace ocho años y hoy tiene 24, maneja el establecimiento de la compañía en Elk Grove Village, y a veces anima la hora congestionada del almuerzo ofreciendo una bonificación de 5 dólares a los cajeros que recauden la mayor suma en dólares y atiendan el mayor número de clientes. También da una placa al miembro del mes del equipo".* Otra empleada agrega: "Siempre nos pagaban un dólar por hacer la mayor venta en una hora. Si uno llegaba a 300 dólares en la hora [en venta de comida], le daban otro dólar. Todas las que trabajábamos en ese período recibíamos un dólar, y en los días extraordinarios, dos. Todas nos esforzábamos por ganar esos dólares extra. Significaban mucho".

Parte vital del sistema es la Hamburger University. El *New York Times* informa:

La bandera de los Estados Unidos y la de McDonald's flotan sobre la carretera expresa que atraviesa el patio de Hamburger University en una población suburbana de Chicago. En el interior, los concesionarios de McDonald's y los gerentes de la compañía aprenden destrezas para reforzar lo que han venido a simbolizar los arcos dorados de 614 000 edificios iguales en otras tantas comunidades suburbanas y rurales: ambiente previsible y buen gusto; o, como lo dice el fundador de la empresa, Ray Kroc, "el evangelio de Calidad, Servicio, Limpieza y Valor". Mr. Kroc, que se salió de la escuela secundaria sin terminar el curso, ha regalado millones para obras de caridad y estimula a sus empleados para que tomen parte en las obras locales de beneficencia, con objeto de fomentar la imagen de McDonald's; pero rehúsa apoyar la educación superior. En su libro [*Grinding It Out*] escribe: "Una cosa que rehúso terminantemente es dar dinero para apoyar alguna universidad. Muchas de las mejores instituciones del país me han solicitado, pero les digo que de mí no obtendrán ni un centavo, a menos que organicen una escuela de artes y oficios"...Dos mil estudiantes se "graduaron" en la escuela [Hamburger University] el año pasado...Un estudiante afortunado de cada curso recibe un gorro de cocinero, de oro, por la mejor contribución a la discusión en clase...Otro sale con un modelo abstracto que representa una hamburguesa, de cerámica, por haber obtenido los más altos honores académicos...McDonald's señala el hecho de que el Consejo Norteamericano de Educación recomienda que se reconozca crédito universitario hasta de seis horas-semestre por cursos que hayan hecho en la Hamburger Uni-

* Algunos consideran estos premios triviales. Sin embargo, un estudiante de postgrado en administración en Stanford recuerda que él se ganó una de estas placas en Jack In The Box. "Parecerá una tontería, pero yo la llevo conmigo desde hace siete años". Tenemos un amigo, un vendedor, que se ganó una parrilla para hacer asados al aire libre, como parte de un concurso de ventas. En su casa él tenía una parrilla mucho mejor, pero la descartó e instaló la nueva que era su premio.

versity los candidatos a graduarse en establecimientos de enseñanza
superior de dos o de cuatro años. Hay 18 cursos, desde seminarios de uno
o dos días, hasta sesiones de toda una semana sobre "evaluación del mercado", "destrezas administrativas" y "supervisión del área". El éxito de
McDonald's se basa en la comida rápida y servicio amistoso a bajo precio. Los cursos tratan sobre el estilo de McDonald's y ponen énfasis en
la motivación...

Esta compañía también apela al alboroto y las grandes celebraciones. Un empleado recuerda:

> Un tipo de nuestro restaurante era "Cocinero Nacional de Hamburgue-
> sas". Era el mejor de toda la cadena McDonald's en el país. La compe-
> tencia empieza en la primavera. Celebran un concurso nacional para
> ver cuál es el mejor cocinero de hamburguesas del país. Esto significa
> el más rápido, pero también el que más se acerque a la perfección, a
> la óptima calidad, cocinándolas exactamente como se deben cocinar.
> Para hacer esto realmente bien, se consigue un pequeño termómetro que
> se pone sobre la parrilla. Esta tiene que brillar de limpieza absolutamente
> inmaculada. Se colocan encima las hamburguesas de cierto modo, seis
> en fila, perfectamente alineadas. Se procede a socarrarlas todas con el
> reverso de una espátula, se les echa sal en el momento preciso, se ponen
> las cebollas también en un momento dado. Luego se van retirando en
> forma apropiada y colocándolas sobre los panecillos...Primero se cele-
> bra una competición dentro del restaurante mismo para ver cuál es el
> mejor cocinero de hamburguesas. El que gana pasa al campeonato regio-
> nal. En seguida van al siguiente nivel, y finalmente al concurso nacio-
> nal...Creo que se celebró en Chicago. Dieron un gran trofeo y me parece
> que también una suma de dinero, pero no sé cuánto. Lo importante era
> que quien ganaba podía usar en la camisa el parche con la insignia de
> campeón nacional.

IBM

Desde McDonald's hacemos un gran circuito para llegar a IBM, una
de las mayores y más antiguas compañías norteamericanas que practican una intensa orientación hacia el personal. El único problema con
IBM es por dónde empezar a describirla. ¿Por su política de puertas
abiertas, que ya tiene setenta años? ¿Por el club de $1 al año del viejo
Mr. Watson, establecido para todos los empleados en el decenio de los
años 20? ¿Por la filosofía que empieza con "respeto al individuo"?
¿Por el empleo vitalicio? ¿Por la insistencia en los ascensos desde
adentro? ¿Los centros de cuidado diurno, los hoteles IBM, las pistas de

carrera y canchas de tenis IBM? ¿Las exploraciones mensuales de opinión del departamento de personal? ¿Un altísimo índice de éxitos entre vendedores? ¿El adiestramiento intensivo? La historia total de IBM es de intensa orientación hacia las personas y, lo mismo que en las oficinas financieras de la compañía en Nueva York, lo primero que se ofrece a su visita es una enorme cartelera que va desde el piso hasta el techo y contiene las fotografías de *todas* las personas de esas oficinas, colocadas bajo el lema: FINANCIERA DE NUEVA YORK... LA DIFERENCIA ESTA EN LAS PERSONAS.

Watson inició la política de puertas abiertas desde hace mucho tiempo, que todavía está vigente. Algunos de los gerentes se quejaban porque él siempre se ponía de parte de los empleados. En efecto, un antiguo colega suyo dice que no recuerda ninguna ocasión en que el señor Watson se hubiera puesto del lado de un gerente. Estas son las cosas que hacen que tales políticas funcionen. Se puede creer en ellas. Los gerentes sí se toman el trabajo de averiguar las cosas, lo mismo que en las análogas situaciones de puertas abiertas en Levi, Hewlett-Packard, Tandem y Delta Airlines. Se utiliza. Ocurren cosas.

Thomas Watson, hijo, describe cómo empezó su padre estableciendo muchos hitos en materia de política que continúan en vigor en IBM: "T. J. Watson no entró a revolucionar la organización sino que empezó por pulir a las personas que ya se encontraban allí y a buscar el éxito con lo que tenía a la mano. Esa decisión llevó en 1914 a la política de seguridad del empleo que tanto ha significado en IBM para nuestros empleados". Anota que su padre mantuvo esa política aun durante lo más duro de la gran depresión. "IBM producía partes para inventario y las guardaba. De ahí proviene nuestra política de construir desde adentro. Nos esforzamos por desarrollar a las personas, por retenerlas cuando cambian los requisitos de los oficios, y darles otra oportunidad si nos parece que están experimentando dificultades en su oficio actual". Watson padre adquirió su ilustrado punto de vista bajo la tutela del fabuloso John Patterson, fundador de NCR. Según Watson hijo, mientras otros peleaban con los sindicatos, Patterson abría nuevos caminos "instalando duchas en locales de la compañía y para uso de los empleados en horas de trabajo, comedores donde se servían comidas calientes al costo, distracciones, escuelas, clubs, bibliotecas y parques. Otros hombres de negocios se escandalizaban, pero él les decía que eso era una inversión, y que sería rentable, como lo fue en efecto".

Watson siguió los pasos de Patterson en muchas otras cosas. En sus propios términos: "Ensayamos toda clase de fanfarrias para despertar el entusiasmo...Al principio el énfasis que poníamos en las relaciones humanas no tenía como origen el altruismo sino la sencilla creencia en que si respetábamos a nuestra gente y le ayudábamos a respetarse a sí misma, la compañía realizaría la mayor ganancia".

En todos los detalles se ve la preocupación por el personal en esta empresa. En 1940, apareció en *Fortune* un artículo sobre IBM, que era entonces una compañía de 35 millones de dólares, y ya se hablaba allí de fábricas inmaculadas, de un club campestre con cuotas de un dólar al año para todos los empleados, del cancionero de IBM ("Sabemos que nos amas y que nuestro bienestar está en tu corazón" —palabras que, por supuesto, estaban dirigidas a Watson).

De Mr. Watson padre, dice *Fortune* que era "un sermoneador nato que empezó pronto a elaborar unas reglas de altruismo práctico que han guiado desde entonces su vida y sus políticas. Viaja la mitad del tiempo, trabaja 16 horas al día, y pasa casi todas las veladas en las funciones y celebraciones de sus incontables clubs de empleados. Le encanta conversar con éstos, no como un supervisor curioso sino como un viejo amigo".

No hay mucho que agregar a las antiguas historias de Watson, como no sea el hecho notable de que IBM ha permanecido más o menos igual. La política de puertas abiertas, los clubs, la sencillez, los sermones, el alboroto, y el adiestramiento son tan intensos en relación con los estilos de hoy como lo fueron hace 50 o 60 años. Un ejecutivo lo expresa en pocas palabras: "Se puede uno equivocar casi en cualquier cosa y tiene la oportunidad de rectificar; pero si se equivoca en la administración de personal, aun cuando sea un poquito, está perdido, así sea el mejor administrador".

Finalmente, para completar la historia, en IBM, lo mismo que en cualquier otra compañía, las políticas probablemente no darían buen resultado si las personas que están en los más bajos renglones de la organización no estuvieran orgullosas de lo que hace la empresa. Buck Rodgers, jefe de mercadeo en IBM, dice: "Sobre todo, buscamos la reputación de hacer bien las cosas pequeñas". Lo que IBM representa, la calidad que ofrecen Hewlett-Packard o McDonald's, la propiedad de las ideas de productividad en Dana —en todos los casos, el sencillo orgullo que produce lo que hace la compañía, es la clave de una dominante orientación hacia el personal.

TEMAS COMUNES

Al volver del análisis del personal y la productividad, encontramos muchos temas notablemente parecidos en los datos de las compañías excelentes. El primero es el lenguaje. *El lenguaje en las instituciones orientadas hacia el personal tiene un sabor común.* En muchos aspectos la forma precede al contenido. Lo hemos visto con algunos de nuestros clientes. Una vez que empiezan a hablar de su filosofía, empiezan a vivirla, aun cuando inicialmente las palabras no tuvieran significado. Por ejemplo, dudamos que "la manera Hewlett-Packard" significara gran cosa para nadie en la empresa cuando la frase se usó por primera vez. Con el transcurso del tiempo sospechamos que esta expresión fue adquiriendo significados más profundos y ricos en formas que nadie habría sospechado —ni siquiera los mismos Hewlett o Packard.

Dudamos, en efecto, que una orientación hacia el personal puede existir a menos que vaya acompañada de un lenguaje especial. Palabras y frases como "espíritu de familia", "puerta abierta", "concentración", "jubileo", "administración ambulante", "en escena", y demás,— todos estos términos especiales le dicen a la gente en estas instituciones que la orientación es profunda. Los esquimales, a diferencia de los ingleses o los norteamericanos, tienen muchas palabras para describir las distintas clases de nieve; una descripción precisa de las condiciones de la nieve es muy importante para ellos en sus quehaceres cotidianos y para su supervivencia y su cultura. Si una institución realmente está orientada hacia las personas, necesita palabras adecuadas para describir la forma en que los individuos deben tratarse mutuamente.

Lo más impresionante en el lenguaje que caracteriza a las compañías excelentes son las frases que elevan la posición del individuo. Repetimos que esto puede parecer cursi, pero términos como "asociados" (Wal-Mart), "miembro de la tripulación" (McDonald's) y "miembro del reparto" (Disney) describen la importancia muy especial del individuo en las compañías excelentes.

Las mejores compañías realmente se ven a sí mismas como una gran familia. Vemos el uso constante de los términos específicos "familia grande" o "espíritu de familia" en Wal-Mart, Tandem, HP, Disney, Dana, Tupperware, McDonald's, Delta, IBM, TI, Levi Strauss, Blue Bell, Kodak y P & G. El presidente de 3M, Lew Lehr lo dice muy bien:

Si uno observa el espíritu de empresa de la industria norteamericana, lo encuentra maravilloso. Por otra parte, si se observa el paternalismo y disciplina de las compañías japonesas, también son maravillosos. Hay ciertas compañías que han evolucionado hasta obtener una fusión de ambas cosas, y 3M es una de ellas. Las empresas como 3M se han convertido en una especie de centro comunal para sus empleados, a diferencia de un simple lugar de trabajo. Tenemos clubs para los empleados, deportes bajo techo, clubs de viajes, y un grupo coral. Esto ha ocurrido porque las comunidades donde vive la gente han venido a ser tan móviles que ya no satisfacen las necesidades sociales del individuo. La escuela ya no es un centro social para la familia; las iglesias han perdido su poder de atracción como centros socio-familiares. Al derrumbarse estas estructuras familiares, ciertas compañías han llenado el vacío. Se han convertido en una especie de instituciones madres aun cuando al mismo tiempo mantienen el espíritu de empresa.

Como lo sugiere Lehr, la familia significa algo más que una colección de empleados en 3M. Incluye a todos los miembros de las familias de los empleados. Uno de nuestros colegas estuvo en un programa de administración de producto en Procter & Gamble durante tres meses como empleado de verano. Recuerda que su familia todavía cinco años después seguía recibiendo pavos para la celebración del Día de Acción de Gracias, que le mandaba Procter & Gamble.

Otra de las características más notables de las compañías excelentes es *la aparente falta de una cadena de mando seguida estrictamente*. Desde luego, la cadena de mando existe para las decisiones grandes, pero no se utiliza mucho en las comunicaciones diarias. Para el intercambio de información, la norma es la informalidad. La gente realmente se mueve de una parte a otra, la alta gerencia está en contacto permanente con los empleados de los más bajos niveles (y con los clientes), y todo el mundo se trata por su nombre de pila. Como un caso extremo de esto último, en Activision, empresa de 50 millones de dólares fabricante de juegos de video que está creciendo locamente a razón de ciento por ciento anual, la guía telefónica ¡se alfabetiza por los nombres de pila!

Explicando este fenómeno, un gerente de General Motors contrasta un aspecto clave de la gran diferencia de rendimiento entre dos fábricas gigantescas: "Bien sé que esto suena como una caricatura, pero así es la vida. En la fábrica de bajo rendimiento el gerente de planta se aventuraba a entrar en el taller tal vez una vez a la semana, siempre con cuello y corbata. Sus comentarios eran distantes y superficiales. En South Gate, que era la fábrica productiva, el gerente de planta estaba todo el tiempo en el taller, usaba una gorra de béisbol y una chaqueta del sindicato. Y a propósito, ¿cuál de las dos plantas creen ustedes que estaba perfectamente limpia? ¿Cuál parecía un basurero?"

Tal vez eso de la administración ambulante no sea para todos. Para muchos gerentes esa actividad no es cosa natural; y si no se sienten cómodos en ese papel informal, sus paseos podrían considerarse como condescendencia insincera o como supervigilancia; y si utilizan sus visitas para tomar decisiones sobre el terreno, estarían violando el conducto regular y no simplemente usando esta práctica como un modo de intercambiar información. Así, pues, el deambular y la informalidad probablemente no son para todos. Por otra parte, sin un estilo peripatético de administración, no creemos que una institución pueda ser muy vital.

Vemos síntomas importantes de informalidad en muchas otras características. Por ejemplo, en las compañías excelentes la configuración física de las instalaciones es distinta. La informalidad se distingue generalmente por un ambiente espartano, puertas abiertas, menos paredes, y menos oficinas. Es difícil imaginar que pueda ocurrir un intercambio libre de información en los apartamentos elegantes, formales, lujosamente decorados en que tienen su sede tantas grandes sociedades anónimas y hasta oficinas de división.

ALBOROTO, CELEBRACION Y ALEGRIA

Considérese el siguiente intercambio:

Alto ejecutivo de finanzas de General Motors: Mire, yo he estado en una fundición; no es posible que esos hombres se pongan a cantar como los japoneses o como las damas de Tupperware.

Segundo interlocutor: Caterpillar fabrica equipos de primera. Son gente seria. No andan con alborotos.

Tercer interlocutor: A mí me trasladaron a Peoria. No trabajaba para Cat. Pero cada año hacían un "día de la máquina". Todos los empleados y sus familias van a los campos de prueba donde se reparten emparedados y cerveza gratis. El año pasado el tema fue "indios y vaqueros". Todas las máquinas estaban disfrazadas y tenían nombres. Entonces las máquinas hacían competencias, devorando montes y cosas por el estilo. La gente estaba feliz.

Segundo interlocutor de GM: Usted debería conocer South Gate. Al gerente de planta le encanta el bullicio. Empapelaron el lugar con letreros: "Hay que ganarles a los japoneses", y cosas así. Y hace poco, en una reunión, lograron que algunos cantaran el Himno Nacional.

¿Que a los norteamericanos no les gusta el bullicio? ¿Necesitamos más pruebas? Cuando Bud Zumwalt estuvo en un destructor de la Armada donde se enteró de la orientación hacia la gente, dedicó horas a un punto aparentemente trivial: el cambio de señal de llamada de su nave. En una misiva a sus superiores, explicó el caso:

> Desde que asumió el mando de la ISBELL, este comandante se ha sentido inquieto por la connotación anémica de la actual señal para llamadas de radio. Cuando se está en compañía de baluartes como "BOLA DE FUEGO" o "VIBORA" y otros, es bastante molesto y totalmente desacorde con la calidad de los marinos a bordo, tener que identificarse con el título relativamente ignominioso de "ZAPADOR".

Seis meses más tarde, luego de mucho tira y afloja, se aprobó el cambio de señal, con efectos dramáticos. Zumwalt cuenta: "La señal *Gato Satánico* gustó muchísimo. Los oficiales y marinos portaban con orgullo en la manga y en la gorra aplicaciones de un gato negro de cola bifurcada saliendo de las llamas del infierno y quebrando un submarino con sus garras. El impacto sobre el ánimo de los hombres fue notorio".

Kyocera tiene 2000 empleados en el área de San Diego. Es subsidiaria de Kyoto Ceramic, y recientemente se distinguió como "la primera empresa japonesa". Todos los días, en las seis plantas de los Estados Unidos, los 2000 empleados se reúnen y lo primero que hacen por la mañana es oír una charla de la gerencia acerca del estado de la empresa. Hacen ejercicios de gimnasia. La gerencia opina que "haciendo algo en conjunto todos los días se refuerza la unidad de la empresa. También es divertido. Lo vivifica a uno". Los altos gerentes se turnan haciendo las presentaciones. Muchas de las charlas "son muy personales y emotivas; nadie las revisa de antemano ni da su aprobación".

En nuestra segunda entrevista con los de Hewlett-Packard, mientras esperábamos en el vestíbulo se escuchó la voz del alto ejecutivo Young, quien anunciaba por altoparlantes cuáles habían sido los resultados del trimestre. Young es un individuo de maneras suaves, pero si alguien sabe levantar el ánimo con voz queda, es él.

Peter Vaill es estudioso de los "sistemas de alto desempeño": negocios, orquestas, equipos deportivos. Según Vaill, estos sistemas funcionan porque se espera que funcionen; algo sale bien por razones discernibles. Luego señala el surgimiento inevitable de "un lenguaje y un conjunto de símbolos propios": la gente se siente bien porque algo ha funcionado. Y si se le permite actuar de una manera nueva, lo hará. Al actuar de esta nueva manera, suceden más cosas buenas. "Las experiencias positivas...generan entusiasmo, júbilo, y la gente comunica su alegría...Los empleados comen, duermen y respiran la actividad. ...Surge un fenómeno como de Salón de la Fama...Los miembros adquieren una motivación estética". Por último, este sentirse invencibles conduce precisamente a esa realidad.

No tenemos los datos sistemáticos que nos permitirían concluir de manera definitiva que nuestras empresas excelentes dedican mucho más tiempo de lo normal a las actividades de capacitación. Empero, los muchos indicios de la *intensidad* de la capacitación hacen pensar que así sea. La muestra más visible son las universidades: Disney U., Dana U. y Hamburguer U., por ejemplo. Como vimos antes, IBM invierte mucho en capacitación. Caterpillar también da amplia formación a sus empleados. Por ejemplo, todos sus ingenieros de ventas pasan meses en los campos de prueba enterándose de cómo funciona el equipo. Hewlett-Packard, P&G y Schlumberger también se caracterizan por sus grandes dosis de capacitación en el trabajo.

Un elemento de la capacitación en servicio en Bechtel nos parece muy singular. Esta empresa constructora de ciudades por valor de 5000 millones de dólares en el desierto arábigo, se ocupa intencionalmente en pequeños proyectos antieconómicos. "El único fin es brindar oportunidades prácticas a jóvenes gerentes muy prometedores para que se encarguen de una obra completa", explica un alto ejecutivo. (Esta modalidad concuerda con la tradición de Alfred Sloan en GM. Casi siempre pone a sus empleados prometedores en las divisiones diminutas para que se familiaricen con la operación total y no se pierdan en la catacumbas de un Chevrolet.)

Otro aspecto llamativo de la orientación de las empresas excelentes es la *socialización de los nuevos gerentes.* El primer paso es, desde luego, la contratación. El proceso de selección es intenso. Muchas de las empresas entrevistan a los candidatos siete u ocho veces. Quieren estar seguras de las personas a quienes contratan, y también dicen a los candidatos: Conozca nuestra empresa. Decida si cree que puede adaptarse bien a nuestra cultura.

Luego viene la tarea de entrada, que bien puede ser el elemento más importante. Estas empresas suelen iniciar a sus futuros gerentes en puestos "de ensuciarse las manos" o sea en las labores cotidianas del negocio. En Hewlett-Packard, el alto ejecutivo Young explica que "los jóvenes graduados necesitan experiencia inmediata en la introducción de nuevos productos. Es un típico puesto inicial. Refuerza todo el concepto de traer nuevos productos al mercado, que es uno de nuestros valores empresariales importantes". De igual manera, la revista *Business Week* señala que "Caterpillar siempre ha puesto a sus futuros gerentes muy abajo, generalmente en la línea de producción. Allí no hay estrellas que surjan de la noche a la mañana".

La idea de socializar a los gerentes haciéndoles comenzar en cargos donde se ensucian las manos es algo muy distinto de lo que vemos en otras empresas grandes. Puesto que son costosos, los graduados y otros futuros gerentes empiezan ocupando cargos altos y duran años allí sin llegar a conocer jamás la realidad cotidiana del negocio.

El resultado importante es el realismo. Los que empiezan trabajando en lo esencial del negocio: fabricando o vendiendo, no serán tan propensos a dejarse engañar más tarde por las abstracciones de la planificación, la investigación de mercados o los sistemas de gerencia. Además, desarrollan el instinto del negocio. Aprenden a administrar no solo por números sino también por el conocimiento práctico del negocio. Han estado metidos en él. Su instinto es acertado. El lema de Bechtel: "Saber captar lo que se puede hacer", lo explica muy bien.

El siguiente paso en el proceso de socialización es aprender por el ejemplo: por los héroes y los mitos. El nuevo empleado aprende a cumplir su tarea oyendo anécdotas heroicas. En IBM estas anécdotas giran en torno del servicio al cliente. En 3M hablan de fracasos, pero siempre insisten en la persistencia en busca de innovaciones. En Procter & Gamble se habla de calidad. Hewlett-Packard utiliza un método directo llenando su manual de adoctrinación básica (titulado *The HP Way*) con historias de los que empezaron desde abajo y llegaron hasta la cima. Esta empresa reúne sistemáticamente "anécdotas de la manera HP" que llegan al buzón de sugerencias y con las cuales aumenta y revitaliza su repertorio.

DISPONIBILIDAD DE INFORMACION Y COMPARACION

Nos ha llamado la atención la importancia de la información disponible como base para hacer comparaciones entre los empleados. Para sorpresa nuestra, vimos que éste es el mecanismo de control básico en las empresas excelentes. No se trata del modelo militar. No es una cadena de mando donde nada sucede hasta que el jefe dé la orden. Los objetivos generales y los valores se exponen y la información se comparte tan ampliamente, que las personas saben rápidamente si se está cumpliendo la tarea o no... y quién la está cumpliendo bien o mal.

Algunos realmente creen que se debe compartir la información. Un ejemplo interesante es Crompton Corduroy. *Fortune* señala que en cierta vieja planta, los operarios de máquinas solo tienen que hundir unos botones en una consola para saber su rendimiento y compararlo con el de sus colegas. Así ejercen una autovigilancia sin coerción, muchas veces aprovechando la hora del almuerzo para dirigirse al terminal y averiguar cómo van. *Fortune* describe también una decisión reciente de GM en el sentido de difundir información ampliamente:

> El hecho de llevar la información financiera hasta la planta es un paso grande para cerrar la brecha entre la gerencia y los obreros. *Más que cualquier otra cosa, hace explícitas las metas y concreta la naturaleza de la asociación.* [bastardilla nuestra]. En la vieja planta de Gear, los gerentes informan a los trabajadores de los costos directos de mano de obra, costos de desechos y utilidades (o pérdidas), e indican también cómo se comparan con las metas fijadas. En el pasado ni siquiera los capataces habrían conocido esta información. Según opina GM, los beneficios compensan con mucho cualquier perjuicio que pudiera surgir por el hecho de revelar esta información.

Cuando Ed Carlson fue presidente de United Airlines, dijo: "No hay nada peor para el ánimo que la falta de información entre los empleados. Yo lo llamo NMCN: Nadie Me Cuenta Nada... y me he esforzado por reducir este problema". El analista Richard Pascale observa que Carlson "compartió con el personal de campo estadísticas de las operaciones diarias que antes eran confidenciales".

Blue Bell es igualmente generosa con su información sobre productividad comparada. Todo el mundo tiene acceso a los resultados individuales, de grupos y de unidades. (Ya hemos señalado la abundancia de información que hay disponible en empresas como Dana.)

El ingrediente principal dentro del proceso de compartir información es la naturaleza no evaluativa del mismo (conclusión apoyada por amplias investigaciones psicológicas). Ciertamente, hay que calificar el término "no evaluativa". Lo que queremos decir es no evaluativa en sentido definitivo. La gerencia no le echa en cara las cifras a la gente. Los "superiores" no están diciéndoles a los "subalternos" lo que tienen que hacer. Por otra parte, la información sí es evaluativa, pues pone en acción una fuerza muy potente: la presión de los colegas. Por ejemplo, vimos que Dana no impone nada a los gerentes de división; simplemente los lleva a un par de Semanas Infernales de cinco días cada una, para intercambiar resultados en el mejoramiento de la productividad. Intel reveló que sus gerentes intercambian resultados de la gerencia por objetivos *semanalmente.*

Hace mucho tiempo, Mason Haire, teórico de la organización, dijo: "Lo que se mide se hace". Explicó que el simple hecho de medir algo equivale a lograr que se haga. Centra la atención de la gerencia en esa área. Sencillamente se pone la información a disposición de la gente y ésta responde a ella. Nuestra anécdota favorita de los sistemas sencillos, la presión ejercida por los colegas y la medición fácil, tiene que ver con un problema de ausentismo persistente y perjudicial en cierta planta de la Western Electric de AT&T. La gerencia tomó toda clase de medidas pero no pudo reducir el nivel de ausentismo. Por último, fijó un enorme cartel con el nombre de cada empleado y colocó una estrella dorada al lado de cada nombre cuando el empleado venía al trabajo. El ausentismo disminuyó radicalmente, casi de la noche a la mañana. Otro amigo cuenta de un capataz que empezó a escribir los resultados de producción después de cada turno, con tiza en el piso del área de máquinas. Surgió una competencia intensa entre los empleados de los distintos turnos y con ello la productividad dio un salto hacia adelante.

Sospechamos que todos somos como los operarios de máquinas en Crompton Corduroy. Nos acercamos en las puntas de los pies al tablero indicador del desempeño para ver cómo vamos. Reaccionamos, sin darnos cuenta hasta qué punto, a la información sobre desempeño comparado. Lo sorprendente para algunos es que reaccionamos mejor si la información no es evaluativa, si no nos golpea en la cabeza. Cuando esta información se transmite quedamente, parece aguijonearnos más. Lamentablemente, la política de las empresas excelentes de publicar la información contrasta muy notoriamente con las prácticas administrativas típicas en que se teme que "ellos" abusen de la información y que los únicos beneficiarios sean los competidores. Este es otro efecto negativo de no tratar a la gente como adultos... ni como ganadores.

"Un hombre no le vende a uno la vida, pero la entrega por una cinta de color", afirma William Manchester describiendo sus experiencias como soldado en la segunda guerra mundial. Está repitiendo un tema que se remonta por lo menos a Napoleón, maestro en otorgar cintas. Si el lector desea una prueba, revise sus cajones y armarios como hicimos nosotros recientemente. Todavía guardamos medallas de los niños exploradores, trofeos cubiertos de polvo y alguna medalla ganada en una competencia de esquí insignificante hace décadas.

En nuestra investigación nos llamó la atención la abundancia de incentivos no monetarios utilizados por las empresas excelentes. No hay nada más poderoso que un refuerzo positivo. Todo el mundo lo utiliza, pero las empresas excelentes mucho más. La cantidad de oportunidades ideadas para conferir botones, medallas y otras condecoraciones es algo arrollador en McDonald's, Tupperware, IBM y otras empresas sobresalientes. Estas buscan activamente motivos para condecorar a sus empleados.

En Mars, Inc., empresa de productos para el consumidor que ha tenido gran éxito, cada empleado, incluyendo el presidente, recibe una bonificación semanal del diez por ciento si llega a tiempo al trabajo todos los días. Este es un buen ejemplo de cómo se crea un medio donde casi todos ganan con regularidad. Como vimos en los primeros capítulos, a la gente le gusta considerarse ganadora. Aunque IBM tiene un "círculo dorado" para el diez por ciento de vendedores estelares, nos parece más importante el alboroto que hacen con el Club del Ciento por Ciento que incluye a más del 66 por ciento de los vendedores. Cuando hay muchas condecoraciones, éstas hacen percibir la posibilidad de ganar algo mejor aún. Entonces los empleados se esfuerzan por alcanzarlo. Muchas empresas sí creen en los premios especiales, aunque los utilizan exclusivamente para los pocos empleados muy sobresalientes (que ya están tan motivados que probablemente lo habrían hecho de todas maneras). Más importantes son los premios por el buen desempeño del empleado corriente. Como lo dice McPherson, la verdadera clave del éxito es lograr que el 60 por ciento de los empleados medianos asciendan algunos escalones.

Nuestro colega Ken Ohmae describió para la publicación *Chief Executive* la escasez de estructuras formales en el Japón: "La mayoría de las empresas japonesas no tienen nada que se parezca a un organigrama. Los directores administrativos que tienen gran influencia en las operaciones rara vez aparecen en un organigrama...Muchos delegados tienen responsabilidades de línea, pero tampoco aparecen allí. Honda, por ejemplo...su organización no es muy clara, salvo que recurre con frecuencia a los grupos de proyectos". Ohmae también señala que en el

Japón es raro hablar de "organización" en un sentido estructural o como algo distinto de la entidad en sí.

En la mayoría de las empresas excelentes encontramos *menos estructuración obvia* y *ciertamente menos estratos*. Recuérdense Delta, Dana y Disney, donde un principio fundamental es la modalidad de intercambiar gente y posiciones. Rene McPherson pone a pensar a sus alumnos en la escuela de administración de Stanford preguntando: "¿Cuántos estratos se necesitan para administrar la Iglesia Católica?" Reflexionando, los alumnos no encuentran más de cinco: los laicos, el sacerdocio, los obispos, los cardenales y el papa. Ni siquiera las organizaciones gigantescas como la Iglesia requieren muchos estratos para funcionar. El exceso de estratos bien puede ser el mayor problema de la burocracia rígida y lenta. Nos parece que su razón de ser, algunas veces, es abrir campo para más gerentes en la organización. Pero las empresas excelentes niegan la necesidad de tantos estratos. Si existen, surge una especie de ley de Parkinson de la estructura gerencial: Los niveles gerenciales adicionales suelen crear trabajo distractivo para los demás a fin de justificar su propia existencia. Todos parecen estar ocupados; pero en realidad se trata de empleados administrativos innecesarios.

Además de la estructura disminuida y de la reducción de los estratos, hay otra característica estructural esencial en las empresas excelentes. La hemos mencionado de paso, mas nos parece tan importante en relación con la gente y la productividad que merece tratamiento aparte. La característica es: Lo pequeño es productivo.

LO PEQUEÑO

Hace más de una década se celebró en la Universidad de Chicago una conferencia sobre "la organización creativa". En medio de las deliberaciones, se presentó el siguiente intercambio:

Peter Peterson [entonces presidente de Bell & Howell]: En la industria estamos desarrollando un tipo de gerente profesional estéril que no siente nada por el producto, que no lo "ama". No crea nada, sino que maneja las cosas de un modo bastante artificial. Cuando Ted Bensinger habla de los bolos y lo que él ha hecho por ese juego, se nota que lo siente, como siente Ogilvy la publicidad. Me pregunto si hemos recalcado lo suficiente nuestra devoción emocional por la gran culinaria, la gran publicidad o algo grande.

David Ogilvy [fundador de Ogilvy and Mather]: Es lo contrario de indiferencia.

Gary Steiner [de la Universidad de Chicago y presidente de la conferencia]: La idea de que el mejor *chef* sería el mejor administrador en la cocina es buena desde el punto de vista creativo, pero ¿acaso no se limita a los negocios y organizaciones que exigen una destreza profesional única? ¿Qué dirían ustedes de General Motors o de la Universidad de Chicago, donde no se trata de una destreza profesional claramente delimitada, donde no hay una sola dimensión?

Ogilvy: Es una mala institución, porque es demasiado diversificada.

Steiner: ¿Cómo lograr que tal institución se torne creativa, sin decir, Divídanla?

Ogilvy: Divídanla.

Peterson: Descompongan las compañías.

La banca está experimentando una revolución causada por la desregulación. Un resultado es la necesidad de ofrecer servicios personalizados, como el manejo de caja para empresas. Estas operaciones se han hecho tradicionalmente de manera indiferenciada en la llamada oficina trasera, y sus connotaciones son de un taller de trabajos no calificados. Barry Sullivan, presidente del First Chicago Bank, ofreció una solución ante la Asociación Bancaria Norteamericana: "Lo que realmente propongo es descomponer aquel taller trasero en negocios separados". Tom Vanderslice, quien salió recientemente de GE para asumir la presidencia de GTE, describe el siguiente objetivo principal en la nueva empresa: "Soy partidario de descomponer este negocio, hasta donde podamos, en una serie de empresas manejables". Un comentarista dijo recientemente, hablando de unos ingredientes clave del éxito de 3M: "Cuando las divisiones alcanzan cierto tamaño se separan a manera de amibas en divisiones más pequeñas y manejables". Otro funcionario de 3M reiteró: "Hay un solo punto. Divídala. Al traste con la dinámica competitiva y las eficiencias. Solamente podrá conservar la vitalidad si es pequeña".

La importancia de lo pequeño es que hace manejables estas cosas y ante todo, crea un compromiso. El gerente realmente entiende lo que es pequeño y lo que tiene una disciplina central predominante. Más importante aún, sucede incluso en las instituciones que tienen centenares de miles de empleados, que si las divisiones son lo bastante pequeñas o si hay otras maneras de simular la autonomía, el individuo sigue contando y descollando. Hemos señalado antes la necesidad vital de destacarse como individuo. No sabemos de qué otra manera se puede destacar el individuo si el tamaño de las unidades, divisiones, plantas y grupos no está a escala humana. Lo pequeño funciona. Lo pequeño es mejor. Los teóricos de la economía podrán estar en desacuerdo, mas las pruebas de las empresas excelentes son claras y contundentes.

Emerson Electric y Dana son empresas manejadas por costos, y sus estrategias funcionan. Pero al mismo tiempo ambas restringen el tamaño de sus divisiones manteniéndolo muy por debajo de los 100 millones de dólares. HP y 3M, como ya hemos señalado, limitan el tamaño de sus divisiones estrictamente, aunque haya duplicación de esfuerzos. TI tiene 90 Centros de Clientes y Productos, cuyo tamaño en promedio es de 40 a 50 millones de dólares.

Johnson & Johnson se vale de la misma magia, aun en lo que respecta a los artículos para el consumidor, área donde la mayoría piensa que es esencial trabajar en gran escala. Con un ingreso total de 5000 millones de dólares, Johnson & Johnson cuenta unas 150 divisiones, y el tamaño de cada una es de unos 30 a 40 millones de dólares. Digital emplea una estrategia muy parecida. "Actuamos, en esencia, como un grupo de compañías de menor tamaño", dice Ted Johnson, vicepresidente de ventas y servicios. En Digital esto significa reorganización constante, proliferación de líneas de productos y duplicación, vendedores que salen a crear "un segmento de clientela tras otro". Los empleados de Digital y de otras empresas excelentes suelen lamentarse de la producción en pequeña escala, la confusión de inventarios y, a veces, el cubrimiento doble de clientes. Se lamentan, pero hemos de añadir que las cuentas bancarias siguen creciendo.

El proceso de mantener pequeñas las cosas puede empezar temprano. ROLM es una productora de equipos de telecomunicación que vale 200 millones de dólares. Su desempeño contra gigantes como Western Electric es muy bueno, principalmente porque dirige su acción de solución de problemas hacia un segmento de clientes de tamaño modesto. En palabras de uno de sus fundadores, la clave de su fórmula ganadora es "separar constantemente en divisiones, inclusive disponiendo nuevos edificios pequeños para las nuevas unidades"...y la empresa sigue creciendo.

Empieza, pues, a surgir una regla general. Encontramos que la mayoría de las compañías de alto desempeño mantienen el tamaño de sus divisiones entre los 50 y los 100 millones de dólares, con un máximo de 1000 empleados aproximadamente, en cada una. Además, confieren a sus divisiones un grado extraordinario de independencia, y les dan las funciones y los recursos que necesitan para aprovecharla.

Para nosotros, la revelación acerca del tamaño de las plantas fue algo realmente asombroso. Una y otra vez encontramos que las mejores empresas habían comprendido que sus plantas más eficientes no eran las grandes sino las pequeñas. El mejor ejemplo es Emerson. Contada entre "las empresas mejor manejadas" por *Dun's Review,* se hizo hincapié en un sencillo elemento del éxito: "Emerson evita las fábricas gigantescas preferidas por competidores como General Electric. Pocas plantas en Emerson tienen más de 600 trabajadores, tamaño que [el presidente de la junta Charles] Knight considera suficiente para que la gerencia pueda mantener el contacto personal con cada empleado. 'No necesitamos una planta de 5000 empleados para reducir nuestros costos', dice, 'y esto nos da gran flexibilidad'. Emerson hace mucho hincapié en aquel contacto personal con los empleados".

Blue Bell ocupa el segundo lugar después de Levi Strauss en la industria de confecciones. Este gigante de 1500 millones de dólares ha logrado conservar su posición competitiva y rentable principalmente por la destreza soberbia en la confección y por la producción a bajo costo. Dentro del sistema de Blue Bell, lo pequeño es de primordial importancia. El presidente de la junta, Kimsey Mann, mantiene un máximo de 300 empleados en cada unidad fabril, y a cambio de esto obtiene "gerentes que responden rápidamente ante los problemas...un personal administrativo al servicio de los trabajadores". Agrega: "Tenemos mayor contacto cara a cara. Nuestros supervisores han llegado a conocer a las familias y las inquietudes de cada uno de los empleados". Opina que el tamaño pequeño genera creatividad y variedad: "¿Quién conoce mejor la tarea que quienes están cerca de ella?" pregunta; y añade: "En las unidades grandes, cuando por fin se aprueba algo, la persona que presentó la idea o bien no la recuerda ya o no la reconoce como suya". En resumen, dice Mann, "queremos una serie de plantas donde el empleado sienta que allí podrían trabajar su esposa y su hija. Queremos que cada individuo se sienta parte de la imagen de la empresa". Mann considera que estas características solamente pueden existir en las plantas de tamaño pequeño.

En Motorola hay una situación parecida. El presidente John Mitchell dijo sencillamente: "Cuando una planta empieza a acercarse a los 1500 empleados, las cosas empiezan a andar mal como por arte de magia". Dana, con su extraordinaria productividad, se empeña en mantener sus plantas por debajo de los 500 empleados. Westinghouse está emprendiendo ahora una campaña notable de productividad; un elemento principal es su serie de 30 a 40 plantas pequeñas. En GM, igualmente, los nuevos esfuerzos en busca de productividad incluyen mantener el tamaño de las nuevas instalaciones muy por debajo de 1000.

El argumento negativo se presenta igualmente persuasivo. Un ex presidente de Consolidated Edison dijo: "En la última década, la industria [de empresas eléctricas] ha cometido el error de comprar unidades generadoras de un tamaño mayor que el de aquellas que pueden manejar con confianza, dado el estado actual de la tecnología de construcción y operación". Estas palabras se repitieron en una de nuestras sesiones con el jefe de Georgia Power: "Las plantas grandes son muy buenas... *cuando funcionan*". Todos rieron. Prosiguió diciendo que sus plantas grandes quedaban fuera de servicio con demasiada frecuencia y por esta razón distaban mucho de cumplir su potencial teórico.

En la Universidad de Harvard, Wick Skinner, decano de los pensadores académicos en el área de procesos de producción, cuenta un incidente típico, citado en *Fortune,* donde se revela lo que ocurre bajo la superficie cuando lo pequeño da resultados:

> Skinner cita un episodio ocurrido en Honeywell, donde trabajó durante diez años antes de unirse al profesorado de Harvard. Una planta de Honeywell se dedicaba a fabricar giroscopios para usos científicos y técnicos altamente especializados, e igualmente medidores de combustible para aviones. Las dos líneas de producción estaban combinadas en la misma planta y surgieron problemas. "Los giroscopios eran diez veces más difíciles de hacer, recuerda Skinner, pero Honeywell estaba en dificultades con la competencia en el área de los medidores. Trataron de averiguar por qué era imposible reducir los costos. Hicieron análisis de contabilidad y contrataron a un graduado en administración de empresas. Nada daba resultados. Decidieron abandonar ese negocio. Luego, uno de los gerentes susurró una recomendación al jefe de la planta y éste a su vez le pidió a la gerencia 20000 dólares...Compraron madera terciada y aislaron con tabiques un rincón de la fábrica...Así los obreros quedaron segregados, y al cabo de seis meses se había resuelto el problema".

El caso teórico queda planteado escuetamente por el investigador británico John Child, quien revisó centenares de estudios de la economía de escala. "Los beneficios económicos de la industria en gran escala se han exagerado considerablemente, especialmente durante la fiebre de consolidaciones y racionalización que barrió a Europa en los años 60. La conclusión general que se deriva de los estudios de escala en la producción industrial es que si bien hay umbrales económicos importantes para las organizaciones pequeñas que pretenden alcanzar un tamaño mediano, no los hay muy evidentes para las unidades mayores". Luego cita las razones: "Existe una alta correlación entre el tamaño de las plantas y la inquietud industrial, la pérdida de mano de obra y otras manifestaciones costosas de insatisfacción".

La conclusión que sacamos de todo esto se puede definir como una pauta general. Parece que cualquiera que sea la industria, reunir a 500 personas bajo un mismo techo es algo que ocasiona problemas grandes e imprevistos. Para las empresas orientadas hacia costos hay un hecho más significativo aún: Lo pequeño no solamente es más innovador sino más productivo.

Las muestras más significativas de las ventajas de lo pequeño aparecen en un nivel todavía más bajo: el de un equipo, una sección o un círculo de calidad. En la mayoría de las empresas que no figuran en nuestra lista, la unidad estructural de la organización suele ser la unidad comercial estratégica o alguna otra agrupación numerosa de personas. Entre nuestras ganadoras, el factor decisivo es el equipo pequeño, trátese de servicios, innovación o productividad. Un ejecutivo del Bank of America (que encabeza gran parte de la organización de operaciones) lo explica así:

> Parece que siempre es igual. Tratamos de hacer las cosas perfectas. Siempre tratamos de maximizar. Buscamos el sistema gigante perfecto. Recuerdo cuando estuve en Londres. Por fin me alejé lo bastante del centro de las cosas para poder experimentar. Un viejo problema [endémico en la industria] es lograr reunir la gente de operaciones, sistemas y créditos. Tomamos una pequeña área de servicio. Parecía una magnífica oportunidad para experimentar con una minicomputadora. Podíamos reunir un equipo pequeño para atacar el problema. Lo hicimos, y los resultados fueron fabulosos. Fueron incontables las maneras como se vencieron obstáculos. Una vez que se puso a trabajar aquel grupo de diez o doce personas, fue fácil para cada uno los aportes de los demás. El hombre de operaciones había sido un burócrata tímido, mas pronto sus colegas en sistemas y créditos se dieron cuenta de que sabía muy bien lo que hacía. Se convirtió en el jefe de hecho del grupo —aunque su rango era bastante inferior al de otros. En el lapso de solo tres a cuatro meses, elaboraron un sistema sumamente eficaz. Era un servicio para una clientela numerosa. Les hizo ganar dinero. El ánimo del grupo subió hasta las nubes. Terminamos por aplicar la técnica, con éxito enorme, en toda la

oficina de Londres. Es asombroso cómo se pueden descomponer las cosas en piezas pequeñas —y motivar a la gente, con un pequeño esfuerzo.

Ya hemos señalado el número desproporcionado de éxitos de innovación que surgen de los "talleres irregulares", aquellos equipos diminutos cuyo desempeño suele ser mucho mejor que el de grandes laboratorios con centenares de empleados. Tenemos ya varias veintenas de ejemplos de tales grupos diminutos. En Bloomingdale's, 3M, HP, Digital, toda la institución está diseñada como un gran conjunto de equipos de diez personas. El grupo pequeño es la base del mejoramiento de la productividad. TI insiste en que cada uno de sus empleados debe formar parte de un "Programa de Participación" al menos una vez al año. Este programa (o equipo de productividad) es un modo de vida...el modo de vida en la TI.

¿Cuáles son las características de un equipo en TI? Suele limitarse a ocho o diez personas, que son obreros, y un ingeniero o dos, estos últimos llamados voluntariamente por el grupo. Se compromete con una serie de objetivos; la idea es sacar algo concreto que dé resultados en el futuro próximo. La duración es de tres a seis meses. Más importante aún, es el equipo mismo el que fija los objetivos. Mark Shepherd, presidente de la junta de TI, dice: "Los equipos fijan sus propias metas de mejoramiento y miden su propio adelanto. Los miembros exponen lo que consideran metas difíciles pero realistas, y una vez que el programa entra en marcha, encuentran que no solo cumplen sus metas sino que las sobrepasan. Esto rara vez ocurre cuando fija las metas un tercero. Cuando hablamos de mejorar la eficiencia de la gente, nos referimos a este tipo de oportunidades que se les dan a las personas para que aprovechen sus propios recursos creativos". Por último, se aprovecha toda oportunidad para celebrar los éxitos del equipo. Las realizaciones se hacen conocer a todos los niveles, hasta el punto de que algunos grupos narran sus experiencias directamente a la junta directiva.

En TI, cada uno de los 9000 equipos fija sus propios objetivos. En 3M, cada uno de los equipos para desarrollo de nuevos productos consta de voluntarios de tiempo completo encabezados por un campeón. Lo mismo sucede con el "gerente de taller" de Dana o con el "gerente de estación" de United Airlines. El tamaño pequeño es el principal generador de un espíritu de dedicación. El modelo analítico rechazará este argumento por blando, pero las pruebas empíricas son clarísimas. En palabras de E.F. Schumacher, "los individuos solamente pueden manifestarse como son dentro de grupos pequeños y comprensibles".

UNA FILOSOFIA

Las empresas excelentes tienen una filosofía muy arraigada que dice: "respetemos al individuo", "convirtamos a las personas en ganadoras", "permitamos que descuellen", "tratemos a las personas como adultos.

Como apunta Anthony Jay, aquella lección (de tratar a las personas como adultos) estuvo ante nuestros ojos por mucho tiempo:

> Una razón por la cual el Imperio Romano creció tanto y sobrevivió tanto tiempo (verdadera proeza administrativa) es que no había ferrocarriles, automóviles, aviones, radios, diarios ni teléfonos. Ante todo, no había teléfonos. Así, no se mantenía la ilusión de tener el control directo sobre un general o un gobernador de provincia; no se tenía la tranquilidad de saber que bastaba llamarlo por teléfono, o que él llamaría en caso de surgir algún problema grande; o bien que se podría tomar un avión para reunirse con él y resolver las cosas que empezaban a andar mal. Se hacía el nombramiento, y se despedía al gobernador, que desaparecía en su carroza envuelto en una nube de polvo. Y eso era todo. No se podía, pues, nombrar a un individuo incapaz o inepto para la tarea. Se sabía que todo dependía de que fuera el individuo más apto para la tarea antes de despacharlo. Por lo tanto, se escogía con gran cuidado. Más aún, había que cerciorarse de que conocía muy bien todo lo que había que saber acerca de Roma, del gobierno romano y del ejército romano, antes de partir.

El principio de Anthony Jay es lo único que le permite funcionar a una empresa como Schlumberger. La única manera que tiene la empresa de salir adelante es confiar en sus 2000 ingenieros jóvenes, bien capacitados y perfectamente socializados, que se envían a los confines de la tierra durante meses enteros, como el general romano, y quedan solos con la única guía de su capacitación amplia y su filosofía de Schlumberger. Dee Hock, de Visa, describió el problema cuando dijo: "Reemplazar el criterio con las reglas es dar comienzo a un ciclo que fracasará de por sí, pues la única manera de desarrollar el criterio es utilizándolo".

9

Movilización alrededor de un valor clave

Supongamos que nos pidieran un consejo general para la gerencia, una verdad que hubiéramos destilado de nuestra investigación de las empresas excelentes. Nos sentiríamos tentados a responder: Diseñe su sistema de valores. Decida lo que su empresa *representa*. ¿Qué hace su empresa que constituya el mayor motivo de orgullo para todos? Si usted estuviese 10 o 20 años en el futuro, mirando atrás ¿cuál sería su mayor satisfacción?

El quinto atributo de las empresas excelentes lo denominamos "movilización alrededor de un valor clave". Nos admira ver la atención explícita que prestan las empresas a los valores y la manera como sus dirigentes han creado un medio altamente interesante gracias a su atención personal, su persistencia y su intervención directa en toda la línea.

En su obra *Morale,* John Gardner dice: "La mayoría de los escritores contemporáneos se sienten avergonzados y renuentes a escribir explícitamente acerca de los valores". Según nuestra experiencia, la mayoría de los hombres de negocios rehúsan hablar o escribir de los sistemas de valores, y ni siquiera los toman en serio. Si les prestan alguna atención es para considerarlos como simples abstracciones vagas. Como señalan nuestros colegas Julien Phillips y Allan Kennedy: "Los gerentes y consultores de recio carácter rara vez prestan mucha atención al sistema de valores de una organización. Los valores no son 'duros' como las estructuras organizacionales, las políticas y procedimientos, las estrategias o los presupuestos". Phillips y Kennedy tienen razón, en términos generales; pero afortunadamente se equivocan (y ellos son los primeros en reconocerlo) cuando se trata de las empresas excelentes.

Thomas Watson, hijo, escribió un libro completo acerca de los valores. Pensando en sus experiencias en IBM, escribió en *A Business and Its Beliefs:*

> Podríamos especular largamente acerca de la causa del descenso y caída de una empresa. La tecnología, las modas cambiantes, los gustos variables, son factores que contribuyen...Su importancia es indiscutible. Pero dudo que sean factores decisivos en sí. Pienso que la verdadera diferencia entre el éxito y el fracaso de una empresa se reduce muchas veces a la medida en que logra aprovechar las grandes energías y talentos de sus empleados. ¿Qué hace para ayudarles a estas personas a encontrar una causa común con los demás? ¿Y cómo puede mantener esta causa común y este rumbo en medio de los muchos cambios que se producen de una generación a otra? Analicemos cualquier organización buena, una que haya perdurado muchos años. Creo que encontraremos que debe su longevidad no a su forma de organización ni a sus destrezas administrativas sino al poder de lo que llamamos *creencias* y a la importancia que ellas tienen para los empleados. Esta es, pues, mi tesis: Creo firmemente que para sobrevivir y alcanzar el éxito, una organización necesita una serie de creencias firmes sobre las cuales pueda basar toda su política y sus acciones. En segundo lugar, creo que el factor más importante del éxito de una empresa es el acatamiento fiel de estas creencias. Y por último, creo que si una organización pretende responder al desafío de un mundo cambiante, tendrá que estar dispuesta a cambiar todo excepto aquellas creencias, a lo largo de su vida. En otras palabras, la filosofía básica, el espíritu y la motivación de una entidad determinan sus realizaciones relativas en grado mucho mayor que sus recursos económicos o técnicos, la estructura organizacional o la innovación. Todas estas cosas son factores importantes para el éxito. Pero me parece que es más importante aún la firmeza con que los miembros de la organización crean en los preceptos básicos y la fidelidad con que los pongan en práctica.

Todas las empresas excelentes que estudiamos tienen una idea clara de lo que representan, y toman muy en serio el proceso de forjar valores. Dudamos que sea posible alcanzar la excelencia si no se tienen valores claros y si estos valores no son acertados.

Hace unos tres años, hicimos un análisis de las "metas superordenadas" bajo la dirección de nuestro colega Allan Kennedy. (Escogimos ese título por ser el rótulo que llevaba el marco 7-S de McKinsey. Desde entonces, hemos variado la expresión y hoy la llamamos "valores compartidos". Pero aunque las palabras han cambiado, nos hemos referido siempre a la misma cosa: creencias básicas, valores predominantes.) El estudio fue anterior a nuestro análisis de las empresas excelentes, pero los resultados concuerdan con lo observado después.

Prácticamente, todas las empresas de desempeño superior que analizamos en el primer estudio tenían un conjunto bien definido de creencias, que utilizaban como pautas. Las instituciones de desempeño menos bueno se caracterizaban por una de dos cosas: muchas carecían de un conjunto de creencias coherentes; las otras tenían objetivos distintos, y que solían discutir muy ampliamente; pero los únicos que despertaban entusiasmo eran los que se podían cuantificar: los objetivos financieros, como ganancias por acción y medidas de crecimiento. Irónicamente, las empresas que parecían más enfocadas, las que tenían declaraciones de misión más cuantificadas con metas financieras más precisas, tuvieron resultados económicos *menos* buenos que las empresas con declaraciones más amplias, menos precisas y más cualitativas, del propósito de la empresa. (Las compañías sin valores también arrojaban resultados inferiores.)

La diferencia, pues, pareció radicar no solo en el planteamiento de valores sino también en el contenido de esos valores (y probablemente la manera de expresarlos). Especulando, diríamos que las empresas con objetivos financieros predominantes lograrán una buena motivación para los 15 altos funcionarios, e incluso para los 50 más altos; pero aquellos objetivos no suelen agregar pimienta a la vida en la línea para las decenas de millares (o más) que fabrican, venden y mantienen el producto.

Un hallazgo sorprendente, pero acorde con la observación de Gardner, es que muy pocos de los autores que escriben acerca de los negocios se han atrevido a escribir sobre los valores. De éstos, ninguno es más claro que Philip Selznick, a quien citamos en el capítulo 4. En *Leadership and Administration,* habla de los valores, y esboza el papel de intervención activa:

> La formación de una entidad está marcada por la realización de ciertos valores, es decir, valores escogidos que fijan los supuestos de quienes formulan las políticas, con respecto a la naturaleza de la empresa, sus objetivos distintivos, sus métodos y papeles. Estos valores escogidos que definen el carácter no suelen expresarse verbalmente, y quizá ni siquiera se forman conscientemente... El dirigente institucional es ante todo un experto en la promoción y protección de valores... El liderazgo falla cuando se concentra en la supervivencia sola. La supervivencia institucional bien entendida es cuestión de mantener los valores y la identidad distintiva.

Henry Kissinger ha recalcado el mismo tema: "La tarea del dirigente es mover a su gente de donde se encuentra a donde no ha estado. El público no comprende plenamente el mundo hacia donde va. Los dirigentes han de invocar una alquimia de visión grande. Aquellos que no lo hagan serán juzgados como fracasos, aunque gocen de gran popularidad por el momento".

En efecto, el caso teórico es más profundo que eso. Los valores no suelen transmitirse, como da a entender Selznick, por medio de procedimientos formales escritos sino por medios más difusos y suaves, específicamente los cuentos, los mitos, las leyendas y las metáforas que ya hemos visto. En relación con la importancia del mito como medio de transmitir un sistema de valores; Selznick nos enseña:

> Para crear una institución se recurre a muchas técnicas, con objeto de inculcar cierto comportamiento cotidiano con significado y propósito a largo plazo. Una de las técnicas más importantes es la elaboración de mitos para la integración social. Se trata de esfuerzos por describir, en el lenguaje de la edificación y el idealismo, lo que hay de distintivo en los propósitos y métodos de la empresa. Los buenos mitos nunca se limitan a ser cínicos o manipulativos...Para que sea eficaz, el mito proyectado no ha de limitarse a discursos en ocasiones especiales ni a testimonios ante comités legislativos. Exige cierto grado de interpretación y el tomar muchas y diversas decisiones, día tras día. El mito ayuda a suplir una necesidad. Y además, lo que es igualmente importante, podemos esperar que contribuya a formar un sentido unificado de la misión y, por consiguiente, a crear la armonía del conjunto. De todos modos los mitos, cualquiera que sea su origen, son edificadores institucionales. El arte del liderazgo creativo es el arte de edificar la institución, de restaurar los materiales humanos y tecnológicos para formar un organismo que refleje valores nuevos y perdurables.

Así, resulta que las empresas excelentes no se avergüenzan de coleccionar y narrar anécdotas, leyendas y mitos que apoyen sus creencias básicas. Frito-Lay cuenta incidentes relacionados con el servicio. J&J narra incidentes acerca de la calidad. 3M habla de incidentes de innovación.

Otro de nuestros colegas, John Stewart, suele observar: "Si queremos conocer los valores compartidos de una buena empresa, basta leer su informe anual". Efectivamente, los informes anuales y demás publicaciones de las empresas excelentes muestran claramente lo que ellas valoran y lo que es motivo de orgullo para ellas.

Delta Airlines: "Hay una relación especial entre Delta y su personal que rara vez se encuentra en otras compañías. Ha generado un espíritu de equipo que se evidencia en la actitud de cooperación de cada individuo, hacia los demás, en su buen ánimo hacia la vida y en su orgullo por un trabajo bien hecho".

Dana: "El estilo gerencial de Dana es lograr que todos participen y se esfuercen por mantener las cosas simples. No hay manuales de política ni de procedimientos, no hay pilas de estratos gerenciales, montones de informes de control ni computadores que obstaculicen las vías de comunicación e información...El estilo de Dana no es complicado ni elaborado. Se desarrolla tratando a los demás con respeto. Hace que todos los empleados participen en la vida de la empresa".

Caterpillar: "La disponibilidad de repuestos en las oficinas de los distribuidores y en los centros de distribución de Caterpillar alcanzó un nivel sin precedentes en 1981". Por otra parte, "los clientes citan como razón para comprar los productos Caterpillar la calidad de sus distribuidores. Muchos de éstos están ya en su segunda y tercera generación de afiliación a la empresa".

Digital: "Digital sostiene que la máxima interacción en sus actividades tiene que ser en el área de servicios y de apoyo al cliente".

J&J: "Por allá en 1890, Johnson & Johnson armó el primer botiquín de primeros auxilios, en respuesta a una solicitud de los trabajadores ferroviarios que necesitaban tratamiento en el lugar de su trabajo, tendiendo rieles a través del país. Noventa años más tarde, el nombre Johnson & Johnson sigue siendo sinónimo de atención para las heridas en el hogar".

Revisando estos ejemplos entendemos por qué los analistas de las empresas excelentes suelen decir: "Estas generalizaciones son muy bonitas, pero notamos que cada empresa lo hace un poquito distinto". El medio industrial exige que Dana recalque temas distintos de los que pueden predominar en J&J. Además, prácticamente todas estas empresas tienen su conjunto de creencias determinadas por un individuo singular. Así, cada empresa es diferente; por eso estaban tan dispuestas a revelarnos su información a nosotros. Piensan que nadie puede imitarlas.

Por otra parte, en las empresas excelentes encontramos algunos atributos comunes que las unifican a pesar de sus valores muy diversos. Primero, como lo sugirió nuestra primera encuesta, estos valores casi siempre son cualitativos y no cuantitativos. Cuando se mencionan los objetivos financieros, casi siempre son metas altas pero nunca precisas. Además, los objetivos financieros y estratégicos jamás se plantean solos sino conjuntamente con las demás cosas que la empresa se propone hacer bien. Es casi universal el concepto de que las utilidades no son un fin en sí sino el resultado natural de hacer bien las cosas.

El segundo atributo de los buenos sistemas de valores es el esfuerzo por inspirar a las personas que se hallan en los niveles más bajos de la organización. Supongamos que los objetivos financieros fueran importantes para mil personas, o para cinco veces este número. Ni siquiera ese impacto es muy grande en las empresas gigantescas de hoy. IBM tiene más de 340 000 empleados, y Digital más de 60 000. Una filosofía de empresa debe ir dirigida, según Kazuo Inamori de Kyoto Ceramic, a "obtener lo mejor que puede dar el individuo de capacidades medianas".

Las compañías mejor administradas lo entienden así, y por eso se desempeñan con tanto esmero en los servicios. Y hasta las buenas empresas fabriles, a pesar de estar motivadas por los costos, parecen entender lo mismo. Blue-Bell, que siempre está muy pendiente de los costos y operaciones, se niega, empero, a sacrificar la calidad, especialmente en sus *jeans* Wrangler. El presidente de la junta, Kimsey Mann, dice sin ambages: "Aquí nadie tratará de ahorrar diez centavos quitándole una presilla extra al *jean* Wrangler". Explica que ahorrar diez centavos es una meta importante para un puñado de gerentes de división y de planta. Pero la calidad y la imagen de calidad afectan a todos —y *deben* afectarlos a todos— desde la costurera recién contratada en una provincia de Carolina del Norte hasta el mismo Mann.

El caso de Blue-Bell nos lleva a un tercer punto relacionado con el contenido de las creencias. Como ha dicho James MacGregor Burns: "La responsabilidad cardinal de las directivas es identificar la contradicción predominante en cada punto de la historia". Un negocio siempre es una amalgama de contradicciones importantes: costo contra servicio, operaciones contra innovación, formalidad contra informalidad, orientación hacia el control contra orientación hacia la gente, y así sucesivamente. Nos parece importante señalar que los sistemas de valores de las empresas excelentes recalcan con bastante claridad un lado de estas aparentes contradicciones.

El contenido específico de las creencias predominantes en las empresas excelentes también es limitado, pues abarca solo unos cuantos valores básicos:

1. Creer que somos "los mejores".

2. Creer en la importancia de los detalles de ejecución, en cumplir bien cada aspecto de la tarea cotidiana.

3. Creer en la importancia de las personas como individuos.

4. Creer en la calidad y el servicio sobresalientes.

5. Creer que la mayoría de las personas en la organización deben ser innovadoras, y como corolario, estar dispuesto a dar apoyo en caso de fracaso.

6. Creer en la importancia de la informalidad para mejorar las comunicaciones.

7. Creer explícitamente en la importancia de las utilidades y el crecimiento económico y reconocerlos.

James Brian Quinn opina que las metas superordenadas en una empresa "tienen que ser generales. Pero también deben señalar una demarcación clara entre *nosotros* y *ellos*". La mejor manera de hacerlo es "siendo el mejor" en algo, como se ha demostrado muchas veces. David Ogilvy señala: "Quiero que todos nuestros empleados sientan que trabajan en la mejor agencia del mundo. El sano orgullo hace maravillas". Charles Knight de Emerson añade: "Hay que fijar normas de excelencia y exigir su cumplimiento. Quien acepte la mediocridad en los estudios, en el trabajo o en la vida, es alguien que transige. Cuando el jefe transige, habrá transigencias en toda la organización". Hablando de su meta de servicio en IBM, Thomas Watson, hijo, es contundente y emprendedor: "Queremos dar a los clientes mejor servicio que cualquier empresa en el mundo".

Mientras las creencias más viables son muy elevadas, otras se limitan a recalcar los detalles de la ejecución, pero de manera fervorosa. Por ejemplo: "Creemos que una organización debe cumplir todas las tareas con la idea de que pueden hacerse de manera sobresaliente", dice el Sr. Watson. "IBM espera y exige un desempeño superior de parte de sus empleados en todo lo que hagan. Supongo que esta creencia suscita una manía de perfección y todos los horrores psicológicos que la acompañan. Ciertamente, los perfeccionistas no suelen ser personas fáciles. Un medio que exige la perfección tampoco va a ser fácil. Pero esta meta siempre es un estímulo para el progreso".

Andrall Pearson, presidente de PepsiCo, expresa un concepto análogo en el mejoramiento de la ejecución en todos los niveles: "La experiencia nos ha enseñado que las mejores estrategias competitivas e ideas para nuevos productos caerán en el vacío si no las ejecutamos de manera eficiente. En nuestro tipo de negocios la ejecución superior frecuentemente resulta más productiva y más práctica que la creación de nuevas ideas. Una ejecución soberbia es la clave de muchos de nuestros éxitos más notorios como Frito-Lay y Pepsi-Cola en las tiendas de abarrotes".

Cuando hablamos de la estructura de creencias, un tema que se repitió con sorprendente regularidad fue, en palabras de David Packard: "Personas innovadoras en todos los niveles de la organización". Las empresas excelentes reconocen que hallar oportunidades es un proceso bastante imprevisible que se realiza un poco al azar. Y, ciertamente, no es un proceso que se preste a la precisión que se halla implícita a veces en la planificación central. Si quieren crecimiento por medio de la innovación, dependen de muchas personas y no solo de unos pocos del departamento central de investigación y desarrollo.

Cuando se considera que todos son innovadores, surge un corolario, que es dar apoyo explícito cuando ocurren fracasos. En Emerson, Charles Knight, en J&J James Burke, y en 3M Lewis Lehr, hablan explícitamente de la necesidad de cometer errores. Steven Jobs, quien originó el popularísimo computador Apple (con ventas anuales de casi 750 millones de dólares en 1981) dice: "Todavía cometo errores. Muchos. Hace dos semanas me estaba desayunando con algunos de nuestros empleados de mercadeo y empecé a hablar de todas las cosas que marchaban mal, de tal manera que nadie podía hacer nada por resolverlas. Unas quince personas me criticaron fuertemente, por lo cual les envié una carta una semana más tarde. En el último párrafo les conté que acababa de regresar de Washington donde muchos me habían preguntado: ¿Cómo lo hacen en Apple? Yo respondí: Contratamos gente excelente y creamos un medio donde puedan equivocarse y seguir creciendo".

El último tema común, la informalidad para fomentar las comunicaciones, es el meollo del estilo en HP, para citar solo un ejemplo. La empresa se propone utilizar los nombres de pila, administrar deambulando y crear el ambiente de una gran familia. Estos tres puntos corresponden a una directriz explícita de la alta gerencia en el sentido de evitar la cadena de mando para mantener el flujo de comunicación y fomentar la máxima flexibilidad y fluidez.

Es obvio para gerentes como Thomas Watson, padre, que los valores son de primordial importancia. Ahora bien: ¿Cómo se expresan estos valores? Aquí también vemos correlaciones notables. Así como las empresas excelentes son motivadas por sistemas de valores coherentes, también prácticamente todas están señaladas por la personalidad de un líder que define el conjunto de valores: Hewlett y Packard en HP, Olsen en Digital, Watson en IBM, Kroc en McDonald's, Disney en Disney Productions, Treybig en Tandem, Walton en Wal-Mart, Woolman en Delta, Strauss en Levi Strauss, Penney en J.C. Penney, Johnson en J&J, Marriott en Marriott, Wang en Wang, McPherson en Dana, etc.

Un buen líder tiene que dominar los dos extremos del espectro: las ideas en su más alto nivel de abstracción y las acciones al nivel más terrenal del detalle. El dirigente forjador de valores se ocupa, por una parte, de decisiones encumbradas que generan entusiasmo entre decenas o centenares de miles de personas. De ahí la importancia fundamental del papel de pionero. Por otra parte, parece que la única manera de infundir entusiasmo es mediante el logro de metas diarias, cuando el gerente forjador de valores se convierte en ejecutor por excelencia. En este papel, el líder es un fanático de los detalles, que inculca los valores directamente, más por las obras que por las palabras. Ninguna oportunidad es demasiado pequeña. Se trata, pues, de prestar atención a las grandes ideas y, simultáneamente, a los pequeños detalles.

Atención a las grandes ideas, papel de pionero, visiones encumbradas: Todo esto parece sugerir hombres imponentes y extraños que escriben en tablas de piedra. Nuestros colegas Phillips y Kennedy, luego de estudiar la manera como los dirigentes forjan valores, dicen que ello no es así. "El hecho de poder inculcar valores tiene poco que ver con una personalidad carismática. Se deriva, en cambio, de un compromiso personal sostenido, obvio y sincero, con los valores que los líderes quisieron implantar, unido a una extraordinaria persistencia para reforzar esos valores. Ninguno de los hombres que estudiamos dependía de su magnetismo personal. Todos *se hicieron* buenos dirigentes".

La persistencia es clave. Sospechamos que a ella se debe la duración tan prolongada de los fundadores en el timón: los Watson, Hewlett, Packard, Olson, etc.

Los dirigentes ponen en práctica sus visiones y obran con persistencia simplemente haciéndose muy visibles. La mayoría de los dirigentes de las empresas excelentes surgieron del campo de las operaciones. Han laborado en el diseño, la fabricación o la venta del producto y se sienten cómodos con la rutina cotidiana del negocio. Les queda fácil deambular porque se sienten a sus anchas en las instalaciones. Estos dirigentes creen, a la manera de los evangelistas, que se debe predicar la "verdad" constantemente, no desde su oficina sino lejos de ella: en el terreno. Viajan más y dedican más tiempo al personal en la línea, especialmente al personal inferior.

Esta característica también se reconoce explícitamente. La revista *Business Week* afirma que Harry Gray de United Technologies redacta sus propios avisos publicitarios. Gray fue vendedor. Atribuye su éxito (en la división de Pratt & Whitney Aircraft) en la competencia contra la división de motores de avión de General Electric al hecho de "aparecer con los clientes en sitios donde nunca anda la alta gerencia de General Electric". Gene Milner, presidente de la junta directiva de Lanier, y el presidente de la empresa Wes Cantrell, hacen lo mismo. Este último dice: "Gene y yo fuimos los únicos con rango de presidente que asistimos a la principal conferencia de procesamiento de palabras el año pasado". Por otra parte, los colegas de T. Wilson, alto ejecutivo de Boeing, dicen de él que "todavía anda por el taller", y cuando se presenta la ocasión, "toma aún algunas decisiones cruciales, sobre diseño".

En algunas empresas, la piedra angular de las políticas es la deambulación. John Doyle, ejecutivo de investigación y desarrollo en Hewlett-Packard, definió así la gerencia de intervención activa:

> Cuando una división o departamento ha desarrollado su propio plan, su conjunto de objetivos de trabajo, es importante que los administradores y supervisores lo mantengan en vigencia. Aquí es donde entran en juego la observación, la medición, la retroinformación y la orientación. Es nuestra "administración ambulante". Así se sabe si uno está bien encaminado, a la velocidad correcta, y en dirección acertada. Si no vigilamos constantemente cómo opera la gente, empezará a descarrilarse y también a creer que el plan no era para tomarlo en serio. La administración ambulante consiste en mantener el contacto con el terreno. Tiene la ventaja adicional de sacarlo a uno de su silla y ponerlo a andar. Cuando digo deambular me refiero a andar y hablar con la gente. Se hace de manera muy informal y espontánea, pero es importante abarcar todo el terreno con el tiempo. Uno empieza haciéndose accesible a los empleados, y lo principal es comprender que estamos allí para escuchar. Lo segundo es que resulta esencial mantener a la gente informada de lo que está ocurriendo en la compañía, especialmente de las cosas que son importantes para ella. La tercera razón para hacerlo ¡es que resulta muy divertido!

David Ogilvy nos dice algo parecido: "No hay que citar a las personas a nuestra oficina; esto las asusta. Es mejor ir a verlas en la oficina suya. De esta manera, uno se hace visible en toda la agencia. Un presidente que nunca anda por su agencia se convierte en un ermitaño, alguien que está fuera de contacto con su personal".

Un gran ejemplo del arte de la intervención activa fue Ed Carlson de United Airlines. Describió su actuación al tomar las riendas de la empresa, que a la sazón estaba perdiendo 50 millones de dólares por año. Carlson, que solamente había trabajado en la industria hotelera, logró dar un viraje al rumbo de la empresa, al menos durante algún tiempo:

> Yo recorría más de 300 000 kilómetros al año para manifestar mi interés por lo que llamo la "gerencia visible". Solía decirle a mi esposa, cuando regresaba a casa a pasar el fin de semana, que me sentía en una campaña política. Me bajaba del avión y estrechaba la mano a cuanto empleado de nuestra empresa encontraba. Quería que esas personas me identificaran y se sintieran lo bastante cómodas conmigo para hacer sugerencias y hasta para discutir conmigo, si eso era lo que querían. Uno de los problemas en las compañías norteamericanas es que el alto ejecutivo se muestra renuente a salir y viajar, a escuchar las críticas. Su tendencia es aislarse, rodeado de personas que no le van a contradecir nada. Solamente oye lo que quiere oír. Cuando esto sucede, empezamos a desarrollar lo que yo llamo un cáncer empresarial...Seamos específicos. Robb Mangold es el primer vicepresidente de la división oriental de United Airlines. Si le hubieran caído mal mis visitas a Boston, La Guardia o Newark, entonces lo que yo hacía como administración visible no habría podido funcionar. Esas personas sabían que yo no buscaba mi gloria personal. No trataba de minar sus posiciones. Lo que yo buscaba era dar la sensación de que el alto ejecutivo de la empresa era un individuo abordable, un hombre con quien se podía hablar...Si mantenemos buenas relaciones de trabajo con la gente que está en las posiciones de línea, no debe haber problemas. Cada vez que recibía alguna información, llamaba al jefe de la división y le contaba que acababa de regresar de Oakland, Reno y Las Vegas y que me había informado de algo.

Hemos hablado del líder como gerente que interviene activamente, como ejemplo para los demás y como héroe. Empero, un individuo no basta: lo crucial es el grupo de directores. Los altos gerentes deben imponer el tono. Si pretenden inculcar valores, no tienen más alternativa que hablar con una sola voz, como dice Philip Selznick: "Un principio importante es la creación de una plana mayor homogénea. El desarrollo de políticas derivadas y de aplicaciones detalladas estará orientado por las perspectivas generales y compartidas". Carlson tomó muy en serio este punto. Cuando comenzó aquellos viajes, insistió en que los 15 ejecutivos más altos hicieran lo mismo. Durante los primeros 18 meses de la administración de Carlson, los 15 dedicaron el 65 por ciento de su tiempo a la actividad en el terreno.

Una manera práctica de reforzar la homogeneidad en la cima es realizar las reuniones periódicas. En las empresas Delta y Fluor todos los altos gerentes se reúnen informalmente una vez al día a tomar una taza de café. En Caterpillar los altos mandos se reúnen casi diariamente sin un plan previsto simplemente para revisar sus expectativas y ver cómo andan las cosas. En J&J y McDonald's también se cumplen ritos informales de este estilo.

El exceso de homogeneidad puede, desde luego, conducir a un espíritu de consenso impensado. Pero recordemos la amonestación de Dean Acheson a Richard Neustadt: Los presidentes no necesitan advertencias sino confianza. Cuando se trata de los valores fundamentales, parece esencial que haya mucho acuerdo y mucho refuerzo.

Una última correlación entre las empresas excelentes es la medida en que sus dirigentes despiertan el entusiasmo. Recuérdese que los gerentes de HP se evalúan según su capacidad para generar entusiasmo. El presidente de PepsiCo, Andy Pearson, dice: "El reto más sutil que deberemos afrontar en los años 80 es quizá asegurar que PepsiCo siga siendo una empresa donde se trabaja con entusiasmo". Igualmente, Chuck Knight de Emerson afirma: "No se puede lograr nada si a uno no le gusta". Por su parte, David Ogilvy amonesta así a su empresa: "Hagan lo posible por que el trabajo en Ogilvy & Mather sea algo divertido. Cuando las personas no trabajan con gusto, rara vez hacen buena publicidad. Maten la actitud sombría con risas. Conserven un ambiente informal. Fomenten el ánimo exultante. Desháganse de los aguafiestas que infunden desánimo".

Los mayores aportes de un líder son aclarar el sistema de valores y darle vida. Además, esto es lo que más ocupa a los altos directivos de las empresas excelentes. No es fácil crear e inculcar un sistema de valores. En primer lugar, son muchos los sistemas de valores, pero pocos los que convienen a una empresa determinada. En segundo lugar, la tarea de inculcar el sistema es agobiadora. Requiere persistencia, muchos viajes y largas jornadas. Pero sin esta intervención activa, parece que los resultados son muy escasos.

10

Zapatero, a tus zapatos

Allá en los años 60, cuando estaban de moda los conglomerados, Jimmy Ling compareció en Washington ante un comité antimonopolios para explicar por qué los conglomerados no eran un factor restrictivo del comercio. Mostró un cuadro que decía: "¿Cuántas personas en LTV [la empresa Ling-Tempco-Vault] conocen el negocio del acero?" Acababa de comprar la empresa Jones y Laughlin. ¿La respuesta? El siguiente cuadro en su presentación mostraba un gran cero de color rojo. Hoy Jimmy Ling se lamenta de que la respuesta hubiera sido cero, porque cuando Jones y Laughlin fracasó, Ling perdió el control de LTV.

Lew Young, Director de *Business Week*

Texas Instruments contabiliza hoy mil millones de dólares en ventas de aparatos electrónicos para el consumidor, mas no ha logrado, en una década, hacer utilidades con ellas. Además, TI abandonó el negocio de relojes para consumidores. Uno de sus grandes competidores era Casio. Anota un observador de la industria: "La explicación es muy sencilla. Ningún ingeniero electrónico formado en la Universidad de Texas va a salir con la idea de que una calculadora electrónica de alarma ha de tocar una obra de Schubert para despertarlo a uno por la mañana. Sencillamente no es lo que se espera".

Un artículo de *Forbes* describe la incapacidad inicial de Heublein para controlar su adquisición de Colonel Sanders. Dice un ejecutivo de Heublein: "En el comercio de vinos y licores, no importa cuál sea el aspecto del expendio. Si el piso está sucio nadie culpará de ello al vodka Smirnoff. Y el producto se puede controlar en la fábrica. Nosotros simplemente compramos una cadena de cinco mil fabriquitas dispersas por todo el mundo y no teníamos experiencia en el manejo de esa clase de operación".

Hay toda una historia por escribirse, mas aquí apenas tocaremos la superficie. El hecho escueto es que la mayoría de las adquisiciones terminan mal. Rara vez se hacen realidad aquellas sinergias de las cuales tanto hablan los ejecutivos. La mayoría de veces, el resultado suele ser catastrófico. Frecuentemente, los ejecutivos de la empresa adquirida se van, dejando solo un cascarón y algunos equipos devaluados. Y lo que es más importante, las adquisiciones, aunque sean pequeñas, absorben una cantidad inusitada del tiempo de la alta gerencia, tiempo que le roban al negocio principal. Aunque la rama de Conoco está más o menos relacionada con la de DuPont, no dudamos que los altos funcionarios de esta última empresa dedicarán gran parte de su tiempo en los años venideros tratando de aprender el negocio del petróleo en su intento por dominar su nueva adquisición. Y esto, no obstante la afirmación (que tantas veces se escucha) de que Conoco y DuPont "se manejarán independientemente".

En primer lugar, tanto el principio orientador cualitativo (que suele ser una mezcla de calidad/servicio/orientación hacia las personas, e innovación) como la intervención activa son contrarios a las estrategias de diversificación. La típica estrategia de diversificación diluye el tema cualitativo orientador, en parte porque la institución adquirida tiene, sin duda, distintos valores compartidos, mas también porque los temas, aun los temas generales, como por ejemplo la calidad, tienden a perder significado cuando la organización se desvía mucho. La gerencia pierde su "toque". Sencillamente no hay credibilidad cuando un ejecutivo electrónico habla de calidad en un negocio de bienes para el consumidor. Los sistemas de liderazgo con intervención activa y los valores inculcados darán sus frutos solo en la medida en que sean absolutamente creíbles para todos los que están en la línea. La credibilidad se desarrolla casi totalmente "porque yo estuve allí". Sin un compromiso emocional, sin que se comprenda el producto, no se podrá vencer el problema de la incredulidad.

Nuestro hallazgo principal es claro y sencillo. Las organizaciones que se ramifican (ya sea por medio de adquisiciones o de diversificación interna) pero que no se alejan de su campo principal son las que tienen los mejores resultados. Las de mayor éxito son las que se diversifican alrededor de una sola destreza, por ejemplo la tecnología de revestimientos de 3M.

El segundo grupo, en orden descendente, comprende aquellas compañías que se ramifican en campos que guardan relación: el salto de turbinas que generan fuerza eléctrica a motores de jet (otra turbina de G.E., por ejemplo).

Las empresas de menor éxito son, por regla general, aquellas que se diversifican en muchos campos distintos. En este caso, las adquisiciones tienden a fracasar.

Parece, pues, que la diversificación en cierta medida es una base para lograr la estabilidad mediante la adaptación, pero la diversificación indiscriminada no es nada benéfica.

Estos hechos saltan a la vista cuando comparamos las empresas excelentes de nuestra encuesta con aquellas que no lograron figurar en la lista. Además (y esto es sorprendente considerando el gran número de fusiones que hay), prácticamente todos los estudios académicos han llegado a la conclusión de que la diversificación mal encauzada es un paso destinado al fracaso. Por ejemplo, el primer estudio sistemático de la diversificación en el comercio norteamericano fue publicado por Michael Gort de la National Bureau of Economic Research en 1962. Los datos de Gort mostraron una leve correlación positiva entre el número de productos que las empresas agregaron a los que ofrecían en venta, entre 1939 y 1954, y el crecimiento en dólares de sus ventas durante el mismo período. Empero, la diversificación no guardaba correlación positiva ninguna con la rentabilidad.

El estudio más amplio de las empresas diversificadas fue el realizado por Richard Rumelt de la Universidad de California (UCLA) para su doctorado en la Escuela de Administración de Harvard. Este se publicó en 1974 bajo el título de *Strategy, Structure and Economic Performance*. Valiéndose de una amplia muestra de empresas norteamericanas, el autor encontró que los negocios con estrategias de diversificación "restringida a lo predominante" y "restringida a lo afín"* (dos categorías de un total de ocho) eran "sin duda alguna las que presentaban los mejores resultados globales". Ambas estrategias se basan en el concepto de la diversidad controlada. En palabras de Rumelt, "estas empresas tienen la estrategia de emprender únicamente aquellos negocios que se basan en un punto fuerte o en una

---

* Las categorías "restringida a lo predominante" y "restringida a lo afín" se refieren a la diversificación lograda "creciendo sobre la base de cierto recurso, destreza o ventaja que se asocia con la actividad predominante original". La diferencia que hay entre las dos categorías consiste en que la primera guarda relación muy estrecha con una destreza (v. gr. el revestimiento en 3M) mientras que el negocio restringido a lo afín incluirá negocios estrechamente relacionados pero tal vez con tecnologías diferentes (v.gr. una empresa de camiones que se meta en transportes ferroviarios). El tema central sigue siendo el transporte terrestre, pero hay dos áreas con diferencias tecnológicas importantes.

capacidad central, que desarrollan ese punto fuerte y que derivan de él su fuerza. Aunque tales firmas suelen desarrollar productos nuevos y entrar en negocios nuevos, se muestran renuentes a invertir en áreas que su administración desconoce. Agrega que estas firmas, que se desempeñan mejor que las otras, "desarrollan sus estrategias de diversificación sobre la base de alguna capacidad o destreza central" El análisis de Rumelt se basó en una muestra válida de quinientas firmas a lo largo de veinte años.

Rumelt sometió su muestra a diez análisis financieros, incluyendo "ritmo anual de crecimiento de las ventas netas", "relación precio/ganancias de las acciones" y "rendimiento sobre capital invertido después de impuestos".

Para citar algunos ejemplos, en los decenios de los años 50 y 60, las dos categorías de mejor desempeño arrojaron un rendimiento promedio sobre el patrimonio del 14.6 por ciento, un rendimiento sobre el capital del 12.4 por ciento y una relación precio/ganancias de 17.5. Las dos categorías inferiores, incluyendo "pasivo no relacionado", tuvieron un rendimiento sobre el patrimonio del 10.2 por ciento (31 por ciento menos) y un rendimiento sobre capital del 8.6 por ciento (30 por ciento menos), y una relación precio/ganancias de 14.7 (16 por ciento menos). Todos los resultados fueron estadísticamente significativos. Cuando prolongamos el estudio de Rumelt bajo la dirección de David Anderson, vimos que esta brecha se había ampliado considerablemente en los años 70.

El resultado principal de Rumelt es muy claro. Las organizaciones que se ramifican en cierta medida, pero manteniéndose muy cerca de su destreza central, muestran un desempeño superior. Estos análisis no sugieren que "lo sencillo sea mejor". Un negocio demasiado sencillo, que dependa de una combinación única integrada verticalmente, resulta invariablemente malo. En cambio, vemos que aquellas empresas que buscan cierta diversificación, una base para la estabilidad mediante la adaptación, al mismo tiempo que se conservan cerca de su capacidad central, suelen mostrar resultados superiores. El modelo de Rumelt puede acomodar tanto la necesidad de adaptación (los negocios afines resultan mejores que los negocios únicos integrados verticalmente) como el valor de manejar la adaptación alrededor de una destreza central.

Estudios posteriores han confirmado y fortalecido tanto los resultados de Gort como los de Rumelt. En un estudio publicado en el *Journal of Finance* en 1975. Robert Haugen y Terence Langetieg

pusieron a prueba la idea tan difundida de que las fusiones crean
sinergias estratégicas o de operación que no existen cuando las firmas
son de dueños diferentes. Su criterio para juzgar si una fusión producía
o no sinergia era el rendimiento para los accionistas. Luego de evaluar
los efectos sobre el precio de las acciones de 59 fusiones no conglome-
radas realizadas entre 1951 y 1968, Haugen y Langetieg llegaron a la
siguiente conclusión: "Detectamos escasos indicios de sinergismo en
nuestra muestra...Cualquier accionista habría obtenido los mismos
resultados por su cuenta combinando las acciones de las dos empresas
[amalgamadas] en las proporciones apropiadas en su cartera".

En realidad, el único efecto claro que los autores pudieron confirmar fue un aumento en la variación del rendimiento para el acionis-
ta en las firmas amalgamadas. En otras palabras, invertir en las dos
empresas que optaron por fundir sus activos bajo una estructura única
de propiedad del capital resultaba más arriesgado que invertir en dos
empresas que se limitaban a su negocio básico. Este resultado, que ha
sido confirmado por otros investigadores, arroja dudas sobre uno de
los argumentos principales a favor de las fusiones: la diversificación
del riesgo comercial.

Un último estudio se publicó en el *Financial Times* de Londres a
fines de 1981. Su título sugiere una conclusión simpática: "Pioneros:
especialistas anti-fusiones". El artículo, escrito por el destacado cronista Cristopher Lorenz, llega a la conclusión de que "las empresas
europeas pioneras pusieron mayor énfasis en la especialización que en
la diversificación, y prefieren la expansión internacional a las fusiones
o adquisiciones". El estudio abarcó a varias organizaciones de éxito
como Airbus Industries, Club Mediterranée, Daimler-Benz y Nixdorf.

Nos sentimos casi en el deber de disculparnos por someter al lector a
tal avalancha de análisis frecuentemente arcanos. Mas con la actual
manía de fusiones, parece que vale la pena demostrar exhaustivamente
la casi total ausencia de argumentos serios que apoyen las combinacio-
nes comerciales muy diversas.

Caso tras caso se demuestra la dificultad de absorber lo inusitado.
El ejemplo clásico es ITT. Fue el éxito de la bolsa de valores durante
muchos años, y su crecimiento era envidiable. Harold Geneen pudo
llevar las riendas de este vasto imperio a fuerza de su intelecto y
esfuerzo. Pero ya había empezado a desmoronarse en varios aspectos
antes que él saliera. La empresa que Geneen heredó del coronel
Sosthenes Behn, fundador de ITT, era en gran parte una empresa
telefónica internacional. Como tal, su mentalidad, que persistió sutil-

mente bajo Geneen, no estaba de acuerdo con muchas de las nuevas adquisiciones. Cierto comentarista señala: "Los instrumentos que se necesitan para manejar una empresa telefónica en Chile no contribuyen mucho al manejo de Continental Baking o de los Hoteles Sheraton". Con el tiempo, incluso la empresa de teléfonos se vio amenazada cuando el mercado fue cambiando. Ya no se trataba de llevar la tecnología norteamericana y europea a los países del Tercer Mundo (la magia original de ITT) sino del exótico campo de la conmutación electrónica y las comunicaciones por satélite. En otras palabras, hubo un gran auge de las innovaciones en la industria de las telecomunicaciones a principios de 1970, pero los sistemas de ITT, no estaban preparados para ello, ni siquiera en las empresas telefónicas.

Podríamos continuar, mas las dificultades afrontadas por ITT son casi caricaturas de los problemas que suelen surgir especialmente cuando las empresas no son afines. Por ejemplo, el conglomerado Transamerica, con un desempeño moderado, acumuló grandes pérdidas a raíz de sus operaciones cinematográficas con United Artists. La empresa, cuya base es el manejo de instituciones financieras (por ejemplo compañías de seguros), no pudo asimilar la volatilidad de la administración en la industria cinematográfica.

El problema no se limita, ciertamente, a los partidarios firmes de los conglomerados. En los últimos años hemos visto empresas petroleras tropezar con toda clase de diversificaciones. Mobil intentó la primera diversificación grande al adquirir a Marcor (antiguamente Montgomery Ward, más otras pequeñeces). Los petroleros no entendían el negocio de ventas al por menor, y el resultado fue desastroso. Exxon, según muchos comentaristas, había salido airosa en lo que respecta a nuevos negocios para grandes empresas, a finales de los años 70. Exxon Enterprises se presentó como un modelo digno de imitar. La revista *Business Week* llegó hasta el punto de publicar un artículo sobre el supuesto papel de Exxon como futuro competidor gigantesco de AT&T y de IBM en el campo de las comunicaciones. Pero desde entonces, Exxon Enterprises ha tropezado con dificultades, para decirlo suavemente.

El experimento de Exxon funcionó bien mientras fue diminuto. Los empresarios y sus pequeñas empresas adquiridas por Exxon tuvieron libertad para manejarse a sí mismas. Tuvieron algunos éxitos notables; tanto, que infortunadamente la gerencia de Exxon se percató de ellos. Esta gerencia, pues, decidió "ayudar", pasando a la ruta generadora de fracasos, a saber, actividades comerciales nuevas por parte de una gran firma. Procedió rápidamente a "racionalizar" los negocios, reuniendo las partes empresariales en grupos "lógicos" a fin de lograr una "sinergia de mercado", naturalmente. También dio "ayuda" financiera. Un alto funcionario financiero de la sede llegó para ayudar a las pequeñas empresas a hacer su contabilidad. La racionalización resultó prematura para una empresa nueva. Los empresarios originales abandonaron el barco. Lo que quedó atrás fue una infraestructura que se movía con lentitud dentro de un mercado veloz.

Los resultados de estas incursiones en campos ajenos muestran la dificultad de absorber lo inusual. Por ejemplo, General Electric tuvo un éxito enorme cuando se lanzó al negocio de motores de avión, pero Westinghouse fracasó. Este fracaso se debió a la suposición de parte de Westinghouse, de que "una turbina es una turbina". Pretendieron manejar el negocio de motores para avión dentro de una organización dedicada a la generación eléctrica. Resulta que las tolerancias y otras características en las turbinas de avión son muy diferentes de aquellas en las turbinas empleadas para generar energía eléctrica. En General Electric, Gerhard Neumann y Jack Parker se dieron cuenta de este hecho y mantuvieron el negocio de motores para avión separado de su gran red de generación eléctrica. Situaron el nuevo negocio en otra parte: en la población de Lynn, Massachusetts. Contrataron ingenieros especializados que conocían las restricciones del diseño de turbinas para aviones y su producción. El éxito fue muy superior a lo que GE esperaba. Mientras tanto, Westinghouse fracasó.

Algo semejante ha sucedido hoy en el paso de la electromecánica a la electrónica. El proceso de raciocinio en el campo electromecánico se parece solo superficialmente al raciocinio en la electrónica. Por esta razón, ninguno de los grandes productores de válvulas al vacío en 1965 se contó entre los principales productores de semiconductores en 1975, solo diez años más tarde. Entre los gigantes que se quedaron a la zaga, incapaces de dar el salto intelectual, se incluyeron firmas de gerencia ejemplar de una época anterior como la GE, la RCA y Sylvania. Dos de estas tres estrellas de la electromecánica, a saber, GE y RCA, sufrieron descalabros similares cuando pretendieron entrar en el campo de los computadores. En teoría, la brecha debía ser de unos pocos pasos. Al fin y al cabo, un electrón es un electrón. *Mas en la práctica, aquellos pocos pasos suelen representar un salto gigantesco para una empresa grande.*

Si parece que el cambio de turbinas eléctricas a turbinas de avión es relativamente pequeño, ¿qué decir de la fusión de National con Pan

American? ¡Mal podría llamarse un salto al vacío! Se trata de la misma industria. Sin embargo, en la práctica no resultó ser lo mismo. Pan American, empresa gigante en transporte internacional de pasajeros, no entendió bien la estructura de rutas domésticas de National ni su potencial como línea "alimentadora" de Pan American. Parece que Pan American compró varios DC-10 de National, los cuales fueron de un tamaño totalmente inapropiado para la estructura de rutas combinadas que se buscaba. Pan American pudo haber heredado un problema que pusiera en jaque la existencia de una de las empresas históricamente más importantes de los Estados Unidos.

La pregunta crucial es: ¿Qué han hecho las empresas excelentes para evadir estas trampas? La respuesta es sencilla: Las empresas excelentes no prueban aguas desconocidas con ambos pies. Más aún, cuando meten un dedo en aguas nuevas y fracasan, ponen fin al experimento rápidamente. Como regla general, las compañías de resultados excelentes se ampliaron paso a paso siguiendo el camino de la diversificación generada internamente.

Hemos encontrado que las firmas excelentes proceden como si creyeran filosóficamente en lo que dicen los académicos acerca de la diversificación. Como lo mencionamos, Robert Wood Johnson, fundador de Johnson & Johnson, dejó como último consejo a quien había de sucederlo: "No adquiera jamás negocios que no sepa manejar". O como lo dijo Ed Harness, quien dirigió a P&G: "Esta empresa nunca se ha alejado de su base. Queremos ser cualquier cosa menos un conglomerado".

Sin embargo, las empresas excelentes no son nada sencillas. 3M tiene más de 50 000 productos e introduce más de 100 nuevos cada año. El único denominador común es la tecnología básica de revestimiento. Los atributos que contribuyen a la solidez de 3M son superiores a los de otras empresas en muchos aspectos; pero, al mismo tiempo, son muy típicos. Los altos directivos se componen principalmente de ingenieros químicos, y casi todos han dedicado tiempo a la función de ventas trabajando en aplicaciones prácticas. De esta manera, la estructura de la alta administración conserva y refleja la destreza esencial de la compañía, que es resolver los problemas de los clientes dentro de los segmentos industriales, con base en la tecnología de 3M.

Esta modalidad disciplinaria se manifiesta en muchas de las compañías excelentes. En Hewlett-Packard es casi imprescindible ser ingeniero eléctrico para surgir; o ingeniero aeronáutico para ascender en fluor o en Bechtel; ingeniero aeronáutico para ascender en Boeing; ex gerente de productos en Procter & Gamble; o ex vendedor en IBM. Estos son los únicos candidatos para los altos rangos. Así, estas empresas ejemplares están, en su alta gerencia, "sobradamente representadas" por individuos versados en la disciplina tecnológica específica o en la principal disciplina comercial funcional.

Los casos son muchos:

- *Boeing:* Según el *Wall Street Journal,* "los observadores afirman que Boeing deriva su fuerza de su dedicación casi singular al mercado del transporte aéreo comercial, que le da casi el 90 por ciento de sus ingresos. Los demás se dedican demasiado a buscar el negocio militar, dice un funcionario de la empresa; pero en Boeing, la ingeniería es lo primero".
- *Fluor:* El presidente Bob Fluor comenta: "No podemos ser todo para todo mundo".
- *Wal-Mart:* Wal-Mart debe su extraordinario crecimiento a una firme estrategia de "segmento". Se ha restringido a unos 12 estados del país, dedicándose a hacer lo que conoce mejor, y supera a otras empresas mejor financiadas y de más experiencia como K mart dentro de su área escogida.
- *Deere:* El presidente Robert Hanson afirma: "Nosotros nos ceñimos a los clientes que conocemos". La revista *Forbes* agrega: "Durante años, Deere ha superado a su archirrival, International Harvester. Esta tiene su lealtad dividida entre el negocio de camiones y el de maquinaria agrícola. En cambio, Deere sabía cuál era su negocio, quiénes eran sus clientes, y qué deseaban éstos".
- *Amoco:* El *Wall Street Journal* compara la estrategia de Amoco con la de sus competidores: "El razonamiento que guía las enormes adquisiciones petroleras de este año es que resulta más barato comprar las reservas ajenas que desarrollar las propias. 'Pero en Standard Oil Company (Indiana), no lo creemos; no para nosotros', dice el presidente John Swearingen".

En las empresas excelentes, prácticamente todo el crecimiento se ha generado y desarrollado internamente. Las pocas adquisiciones efectuadas se ciñeron a una norma sencilla: se ha tratado de negocios pequeños que se podían asimilar fácilmente sin modificar el carácter de la organización compradora, y lo bastante pequeños para que en caso de fracaso la empresa pudiera deshacerse de ellos sin sufrir perjuicios económicos grandes.

Algunas empresas, sin embargo, sí han logrado florecer por medio de las adquisiciones, pero siguiendo la estrategia de que "lo pequeño es bello". Dos ejemplos son Emerson y Beatrice Foods. Empresas gigantes de 4000 millones y 10 000 millones de dólares, respectivamente, han crecido añadiendo negocios de 20 a 50 millones. No parecen creer el concepto de que "una adquisición de 500 millones de dólares no resulta más difícil de asimilar que una de 50 millones; por lo tanto, hagamos una transacción en vez de diez". Tanto Emerson como Beatrice observan incesantemente. Van agregando por poquitos. Cuando las pequeñas adquisiciones traen algún punto fuerte nuevo (por ejemplo destrezas disciplinarias) que puede contribuir al negocio central, las empresas permiten que esto ocurra de una manera natural por medio del intercambio informal y la difusión natural. Se permite que la empresa vaya absorbiendo las nuevas cualidades.

De igual manera, encontramos en empresas como HP o 3M una actividad constante de adquisiciones *diminutas.* Los negocios adquiridos suelen ser de 1 a 10 millones de dólares. Frecuentemente, se trata de una medida obvia para adquirir una nueva destreza, pero dentro de magnitudes manejables que permitan la integración rápida e indolora. Puede ser cuestión de comprar unos cuantos contratos de empleo. Así, pues, las adquisiciones pequeñas pueden funcionar, como también pueden funcionar las nuevas orientaciones estratégicas grandes, siempre y cuando que se basen en adquisiciones pequeñas.

Esta es, en resumen, la historia de las empresas excelentes. Sí adquieren, pero adquieren y diversifican de manera experimental. Compran una firma pequeña o empiezan un nuevo negocio. Lo hacen por pasos manejables... y es evidente que restringen los riesgos. Y cuando no les funciona, se muestran dispuestas a poner fin al intento.

Por lo tanto, bien podemos buscar y encontrar entre las empresas excelentes muchos casos de fracasos de proporciones modestas, ¡incluso algunos menos modestos! Esto demuestra que también entre las empresas superiores las acciones demasiado grandes suelen causar problemas.

En efecto, las empresas excelentes pueden tener dificultades especiales cuando pretenden alejarse de su campo básico, pues las culturas que las han llevado a alcanzar un desempeño superior lo han hecho poniendo énfasis en ciertas habilidades comerciales bastante específicas. Nadie mejor que 3M sabe definir y penetrar en los segmentos industriales de tamaño modesto (hasta de 100 millones de dólares). Sin embargo, hay ciertas cosas que ni siquiera 3M puede hacer.

Veamos algunos ejemplos de incursiones imprudentes de nuestras empresas sobresalientes:

3M: Esta empresa no ha podido explotar su capacidad técnica de manera constante en los negocios de artículos para el consumidor. Los analistas han pensado que la atomización de 3M (y la disciplina de ventas personalizadas a la industria) inhibe tanto los amplísimos esfuerzos promocionales de un pequeño número de productos que caracterizan los esfuerzos de mercado de bienes para el consumidor, como la confianza depositada en ellos. Así, aunque la firma ha tenido algunos éxitos, sus negocios de artículos para consumo no son tan rentables como los demás. En el otro extremo, también ha tenido algunas dificultades recientemente tratando de pasar al campo de "la oficina del futuro". El problema es análogo a lo que sucede con los artículos para consumidores. Los productos más modernos de la oficina del futuro son "productos de sistemas". Aquí, la extraordinaria autonomía de las divisiones en 3M es contraria a los vínculos más estrechos que se requieren para el desarrollo y venta de los complejos productos de sistemas.

Hewlett-Packard: Ya hemos señalado las primeras dificultades que tuvo HP para comercializar sus calculadoras manuales. La historia de HP es muy parecida a la de 3M. En el campo de instrumentos y electrónica, HP sabe servir a sus clientes profesionales; éste es el segmento de tamaño modesto. El consumidor de calculadoras de 9.95 dólares está fuera del alcance de HP. Igualmente, esta empresa sufrió un descalabro con un reloj electrónico de pulsera. El error fue comprensible. HP pensó que la parte electrónica era tan exótica que el consumidor la miraría como algo muy especial. Se equivocaron, y los relojes de TI que costaban 8.95 los dejaron fuera de combate. (Una empresa tras otra en la industria ha afrontado dificultades haciendo la transición al campo de productos electrónicos de venta masiva. National Semiconductor, comercializadora masiva de microfichas, también se fue de bruces cuando quiso acercarse al consumidor —de nuevo con relojes. Lo mismo le sucedió a Fairchild Semiconductor.)

Texas Instruments: Hemos dicho antes que TI tenía dificultades para realizar su sueño de producir un reloj despertador digital que tocara una pieza de Schubert, cosa que no fue obstáculo para el ingeniero electrónico japonés, más conocedor de los consumidores. TI ha tenido problemas con sus productos para consumidores. Ha alcanzado éxito en algunos aspectos de este negocio, v.gr. sus máquinas como "Speak 'N Spell". Pero sospechamos que estas áreas han resultado buenas porque la tecnología aún es lo bastante "exótica" para darle a la empresa una ventaja comparativa. Cuando los circuitos vocales de estado sólido sean artículos de uso corriente, como las fichas que accionan los relojes y las calculadoras de bolsillo, es muy posible que la empresa TI sucumba nuevamente ante el desafío japonés.

Procter & Gamble: Cierto comentarista ha dicho que P&G tiene problemas con los caprichos y las modas que determinan en gran medida los negocios de artículos para consumidores. P&G siempre ha representado calidad. No lanza un nuevo producto ni una reformulación de un producto establecido si no está segura de tener una ventaja clara. Así, según notó un observador de largo tiempo, fue difícil para P&G dentro de su negocio de pastas dentífricas añadir las rayitas verdes que tanto han gustado en los últimos años. Además, desembolsó centenares de millones de dólares en su intento por lanzar las papas fritas Pringles, no obstante el continuo fracaso. Esto refleja el firme principio de la empresa de preferir la calidad a la novedad. Las papas fritas Pringles son una clásica idea de P&G, según señala un competidor, una papa de tamaño uniforme empacada en una lata cómoda y perfecta. Refleja el sentido de calidad de P&G, aunque desde el punto de vista del sabor los consumidores no la han aceptado.

Sears: Durante muchísimos años, Sears Roebuck floreció con el lema de "calidad a precio decente". Cuando pensó que necesitaba un cambio, el descalabro fue grande. Gordon Weil, que escribe sobre negocios, dio la siguiente explicación: "Imagínese a McDonald's introduciendo un churrasco, aumentando el precio de su Big Mac y retirando su hamburguesa sencilla. Esta fue la estrategia de crecimiento de Sears. En una palabra, Sears quiso hacer dos cosas a la vez".

Todos estos ejemplos arrojan dudas sobre la viabilidad de los grandes conglomerados que estuvieron tan de moda en los años 60. Nos parece estar detectando el comienzo de una posible contrarrevolución. Por ejemplo, en 1981 el *Wall Street Journal* publicó un artículo bajo el siguiente titular: "Colgate se esfuerza por convertirse en la firma que fue hace un decenio; abandona muchas adquisiciones y busca fortalecer sus productos tradicionales":

> El antecesor de Keith Crane, David Foster, había intentado sin éxito sacar a la empresa Colgate de la sombra del gigante Procter & Gamble, agregando negocios de alimentos, ropa y artículos deportivos. Entre sus compras indiscriminadas vinieron muchos problemas. Colgate empezó a agotar las utilidades de sus líneas tradicionales en la adquisición de otros

negocios que ya habían pasado su momento de máxima utilidad... El Sr.
Crane impuso una reducción fuerte. Recortó la mayoría de las adquisiciones hechas por el Sr. Foster (por un total de 935 millones de dólares),
esfuerzo que le costó por lo menos 96.5 millones...También reorganizó la
gerencia, revisó los presupuestos de publicidad y se dedicó a fortalecer
las líneas de productos básicos dando nuevo énfasis a la producción y la
rentabilidad...

El Sr. Foster había dicho: "Uno de los aspectos más excitantes y productivos de la nueva orientación de nuestra empresa es su empeño en
desarrollar nuevos productos distintos de los tradicionales, cuyo crecimiento suele ser apenas un reflejo del crecimiento demográfico".

"Se trataba solo de adquisiciones por vanidad", dice un ejecutivo
publicitario. "Después de Kendall [firma de artículos médicos] y Riviana
[productora de arroz], lo demás era basura". Además, durante el régimen de Foster, la mayoría de los esfuerzos de Colgate por introducir
productos nuevos zozobraron. Frecuentemente, la empresa se fue por
atajos en el lanzamiento de nuevas mercancías; actuaba como simple
distribuidora en vez de desarrollar sus propios productos. "Estos son
errores que P&G no cometería jamás", dice un ex asesor de Colgate. "En
este mercado se aprende a hacer productos sencillos y funcionales.
Colgate se fue tras los aditivos".

Esta historia, exceptuando quizá el posible final feliz de una retrac-
ción a tiempo, se repite una y otra vez. La empresa comprende que se
está estancando. Resuelve buscar nuevos horizontes. No sabe lo que
está comprando. Compra firmas que ya han alcanzado o pasado su
mejor momento. Y lo que es más, no las comprende (por ejemplo, las
adquisiciones por vanidad). Por último, lo peor de todo es que el esfuerzo y la tensión dedicados al manejo de las adquisiciones agotan la
vitalidad del negocio básico ya tambaleante. Los nuevos productos
(ampliaciones de la línea o reformulaciones de productos antiguos) reciben un tratamiento sumario o por los atajos, como en el caso de Colgate. Y la espiral descendente ha comenzado.

Empero, al menos estamos viendo más casos de des-adquisición. A
finales de 1980, el *New York Times* publicó, en un mismo día, noticias
de que Litton, Textron y GAF se habían despojado de sus adquisiciones. Tales noticias son frecuentes hoy. Por ejemplo, un artículo de
Business Week publicado en 1981 señaló que ITT se había despojado
de 33 negocios desde 1979. Un artículo publicado en 1981 por *Fortune*
comentó que Consolidated Foods había vendido 50 de sus negocios en
los últimos cinco años. El *New York Times* explicó cómo GEC, de la
Gran Bretaña, está deshaciendo sus fusiones (su presidente habría dicho: "Puede afirmarse que las turbinas tienen que ver con engranajes

de cambios, los cuales tienen que ver con transformadores, los cuales tienen que ver con engranajes de control, los cuales tienen que ver con lámparas. Pero las lámparas no tienen nada que ver directamente con las turbinas"). La revista *Forbes* señaló nuevamente en 1981 que desde 1972, John Hanley de Monsanto había prescindido de 800 millones de dólares en ventas para regresar a lo básico; la misma publicación observó que la venta de Litton se estaba efectuando para que la empresa pudiera "volver a su común denominador de tecnología".

Quizá no se trata de una verdadera oleada, especialmente cuando la Comisión Federal de Comercio del presidente Reagan está dando señales claras de que son aceptables las fusiones de casi cualquier tipo. Pero cualquier acción para "regresar a lo básico" es buena noticia, según los estudios que hemos revisado y el mensaje de las compañías excelentes.

11

Estructura simple, y poco personal

El gran tamaño trae consigo, infortunadamente, gran complejidad. La mayoría de las empresas responden a la complejidad diseñando sistemas y estructuras a su vez complejos. Luego contratan más personal para mantener su control sobre la complejidad, y allí es donde empieza el error. Sencillamente, la solución no compagina bien con la naturaleza de la gente en una organización, pues en ella es preciso mantener las cosas bastante sencillas para que la unidad trabaje de manera concertada. La paradoja es clara. Por una parte, el tamaño genera cierta complejidad natural, y es perfectamente razonable que esto haga surgir sistemas o estructuras complejas. Por otra parte, para que una organización funcione es preciso asegurar que las cosas sean comprensibles para las decenas o centenares de miles de personas que laboran allí. Todo esto significa que es necesario mantener la sencillez.

Nuestra queja principal es, desde luego, contra la estructura de tipo matriz. La matriz es una idea aparentemente muy razonable. Tan pronto como la organización se dedica a múltiples negocios y se ve obligada a abandonar la forma más sencilla de todas —la estructura funcional (finanzas, ventas, manufactura)— se multiplican las dimensiones alrededor de las cuales la empresa se podría descentralizar. La empresa puede organizarse alrededor de grupos de productos, o de segmentos del mercado. Puede organizarse en torno a áreas geográficas donde tenga plantas u oficinas de ventas. Ciertamente, las funciones básicas de finanzas, ventas y manufactura no desaparecen. Pero si intentamos tomarlas en cuenta dentro de una estructura organizacional formal, tendremos una matriz por lo menos cuadridimensional, que viene a ser un enredo logístico.

El problema es que el mundo es así de complejo. Por lo tanto, hay condiciones propias para matrices en todos los medios organizacionales grandes. El asunto se complica todavía más cuando empezamos a ver otras maneras de organizar, por ejemplo, con arreglos temporales como son los centros de proyectos. ¿Qué puede hacer, entonces, el gerente?

Algunas empresas llegaron a la conclusión de que si no podían tomar formalmente en cuenta todas las posibles dimensiones para la matriz, al menos podían utilizar algunas y hacer con ellas una estructura formal que les diera igual autoridad a los gerentes de productos y a los gerentes funcionales sobre departamentos o divisiones como ingeniería, mercadeo y producción. Pero aun esto resulta confuso. Los subalternos no están seguros de quién está encargado de qué. El problema más crítico parece ser que en aras del "equilibrio" todo se ha vinculado con todo. La organización se paraliza porque la estructura no solo hace vagas las prioridades sino que las diluye automáticamente. Lo que le está diciendo al personal en toda la línea es: "Todo es importante; presten la misma atención a todo". El mensaje no puede menos que paralizar.

Prácticamente ninguna de las empresas excelentes dijo tener estructuras formales de matriz, salvo las firmas de gerencia por proyectos como Boeing. Pero en una empresa como Boeing, donde se han originado muchas de las ideas en materia de matrices, la expresión gerencia por matriz tiene un significado muy distinto. Las personas operan de manera binaria: Son, o bien parte de un grupo asignado a un proyecto y responden ante ese grupo del cumplimiento de cierta tarea (casi siempre), o bien son parte de una disciplina técnica donde dedican algún tiempo a cerciorarse de que su departamento técnico esté al día en materia tecnológica. Cuando trabajan en un proyecto no hay confusión cotidiana acerca de si son responsables del proyecto, o no. Sí lo son.

Para ser más claros, no nos preocupa en demasía la forma organizacional que se llamó gerencia "de matriz" en algunas de las primeras empresas que utilizaron esta modalidad (v. gr. Boeing y NASA). La clave para que estos sistemas funcionen es la misma clave que hace funcionar las estructuras en las demás compañías excelentes. Hay *una dimensión,* por ejemplo: producto, o geografía, o función, *que tiene una prioridad diáfanamente clara.* Nos preocupa que este concepto se haya diluido, de manera que resulta casi imposible saber quién es responsable de qué y bajo qué circunstancias —así como saber "quién es mi jefe en esto, o si debo informar a todos". Esto genera un personal directivo que al asegurarse de que todo se mantenga complejo y enredado, consigue y mantiene un poder considerable (es decir, esta plana mayor se convierte en árbitro en aquellos puntos de "cruce" de la matriz, por ejemplo donde hay un choque entre producto y función).

¿Cómo han evitado esta situación las empresas excelentes? De varias maneras. Pero la base esencial es una sencillez básica en la forma. La característica común de la mayoría de las empresas excelentes es una forma bastante estable, que no cambia (por ejemplo división por productos) y que es la base esencial que todos comprenden y sobre la cual se pueden abordar las complejidades de la vida cotidiana. La claridad en los valores también es parte importante de la base de claridad y sencillez.

Además de la sencillez que gira en torno de una forma básica, encontramos que las empresas excelentes son bastante flexibles en su reacción ante las condiciones cambiantes del medio y en la manera como afrontan los problemas planteados por las condiciones de tipo matriz, que están en todas partes. Su tema organizacional unificador les permite aprovechar mejor las divisiones u otras unidades pequeñas. Pueden reorganizarse con más flexibilidad, frecuencia y fluidez, y pueden aprovechar mejor las formas temporales, v. gr. los grupos de trabajo y centros de proyectos. Reorganizan los adornos pero rara vez las ramas. (Hay, desde luego, otros atributos que contribuyen a la fluidez de una organización, por ejemplo políticas de personal que fomentan la seguridad y permiten que las personas dependan menos de su pequeña casilla organizacional.)

La forma más sencilla que encontramos es la división por productos. Empero, varias empresas la han evitado manteniendo algo así como la vieja forma funcional. Las empresas como Frito-Lay y Kodak se acercan mucho a esto. Por último, hay otras como McDonald's que se organizan de manera sencilla alrededor de sus restaurantes, expendios, tiendas o fábricas como unidades estructurales básicas.

Un maravilloso ejemplo de sencillez de forma en una empresa grande es Johnson & Johnson. Este es un caso extremo de estructura simple divisionalizada y autónoma. Como hemos visto, J&J es una empresa de 5000 millones de dólares, dividida en 150 divisiones independientes cuyo tamaño promedio es poco más de 30 millones de dólares. Cada división se llama "compañía" y cada una está encabezada por un "presidente de la junta". Las divisiones se reúnen en ocho grupos con un máximo de 20 compañías en cada una, y las de cada grupo guardan una analogía geográfica o de producto. Aunque ninguna de las compañías es realmente independiente en el sentido de tener sus propias acciones, las "juntas directivas" son activas y sirven de pantalla contra la injerencia indeseada (y generalmente innecesaria) de la casa matriz. Un comentarista de *Wharton Magazine* explica que "el personal de la sede [de J&J] es poco; no hay especialistas que viajen continuamente entre las subsidiarias como sucede en General Electric".

Para los negocios que J&J dirige al consumidor, que corresponden al 40 por ciento de sus ventas y utilidades, la organización es muy directa: hay más de 55 divisiones de productos para consumidores y cada una se encarga de su propio mercadeo, distribución e investigación. Esto es contrario a la sabiduría convencional según la cual el éxito en el mercado de consumidores exigiría actividades en gran escala. J&J podría tener menos unidades, y éstas podrían ser de mayor tamaño, pero lo ha evitado por una razón: Dice el alto ejecutivo James Burke con un razonamiento muy parecido al de otras empresas excelentes que también se han separado en divisiones:

> Hemos estudiado periódicamente la economía de consolidación. Tomemos nuestros negocios con los consumidores y consolidemos la distribución. Sobre el papel se notaría alguna eficiencia económica. Pero pensamos que esta eficiencia debiera ser enorme para que la aceptáramos, pues creemos que si el gerente de una empresa puede controlar todos los aspectos de su negocio, lo manejará mucho mejor. Y creemos que muchas de las eficiencias que supuestamente se derivan de la economía de escala no son reales. Son evasivas. Una vez que comienza a marchar el gran monstruo, aparecen ineficiencias imprevistas. Y si la gerencia las detecta, no podrá desarraigarlas vigorosamente porque no estarán bajo su control.

La sencillez de forma que se deriva de una filosofía así es muy análoga a la que descubrimos en otras empresas. Otros factores de apoyo que contribuyen al éxito de esta estructura basada en divisiones por productos son:

1. Una extraordinaria integración divisional. Cada división tiene todas las funciones principales, incluyendo desarrollo de productos, finanzas y personal.

2. La separación constante de nuevas divisiones con recompensas por hacerlo. Las 150 divisiones de Johnson & Johnson eran solo 80 hace diez años. (Este punto es fascinante para nosotros por ser tantas las empresas que premian lo contrario: los constructores de imperios que crean grandes monolitos estratificados).

3. Una serie de normas que describen cuándo un nuevo producto o
línea de productos se convierte automáticamente en división independiente (por ejemplo, en 3M, cuando se llega al nivel de 20 millones de
dólares).

4. Desplazamiento de personal e incluso de productos o líneas de
productos entre las divisiones regularmente, sin las asperezas que esto
suscitaría en la mayoría de las empresas.

Es interesante notar que la sencillez de forma no se limita a empresas
que están especializadas en penetrar segmentos discontinuos de tamaño modesto, como Johnson & Johnson, HP, Emerson, Digital, Dana y
3M, si bien en estos casos es más obvia la sencillez de la división pequeña por producto. No obstante las necesidades industriales o las
aparentes necesidades de escala, casi todas las empresas que entrevistamos se empeñaban en conferir autoridad lo más abajo posible en la
línea y conservar y maximizar la autonomía práctica para gran número de empleados. Estas cosas no se pueden hacer sin una forma básica
sencilla. Ciertamente son imposibles dentro de la estructura formal de
matriz.

Aunque parezca curioso, la sencillez de la organización estructural
básica realmente facilita la flexibilidad organizacional. Tal parece que
una forma básica clara facilita la flexibilidad alrededor de la estructura
básica. Las empresas excelentes, como hemos visto, aprovechan mejor
los grupos de trabajo, los centros de proyectos y otras creaciones *ad
hoc* para hacer las cosas. Las compañías excelentes también *parecen*
estarse reorganizando constantemente. Lo hacen, pero la mayor parte
de esta reorganización ocurre en la periferia. La forma central fundamental rara vez cambia mucho. Un caso interesante es Boeing. La estructura por proyectos suele considerarse, con alguna justificación,
como la antecesora de la matriz formal o su ejemplo principal. Pero en
realidad, cada gerente de proyecto en Boeing ejerce una extraordinaria
autonomía. Esta compañía se enorgullece de su capacidad para tomar
gente que se encuentra varios estratos abajo en la estructura técnica y
colocarla al mando de proyectos grandes, muchas veces con individuos de mayor antigüedad y de mejor salario como subalternos suyos.

Nos parece que hay solo un concomitante crucial para la forma estructural sencilla de las empresas excelentes: poco personal, especialmente a nivel de la sede. Como hemos visto antes, estos dos atributos
parecen estar muy entrelazados. Con una forma organizacional sencilla se necesita menos personal para que las cosas marchen.

Ciertamente, la mayoría de nuestras empresas sobresalientes tienen poco personal central, y estas personas tienden a estar en el terreno resolviendo problemas más que en la casa matriz supervisando las cosas. En una palabra, el principio es: menos administradores, más operarios. Como resultado, planteamos nuestra somera "regla de cien". Con raras excepciones, no se necesitan más de cien personas en la sede principal de la empresa.

- Emerson Electric tiene 54 000 empleados y funciona con menos de 100 en la sede.
- Dana emplea 35 000 personas y redujo su plana mayor de 500 en 1970 a 100 hoy.
- Schlumberger, la empresa de servicios petroleros diversificada que vale 6000 millones de dólares, maneja su imperio mundial con 90 personas en la sede.

Las cifras de McDonald's son igualmente bajas, de acuerdo con el principio de Ray Kroc que ya hemos mencionado: "Pienso que en lo que respecta a la plana mayor, *menos es más*." En Intel (que vale 1000 millones de dólares) prácticamente no hay plana mayor. Las tareas de personal ejecutivo son temporales y se confían a funcionarios de línea. En Wal-Mart (2000 millones de dólares) el fundador Sam Walton dice que cree en el gobierno con la sede vacía: "La clave es ir a las tiendas y escuchar". Y en Ore-Ida, empresa de 1000 millones de dólares, subsidiaria de Heinz, uno de los planes estratégicos más concienzudos que hayamos visto fue realizado por el presidente con la sola ayuda de su secretaria y de su gerente de división y departamento, quien trabajó tiempo parcial para ello. No tiene plana mayor, mucho menos personal de este tipo dedicado a planear.

La misma norma extraordinaria impera en algunas de las empresas de menor tamaño con desempeño sobresaliente. Por ejemplo, ROLM maneja un negocio de 200 millones de dólares con unas 15 personas en la sede. Cuando Charles Ames asumió la presidencia de Acme Cleveland (400 millones de dólares) quedó asombrado por la abundancia de personal. En pocos meses había reducido la plana mayor de 120 a solo 50 miembros.

En números absolutos, estos ejemplos son impresionantes. Mas no olvidemos la importancia de contar con cierto tipo de gente en la plana mayor. Primero: ¿Qué funciones deben quedar en la sede? La respuesta en muchas de las firmas excelentes es: Prácticamente ninguna. El desarrollo de productos, que suele ser una actividad de grupo o plana mayor, ha quedado totalmente descentralizado en las divisiones de J&J, 3M, HP y otras. Dana se enorgullece de haber descentralizado funciones tales como compras, finanzas y personal —bajando hasta el nivel de fábrica. Los planificadores estratégicos ciertamente tienen una función al nivel de plana mayor. Sin embargo, Fluor maneja sus operaciones de 6000 millones de dólares con tres planificadores en la sede. 3M, HP y J&J no han tenido planificadores en la plana mayor. Prácticamente todas las funciones en las compañías excelentes están radicalmente descentralizadas, por lo menos hasta el nivel de división.

Bechtel cumple una función de investigación, pero incluso en esta área especializada insiste en que prácticamente todos se muevan dentro de una operación de línea. Gran parte de su personal de investigación proviene de operaciones de línea y luego regresa allá. En IBM, la gerencia cumple estrictamente la norma de rotar la plana mayor cada tres años. Son pocas las posiciones de este tipo ocupadas por personal fijo, sino que se confían a funcionarios de línea. Además, los que rotan en la plana mayor saben que en el lapso de tres años regresarán nuevamente a la línea. Este es un maravilloso sistema para controlar la generación de sistemas complejos. Cuando uno sabe que en un lapso de 36 meses tendrá que ser usuario del invento, se siente menos tentado a inventar burocracias arrolladoras durante la breve permanencia "al otro lado de la reja". Las mismas normas imperan en Digital y 3M. Aquí el personal de la plana mayor, con excepción de algunas posiciones legales y financieras, provienen casi siempre de la línea y regresarán allá.

Se observa una correlación análoga en las escalas (es decir en el número de niveles jerárquicos) que ocupa el personal de plana mayor. Hace varios decenios, los norteamericanos andaban enamorados de la idea de los tramos óptimos de control. Pensaban convencionalmente que nadie puede controlar más de cinco o siete personas. Los japoneses consideran que esto es absurdo. En cierto banco, varios centenares de gerentes de sucursales laboran bajo un mismo individuo. La organización plana sí es posible. Una de las mayores diferencias entre las empresas japonesas y norteamericanas radica precisamente en el número de niveles de gerencia media. Como hemos visto, entre el presidente de la junta y el supervisor de primera línea hay cinco niveles en Toyota pero más de 15 en Ford.

Tomemos ahora la teoría del reloj de arena expuesta por el antiguo presidente de la junta de UAL, Ed Carlson. La gerencia media en la mayoría de las organizaciones tiene poco que hacer fuera de cumplir actividades como detener las ideas que descienden y las que suben. La gerencia media, dice Carlson, es una esponja. La gerencia de intervención activa es mucho más funcional cuando hay poca gente en medio.

En muchas empresas, las cifras para número de niveles y de empleados son abrumadoras. En los últimos 24 meses, Ford ha hecho un esfuerzo por competir con los japoneses reduciendo su personal de gerencia media en más de un 20 por ciento. El presidente Donald Petersen piensa que esto es solo el comienzo. Cuando los hombres de negocios hablan sinceramente del personal prescindible, citan reducciones del 50 y aun del 75 por ciento en niveles e individuos.

UNA "FORMA" PARA EL FUTURO

¿Cuál es el carácter organizacional que parece funcionar mejor? Cada forma organizacional tiene sus ventajas y desventajas. Repasemos:

* La organización funcional, como las típicas firmas de productos establecidos para el consumidor, resulta eficiente y funciona en lo básico. No es muy creativa ni emprendedora, no se adapta rápidamente y es propensa dejar pasar los grandes cambios.
* La organización por divisiones, cuyo prototipo era GM de Sloan, maneja bien lo básico y suele adaptarse mejor que la organización funcional. Empero, las divisiones siempre crecen demasiado y las grandes divisiones tienen todos los problemas de las estructuras funcionales demasiado grandes. Además, las organizaciones repartidas en divisiones suelen caer en una mezcla desordenada de actividad centralizada y descentralizada.
* La modalidad de matriz como respuesta a diversas presiones en varios frentes (en realidad, al exceso de complejidad de las estructuras divisionales) concuerda con las realidades de hoy. Por otra parte, casi siempre deja de ser innovadora, con frecuencia al poco tiempo. Le resulta especialmente difícil ejecutar lo básico (la estructura de autoridad es muy débil). También degenera en anarquía, se torna burocrática y pierde su creatividad. El rumbo a largo plazo de esta organización no suele ser claro.
* La adhocracia responde a múltiples presiones sin inducir nuevas burocracias permanentes. Pero también puede tornarse anárquica si todas las partes persiguen problemas temporales y dejan de lado lo

básico (por ejemplo, se agotan los puntos fuertes funcionales cuando todo el mundo está dedicado a laborar en grupos de proyectos temporales).

- La "forma" misionera, como la llama Henry Mintzberg, como en McDonald's, ofrece estabilidad por medios no estructurales. Si se acompaña (como en teoría debe ser) de mucha experimentación dentro del conjunto de valores (y si el conjunto de valores es apropiado), todo puede marchar bien. Mas puede suceder lo que se observa en todas las "estructuras" basadas en dogmas: se tornan rígidas y estrechas —más aún que la forma funcional.

En vista de lo que hemos encontrado, nos permitimos ahora proponer una alternativa híbrida y describir las propiedades de una posible "estructura de los años 80", que responda a las tres necesidades principales reveladas arriba: necesidad de eficiencia en torno de lo básico; necesidad de innovación periódica; y necesidad de evitar la calcificación asegurando una capacidad al menos modesta para responder a las grandes amenazas. La "forma" estructural que de allí resulta se basa sobre tres "pilares", uno para cada una de estas necesidades básicas. Para responder a la necesidad de eficiencia en torno de lo básico, hay un pilar de estabilidad. Para responder a la necesidad de innovación periódica, hay un pilar empresarial. Y para responder a la necesidad de evitar la calcificación, hay un pilar "rompe-hábitos".

En el diagrama de la página siguiente, el *pilar de estabilidad* se basa en la conservación de una forma básica sencilla y constante y en el desarrollo y mantenimiento de valores perdurables amplios pero flexibles. Nos parece que esta forma simple debe ser, en términos generales, la división por productos, pues la vieja estructura organizacional por divisiones probablemente sea la mejor forma que hay, ahora y para el futuro. Esto delata nuestra clara preferencia por los productos, y en contra de la matriz. Todo lo que hemos estado exponiendo: capacidad empresarial alrededor de productos y servicios, amor por el producto, calidad, operaciones y productividad por medio de las personas, nos lleva típicamente a una parcialización por el producto y el mercado. Es algo más sencillo, más claro, más directo, más tangible, más honrado.

La segunda característica del pilar de estabilidad es el sistema de valores de base, que abarca la "forma" misionera. Quizá parezca extraño hablar de valores bajo el rubro de estructura organizacional, pero recordemos que la estructura en su definición más amplia consiste en

LOS TRES PILARES DE LA "ESTRUCTURA DE LOS AÑOS 80"

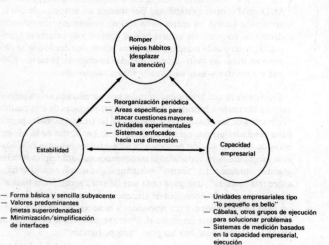

Romper
viejos hábitos
(desplazar
la atención)

— Reorganización periódica
— Areas específicas para
  atacar cuestiones mayores
— Unidades experimentales
— Sistemas enfocados
  hacia una dimensión

Estabilidad

Capacidad
empresarial

— Forma básica y sencilla subyacente
— Valores predominantes
  (metas superordenadas)
— Minimización/simplificación
  de interfaces

— Unidades empresariales tipo
  "lo pequeño es bello"
— Cábalas, otros grupos de ejecución
  para solucionar problemas
— Sistemas de medición basados
  en la capacidad empresarial,
  ejecución

modalidades de comunicaciones. Cuando pensamos en las formas estables de IBM, HP o Dana, por ejemplo, apreciamos instantáneamente la necesidad y conveniencia de que haya un sistema de valores estables.

El núcleo del "pilar empresarial" es el principio de que "lo pequeño es bello". Y para conservar las dimensiones pequeñas hay que establecer nuevas divisiones constantemente, a medida que surgen actividades nuevas o ampliadas. Dentro de este esquema, lo pequeño es requisito para poderse adaptar mejor. A veces, esto se paga con alguna pérdida de eficiencia; pero como hemos visto una y otra vez, la eficiencia ha sido enormemente sobrevaluada.

Otras características del pilar empresarial son los sistemas de medición y el aprovechamiento de elementos de la plana mayor. Cuando la forma es simple y no depende de grandes sistemas integrados, es posible sobrevivir con sistemas de menor tamaño y con menos personal para manejar la organización. (Una gran planta de personal centralizado sirve ante todo para efectuar ejercicios enormes de coordinación.) Las divisiones tendrían dentro de sus muros prácticamente todo el apoyo de personal que necesitan, por ejemplo compras, transporte, personal y finanzas.

El tercer pilar, el pilar "rompe-hábitos", abarca especialmente la voluntad de reorganizar periódicamente y de reorganizarse "temporalmente" para atacar áreas específicas (por ejemplo el centro de proyecto de General Motors para conducir al esfuerzo de reducción del tamaño). Por reorganización periódica entendemos: 1) voluntad de separar nuevas divisiones a medida que las antiguas se tornan grandes y burocráticas; 2) voluntad de desplazar productos o líneas de productos entre divisiones, a fin de aprovechar talentos administrativos especiales o la necesidad de realineamientos del mercado; 3M es muy hábil en esto y rara vez surgen peleas cuando un producto pasa de una división a otra; 3) la voluntad de tomar talento de lo alto y reunirlo en grupos de proyectos para resolver algunos problemas organizacionales centrales o ejecutar una acción organizacional central, siempre con la idea de que se trata de un arreglo temporal; y 4) la voluntad genérica de reorganizar y reordenar las casillas (mientras se mantiene la integridad de la forma básica central) a medida que surjan las necesidades.

Estas técnicas estructurales "rompe-hábitos" son antídotos para los problemas que han conducido a crear organizaciones de tipo matriz. La reorganización periódica es una manera de hacer frente a las presio-

nes cambiantes sin establecer gigantescos comités integradores permanentes, que en teoría se ocupan de todos los problemas posibles que se
presentan en las diversas divisiones. La separación de divisiones y el
desplazamiento de los productos o líneas de productos son otras maneras de hacer frente a las presiones cambiantes mientras se conserva
la integridad de la forma básica.

Estos tres pilares, pues, representan una respuesta "teórica" a las
fuentes que condujeron hacia la organización de matriz originalmente
y a los estados patológicos que surgieron de la estructura de matriz
mientras se intentaba responder a estas condiciones. Tomados en conjunto, también corresponden estrechamente a los sistemas administrativos de muchas de las empresas excelentes.

12

Flexibilidad y rigor simultáneos

La flexibilidad y el rigor simultáneos, último de nuestros ocho principios básicos de la gerencia excelente, es un punto muy breve. Abarca gran parte de lo que se ha dicho hasta aquí y surgió, para satisfacción y sorpresa nuestra, por el proceso de síntesis. Es en esencia la coexistencia de una dirección central firme y una autonomía individual máxima. Las organizaciones que se rigen por el principio de flexibilidad y rigor simultáneos ejercen un control estricto, por una parte; pero al mismo tiempo permiten (y aun exigen) autonomía, espíritu emprendedor e innovación en todos los niveles. Lo hacen literalmente por "fe", por sistemas de valores que, según dicen nuestros colegas Phillips y Kennedy, la mayoría de los gerentes evitan como la peste. También lo hacen prestando atención muy concienzuda a los detalles, haciendo bien "las cosas chiquititas", como dice "el Oso" Bryant, el inimitable entrenador de fútbol.

¿Flexibilidad y rigor? Cuando se habla de sistemas de valores, de cultura y cosas así, los hombres de negocios suelen mirar para otro lado. A nosotros nos capta la atención. Recordamos al antiguo presidente de Caterpillar, Bill Blackie, hablando del compromiso de su empresa: "Servicio de repuestos en 48 horas en cualquier parte del mundo". Revivimos aquel día frío en Minneapolis, donde Tait Elder de 3M nos habló de los "campeones irracionales" que tenían allí. Y vemos a Rene McPherson dictando una clase en la Universidad de Stanford. Está animado. Los alumnos le piden la fórmula mágica que le permitió superar los problemas de productividad en Dana. Extiende las manos hacia adelante con las palmas hacia arriba y dice: "Sencillamente, seguir dándole. Hay que seguir dándole. Cometí todos los errores que se podían cometer, pero seguí dándole". Sospechamos que habla en serio, que realmente fue así de sencillo.

Pensamos en Tom Watson, padre, después de un día de vender pianos a granjeros, regresando cansado para informar a su sede en Painted Post, Nueva York. Pensamos en lo que llegó a ser y por qué. Visualizamos a J. Willard Marriott, padre, en aquel primer puesto de alimentos en Washington, y lo vemos ahora, a la edad de 82 años, preocupándose todavía por el aseo de un vestíbulo aunque su puesto de
alimentos ha llegado a convertirse en una empresa de 2000 millones de
dólares. Recordamos que Eddie Carlson trabajó como botones en un
hotel Western International, el Benjamín Franklin de 1929, y nos maravillamos viendo que se ha convertido en una leyenda.

Carlson no se sonroja al hablar de valores, como tampoco se sonrojó Watson: sostuvo que estos valores son todo lo que tenemos. Estos
hombres aplicaron sus valores en la vida real. Marriot, Ray Kroc, Bill
Hewlett y Dave Packard, Levi Strauss, James Cash Penney, Robert
Wood Johnson. Y también los aplicaron meticulosamente en el seno
de sus empresas. Ellos *creían* en el cliente. *Creían* en dar autonomía,
espacio para desempeñarse. *Creían* en las puertas abiertas y en la calidad. Pero al mismo tiempo, cada uno aplicaba una disciplina firme.
Daban mucho margen pero aceptaban el riesgo de que algunos de sus
subalternos, incluso los predilectos, se clavaran el puñal. Cuando hablamos de flexibilidad y rigor estamos hablando de este margen, aunque en esta última instancia estamos hablando realmente de cultura.
Ahora bien, la cultura es lo más "suave" que hay. ¿Quién confía en los
analistas de la cultura, en los antropólogos y sociólogos? Ciertamente,
los hombres de negocios no. Sin embargo, la cultura es al mismo tiempo lo más "riguroso" que hay. Quien quebrante la máxima de "IBM es
servicio" quedará sin puesto no obstante el programa de seguridad del
empleado que tiene aquella empresa. Digital es loca (suave). Digital es
anárquica (suave). "La gente en Digital no sabe para quién trabaja",
dice un colega. Pero sí sabe lo que es calidad, y los productos que
sí funcionan (suave). Así, pues, "lo suave es riguroso".

Patrick Haggerty dice que el sistema OST (riguroso) funciona en Texas
Instruments por una sola razón: por la "cultura innovadora" (suave) de TI.
Lew Lehr, presidente de la junta de 3M, cuenta anécdotas de personas que
han fracasado estruendosamente —pero que han persistido y tras decenios de esfuerzo han llegado a ser vicepresidentes. Así describe él las
propiedades de suavidad y rigor simultáneos en la cultura de 3M.

Hemos analizado muchas características suaves. Hemos mencionadodo el ambiente estilo club o *campus* universitario, de estructuras orga nizacionales flexibles (separación de nuevas divisiones, medios temporales para romper hábitos, reorganizaciones periódicas), de voluntarios, de campeones entusiastas, de autonomía máxima para individuos, grupos y divisiones, de experimentación amplia y periódica, de retroinformación que recalca lo positivo, y de redes sociales firmes. Todas estas características se orientan hacia lo positivo, hacia la emoción de ensayar cosas de una manera ligeramente desordenada (flexibilidad).

Pero al mismo tiempo, las empresas excelentes se destacan por una serie de cualidades sumamente rigurosas, accionadas y controladas culturalmente. La mayoría tiene valores estrictamente compartidos. El enfoque en la acción, que incluye la experimentación misma, pone un riguroso énfasis en la comunicación regular y en la retroinformación veloz; nada se sale muy fuera de línea. Otras maneras de ejercer un control sumamente estricto sin aversión son: insistir en la brevedad de los documentos escritos (el memorando de una página en P&G) y hacer hincapié en el realismo. Cuando solo se tienen tres cifras sobre las cuales se puede actuar, podemos estar seguros de que estarán bien verificadas. Una o dos disciplinas predominantes constituyen otra medida crucial de control. El hecho de que la gran mayoría del grupo gerencial de 3M está formada por ingenieros químicos, y en Fluor por ingenieros mecánicos, es otra garantía de realismo, una forma de control rígido.

Es curioso señalar que una de las propiedades más rígidas de todas es el enfoque hacia el exterior, la perspectiva externa, la atención al cliente. En las empresas excelentes constituye quizás el medio más fuerte para ejercer la auto-disciplina. Si uno realmente pone atención a lo que el cliente dice, si uno actúa de acuerdo con las exigencias del cliente, puede estar seguro de que obra con rigor. Otra modalidad es la presión de los colegas: las reuniones semanales de Tupperware, las Semanas Infernales semestrales en Dana. Aunque éste no es un control que se ejerce por medio de grandes formularios ni de variables incontables, es, sin embargo, el control más fuerte de todos. Como dice McPherson, resulta fácil engañar al jefe, pero no se puede engañar a los colegas. Estas son las contradicciones aparentes que en la práctica resultan no serlo.

Tomemos por ejemplo la contraposición entre calidad y costo. O la comparación entre lo pequeño y lo grande (es decir, eficacia contra eficiencia). En las empresas excelentes no hay que sacrificar lo uno para tener lo otro. Cuentan de un gerente de fundición en GM que encabezó un notable viraje económico; pintó de blanco el sucio interior de su fundición insistiendo que prestaría atención a la calidad (y al aseo, la seguridad), y que el costo vendría después. Como señaló él, "para empezar, si se hacen cosas de buena calidad no será necesario hacer todo dos veces". No hay nada como la calidad. Es la palabra más importante en estas empresas. La calidad lleva a pensar en la innovación: en hacer lo mejor que se pueda por cada cliente y con cada producto. Por lo tanto, es una motivación para la productividad. Despierta el entusiasmo, el enfoque externo. El empeño por hacer "lo mejor" afecta prácticamente a todas las funciones de la empresa.

De la misma manera, la contradicción eficiencia/eficacia desaparece. Las cosas de calidad, se nos dice, son producidas por artesanos en empresas de pequeñas dimensiones. En cambio las actividades que generan eficiencia en el costo se cumplen mejor en instalaciones grandes donde se puedan lograr economías de escala. Pero en las empresas excelentes no resulta así. En las empresas excelentes lo pequeño es bello *en casi todos los casos.* Las instalaciones pequeñas resultan ser las más eficientes. Sus obreros entusiastas, motivados y altamente productivos, que se comunican con sus colegas (y emulan) con ellos, producen más y mejor que los obreros de las grandes instalaciones. Esto ocurre una y otra vez, tanto en plantas como en grupos de proyectos y en divisiones; sucede así para toda la empresa. Encontramos, pues, que en esta área de vital importancia no hay conflicto. Lo pequeño, la calidad, el entusiasmo, la autonomía —y la eficiencia— son palabras que aparecen en el mismo lado de la medalla. El costo y la eficiencia, a la larga, surgen por haberse puesto énfasis en la calidad. el servicio, la innovación, el compartir resultados, la participación, el entusiasmo y la resolución de problemas externos con orientación hacia el cliente. Los ingresos sí vienen primero... pero cuando las cosas se ponen a marchar, el control de costos y la eficacia de la innovación vienen a ser metas paralelas perfectamente alcanzables.

Para sorpresa de muchos, la contradicción entre ejecución y autonomía también se convierte en paradoja. En realidad, es una paradoja que vemos casi en cualquier parte. Los estudios en el campo de la educación muestran que las clases más eficaces son aquellas donde hay disciplina segura. Se espera que los alumnos lleguen a tiempo; el profesor siempre recoge las tareas y las califica. Al mismo tiempo, esos mismos profesores suelen poner énfasis en la retroinformación positiva: el profesor da a conocer los buenos resultados de los alumnos, los alaba y les ayuda. De igual manera, cuando observamos a McDonald's o a casi cualquiera de las empresas excelentes, encontramos que *la autonomía es producto de la disciplina. La disciplina (algunos valores compartidos) da el marco de referencia. Le da a la gente confianza (por ejemplo para experimentar) nacida de unas expectativas estables acerca de lo que es considerado realmente importante.*

Así, un conjunto de valores compartidos y normas acerca de la disciplina, los detalles y la ejecución, pueden ser el marco general dentro del cual haya una autonomía práctica. En 3M hay experimentación constante debida en gran parte a las cosas rígidas que la rodean: una comunicación extraordinariamente constante (nada se sale muy fuera de línea), los valores compartidos que surgen del común denominador que es el grado en ingeniería, el consenso acerca de la solución de problemas para el cliente, que viene desde una alta gerencia compuesta por individuos que empezaron en su mayoría como vendedores.

3M es, ciertamente, la organización más rígida que hayamos visto, mucho más que ITT bajo Geneen. En ITT había incontables normas y variables para medir y archivar. Pero el tema dominante allí era la maestría en el juego: ganarle al sistema, unirse con otros funcionarios de línea para evadir las infames "patrullas voladoras" de la plana mayor. Demasiada disciplina arrolladora y equivocada acabará por matar la autonomía. Pero la disciplina más rígida, si se basa en un pequeño número de valores compartidos, que es característica de las empresas como 3M, HP, J&J o McDonald's, induce a la autonomía y la experimentación en toda la empresa y aun más allá.

Aquí es crucial la índole de las reglas. Las "reglas" en las empresas excelentes son de índole positiva. Tienen que ver con calidad, servicio, innovación y experimentación. Hacen hincapié en construir, ampliar, lo contrario de restringir y limitar, mientras que la mayoría de las empresas se concentran en controlar, limitar, restringir. Pocos parecen entender que las reglas sirven no solo para desalentar lo negativo sino para reforzar lo positivo, y que en el segundo caso son mucho más eficaces.

Aun la contradicción entre externo e interno se resuelve en las compañías excelentes. Muy sencillamente, estas empresas tienen un enfoque a la vez externo e interno. Externo por cuanto son realmente motivadas por el deseo de brindar servicio, calidad y soluciones innovadoras a los problemas, como apoyo para sus clientes. Interno por cuanto el control de calidad es deber de cada operario de línea y no principalmente del departamento de control de calidad. La organización florece gracias a la competencia interna. Y florece por la comunicación intensa, por el sentido de familia, por las políticas de puertas abiertas, por la informalidad, la fluidez y la flexibilidad, por los desplazamientos de recursos sin política. Este es el enfoque interno crucial: enfoque dirigido hacia las personas.

La habilidad con que las empresas excelentes desarrollan a sus empleados recuerda aquel sombrío conflicto que mencionamos en el capítulo 3: Nuestra necesidad básica de seguridad, contra la necesidad de descollar, aquella "tensión esencial" descrita por el analista Ernest Becker. Nuevamente es válida la paradoja, tal como la manejan las empresas excelentes. Ofreciendo no solo dinero sino significado, dan a sus empleados una misión y les permiten sentirse bien. Cada individuo viene a ser un pionero, un experimentador, un líder. La institución proporciona el concepto o la creencia orientadora y crea una sensación de entusiasmo, sensación de pertenecer a lo mejor, de producir algo de calidad que todos valoran. De esta manera aprovecha lo mejor del "obrero en las fronteras" de Ken Ohmae lo mismo que el "50 por ciento de hombre", de Kazuo Inamori, presidente de la junta de Kyoto Ceramic. En estas compañías se espera que todos los obreros contribuyan, aporten ideas, hagan innovaciones en el servicio a los clientes y produzcan artículos de calidad. En resumen, se espera que cada individuo, como los 9000 líderes de los grupos de PIP en TI, se destaque y contribuya. Al mismo tiempo, cada individuo es parte de algo grande: de Caterpillar, IBM, 3M, Disney Productions.

La última de nuestras paradojas tiene que ver con el plazo corto contra el plazo largo. Nuevamente encontramos que no había tal conflicto, que las empresas excelentes no son realmente "pensadoras a largo plazo". No tienen mejores planes quinquenales. En realidad, los planes formales en las empresas excelentes suelen tener escasos detalles y a veces ni siquiera existen (recuérdese la ausencia total de planificadores en la plana mayor de muchas de ellas).

Empero, sí hay un conjunto de valores —y es un conjunto de valores perdurables. (Recuérdense las áreas de contenido: calidad, innovación, informalidad, servicio al cliente, personas.) El conjunto de valores se lleva a la práctica prestando atención a los detalles ordinarios más pequeños. Cada minuto, cada hora, cada día es una oportunidad para actuar en apoyo de los temas predominantes.

Terminaremos con una extraña contradicción que tal vez sea válida. La llamamos la regla del vivo-tonto. Muchos gerentes de hoy, por ejemplo los que han estudiado administración de empresas, quizá se pasan de listos para su propio bien. Los vivos son los que cambian de rumbo constantemente según el último resultado de la ecuación de valores esperada; los que hacen juegos malabares con modelos de cien variables; los que diseñan complejos sistemas de incentivos; los que producen estructuras de matriz; los que tienen planes estratégicos de 200 páginas y documentos de 500 páginas sobre los requisitos del mercado como el primer paso en un ejercicio de desarrollo de productos.

Nuestros amigos "tontos" son distintos. Sencillamente no entienden por qué todos los productos no pueden ser de primera calidad. Sencillamente no entienden por qué no se puede dar un servicio personalizado a cada cliente, aun en el negocio de las papas fritas. Se sienten personalmente ofendidos (recuérdese la anécdota de Heineken) cuando una botella de cerveza sale dañada. No entienden por qué es imposible sostener un flujo regular de nuevos productos o por qué un obrero no puede contribuir una sugerencia cada par de semanas. Individuos simples, ellos. Casi simplistas. Sí, simplista tiene una connotación negativa. Pero los individuos que encabezan las empresas excelentes *son* un poco simplistas. Aparentemente no se justifica su creencia en lo que el empleado es capaz de hacer. No parece que se justifique su creencia en que cada producto puede ser de la mejor calidad. No parece justificado su concepto de que se puede mantener un servicio de alto nivel para todos los clientes, estén donde estén. No parece justificada su convicción de que casi todos los empleados pueden aportar sugerencias regularmente. Es simplista. Pero quizá sea la verdadera clave para inducir aportes asombrosos de decenas de millares de personas.

Ahora bien, lo más importante no es ser simplista sino: ¿simplista acerca de qué? Se trata de orientarse hacia lo externo, hacia el servicio, la calidad, las personas, lo informal. Aquellas palabras de valor que hemos citado. Es muy probable que éstas sean cosas, las únicas cosas, respecto de las cuales vale la pena ser simplista. Recuérdese al ejecutivo entrevistado por James Brian Quinn: dijo que era importante que sus empleados quisieran ser "lo mejor" en algo. No le importa mucho en qué cosa.

Pero muchos no lo ven. Siempre habrá razones prácticas, justificables, sensatas e inevitables para dejar de lado cualquiera de estas variables. Solamente las personas simplistas, como Watson, Hewlett, Packard, Kroc, Mars, Olsen, McPherson, Marriott, Procter, Gamble, Johnson, permanecieron simplistas. Y sus empresas han seguido teniendo un éxito impresionante.

Notas

INTRODUCCION

Pág.

VII Ernest Becker, *Escape from Evil* (New York: Free Press, 1975); pp. 3—6, 51; and *The Denial of Death* (New York: Free Press, 1973), pp. 3—4.

VII Herbert M. Lefcourt, *Locus of Control: Current Trends in Theory and Research* (Hillsdale, N.J.: Lawrence Erlbaum Associates, 1976), pp. 3—6.

CAPITULO 1: EL EXITO DE ALGUNAS EMPRESAS NORTEAMERICANAS

Pág.

4 Alfred D. Chandler, Jr., *Strategy and Structure: Chapters in the History of the American Industrial Enterprise* (Cambridge, Mass.: MIT Press, 1962).

5 F. J. Roethlisberger and William J. Dickson, *Management and the Worker* (Cambridge, Mass.: Harvard University Press, 1939).

6 Chester I. Barnard, *The Functions of the Executive* (Cambridge, Mass.: Harvard University Press, 1968), chap. 5.

7 James G. March and Johan O. Olsen, *Ambiguity and Choice in Organizations* (Berger, Norway: Universitets forlaget, 1976), p. 26.

7 Richard E. Neustadt, *Presidential Power: The Politics of Leadership* (New York: Wiley, 1960), p. 9.

7 Henry Mintzberg, *The Nature of Managerial Work* (New York: Harper & Row, 1973), pp. 31—35.

7 Andrew M. Pettigrew, *The Politics of Organizational Decision Making* (London: Tavistock, 1973).

9 William F. Dowling and Fletcher Byrom, "Conversation with Fletcher Byrom," *Organizational Dynamics*, summer 1978, p. 44.

11 Richard Tanner Pascale and Anthony G. Athos, *The Art of Japanese Management* (New York: Simon & Schuster, 1981).

11 Harold J. Leavitt, *Managerial Psychology*, 4th ed. (Chicago: University of Chicago Press, 1978), pp. 282ff.

14 Robert L. Shook, *Ten Greatest Salespersons: What They Say About Selling* (New York: Harper & Row, 1980), p. 68.

14 Lee Smith, "The Lures and Limits of Innovation: 3M." *Fortune*, Oct. 20, 1980, p. 84.

14 Thomas J. Watson, Jr., *A Business and Its Beliefs: The Ideas That Helped Build IBM* (New York: McGraw-Hill, 1963), p. 13.

15 Mark Shepherd, Jr., and J. Fred Bucy, "Innovation at Texas Instruments," *Computer*, September 1979, p. 84.

15 "The Ten Best-Managed Companies," *Dun's Review*, December 1970, p. 30.

15 "This company has never left": "P&G's New New-Product Onslaught," *Business Week*, Oct. 1, 1979, p. 79.

16 C. Barron, "British 3M's Multiple Management," *Management Today*, March 1977, p. 56.

CAPITULO 2: EL MODELO RACIONAL

Pág.

33 Mariann Jelinek, *Institutionalizing Innovation: A Study of Organizational Learning Systems* (New York: Praeger), p. 124.

34 John Child, *Organization: A Guide to Problems and Practices* (New York: Harper & Row, 1977), pp. 222—23.

34 Stuart S. Blume, "A Managerial View of Research" (review of *Scientific Productivity*, ed. Frank M. Andrews), *Science*, Jan. 4, 1980, pp. 48—49.

35 George Gilder, *Wealth and Poverty* (New York: Basic Books, 1981), p. 264.

35 Steve Lohr, "Overhauling America's Business Management," *New York Times Magazine*, Jan. 4, 1981, p. 15.

36 Lester C. Thurow, *The Zero-Sum Society: Distribution and the Possibilities for Economic Change* (New York: Basic Books, 1980), pp. 7—8.

36 Louis Kraar, "Japan's Automakers Shift Strategies," *Fortune*, Aug. 11, 1980, p. 109.

36 "Don't Blame the System, Blame the Managers," *Dun's Review*, September 1980, p. 88.

37 Robert Ball, "Europe Outgrows Management American Style," *Fortune*, Oct. 20, 1980, pp. 147—48.

37 Michael M. Thomas, "Businessmen's Shortcomings," *New York Times*, Aug. 21, 1980, p. D2.

38 Bro Uttal, "The Animals of Silicon Valley," *Fortune*, Jan. 12, 1981, p. 94.

39 "Revitalizing the U.S. Economy," *Business Week*, June 30, 1980, p. 78.

39 Robert H. Hayes and William J. Abernathy, "Managing Our Way to Economic Decline," *Harvard Business Review*, July-August 1980, p. 74.

39 Charles R. Day, Jr., and Perry Pascarella, "Righting the Productivity Balance," *Industry Week*, Sept. 29, 1980, p. 55.

39 Charles G. Burck, "A Comeback Decade for the American Car," *Fortune*, June 2, 1980, p. 63.

40 Robert M. Pirsig, *Zen and the Art of Motorcycle Maintenance: An Inquiry into Values* (New York: Morrow, 1974). pp. 34—35.

40 Norman Gall, "It's Later Than We Think" (Entrevista con William J. Abernathy), *Forbes*, Feb. 2, 1981, p. 65.

41   Kenichi Ohmae, "Myths and Realities of Japanese Corporations," *Chief Executive*, summer 1981.

42   David Ogilvy, "The Creative Chef," in *The Creative Organization*, ed. Gary A. Steiner (Chicago: University of Chicago Press, 1965), p. 206.

42   Theodore Levitt, "A Heretical View of Management Science," *Fortune*, Dec. 18, 1978, p. 50.

43   "When a New Product Strategy Wasn't Enough," *Business Week*, Feb. 18, 1980, p. 143.

44   Thomas Kuhn, *The Structure of Scientific Revolutions*, 2d ed. (Chicago: University of Chicago Press, 1970).

47   John D. Steinbruner, *The Cybernetic Theory of Decision: New Dimensions of Political Analysis* (Princeton, N.J.: Princeton University Press, 1974), p. 328.

48   Thomas O'Hanlon, "A Rejuvenated Litton Is Once Again Off to the Races," *Fortune*, Oct. 8, 1979, p. 160.

48   Lewis H. Lapham, "Gifts of the Magi," *Harper's*, February 1981, p. 11.

48   John Steinbeck, *The Log from the Sea of Cortez* (New York: Viking, 1941). Quoted in Karl Weick, *Social Psychology of Organizing*, 2d ed. (Reading, Mass., Addison-Wesley, 1979), p. 29.

49   Peter F. Drucker, *The Age of Discontinuity: Guidelines to Our Changing Society* (New York: Harper & Row, 1969), pp. 56—57.

49   "Mobil's Successful Exploration," *Business Week*, Oct. 13, 1980, p. 114.

50   Robert K. Merton, *Social Theory and Social Structure*, enlarged ed. (New York: Free Press, 1968), p. 4.

51   Horace F. Judson, *Search for Solutions* (New York: Holt, Rinehart and Winston, 1980), p. 3.

51   Alexander Cockburn, James Ridgeway and Andrew Cockburn, "The Pentagon Spends Its Way to Impotence," *Village Voice*, Feb. 18, 1981, p. 11.

51   Chris Argyris, "Today's Problems with Tomorrow's Organizations," *Journal of Management Studies*, February 1967, pp. 34—40.

52   "Lessons of Leadership: David Packard," *Nation's Business*, January 1974, p. 42.

CAPITULO 3: EL HOMBRE EN ESPERA DE MOTIVACION

Pág.

58   David G. Myers, *The Inflated Self*. Mentioned in "How Do I Love Me? Let Me Count the Ways," *Psychology Today*, May 1980, p. 16.

60   Lee Ross, "The Intuitive Psychologist and His Shortcomings," in *Advances in Experimental Social Psychology*, vol. 10, ed. Leonard Berkowitz (New York: Academic Press, 1977), pp. 173—220.

60   Russell A. Jones, *Self-Fulfilling Prophecies: Social, Psychological and Physiological Effects of Expectancies* (Hillsdale, N.J.: Lawrence Erlbaum Associates, 1977) p. 167.

61   Warren Bennis, *The Unconscious Conspiracy: Why Leaders Can't Lead* (New York: AMACOM, 1976), p. 174.

61   Arthur Koestler,*The Ghost in the Machine* (New York: Macmillan,1967), p. 274.

61   Ernest Becker, *The Denial of Death* (New York: Free Press, 1973), p. 94.

61   Henry Mintzberg, "Planning on the Left Side and Managing on the Right," *Harvard Business Review*, July-August 1976, p. 53.

63 "How to Get a Bright Idea," *The Economist*, Dec. 27, 1980, p. 61.

63 Horace F. Judson, *Search for Solutions* (New York: Holt, Rinehart and Winston, 1980), p. 22.

63 Amos Tversky and Daniel Kahneman, "Judgment Under Uncertainty: Heuristics and Biases," *Science*, Sept. 27, 1974, p. 1124

63 Gregory Bateson, *Mind and Nature: A Necessary Unity* (New York: Bantam Books, 1980), p. 14.

67 H. A. Simon, "Information Processing Models of Cognition," *Annual Review of Psychology*, vol. 30 (Palo Alto, Calif.: Annual Reviews, 1979), p. 363.

69 B. F. Skinner, *Beyond Freedom and Dignity* (New York: Knopf, 1971), p. 5.

72 Leon Festinger, "A Theory of Social Comparison Processes," *Human Relations* 7 (1954): 117—40.

73 Edward L. Deci, "The Effects of Contingent and Non-Contingent Rewards and Controls on Intrinsic Motivations," *Organizational Behavior and Human Performance* 8 (1972): 217—29.

75 Jerome S. Bruner, *On Knowing: Essays for the Left Hand* (New York: Atheneum, 1973), p. 24.

75 Jonathan L. Freedman, David O. Sears, and J. Merrill Carlsmith, *Social Psychology*, 3d ed. (Englewood Cliffs, N.J.: Prentice-Hall, 1978), p. 299.

75 Johatan L. Freedman and Scott C. Fraser, "Compliance Without Pressure: The Foot-in-the-Door Technique," *Journal of Personality and Social Psychology* 4 (1966): 195—202.

76 James Brian Quinn, "Formulating Strategy One Step at a Time," *Journal of Business Strategy*, winter 1981, pp. 57—59.

76 Robert L. Forward, "Spinning New Realities," *Science 80*, December 1980, p. 40.

76 Bruno Bettelheim, *On the Uses of Enchantment: The Meaning and Importance of Fairy Tales* (New York: Knopf, 1976), p. 3

77 Oscar Shisgall, *Eyes on Tomorrow: The Evolution of Procter & Gamble* (Chicago: J. G. Ferguson, 1981), p. xi.

77 Viktor E. Frankl, *Man's Search for Meaning* (New York: Pocket Books, 1963), p. 164

78 John W. Gardner, *Morale* (New York: Norton, 1978), p. 15.

79 Stanley Milgram, *Obedience to Authority: An Experimental View* (New York: Harper & Row, 1974).

80 Philip Zimbardo and Greg White, "The Stanford Prison Experiment: A Simulation of the Study of the Psychology of Imprisonment Conducted August 1971 at Stanford University" (script for slide show), n.d.

82 Gerald R. Salancik, "Commitment and the Control of Organizational Behavior and Belief," in *New Directions in Organizational Behavior*, ed. Barry M. Staw and Gerald R. Salancik (Chicago: St. Clair Press, 1977), pp. 20ff.

83 James MacGregor Burns, *Leadership* (New York: Harper & Row, 1978).

84 Abraham Zaleznick, "Managers and Leaders: Are They Different?" *Harvard Business Review*, May-June 1977, p. 72.

84 David C. McClelland, *Power: The Inner Experience* (New York: Irvington, 1975), pp. 259—60.

85   Ray Kennedy, "Howard Head Says, 'I'm Giving Up the Thing World,'" *Sports Illustrated*, Sept. 29, 1980, p. 72

85   James B. Quinn, "Strategic Goals: Process and Politics," *Sloan Management Review*, fall 1977, p. 26.

85   Philip Selznick, *Leadership in Administration: A Sociological Interpretation* (New York: Harper & Row, 1957), pp. 17, 28, 149—50, 152—53.

86   Jill Gerston, "Tiffany's Unabashed Guardian of Good Taste Relinquishes Helm," *San Francisco Examiner*, Jan. 5, 1981, p. C2.

86   Ray Kroc, *Grinding It Out: The Making of McDonald's* (New York: Berkley, 1977), p. 98.

CAPITULO 4: EL MANEJO DE LA AMBIGUEDAD Y LA PARADOJA

Pág.

89   F. Scott Fitzgerald, "The Crack-up," in *American Literary Masters*, vol. 2, ed. Charles R. Anderson (New York: Holt, Rinehart and Winston, 1965), p. 1007.

90   William Manchester, *Good-bye, Darkness: A Memoir of the Pacific War* (Boston: Little, Brown, 1980), pp. 233—37.

91   W. Richard Scott, "Theoretical Perspectives," in *Environments and Organizations*, by Marshall W. Meyer and Associates (San Francisco: Jossey-Bass, 1978).

92   Douglas McGregor, *The Human Side of Enterprise* (New York: McGraw-Hill, 1960), pp. vi, vii.

97   Chester I. Barnard, *The Functions of the Executive* (Cambridge, Mass.: Harvard University Press, 1968), p. 217.

99   Paul R. Lawrence and Jay W. Lorsch, *Organization and Environment: Managing Differentiation and Integration* (Homewood, Ill.: Richard D. Irwin, 1967).

101 Karl E. Weick, *The Social Psychology of Organizing*, 2d ed. (Reading, Mass.: Addison-Wesley, 1979), p. 49.

101 James G. March and Herbert A. Simon, *Organizations* (New York: Wiley, 1958).

101 March and Olsen, *Ambiguity and Choice in Organizations*.

103 "The Five Best-Managed Companies," *Dun's Review*, December 1977, p. 60.

103 Mark Shepherd, Jr., and J. Fred Bucy, "Innovation at Texas Instruments," *Computer*, September 1979, p. 89.

103 Edmund Faltermayer, "The Man Who Keeps Those Maytag Repairmen Lonely," *Fortune*, November 1977, p. 192.

103 Stanley M. Davis, "Establishing a New Context for Strategy, Organization and Executive Pay," in *Executive Compensation in the 1980s*, ed. David J. McLeughlin (San Francisco: Pentacle Press, 1980), p. 29.

103 Richard Normann, *Management and Statesmanship* (Stockholm: Scandinavian Institutes for Administrative Research, 1976), p. 275.

103 Henry Wintzberg, *The Structuring of Organizations: A Synthesis of the Research* (Englewood Cliffs, N.J.: Prentice-Hall, 1979), p. 480

104 Andrew M. Pettigrew, "The Creation of Organizational Cultures" (paper presented to the Joint EIASM—Dansk Management Center Research Seminar, Copenhagen, May 18, 1976), p. 11.

104 Joanne Martin, "Stories and Scripts in Organizational Sellings," Research Report no. 543 (rev.) (Graduate School of Business, Stanford University, July 1980), p. 3.

104 "Corporate Culture: The Hard-to Change Values that Spell Success or Failure," *Business Week*, Oct. 27, 1980, pp. 148—60.

104 William Foote Whyte, *The Organization Man* (New York: Simon & Schuster, 1956).

105 Steven Rothman, "More than Money," *& D & B Reports*, March—April, p. 12.

106 James G. March, "The Technology of Foolishness," in *Readings in Managerial Psychology*, 3d ed., ed. Harold J. Leavitt, Louis R. Pondy, and David M. Boje (Chicago: University of Chicago Press, 1980), p. 576.

106 James G. March, "Footnotes to Organizational Change" (unpublished manuscript, n.d.), p. 20.

108 Karl E. Weick, "Educational Organizations as Loosely Coupled Systems," *Administrative Science Quarterly* 21 (1976): 1—19.

108 Karl E. Weick, "The Management of Organizational Change Among Loosely Coupled Elements" (unpublished manuscript, December 1981), pp; 3—4.

108 Theodore Levitt, "Marketing Myopia," *Harvard Business Review*, July-August 1960.

109 Burton H. Klein, *Dynamic Economics* (Cambridge, Mass.: Harvard University Press, 1977), p. 17.

109 Robert Sobel, *IBM: Colossus in Transition* (New York: Times Books, 1981), p. 346.

110 Norman Macrae, "The Coming Entrepreneurial Revolution: A Survey," *The Economist*, Dec. 25, 1976, pp. 41, 43.

110 H. Igor Ansoff, "Corporate Structure Present and Future," Vanderbilt University Working Paper 74-4, February 1974, p. 17.

111 "It Seemed Like a Good Idea at the Time," *Science 82*, January/February 1982, p. 86.

112 Oliver E. Williamson, *Markets and Hierarchies: Analysis and Antitrust Implications* (New York: Free Press, 1975).

114 Stephen Jay Gould, *The Panda's Thumb: More Reflections in Natural History* (New York: Norton, 1980), p. 51.

115 James Brian Quinn, "Technological Innovation, Entrepreneurship, and Strategy," *Sloan Management Review*, spring 1979, p. 25.

116 James M. Utterback, "Patterns of Industrial Innovation," in *Technology, Innovation, and Corporate Strategy: A Special Executive Seminar Presented by the Massachusetts Institute of Technology, November 17, 1978* (Cambridge, Mass.: Industrial Liaison Program, MIT, 1978).

116 Jeffrey Pfeffer and Gerald R. Salancik, *The External Control of Organizations: A Resource Dependence Perspective* (New York: Harper & Row, 1978).

CAPITULO 5: PREDISPOSICION PARA LA ACCION

Pág.

120 Warren Bennis, "The Temporary Society," in *The Temporary Society* by Warren G. Bennis and Philip E. Slater (New York: Harper & Row, 1968).

120 Alvin Toffler, *The Third Wave* (New York: Morrow, 1980).

121 Richard T. Pascale, "The Role of the Chief Executive in the Implementation of Corporate Policy: A Conceptual Framework," Research Paper no. 357 (Graduate School of Business, Stanford University, February 1977), pp. 37, 39.

121 William R. Hewlett and David Packard, *The HP Way* (Palo Alto, Calif.: Hewlett-Packard, 1980), p. 10.

121 Edward Meadows, "How Three Companies Increased Their Productivity," *Fortune*, Mar. 10, 1980, p. 95.

123 Alena Wels, "How Citicorp Restructured for the Eighties," *Euromoney*, April 1980, p. 13.

123 Susan Benner, "He Gave Key People a Reason to Stay with the Company," *Inc.* September 1980, p. 46.

124 Robert J. Flaherty, "Harris Corp.'s Remarkable Metamorphosis," *Forbes*, May 26, 1980, p. 46.

125 Ezra F. Vogel, *Japan as Number One: Lessons for America* (Cambridge, Mass.: Harvard University Press, 1979), pp. 143—45.

125 Shepherd and Bucy, "Innovation at Texas Instruments," p. 88.

130 Frederick P. Brooks, Jr., *The Mythical Man-Month: Essays on Software Engineering* (Reading, Mass.: Addison-Wesley, 1978).

131 Charles G. Burck, "How GM Turned Itself Around," *Fortune*, Jan. 16, 1978.

134 R. Jeffrey Smith, "Shuttle Problems Compromise Space Program," *Science*, November 1979, pp. 910—11.

135 Mariann Jelinek, *Institutionalizing Innovation: A Study of Organizational Learning Systems* (New York: Praeger, 1979), p. 78.

136 Mark Stevens, *"Like No Other Store in the World": The Inside Story of Bloomingdale's* (New York: Crowell, 1979), p. 138.

136 William Shockley, "A Case: Observations on the Development of the Transistor," in *The Creative Organization*, ed. Gary A. Steiner (Chicago: University of Chicago Press, 1965), pp. 139—40.

137 David Ogilvy, *Confessions of an Advertising Man* (New York: Atheneum, 1980), p. 86.

137 Peter G. Peterson, "Some Approaches to Innovation in Industry-Discussion," in *The Creative Organization*, pp. 191-92.

138 S. I. Hayakawa, *Language in Thought and Action* (London: Allen & Unwin, 1974).

140 Donald D. Holt, "How Amoco Finds All that Oil," *Fortune*, Sept. 8, 1980, p. 51.

141 Harold Guetzkow, "The Creative Person in Organizations," in *The Creative Organization*, p. 49.

141 Bro Uttal, "Storage Technology Goes for the Gold," *Fortune*, Apr. 6, 1981, p. 58.

144 Isadore Barmash, *For the Good of the Company: Work and Interplay in a Major American Corporation* (New York: Grosset & Dunlap, 1976), pp. 43—44, 52—54.

147 Robert H. Schaffer, "Make Success the Building Block," *Management Review*, August 1981, pp. 47, 49—51.

148 Oscar Schisgall, *Eyes on Tomorrow: The Evolution of Procter & Gamble* (Chicago: J. G. Ferguson, 1981), p. 120.

149 Thomas J. Peters, "The 1 Page Memo (and Other Draconian Measures)" (unpublished manuscript, April 1980), p. 1.

149 "P&G's New New-Product Onslaught," *Business Week*, Oct. 1, 1979, p. 80.

149 Lee Smith, "A Superpower Enters the Soft-Drink Wars," *Fortune*, June 30, 1980, p. 77.

150   Alan Riding, "Mexico's Oil Man Proved His Point," *New York Times*, July 16, 1978, p. F5.

150   "Paper Work Is Avoidable (If You Call the Shots)," *Wall Street Journal*, June 17, 1977, p. 24.

150   Thomas J. Peters, "Management Systems: The Language of Organizational Character and Competence," *Organizational Dynamics*, summer 1980, p. 15.

151   Geoffrey Foster, "Dana's Strange Disciplines," *Management Today*, September 1976, p. 61.

151   John W. Hanley, "Monsanto: The Management Style" (internal communication, September 1974), p. 10.

CAPITULO 6: ACERCAMIENTO AL CLIENTE

Pág.

154   Lewis H. Young. "Views on Management" (speech to Ward Howell International, Links Club, New York, Dec. 2, 1980), p. 5.

159   "No. I's Awesome Strategy," *Business Week*, June 8, 1981, p. 86.

163   Dinah Nemeroff, *Service Delivery Practices and Issues in Leading Consumer Service Businesses: A Report to Participating Companies* (New York: Citibank, April 1980).

164   N. W. Pope, "Mickey Mouse Marketing," *American Banker*, July 25, 1979, and Pope, "More Mickey Mouse Marketing," *American Banker*, Sept. 12, 1979.

166   Victor F. Zonana, "Boeing's Sale to Delta Gives It Big Advantage Over U.S. Competitors," *Wall Street Journal*, Nov. 13, 1980.

167   Harold Mansfield, *Vision: The Story of Boeing* (New York: Sloan & Pearce, 1966).

168   "Caterpillar: Sticking to Basics to Stay Competitive," *Business Week*, May 4, 1981.

169   Gilbert Cross, "The Gentle Bulldozers of Peoria," *Fortune*, July 1963.

169   "Caterpillar," *Business Week*, May 4, 1981.

170   William L. Naumann, "The Story of Caterpillar Tractor Co." (speech to Newcomen Society of North America, Chicago, Mar. 17, 1977), p. 16.

170   *McDonald's Corporation 1980 Annual Report* (Oak Brook, Ill., 1980), p. 4.

171   "Burger King Looks for Consistency," *Sun*, July 1980.

171   *Digital Equipment Corporation 1979 Annual Report* (Maynard, Mass.: Digital Equipment Corporation, 1979), p. 3.

172   Edmund Faltermayer, "The Man Who Keeps Those Maytag Repairmen Lonely," *Fortune*, November 1977, p. 193.

172   Lawrence Ingrassia, "Staid Maytag Puts Its Money on Stoves but May Need to Invest Expertise, Too," *Wall Street Journal*, July 23, 1980, p. 25.

172   Bill Abrams, "P&G May Give Crest a New Look After Failing to Brush Off Rivals," *Wall Street Journal*, Jan. 8, 1981, p. 21.

173   Bill Hooper, Susan Konn, Robin Rakusin, Mike Sanders, and Tom Shannon, "The Management of Quality in the Computer Services Division of Hewlett-Packard Company" (unpublished manuscript, Graduate School of Business, Stanford University, Feb. 25, 1982).

175 Kathleen K. Wiegner, "The One to Watch," *Forbes*, Mar. 2, 1981, p. 60.

176 Catherine Harris, "What Ails IBM?" *Financial World*, May 15, 1981, p. 17.

176 Harlan S. Byrne, "Deere & Co. Farm Machinery Leadership Helps Firm Weather the Industry's Slump," *Wall Street Journal*, Feb. 20, 1981, p. 48.

177 David B. Tinnin. "The Heady Success of Holands's Heinecken," *Fortune*, Dec. 16, 1981, p. 169.

177 Treadwell Davison, personal comunication, (Graduate School of Business, Stanford University, February 1982).

177 Alistair Mant, *The Rise and Fall of the British Manager*, rev. ed (London Pan Books Ltd.), pp. 108-9.

180 Walter McQuade, "Making a Drama Out of Shopping," *Fortune* Mar. 24, 1980, p. 107.

180 Howard Rudnitsky and Jay Gisen, "Winning Big by Thinking Small," *Forbes*, Sept. 28, 1981, p. 106.

180 Lewis W. Lehr, "How 3M Develops Entrepreneurial Spirit Throughout the Organization," *Management Review*, October 1980, p. 31.

181 James M. Utterback, "Patterns of Industrial Innovations," in *Technology Innovation and Corporate Strategy: A Special Executive Seminar Presented by the Massachusetts Institute of Technology, November 17, 1978* (Cambridge, Mass.: Industrial Liaison Program, MIT, 1978), p. 3.

183 Howard Rudnistsky, "Will It Play in Toledo?" *Forbes* Nov. 10, 1980, p. 198.

183 Herbert Meyer, "How Fingerhut Beat the Recession," *Fortune*, Nov. 17, 1980, p. 103.

184 Bro Uttal, "The Gentlemen and the Upstarts Meet in a Great Mini Battle," *Fortune*, Apr. 23, 1979, pp. 98-108.

189 Stanley Marcus, Minding the Store (New York: New American Library, 1975), p. 3.

191 *The Procter & Gamble Company Annual Report* (Cincinnati: Procter & Gamble, 1979), p. 13.

192 Eric A. Von Hippel, "Users as Innovators," *Technology Review*, January 1978, pp. 31-39.

192 Ed Cray, *Levi's* (Boston: Hougton Mifflin, 1978), pp. 21-22.

193 "Wang Labs Challenges the Goliaths," *Business Week*, June 4, 1979, p. 100

194 *Success and Failure in Industrial Innovation:* Report on Project SAPPHO (Science Policy Research Unit, University of Sussex, London: Centre for the Study of Industrial Innovation, February 1972), and Roy Rothwell, "SAPPHO Updated-Project SAPPHO, phase II," unpublished manuscript (Science Policy Research Unit, University of Sussex, July 1973).

CAPITULO 7: AUTONOMIA Y ESPIRITU EMPRESARIAL

Pág.

198   Modesto A. Maidique, "Entrepreneurs, Champions, and Technological Innovation," *Sloan Management Review*, winter 1980, p. 60.

198 Lucien Rhodes and Cathryn Jakobson, "Small Companies: America's Hope for the 80s," *Inc.*, April 1981, p. 44.

198 Burton H. Klein, *Dynamic Economics* (Cambridge, Mass: Harvard University Press, 1977).

198 "A Managerial View of Research," *Science*, Jan 4, 1980, p. 48.

203 Niles Howard and Susan Antilla, "Putting Innovation to Work," *Dun's Review*, p. 78.

204 Theodore Levitt, "Ideas Are Useless Unless Used," *Inc.*, February 1981, p. 96.

205 William E. Souder, "Encouraging Entrepreneurship in the Large Corporations," *Research Management*, May 1981, p. 19.

207 Thomas Jaffe, "When Opportunity Knocks," *Forbes*, Oct. 13, 1980, pp. 96-100.

208 Donald D. Holt, "How Amoco Finds All that Oil," *Fortune*, Sep. 8 1980, p. 51.

210 William Dowling and Edward Carlson, "Conversation with Edward Carlson," *Organizational Dynamics*, spring 1979, p. 58.

211 "Schlumberger: The Star of the Oil Fields Tackles Semiconductors," *Business Week*, Feb. 16, 1981, p. 60.

211 C. Barron, "British 3M's Multiple Management," *Management Today*, March 1977, p. 57.

214 Amanda Bennett, "GM's Smith Wants Leaner Firm, More Rivalry Among Its Divisions," *Wall Street Journal*, May 21, 1981, p. 43.

214 Oscar Schisgall, *Eyes on Tomorrow: The Evolution of Procter & Gamble* (Chicago: J. G. Ferguson, 1981), p. 162.

218 Thomas J. Allen, "Communications in the Research and Development Laboratory," *Technology Review*, October—November 1967.

220 Gene Bylinsky, "Those Smart Young Robots on the Production Line," *Fortune*, Dec. 17, 1979, p. 93.

221 Lee Smith, "J&J Comes a Long Way from Baby," *Fortune*, June 1, 1981, p. 66.

221 Marshall Loeb, "A Guide to Taking Charge," *Time*, Feb. 25, 1980, p. 82.

223 Lee Smith, "The Lures and Limits of Innovation: 3M," *Fortune*, Oct. 20, 1980, p. 84.

223 Peter F. Drucker, *Adventures of a Bystander* (New York: Harper & Row, 1979), p. 255.

224 Edward B. Roberts, "Managing New Technical Ventures," in *Technology, Innovation, and Corporate Strategy: A Special Executive Seminar* (Cambridge, Mass.: Industrial Liaison Program, MIT, 1978), pp. 121—22.

CAPITULO 8: PRODUCTIVIDAD POR EL PERSONAL

Pág.
233 Elmo R. Zumwalt, Jr., *On Watch: A Memoir* (New York: Times Books, 1976), p. 183.

235 Robert Lubar, "Rediscovering the Factory," *Fortune*, July 13, 1981, p. 60.

240 Cindy Ris, "Big Jim Is Watching at RMI Co., and Its Workers Like It Just Fine," *Wall Street Journal*, Aug. 4, 1980, p. 15.

244 Lynda Schuster, "Wall-Mart Chief's Enthusiastic Approach Infects Employees, Keeps Retailer Growing," *Wall Street Journal*, Apr. 20, 1982, p. 21.

247 Rene C. McPherson, "The People Principle," *Leaders*, January—March 1980, p. 52.

247 "Rene McPherson: GSB Deanship Is His Way to Reinvest in the System," *Stanford GSB*, fall 1980-81, p. 15.

250 George H. Labovitz, Speech to the Opening Assembly, Western Hospital Association, Anaheim, Calif., n.d.

250 Margaret R. Keefe Umanzio, "Delta is Ready," unpublished manuscript (San Francisco: McKinsey & Co., July 1981).

251 Janet Guyon, "'Family Feeling' at Delta Creates Loyal Workers, Enmity of Unions," *Wall Street Journal*, July 7, 1980, p. 13.

251 "W. T. Beebe: The Gold Winner," *Financial World*, Mar. 15, 1978, p. 21.

253 "The Five Best-Managed Companies," *Dun's Review*, December 1977, p. 50.

253 Jeremy Main, "Toward Service Without a Snarl," *Fortune*, Mar. 23, 1981, p. 66.

254 Susan Saiter Anderson, "Hamburger U. Offers a Break," *Survey of Continuing Education (New York Times)*, Aug. 30, 1981, pp. 27-28.

255 Allan J. Mayer and Michael Ruby, "One Firm's Family," *Newsweek*, Nov. 21, 1977, p. 84.

257 Gil Burck, "International Business Machines," *Fortune*, January 1940, p. 41.

258 Thomas L. Friedman, "Talking Business," *New York Times*, June 9, 1981, p. D2.

261 Lad Kuzela, "Putting Japanese-Style Management to Work," *Industry Week*, Sept. 1, 1980, p. 61.

262 Peter B. Vaill, "Toward a Behavioral Description of High-Performing Systems," in *Leadership: Where Else Can We Go?*, ed. Morgan W. McCall, Jr., and Michael M. Lombardo (Durham, N.C.: Duke University Press, 1978), pp. 109—11.

263 "Caterpillar: Sticking to Basics to Stay Competitive," *Business Week*, May 4, 1981, p. 76

264 Edward Meadows, "How Three Companies Increased Their Productivity," *Fortune*, Mar. 10, 1980, p. 97.

264 Charles G. Burck, "What Happens When Workers Manage Themselves," *Fortune*, July 27, 1981, p. 68.

264 Richard T. Pascale, "The Role of the Chief Executive in the Implementation of Corporate Policy: A Conceptual Framework," Research Paper no. 357 (Graduate School of Business, Stanford University, February 1977), p. 39.

265 Manchester, *Good-bye, Darkness*, p. 200.

265 Robert Levy, "Legends of Business," *Dun's Review*, June 1980, p. 92.

268 Barry F. Sullivan, "International Service Products: The Opportunity of the 80s" (speech to the American Bankers Association, International Banking Symposium, Washington, D.E., Mar. 29, 1981), p. 13.

268 John S. McClenahen, "Moving GTE Off Hold," *Industry Week*, Jan 12, 1981, p. 67.

270 "We don't need a 5,000 person plant": *Dun's Review*, December 1977, pp. 54—55.

271 Roger L. Cason, "The Right Size: An Organizational Dilemma," *Management Review*, April 1978, p. 27.

271   John Child, *Organization: A Guide to Problems and Practice* (New York: Harper
      & Row, 1977), pp. 222—23.

274   E. F. Schumacher, *Small Is Beautiful: Economics as if People Mattered* (New
      York: Harper & Row, 1973), p. 75.

274   Anthony Jay, *Management and Machiavelli: An Inquiry into the Politics of Corpo-
      rate Life* (New York: Holt, Rinehart and Winston, 1967), pp. 63-64.

274   "The Iconoclast Who Made Visa No. 1." *Business Week*, Dec. 22, 1980, p. 44.

CAPITULO 9: MOVILIZACION ALREDEDOR DE UN VALOR CLAVE

Pág.

275   John W. Gardner, *Morale* (New York: Norton, 1978), p. 28.

275   Julien R. Phillips and Allan A. Kennedy, "Shaping and Managing Shared Va-
      lues," *McKinsey Staff Paper*, December 1980, p. 1.

277   Hugh Sidey, "Majesty, Poetry and Power," *Time*, Oct. 20, 1980, p. 39.

278   *This Is Delta* (Atlanta: Delta Air Lines, 1981), p. 8.

279   *Breaking with Tradition: Dana 1981 Annual Report* (Toledo, Ohio: Dana Corpo-
      ration, 1981), p. 6.

279   *Caterpillar Annual Report 1981* (Peoria, III: Caterpillar Tractor Co., 1981), p. 14.

279   *Digital Equipment Corporation Annual Report 1981* (Maynard, Mass.: Digital
      Equipment Corporation, 1981), p. 12.

279   *Serving Customers Worldwide: Johnson & Johnson 1980 Annual Report* (New
      Brunswick, N.J.: Johnson & Johnson, 1980), p. 20.

280   Kathleen K. Wiegner, "Corporate Samurai," *Forbes*, Oct. 13, 1980, p. 172.

280   James MacGregor Burns, *Leadership* (New York: Harper & Row, 1978), p. 237.

280   James Brian Quinn, "Strategic Goals: Process and Politics," *Sloan Management
      Review*, fall 1977, p. 26.

281   David Ogilvy, *Principles of Management* (New York: Ogilvy & Mather, 1968),
      p. 2.

281   Marshall Loeb, "A Guide to Taking Charge," *Time*, Feb. 25, 1980, p. 82.

281   A. E. Pearson, *A Look at PepsiCo's Future* (Purchase, N.Y.: PepsiCo, December
      1980), p. 10.

284   "What Makes Harry Gray Run?" *Business Week*, Dec. 10, 1979, p. 77.

CAPITULO 10: ZAPATERO A TUS ZAPATOS

Pág.

287   Thomas J. Peters, "Structure as a Reorganizing Device: Shifting Attention and
      Altering the Flow of Biases," unpublished manuscript (September 1979), p. 34.

289   Michael Gort, *Diversification and Integration in American Industry: A Study by
      the National Bureau of Economic Research* (Princeton, N.J.: Princeton University
      Press, 1962).

289   Richard P. Rumelt, *Strategy Structure and Economic Performance* (Graduate
      School of Business Administration, Harvard University, 1974).

290   Robert Haugen and Terence Langetieg, "An Empirical Test for Synergism in
      Merger," *Journal of Finance,* September 1975, pp. 1003-14.

291   Christopher Lorenz, "Pioneers: The Anti-Merger Specialists," *Financial Times*,
      Oct. 30, 1981, p. 16.

294 "P&G's New New-Product Onslaught," *Business Week*, Oct. 1, 1979, p. 79.
295 Victor F. Zonana, "Boeing's Sale to Delta Gives It Big Advantage over U.S. Competitors," *Wall Street Journal*, Nov. 13, 1980, p. 1.
295 Bob Tamarkin, "The Country Slicker," *Forbes*, Jan. 21, 1980, p. 40.
295 Thomas Petzinger, Jr., "Indiana Standard Continues Its Strategy for Growth, Bucking the Takeover Trend," *Wall Street Journal*, Dec. 14, 1981, p. 12.
298 Gordon Weil, *Sears, Roebuck, U.S.A.: The Great American Store and How It Grew* (New York: Stein and Day, 1977), p. 255.
298 Gail Bronson, "Colgate Works Hard to Become the Firm It Was a Decade Ago," *Wall Street Journal*, Nov. 23, 1981, pp. 1, 8.
230 Sandra Salmans, "Demerging Britain's G.E.," *New York Times*, July 6, 1980, p. F7.
230 Thomas Jaffe, "Is This It?" *Forbes*, Feb. 2, 1981, p. 48.
230 Nick Galluccio, "The Housecleaning Is Over," *Forbes*, Nov. 24, 1980, p. 74.

CAPITULO 11: ESTRUCTURA SIMPLE, Y POCO PERSONAL

Pág.
303 Nancy Kaible, "Johnson & Johnson," unpublished manuscript (San Francisco, Calif.: McKinsey & Co., November 1981).
303 Ross A. Webber, "Staying Organized," *Wharton Magazine*, spring 1979, p. 22.
304 "The 88 Ventures of Johnson & Johnson," *Forbes*, June 1, 1972, p. 24.
306 Lynda Schuster, "Wal-Mart Chief's Enthusiastic Approach Infects Employees, Keeps Retailer Growing," *Wall Street Journal*, Apr. 20, 1981, p. 21.
308 "A New Target: Reducing Staff and Levels," *Business Week*, Dec. 21, 1981, p. 69.

Indice

Vogel, Ezra, 125

Wagner, Harvey, 12
Wall Street Journal, 241, 244, 245, 251, 295, 298-299
Wal-Mart, 189, 244-245, 306
Walton, Lee, 114
Walton, Sam, 244-245, 306
Wang, An, 193
Wang Labs, 186, 193
Ward, Ralph, 180
Warner, Rawleigh, hijo, 49
Watson, James, 63
Watson, Thomas, hijo, 16, 157, 217, 236, 255-256
Watson, Thomas, padre, 52, 71, 76, 157, 211, 255-257, 282, 314
Wealth and Poverty (Gilder), 35, 49
Weber, Max, 6, 92
Weick, Karl, 7-8, 9, 100-101, 107-108, 117, 133
Weil, Gordon, 298

Welch, Jack, 203
Western Electric, 6-7, 92, 186, 265
Westinghouse, 271, 293
Wharton Magazine, 304
White, E.B., 20
Whyte, William Foote, 104
Williamson, Oliver, 112-113
Wilson, T., 284
Wrapp, H. Edward, 37, 38, 42

Young, John, 151-152, 261, 263
Young, Lew, 154, 287
Youphes, Jacob, 192

Zaleznick, Abraham, 84
Zen and the Art of Motorcycle Maintenance (Pirsig), 40
Ziedler, Dirk, 126
Zimbardo, Philip, 79, 80
Zumwalt, Elmo (Bud), 233-235, 261